播音主持心理学教程

Psychology for Broadcasting and Host

主 编 马玉坤 高峰强
副主编 安萧宇 王 鹏 常淑敏

图书在版编目（CIP）数据

播音主持心理学教程/马玉坤等主编. —北京：北京大学出版社，2008.1
（中国播音学系列教材）
ISBN 978-7-301-13020-9

Ⅰ.播… Ⅱ.马… Ⅲ.播音-应用心理学-高等学校-教材 Ⅳ.G222.2-05

中国版本图书馆 CIP 数据核字（2007）第 171450 号

书　　　名	播音主持心理学教程 BOYIN ZHUCHI XINLIXUE JIAOCHENG
著作责任者	马玉坤　高峰强　主编
责 任 编 辑	胡利国
标 准 书 号	ISBN 978-7-301-13020-9
出 版 发 行	北京大学出版社
地　　　址	北京市海淀区成府路 205 号　100871
网　　　址	http://www.pup.cn
新 浪 微 博	@北京大学出版社　@未名社科-北大图书
微信公众号	北京大学出版社　北大出版社社科图书
电 子 邮 箱	编辑部 ss@pup.cn　总编室 zpup@pup.cn
电　　　话	发行部 010-62750672　编辑部 010-62765016 出版部 010-62754962
印 刷 者	北京虎彩文化传播有限公司
经 销 者	新华书店 730 毫米×980 毫米　16 开本　29.5 印张　498 千字 2008 年 1 月第 1 版　2024 年 3 月第 10 次印刷
定　　　价	60.00 元

未经许可，不得以任何方式复制或抄袭本书之部分或全部内容。
版权所有，侵权必究
举报电话：010-62752024　电子邮箱：fd@pup.cn
图书如有印装质量问题，请与出版部联系，电话：010-62756370

序　言

从广播电视诞生那一天起,有声语言大众传播过程就同新闻学与传播学、语言文学、艺术学、哲学、美学等紧密地联系在一起。理论上千丝万缕、实践上潜移默化、学术上融会贯通、方法上异曲同工,形成了色彩纷呈的亮丽景观。其中,作为传播主体、创作主体和表达主体的有声语言大众传播,不仅考量自我,而且观照"他者",不仅观察"外显行为",而且探索"内隐行为"。因此,人们发现心理学在研究中不可或缺。

心理学的学科发展,特别是人类心理学的发展,为各个学科的深入探讨,提供了至关重要的基础性成果,至今已经陆续产生了"心理学之父"冯特的结构主义心理学、威廉·詹姆斯的机能主义心理学、华生的行为主义心理学、沃特海默的格式塔心理学、弗洛伊德的精神分析心理学、马斯洛的人本主义心理学,以及目前日益受到重视的生物心理学和认知心理学,学派林立,此伏彼起。由此派生出来的分支,更是琳琅满目,诸如教育心理学、儿童心理学、司法心理学、犯罪心理学、文化心理学、艺术心理学、宣传心理学、受众心理学等。我们认识到,心理学不是所谓的"常识",而是一门科学,它最忌讳"想当然",最关注"为什么"。它坚决主张"实证",坚决摒弃"假象"。凡是遵从心理学认知规律的成果,都会为人类认识世界、改造世界作出自己的贡献。

中国播音学的建设,同样得益于心理学的支撑。老一辈播音艺术家,从自己的播音实践中已经深刻地认识到创作心理对于话筒前、镜头前的有声语言(包括副语言)表达,具有多么重要的影响。他们在对年青一代播音员、主持人的教导中,最经常、最殷切的嘱咐,就是"爱岗敬业""信心百倍""热诚服务""心中有人""具体感受""深刻理解""自觉创作""状态自如"……这里面,几乎没有一个问题能够离开"心理"范畴。在我们的学术视野、研究领域里,或者直接显露,或者隐含融合,心理学的知识和价值都不同程度地、不同方式地呈现出来。

中国播音学虽然汲取了国外的相关营养,如斯坦尼斯拉夫斯基的表演理论、洪堡特的语言学理论、黑格尔的美学理论等,但是,更重要的是总结概括提升了新中国的播音实践经验,突出了本土的、本民族的文化精华根基,显示了独具特色的学科核心价值体系。因此,她植根于中国的土壤,生长于中华民族的襁褓中,吮吸着汉语的乳汁,涵化着华夏的底蕴,与中国的广播电视事业同此凉热,进入世界强势媒体竞争的行列,并在有声语言传播的学术研究、理论建设中独占鳌头。她根本不属于"舶来品",而心理学却真正是从国外引进的新学科。

一

中国播音学涵盖了播音和主持,把二者看作是同根的孪生姊妹。应该说,二者只表现为有声语言传播形态的两极——最典型的播音是完全根据文字稿件进行的创作,最典型的主持是经过精心准备的即兴口语的创作。中间存在着若干个同中有异的形态,表现出相交相融的态势。现在,两种最为典型的形态,也都程度不同地呈现出交叉融合的变化。播音主持心理学,如果在"有声语言创作主体"上分道扬镳,那对于学科建设将产生不利影响。因为,有声语言创作,正如恩格斯所说,都是当有些什么东西到了"非说不可"的地步,才会说话,而说话,又不外乎"把文字语言转化为有声语言"和"将内部语言外化为有声语言"两个维度。一个具有说话能力的人,不论如何说话,说什么样的话,他的心理活动总是在自己内心发生的、思想感情的运动。也许木讷寡言,也许口若悬河;也许言必信、行必果,也许口是心非、口蜜腹剑。播音主持的创作心理,最突出的特点,就在于脱离了人际交流的随意性、散漫性和私密性,而进入了大众传播的语境,坚持了公开性、严谨性和引导性。人际交流和大众传播的分野,不能模棱两可,不能泾渭混淆。

进入大众传播,特别是广播电视传播领域,一切都被放大了,都变得透明了。有一点杂质,有一点污秽,就要产生消极的影响,就会产生误导。由此,传播主体必须首先净化自身,祛除任何违反社会公德、职业道德、家庭美德和个人品德的思想感情。树立正确的世界观、人生观和价值观,应该是至关紧要的事情。如果这个方面的问题被忽视,那后果就不堪设想了。我们的心理学,万万不可"明察秋毫之末,而不见舆薪"。我们传播的"真、善、美",体现在一言一行、一颦一笑之中!而这些是"言不由衷""故作多情"都装不出来的。我们需要的是"真实的身份、真诚的态度、真挚的感情、真切的语气!"我们在话筒前、镜头前的言谈话语、举首投足,都应该是油然而生、飘然而至的。

我们一再强调"创作自觉",并不是主张一味地控制,而是引发!我们要有能力"强化和美化节目所需要的那部分自我",而"弱化和淡化节目所不需要的那部分自我"!

二

播音主持心理,当然不能违反人类的共同心理规律。但是,又不能在各个层面上追求同一。应该研究那些特殊的部分,应该阐释只属于播音主持的那部分。

所谓特殊的部分,大体上可以从三个角度去把握:

第一个角度,就是来源于人际交流,而又升华了的部分。诸如:非说不可的愿望,表情达意的信息传递基本能力,对什么人说什么话的一般意识等等。

第二个角度,就是大众传播的一般要求的部分。诸如:规范语言行为,严肃认真的态度,加强注意,镇定自若,尽量让人听清楚话语内容,语言要流畅,竭力避免啰唆重复、说错说乱等。

第三个角度,必须充分发挥大众传播中有声语言的美感效应,提升传者和受者的审美意识、审美能力,以便在"以事醒人、以情感人、以理服人"的过程中,努力实现"以美愉人"。人类之所以区别于其他动物,最根本的一点,正是因为那不可替代、不可超越的创新能力和审美能力。这就开辟了人类高级神经活动的巨大空间,造就了人类接近终极真理的无限潜能。

思维、话语、传播,这是人类进行有声语言大众传播的题中应有之义,其中的心理活动极其复杂多变,认识和掌握它,都绝非轻而易举、唾手可得。比起研究人际交流的一般心理、日常心理、普通心理,比起书面文字语言的写作心理,也都要花费更为旷日持久的精力。

中国播音学的理论体系,是以播音主持创作主体为核心的。主体的心理素质、心理状态,可以说是本学科的重要根基。有声语言的研究,历来不够深入,现在的成果,也只是探索的产物。不过,我们可以肯定地说,这种探索是有价值的。它必将带来某种新的路径,开辟新的天地。

我们的目的,不仅仅是规范语言传播,或者增加花色品种,或者提高传播效率,更为重要的是,必须大力催生有声语言的典范,创造有声语言的经典,用以提升全民族的语言文化素质,如同"书同文"那样,走向"语同音"的历史高峰,造福后代。

三

有声语言,如电光石火,稍纵即逝,其深层变化,既难于感知,又不易辨析。正所谓"口耳之学,幽眇难知"。同一个人,同一句话,由于时间和地点、环境与对象、事件和过程等的不同,必然发生差异,有时会大相径庭,更不用说每个人每时每刻的思绪和感受的瞬息万变了。

有声语言的基本表达规律是:目的是统率,理解是基础,感受是关键,感情要运动,声音要变化,状态要自如。其中,感受极其重要,处于关键的地位,决定能否掌握话语权、进入创作圈;而状态又是成败攸关的大问题。这些,也是心理学研究中的重点。

目前的心理学发展趋势,有的偏重抽样调查,有的专心于实验测试,这些都是可行的、有作用的。但是,量化的研究,总有时过境迁的遗憾,此一时也,彼一时也,心理变化如此纷繁复杂,没有某种定式的取向,没有某种范式的假设,不用多层、多边、多向、多维的方法,恐怕难以准确地认知和辨别,更难于科学地概括和通晓。是否能够使用"原因主义"的研究方法,而减少"结果主义"的研究途径,以便把人的心理现象逐步变得清晰?

心理学的研究方法,必然会越来越有效。播音主持心理学的研究,也会日益科学。本书就是一种可贵的探究。本书对在岗的播音员、主持人的有声语言创作心理和相关现象进行了有益的阐释,对于提高综合素质,提高教学质量,都具有引导性启示。相信大家在阅读本书、学习本书时,会结合实际,进一步了解心理学的特殊意义,并能在反复思考和感知中,获得创作的自觉。

这本书,继承和消化了前人的研究成果,并在心理学本体和播音学本体的结合上,达到了新的高度,对中国播音学的学科建设,是一个新贡献。我借本书出版的机会,说了一些自己的看法,不当之处,希望得到指正。

张 颂

2007 年 10 月 9 日草于"三书屋"

目录

第一编 概 论

第一章 播音主持心理学概论 / 003
第一节 播音主持心理学的界说 / 003
第二节 播音主持心理学的历史演变及其
　　　　主要内容 / 016

第二编 播音员、主持人个体心理篇

第二章 播音员、主持人的语言和言语 / 029
第一节 概述 / 029
第二节 语言和思维 / 035
第三节 内部言语与外部言语 / 041

第三章 播音员、主持人的认知心理 / 050
第一节 播音员、主持人的感觉和知觉 / 050
第二节 播音员、主持人的注意 / 063

第三节　播音员、主持人的记忆 / 069

第四节　播音员、主持人的思维 / 078

第五节　播音员、主持人的想象 / 090

▶ **第四章　播音员、主持人的情意心理** / 095

第一节　播音员、主持人的情绪和情感 / 095

第二节　播音员、主持人的意志 / 114

▶ **第五章　播音员、主持人的人格心理** / 132

第一节　播音员、主持人的个性倾向 / 132

第二节　播音员、主持人的能力 / 140

第三节　播音员、主持人的气质和性格 / 153

第四节　播音员、主持人的人格分析 / 167

第三编　播音主持的播出心理篇

▶ **第六章　播音员、主持人的采编播心理** / 177

第一节　采访心理 / 177

第二节　编辑心理 / 181

第三节　播音员、主持人播出心理 / 185

第四编　受众心理篇

▶ **第七章　受众的心理需要** / 209

第一节　受众概述 / 209

第二节　受众求知需要与知新性 / 215

第三节　受众审美需要与审美观 / 220

第四节　受众娱乐需求与休闲 / 228

第五节 受众的社会化需求 / 232

▶ 第八章 受众的认知和情绪心理 / 241
    第一节 受众的感知觉和知晓度、收视率 / 242
    第二节 受众的思维与理解度、价值判断 / 250
    第三节 受众认知心理的疏导与矫正 / 259
    第四节 受众接受过程中的情绪类型及调控 / 266

▶ 第九章 受众的群体心理 / 276
    第一节 受众群体心理概述 / 276
    第二节 受众的群体心理效应 / 291
    第三节 受众的群体心理现象 / 298

第五编 传者、受者互动篇

▶ 第十章 人际互动与仿人际互动 / 313
    第一节 人际互动及其影响因素 / 313
    第二节 仿人际互动及其影响因素 / 332
    第三节 播音员、主持人在人际互动与仿人际互动中的作用 / 338

▶ 第十一章 网络互动与跨文化互动 / 349
    第一节 走进网络互动 / 349
    第二节 多元化时代的跨文化互动 / 356
    第三节 挑战播音员、主持人 / 365

第六编　播音员、主持人的日常生活心理学

第十二章　播音员、主持人的个体心理训练与团队精神培养 / 377
第一节　播音员、主持人不良心理状态分析 / 377
第二节　播音员、主持人的个体心理训练 / 386
第三节　播音员、主持人的团队精神培养 / 414

第十三章　播音员、主持人的生活满意度与主观幸福感 / 423
第一节　生活满意度与主观幸福感概述 / 423
第二节　播音员、主持人的主观幸福感的评估与测量 / 432
第三节　快乐幸福的根源 / 439

参考文献 / 457

后记 / 461

第一编
概 论

第一章 播音主持心理学概论

第一节 播音主持心理学的界说

一、播音主持心理学的含义

在对播音主持心理学进行界定之前,我们首先需要了解什么是播音学,什么是心理学,播音学在哪些层面需要心理学的支持,心理学知识又是怎样在播音主持艺术创作中发挥作用的?在这之后,我们也就了解了什么是播音主持心理学。

(一)播音学

1923年1月23日,中国境内的第一家广播电台在上海开播,与广播相伴共生的播音业务也同时起步。从此,伴随着广播事业的不断发展,广播电视播音主持业务也蓬勃发展起来。

从20世纪50年代开始,由于广播事业发展对人才的需求和北京广播学院播音专业教学的需要,播音理论的研究逐渐开展起来,以借鉴苏联播音经验和总结我们自己的播音经验为起点和标志。十年动乱使这一刚刚起步的研究陷入被破坏和停滞的状态。70年代末,播音理论的研究开始恢复,到80年代初,随着《朗读学》、《播音发声学》、《播音创作基础》、《播音文体业务理论》、《播音学简明教程》、《播音风格探》、《播音语言通论》、《节目主持艺术探》、《播音学概论》和《播音主持心理学》等一系列教材和专著的问世,播音学研究进入了快速发展时期。到1994年,以《中国播音学》的出版为标志,播音学完成了学科理论体系的整体构建,中国播音学正式诞生。

播音是指播音员和主持人运用有声语言和副语言,通过广播、电视等传播媒介,面向听众、观众直接进行信息传播的创造性活动。

播音学是以广播电视大众传播中有声语言表达的播音创作为研究对象,研究播音创作发生发展规律的学科[①]。它包括创作道路、创作规律和创作方法等。它的理论体系大体可分为下列五个部分:

---

① 张颂主编:《中国播音学》,北京广播学院出版社2003年版,第3页。

第一部分:导论。重点阐述播音工作的性质、任务、要求,播音创作的原则、过程、层次。

第二部分:发音与发声。介绍普通话语音在播音中的作用与应用,说明气息、声音、吐字、共鸣诸方面的生理心理根据及其调节使用的法则。

第三部分:创作与表达。介绍有稿播音和无稿播音的创作方法,思想感情的运动。

第四部分广播播音与主持和第五部分电视播音与主持,分别介绍广播播音和电视播音的不同语言内容的各种共性要求及不同表达方法①。

进入 21 世纪以来,中国播音学的研究范围和领域进一步扩大、延伸,概括起来可分为三大体系:第一是广播电视语言传播体系;第二是播音主持艺术理论体系;第三是大众传播与人际传播的比较体系。② 这三大体系既包含了中国播音学体系原有的五个部分,同时也标志着播音学研究进入了全新的、更加广阔的研究领域和发展空间。

作为一门新兴学科,播音学以哲学美学、新闻传播学、文学艺术、语言学及应用语言学四大学科群作为自己的基础理论来源和支柱,吸收相关学科的理论,构建了自己的有鲜明特色的理论体系。对于播音创作来说,"既要遵循广播电视传播的规律,又要遵循新闻的规律、语言的规律、心理学和美学的规律,只有用播音学理论指导,才能很好地认识和运用上述规律,把握和操作播音创作活动。"③

(二) 心理学

苏联科学分类学家凯德洛夫在论述心理学的研究领域时说,"迄今的 2500 多门学科,唯有心理学和人人都有最密切的关系","可以说,心理活动的规律贯穿于人的生命过程的始终;贯穿于人类实践的始终;贯穿于每门科学发展的始终。"④心理学是研究人的心理现象及其规律的科学,主要研究个体心理,包括认知、情绪和动机、能力和人格等,也研究团体和社会心理。心理学既研究人的心理,也研究动物的心理,而以人的心理现象为主要的研究对象。从心理学的主要研究对象来看,心理学是指关于个体的行为及精神

---

① 张颂主编:《中国播音学》,北京广播学院出版社 2003 年版,第 1—2 页。
② 张颂:《中国播音学的研究态势》。
③ 张颂主编:《中国播音学》,北京广播学院出版社 2003 年版,第 3 页。
④ 车文博主编:《心理学原理》,黑龙江人民出版社 1986 年版,第 133 页。

过程的科学的研究①。理解这个定义,我们需要关注四个方面:个体、科学的、行为以及精神过程。首先,"个体"是指心理学研究的对象往往是一个个体,例如一个孩子、一个大学生、一位受到失眠问题困扰的中年男士、一位精神疾病患者,也可能是一只非洲大猩猩、一只走迷宫的小白鼠等。其次,"科学的"是指心理学的研究要依据科学的方法,结论的得出要遵循科学的原则。第三,行为是指作为人或动物的有机体适应环境的方式或反应系统,它由一系列反应动作和活动构成。心理学研究的行为大多是可观察的行为,例如微笑、攻击、学习、触摸等。第四,精神过程是个体活动的一种内在的心理过程或内部动力,包括动机、思维、归因、计划和想象等,也就是说,这是一种内部心理过程,而不是心理活动的结果。这是心理学研究的最重要的一方面。只有理解了人类的精神过程,才能理解人类的行为。

　　心理学研究的目的是正确描述和解释人的心理现象的实质和起源,揭示心理现象的规律,帮助人们运用这些规律去预测和控制心理现象的发生和发展,从而为人类不同领域的实践服务。描述,即对研究个体的现状作出描述与说明,比如播音员、主持人工作的环境和内容是怎样的?他们所面临的竞争和压力又是怎样的?某一栏目的受众的年龄分布是怎样的?各省台播音员、主持人的知识水平如何?等等。解释是对研究对象的活动过程与特点作出解释,比如播音员、主持人的压力从何而来?为什么媒体的过度报道会引起受众的逆反心理?为什么不同类型的节目需要不同气质的主持人?预测是指根据描述与解释的结果,预测在采取某种措施或在特定的条件下,对象状况可能发生的变化。如:播音员、主持人的压力可能会给播音主持工作带来的问题和影响。适当的压力可促进播音员、主持人积极努力地做好工作;而过度的压力则可能使播音员、主持人出现懈怠、疲劳、精神紧张等影响工作的现象,甚至发生意外。控制是指使行为发生或不发生——引发它、维持它、停止它,并影响它的形式、强度或发生率。比如根据播音员、主持人的工作特点,在安排工作时进行合理的调配,使之张弛有度,时刻保持清醒的头脑和饱满的精神,从而提高工作效率;节目中运用巧妙的构思激发受众的好奇心引起他们的注意等。心理学的重要作用在于预测和控制。人们掌握了心理现象的规律,就能根据社会实践的需要去预测和控制心理现象,这将有助于促进人的身心发展,维护心理健康,进而提高人的生

---

① Richard J. Gerrig, Philip G. Zimbardo, *Psychology and Life*, Posts & Telecom Press, 2002, p. 3.

活质量和工作质量。

可以说只要有人在的地方,就有心理活动和心理学研究的对象。播音主持更是在各个环节上都与心理学有着千丝万缕的密切联系,无论是从信息加工过程(包括语言、感觉、知觉、注意、记忆和思维等)、行为控制与调节(包括动机、情绪和情感)和个体心理特征(包括能力、性格和气质)几个方面,还是从受众接受的心理考虑方面,都有心理学明里暗里出入其中,伴随左右。将心理学的研究成果融入中国播音学并运用于播音主持艺术,不但会强化和发展播音学的研究,丰富心理学的内容,而且将会使播音主持艺术从教学到创作实践产生质的飞跃与变化,促进播音主持艺术得到进一步的提升和发展。

(三) 播音主持心理学

播音主持心理学是根据心理学的原理来研究播音主持艺术创作中播音员、主持人的心理现象和心理活动规律,受众的需要、认知和情绪等心理过程,播音主持艺术教学、学习和训练中教学双方的心理现象和心理活动规律,并将其运用于播音主持艺术创作实践,运用于对受众的需要、认知和情绪等的把握,运用于教学、学习和训练的一门新学科,是播音学和心理学及生理学、艺术、美学等学科相互结合的交叉学科。它的主要任务是为播音员、主持人的播音主持艺术创作实践,为播音主持艺术教学、学习和训练以及播音员、主持人在传播过程中与受众的交流、沟通、互动提供心理学方面的理论依据。

播音主持心理学研究的内容应包含以下几个方面:

首先,在播音主持艺术创作实践中,播音员、主持人自身的感觉、知觉、语言、思维、情绪、记忆和意志等一系列心理过程和心理活动是多种多样的。例如,播音员、主持人可以通过了解自身能力、性格和气质等个性心理倾向性来设计节目的风格和主持的风格;同时,由于播音主持独有的职业特点,播音员、主持人也具有一些与职业相关的心理困扰,例如,竞争激烈、常年处于高度精神紧张的工作岗位会产生过大的心理压力等,这些既有规律可循,也是可以进行调节和控制的。播音主持艺术创作实践中产生的一般心理活动及其变化规律和特有的心理现象,都将是播音主持心理学关注和研究的内容。

其次,在播音主持艺术教学和学习、训练中,感觉、感受、情绪、情感等各种心理状态,思维、想象、注意、意志以及视觉、听觉、味觉、时间知觉、空间知觉、运动知觉等心理活动,瞬息万变,稍纵即逝。研究并揭示这些心理现象发生发展的活动规律,可以帮助教师在教学活动中运用这些心理手段,充分发挥心理因素的调控作用,从而提高播音主持艺术教育教学、学习和训练的效率及教学水平。

最后,在信息传播的过程中,受众的需要、认知和情绪等心理过程是有规律可循的;例如"主持人的权威效应"、"心理感应"、"受众从众效应"、"互动心理"等问题,这些都需要从理论上作出解释和回答,以便有针对性地指导和改进我们的播音主持工作。

播音主持心理学产生于播音主持艺术实践中,可以说是播音主持艺术与生俱来、相伴共生的产物。实际上,在以往的播音主持艺术创作实践中,在播音主持艺术教学中,广大的播音员、主持人和教师已经在自己的播音主持创作实践和教学实践中自觉或不自觉地、或多或少地运用心理学的知识进行创作和教学,都取得了显著的效果。播音主持心理学就是要将这些零散的、下意识的、被动的心理学知识,总结、归纳、上升为系统的、积极的、主动的心理学理论,使之服务于播音主持艺术创作实践以及播音主持艺术教学和学习,帮助我们提高播音员、主持人的创作能力和水平,深刻认识播音主持艺术教学、学习和训练的内在规律,从而提高教师的教学水平,增强学生的学习能力。播音主持心理学是中国播音学的重要组成部分,也是心理学的一个新的研究、发展方向和分支。

二、播音主持心理学的学科性质

播音主持心理学是一门以播音学为主,综合了心理学、新闻学、艺术学、生理学、美学等多门学科知识构成的新兴交叉学科,它既是播音学的一个重要组成部分,也是应用心理学学科门类中的传媒心理学新的研究领域和发展方向。

播音主持心理学的学科性质有如下几个特点:

1. 交叉性。播音主持心理学是多门学科融合的交叉学科。播音主持心理学脱胎于播音学、新闻学和心理学等,它的母体学科本身就是交叉学科。例如,心理学是一门既有社会科学性质又具有自然科学性质的交叉科学或边缘科学。而新闻学、播音学自诞生之日起,就同许多相关学科如社会学、美学、哲学、生理学、文学批评以及相关的技术学科关系密切,水乳交融。那么,由播音学、心理学和新闻学这三门学科为主组合产生的播音主持心理学,自然更是一门交叉学科。

2. 应用性。从心理学的角度讲,播音主持心理学是应用心理学的一个分支。应用心理学研究心理学基本原理在各种实际领域的应用,播音主持心理学正是以心理学的知识、原理来分析、研究播音主持艺术创作实践和播音主持艺术教学、学习、训练过程中人们的心理现象和心理活动规律,找出解决问题的方法和规律,并应用于指导播音主持艺术创作实践,指导播音主持艺术教学、学习和训练,提高播音主持艺术创作实践和教学实践的水平和质量。我们相信,随着经济、科技、社会和文化的迅速发展,随着广播电视事业的迅速发展,播音主持业务必将有一个更大的发展,而在这一过程中,播音主持心理学将发挥它应有的作用。

3. 理论性。播音主持心理学是心理学在播音主持艺术创作实践和教学实践中的具体运用,它不是一般地对心理现象和心理活动作出分析、解释,而是运用心理学的原理和理论,以科学的态度系统地阐释播音员、主持人、受众及教学双方在播音主持艺术创作和教学实践中的心理活动规律,并为他们提供心理学的科学理论依据。要正确认识、理解和解释播音主持艺术与生理的关系,不仅要从自然科学方面进行大量的研究,而且还必须从社会科学方面进行深入的探讨,以便从理论到实践、从微观到宏观、从感性到理性认清播音主持艺术与心理的客观现实关系,否则就不能正确、全面地认识播音主持艺术创作过程的心理实质及其发生、发展和变化的规律。

三、播音主持心理学的研究对象

播音创作活动,由多种因素组成。其中,创作主体(播音员、主持人)、创作依据(节目、稿件、画面、音乐、音响等)、受众(听众、观众)是构成播音创作活动的三个基本要素[①]。另外还包括创作形式,如录播、直播、现场报道、对播、即兴口语表达等。其中,创作依据涉及信息的载体和形式等内容,从心理学角度考虑,播音主持工作涉及的所有心理内容包括以下几个方面:(1)播音员、主持人心理活动过程和个性心理特征对播音主持创作活动的影响;(2)播音主持创作活动作为传播的手段对受众心理的影响;(3)行业的、社会的以及其他各种外部因素对播音员、主持人所造成的影响。由于播音主持艺术创作活动中的心理活动是丰富多彩、多种多样的,所以,播音主持心理学的研究对象不仅包括在信息传输的过程中播音员、主持人的心理和受众的心理,而且也包括播音员、主持人以及听众所在的各种小的、中的、大的生存环境带来的影响。

---

① 姚喜双著:《播音学概论》,北京广播学院出版社1998年版,第33页。

播音主持艺术教育的发展状况目前在全国如火如荼、方兴未艾，截止到2006年年底，全国开办播音主持专业的高校已达三四百所，以最保守的估计，每所学校每届招收50名新生计算，在校学生将达6—8万人。播音主持艺术在教学、学习和训练过程中，教学双方的心理现象和心理活动是异常丰富、异常复杂多变的。教师必须掌握一定的播音主持教学的心理规律，准确地分析、讲解播音主持艺术学习、训练活动中各种心理现象及其影响，启发和指导学生运用感觉、想象、情感、意志等心理学知识和手段，来提高学生对播音主持艺术学习、训练、创作活动中各种心理、生理机能的调节与控制能力，从而提高教学效率和教学水平。播音主持心理学研究的具体对象为播音员、主持人和受众以及教师和学生三大群体。本教材由于篇幅等各种原因所限，讲述范围仅限于播音员、主持人和受众的心理，关于播音主持艺术教学、学习和训练的有关心理学研究内容，将在《播音主持教学心理学》中专门讲述。

四、播音主持心理学的研究方法

播音主持心理学的研究方法包括方法论和具体研究方法两个方面。

（一）播音主持心理学的方法论

方法论问题是任何一门学科的根本问题之一，正确的方法论在一门学科的研究中能否得到体现和验证是该学科是否成熟的一个重要标志。方法论又分为一般方法论和专门方法论：一般方法论是指一般的哲学观点，即研究问题时总的指导思想，播音主持心理学研究的一般方法论是辩证唯物主义和历史唯物主义；专门方法论是一般哲学观点在特殊研究对象中的应用，播音主持心理学研究的专门方法论主要坚持以下四种原则。

1. 客观性原则

坚持客观性原则是指在播音主持心理学的研究中应遵循实事求是的原则。在信息传播的过程中，播音主持的主体与客体所产生的心理活动是客观存在的事实，是认识主体与一定的客观条件相互作用的产物。因此，对播音主持活动中心理现象的研究应严格贯彻客观性原则，切忌主观臆断和任意猜测。

2. 整体性原则

整体性原则又称系统性原则，一方面它指的是应该把播音主持活动中传、受双方的各种心理活动视为一个整体结构进行研究，从而揭示播音主持心理发生、发展的总体规律。整体性研究的优点在于它的全方位和多角度特点,它能把传者和传者以及传者和受众、受众和受众之间的心理活动本身视为不同水平的自动调节系统,并在注重主客体的相互联系中进行分析和研究。另一方面它指的是不能仅仅局限于播音主持活动本身来进行研究,而应把播音主持活动纳入大众传播的背景,纳入全社会的背景,纳入历史的背景,纳入国际化、全球化背景来研究,从而在更广阔的背景下体现整体性。因此,播音主持心理学的研究应切实贯彻整体性原则。

3. 发展性原则

人的心理活动不可能一直处于静止状态,而是处于不断的发展变化之中。随着时代的变迁,播音员、主持人和受众的需要、兴趣、审美观、价值观、求知欲和心理承受能力等都有不同程度的变化,因此,我们应在发展性原则的指导下,仔细研究播音员、主持人和受众的认知心理和情绪心理,以帮助播音员、主持人在信息传播活动中更贴近受众的心理需求,优化信息的传播效果。

4. 理论联系实际的原则

播音主持心理学既是一门理论学科,又是一门实践性很强的应用学科。我们不仅需要从理论上探讨在播音主持活动中传者的心理活动特点和规律,还要根据理论联系实际的原则,运用播音主持心理学的理论指导传者的播音主持活动,准确地预测和有效地控制传者以及受众的心理活动,完善播音主持的各个环节,提高播音主持的影响力和感染力。

(二)播音主持心理学的具体研究方法

播音主持心理学的具体研究方法有很多,如心理测验法、收视率调查法、焦点团体访谈法、现场观察法以及档案分析法等,归纳起来可以分成三类:

1. 播音主持心理学的定量研究

所谓定量研究是指"依靠对事物可以量化的部分及其相关关系进行测量、计算和分析,以达到对事物'本质'的一定把握。"[①]定量的研究方法主要有实验法、调查法和内容分析法。

(1)实验法

我国心理学家朱智贤是这样定义实验法的:"实验法是按照研究目的有计划地严格控制或创设条件,以主动引起或改变被试的心理活动,从而进行

---

① 陈向明著:《质的研究方法与社会科学研究》,教育科学出版社2000年版,第10页。

分析研究的客观方法。"①美国传播学者 P. 坦嫩鲍姆也曾经对播音主持心理学中的实验法下过这样一个定义:"实验是系统地操纵一个到数个假定有关的自变量,并在客观状态下以及在固定其他自变量的可能干涉影响的条件下,观测其对此因变量的独立效应和交互效应。"②实验法的主要目的是将其他可能影响因变量的因素加以控制和消除,以测试传播因素之间直接的影响关系。

实验法最早应用于实验心理学领域,它在大众传播领域的成功运用,始于20世纪40年代。当时,实验心理学家霍夫兰及其助手采用控制实验的方法,进行了被称为"现代最杰出创举"的态度改变研究,探求大众传播与态度改变之间的因果关系,并提出了一些传播致效原则,霍夫兰也因此成为传播学的奠基人之一。如今,实验法仍被广泛运用于传播研究的各个领域③。例如,我们可以通过实验法探究受众对媒介信息的心理反应。比如,设计一个双作业操作任务来测查受众的加工容量和注意分配。在实验中,安排受众以观看事先编辑的电视节目作为主要任务,同时安排伴随任务,即一听到某种声音或看到某种光亮时,就按下一个按钮。实验中主试负责在受众观看电视节目过程中的某个时刻发出声音或光亮,并同时记录下被试做出按键反应所需用的时间(通常在 0.2—0.8 毫秒之间)。这个实验设计的目的是探讨受众在接触大众媒介(例如观看电视)时是否需要心理资源、如何分配心理资源以及把电视节目作为背景时对人的智力操作有无影响等问题④。由此可以看出,科学合理的实验法设计正不断地为传播理论的发展提供新的、有价值的结论和启示,因此我们应对其予以充分重视。

(2) 调查法

调查法是指"通过向被调查人的口头或书面提问,收集有关的心理活动的资料,进而探讨心理活动发展变化规律的方法。"⑤它通常以抽样和问卷方式进行,即从调查对象总体中抽取一部分进行考察和分析,目的是取得或推断出有关这一总体的特征。

在播音主持活动中,调查研究一般有两种:

第一,对播音员、主持人心理的调查研究。余小梅在《对记者、主持人的

---

① 朱智贤主编:《心理学大词典》,北京师范大学出版社1989年版,第606页。
② 甘惜分主编:《新闻学大辞典》,河南人民出版社1993年版,第126页。
③ 刘燕南著:《电视传播研究方法》,北京师范大学出版社2003年版,第132页。
④ 刘晓红、卜卫著:《大众传播心理研究》,中国广播电视出版社2001年版,第337页。
⑤ 车文博主编:《心理咨询大百科全书》,浙江科学技术出版社2001年版,第110页。

社会技能研究》一文中，从记者和主持人的特殊职业需求出发，提出只有具备一定结构模式的社会技能的记者或主持人才能适应其职业角色的课题。该研究通过《社会技能量表》(Social Skill Inventory)对记者和主持人的社会技能进行了评定和分析，并以此作为标准与该专业大学生群体的社会技能的发展结构模式进行了对比，分析两者之间的差异，并在此基础上指出应有的放矢地指导和训练大学生的社会技能，使之更快地适应其未来职业的要求①。

第二，对受众心理的调查研究。目的在于了解受众对播音员、主持人的关注主要集中在哪些方面，播音员、主持人对受众的最大的影响、最多的影响是哪些方面，受众喜欢或厌恶一个播音员、主持人是因为什么。这些研究结果将有助于加强播音员、主持人的思想业务学习、及时修正出现的问题和错误，使播音主持水平在受众的监督下不断提高。张令振在《青少年观众收看电视行为与心理分析》一文中对1992年的全国电视观众抽样数据进行了分析，目的在于了解我国青少年观众收看电视时的行为和心理特点。研究结果表明："青少年个体不是被动的，而是主动地收看电视，他们收看电视是为了满足个体的某种需求。他们收看电视的行为受其观看环境、个体和节目本身特点三方面的影响，接受电视信息的过程则是观看环境、个体和节目本身特点三者之间的一种主动的认知转换过程。"②

除了一般的调查法之外，还有两种播音主持活动所独有的调查方法，即收视率调查和满意度调查。

收视率(TV Ratings)是目前电视界"曝光率"最高的名词之一，它是把握观众收视行为的一个标尺，也是传播者、广告商和广告主彼此对话的一个平台。收视率调查属于受众调查的一种，研究对象是观众，同样需要抽样、测量和统计分析等程序，从基本原理和调查程序上看，与一般的调查研究并无二致。然而，收视率调查具有自己的特点：它主要采用电话法、日记法和仪器法对观众人数、分布和流动情况进行测量和评估。这种调查一般以一天为单位周期性进行，样本相对固定，信息反馈以一周、一天甚至更短的时间单位计量；只反映观众的一般收视行为，不涉及更深层次的内容评价和观点诉求，也不涉及变量之间的关系探讨。确切地说，收视率调查是一种以描述性为主、一般周期性进行的观众收视情况调查③。

---

① 刘京林主编：《新闻心理学原理》，中国广播电视出版社2004年版，第29页。
② 刘京林、周光荣主编：《新闻心理学论文集》，北京广播学院出版社1994年版，第260页。
③ 刘燕南著：《电视传播研究方法》，北京师范大学出版社2003年版，第231—232页。

满意度,又称欣赏指数(Appreciation Index,简称 AI),是反映观众对电视频道或节目的态度与评价的一个指标。传统的收视率指标只能反映观众群的规模大小及其人口统计特征,无法说明观众收视的心理反应,因此只是一个行为指标;相反,满意度被认为是一个心理指标,是对"观众群规模大小评估的一个重要而必要的补充"①,也是在收视率这个量的指标之外的另一个"品质导向"的指标。满意度调查(Audience Reaction Survey)是采用量化的手段测量观众对所收看过的频道或节目满意程度的一种方法,最早实施这种调查的国家是英国。早在第二次世界大战期间,英国 BBC 就曾进行问卷调查以测量广播听众对电台节目的好恶。战后,BBC 将电台和电视台节目分开处理,用"反应指数"(Reaction Index)衡量电视节目的品质,用"欣赏指数"衡量电台节目的品质。从 20 世纪 60 年代末期开始,"欣赏指数"被引入传播领域,到 80 年代已经逐渐形成比较成熟的电视节目欣赏指数调查。中国内地的观众满意度调查始于 1999 年,是在参照英国 BBC 欣赏指数调查的基础上进行的,同时广泛吸取了我国香港特区及其他国家或地区开展此类调查的经验,并结合国情进行了改进。因此,满意度调查无论在调查方式的选取、调查内容和调查指标的设计等方面都明显带有中国特色。目前,中国内地的电视观众满意度调查已成为世界上规模最大的满意度调查②。

(3) 内容分析法

克林格(F. N. Kerlinger)认为"内容分析是一种系统、客观、定量的研究方法,目的在于测量传播活动中各种可测得的变量"③。归纳来说,它在传播研究领域中有五条重要的功用:(1) 对传播内容进行客观描述,主要解决信息传播"说什么"和"怎么说"的问题;(2) 从传播内容间接推估传播者(或传播机构)的立场、态度和意图,解决传播过程中"谁"(传播者)的问题;(3) 探测观众的态度、价值观念,把握观众特征与针对他们所发出的信息之间的关系,解决传播活动中"对谁"的问题;(4) 通过传播内容评估和预测传播效果,这与传播活动的终极问题"取得什么效果"有关;(5) 比较传播内容与现实世界的关系,评估社会形势对传播内容的影响④。

---

① Gunter, B. and Wober, M., *The Reactive Viewer: A Review of Research on Audience Reaction Measurement*, London:John Libbey & Company Ltd., 1992, p.3.
② 刘燕南著:《电视传播研究方法》,北京师范大学出版社 2003 年版,第 308—309 页。
③ 王石番著:《传播内容分析法》,幼狮文化事业公司 1996 年版,第 109 页。
④ 刘燕南著:《电视传播研究方法》,北京师范大学出版社 2003 年版,第 171—177 页。

由此看出，内容分析法是播音主持心理学中一种重要的研究方法[①]。

2. 播音主持心理学的定性研究

所谓定性研究是指没有原始资料作为基础，主要使用形而上学的思辨方式对事物或现象的性质与特征进行分析，通常是非量化的。"中国学者目前从事的大部分'定性研究'基本上没有系统收集和分析原始资料的要求，具有较大的随意性、习惯性和自发性，发挥的主要是一种议论和舆论的功能。它更多的是一种研究者个人的观点和感受的阐发。"[②]定性的研究方法主要有访谈法、观察法和实物分析法。

（1）访谈法

访谈法是指通过开座谈会或个别访谈等方法直接获得播音主持活动中传、受双方的自我陈述，从而认识其在传播活动中的心理活动和行为表现的方法。心理学的研究表明，访谈是谈话人之间的一种社会过程和社会交往的产物，谈话双方的心理特征、态度、期望、动机、知觉和行为等会发生相互作用和影响。此外，访谈所处的情境、信息传递的性质等也影响着访谈的效果。概括起来，成功的访谈应具备三方面的条件：资料的可及性、被访人的认知以及动机。

传播学有一种独有的访谈法叫作焦点团体访谈法，具体做法是"一到两个研究者同时对一群人进行访谈，通过群体成员相互之间的互动对研究问题进行探讨"（焦点指访谈题目集中在一个话题上）[③]。如1999年有研究者曾采用焦点群体访谈法对中央电视台《焦点访谈》节目中的专题与舆论监督的效果进行了调查研究。在日常生活中，类似的访谈并不少见，如电台、电视台为了节目改版，或为了推出新的播音员和主持人，有时会组织一些专家和学者座谈，由栏目负责人主持，听取各方面意见。访谈法作为一种定性的研究方法，还应该更加科学化，如访谈前需要"探讨研究者自己的角色，对访谈进行设计，对参与者进行抽样等。"访谈中还要关注物质空间的安排，组织访谈的开始和结束，目的是"帮助研究者了解一个特定的人群在集体场合思维的表达、交流和建构知识的方式。"[④]

（2）观察法

观察法是指在一定时间内对特定行为表现或活动进行考察，然后收集

---

① 刘京林主编：《新闻心理学原理》，中国广播电视出版社2004年版，第30页。
② 转引自陈向明著：《质的研究方法与社会科学研究》，教育科学出版社2000年版，第10页。
③ 同上书，第165页。
④ 刘京林主编：《新闻心理学原理》，中国广播电视出版社2004年版，第31页。

研究资料的一种方法①。播音主持心理学中的观察法是指在播音主持现场,有目的、有计划地观察播音主持活动中传、受双方的行为表现,作出详尽的记录,然后进行分析处理,从而了解其心理活动规律的研究方法。例如,通过观察播音员、主持人在演播室录播和在新闻现场直播时相同或不同的心理状态和表现以及播出的实际效果来分析出现差异的原因,找出解决问题的办法,从而提高播音员、主持人的播出水平和节目质量。

观察法依不同角度又可以分为实验室观察和现场观察、参与观察和非参与观察等。实验室观察是在实验室人工环境中的观察,它往往作为实验研究的辅助手段;而现场观察是在非人工环境中,通过视、听、接触等行为搜集资料的方法,也称自然观察法。参与观察一般比非参与观察的效果好,因为观察者参与其中,既有自我体验,又能与被观察者建立融洽的关系,对所观察的活动也有更深刻的了解,并且能更及时地发现新的研究信息,但其前提条件是观察者能够从事某项工作或活动,因此对观察者的能力要求比较高。

(3) 实物分析法

实物分析是播音主持心理学的定性研究中另外一种收集资料的方法。"实物包括所有与研究问题有关的文字、图像、音像和物品等,可以是人工制作的东西,也可以是经过加工的自然物。"实物资料可以分成两类:"正式官方类"通常包括各种由政府部门颁发的证件和文件;"非正式的个人类"通常包括被研究者个人所写的东西,如日记、信件、自传、个人备忘录等。这种实物资料研究类似"个案法"②。个案法(case study)是指"对个体最直接、最简单的一种心理研究法。它可对一个人某一心理侧面的发展进行研究,或者对某几个人的同一心理侧面进行研究,如搜集一个人的家庭状况、社会地位、教育影响、职业经历、作业成就和智力表现等有关的现实和历史资料。通过综合分析,以探讨他的心理活动状况和发展变化过程及其原因,或验证影响其他发展变化的原因,找出其他发展变化规律。"③例如,可以对著名的播音员和主持人进行个案研究,探讨他(她)的主要心理素质及其人格特征。采用个案研究法有时需借用量化分析的方法,比如通过内容分析法了解某节目主持人语言表达的特色。

---

① 王重鸣著:《心理学研究方法》,人民教育出版社 2001 年版,第 189 页。
② 陈向明著:《质的研究方法与社会科学研究》,教育科学出版社 2000 年版,第 32 页。
③ 朱智贤主编:《心理学大词典》,北京师范大学出版社 1989 年版,第 222 页。

3. 以问题为中心的研究方法

这种研究方法是指"从研究的问题出发,参照所研究的问题来选择方法和手段,而不是用方法来约束自己,一旦选定所要研究的问题,便只有一种选择,即只要能够解决问题,采取何种方法都可以。"① 例如,探讨播音员、主持人的心理素质,可以采用由名播音员、名主持人根据自己的工作实践发表个人经验、感受和观点等定性的研究方法,也可以采用通过心理测量对有所成就的播音员、主持人施测,找出他们在能力、智力、个性等方面的有关数据,借此分析播音主持职业对从业人员心理素质的要求等定量的研究方法。这两种研究方法共同使用可以起到互补的作用②。

北京师范大学教授彭聃龄曾采用以问题为中心的多元化研究方法进行了《电视观众收视行为和心理的研究》。该研究把定性和定量研究有机地结合起来,充分考虑到受众心理与行为的"完整性和开放性",即"在收看电视时人们是以其整个的行为和心理系统对电视节目作出反应的"。因而,在研究电视观众的收视行为和心理时,要从以下几个方面进行:(1)调查观众的收视率及影响收视率的各种因素,进而了解观众收看电视节目的动机、兴趣和爱好;(2)研究观众对电视节目的认知过程,即观众对电视传递的信息进行编码和加工的过程;(3)研究电视对观众的心理和行为产生的影响;(4)了解观众对电视节目的主观评价,确定观众的评价指标。在这个意义上,了解电视观众的收视行为和心理是一种多层次、多维度的研究工作。这种研究对于传播者改进电视节目的编导和制作,改善信息的传播效果都具有重要的意义③。

第二节 播音主持心理学的历史演变及其主要内容

一、播音主持心理学的历史演变

纵观播音主持艺术的发展史,我们可以发现,播音主持业务是伴随着广播的诞生而同时诞生的。1923年1月,美国人奥斯邦在我国上海开办了中国境内的第一座广播电台,并于1月23日正式开播,开播第一天的内容有节目预告、国际国内新闻、音乐和娱乐节目等④,而这些内容都是由播音员运用

---

① 周宁:《论心理的日常性》,载人大复印资料:《心理学》,2002年第4期,第59页。
② 刘京林主编:《新闻心理学原理》,中国广播电视出版社2004年版,第34页。
③ 刘京林、周光荣编著:《新闻心理学论文集》,北京广播学院出版社1994年版,第243页。
④ 《旧中国的上海广播事业》,档案出版社、中国广播电视出版社1985年版,第2—10页。

有声语言传达给听众的。由此可见,自从世界上有了广播电台,就有了播音业务,播音业务和广播电台共生共长,相辅相成,相互依存,相互制约,共同发展。初期的广播电视,从节目设置到播音主持,由于受到技术条件和社会现实,以及当时人们对广播电视的认识等因素的制约,从形式到内容都很简单,甚至有些简陋,与今天的广播电视相比,已经完全不能同日而语了。截止到 2005 年,全国共有广播电台 273 座,开办 2306 套节目,全年播出广播节目 1030 万小时;共有电视台 302 座,开办电视节目 2899 套,全年播出电视节目 1259 万小时。同时还有广播电视台 1932 座,教育电视台 50 座,播音主持从业人员 22000 多人。[①] 然而,无论过去还是现在、无论从业人员数量的多少、无论播出设备条件简陋还是先进,播音员、主持人在播音主持活动中的心理现象和活动规律是一贯的。当然,随着社会的不断发展,随着广播电视事业的不断发展,播音员、主持人在播音主持活动中的心理活动也在不断经历着由初级到高级、由朦胧到鲜明、由零散到完整、由不自觉到自觉的发展过程。至于播音主持心理学,当时的人们对此也许只有一些初步的、朦胧的感觉和认识,并下意识地在自己的工作中运用其中的一些知识,还不能对心理学在播音主持活动中的应用做更多的思考和研究。

从 20 世纪 50 年代开始,随着广播电视业的逐步发展,对播音员的需求也越来越大,与此相伴的是对播音理论的研究也逐渐开展起来,并汇编了《苏联播音经验汇编》、《全国播音经验汇辑》等文集作为播音业务学习参考资料在内部交流。在这些由中外播音员所撰写的关于播音创作体会的文章中,尤其是苏联播音员撰写的文章中,相当程度上引用了斯坦尼斯拉夫斯基表演体系的一些概念,例如:想象、情感、感受、体验、内心视像等,实际上,这已经是不自觉地在运用心理学的概念从理论上探讨播音创作过程中的问题了,只不过这些概念是从表演理论借鉴而来,没有把它同心理学联系起来,或者说没有把它同心理学区分开来。

1983 年,北京广播学院播音系教授张颂出版专著《朗读学》,第一次对有声语言表达的一系列基本问题进行了全面、系统、深入的论述,构建了一个科学的、完整的、个性鲜明的有声语言表达理论体系。在论述朗读学与其他有关学科的关系时,作者指出:"而当朗读学深入到文学作品的内部,深入到朗读者内心活动进行研究的时候,心理学就要担负起自己的职责:高级神经活动中枢,第二信号系统,条件反射,感知,想象,情感等,都会帮助我们了解

---

① 《中国广播电视年鉴》,中国广播电视出版社 2006 年版,扉页。

和把握心理变化的规律。对于生理、心理上的具体剖析,不仅是为了解释朗读现象,更重要的是为了自觉地应用,辨别这些方面的正误,有意识地建立有益的条件和联系,提高朗读的表现力和鉴赏力。"① 其中,作者用两章的篇幅,运用心理学原理和理论,对朗读者对文字作品的分析、理解和把握,作了系统深入的论述。可以说,心理学已经从一个局部或者说一个方面,登堂入室,进入了播音学的理论殿堂,并开始在其中扮演着自己重要的角色。1985年,张颂又出版了新著《播音创作基础》,在《朗读学》的基础上,对广播电视播音语言表达的规律进行了进一步的理论阐述,其中用更多的篇幅对更多的内容,如"依据稿件,具体感受"、"思想感情的运动状态"、"话筒前的播音状态"、"播音表达规律"等,运用心理学理论进行了深入的论述。在结束语中,张颂满怀信心地提出:"我们应该有一部《中国播音学》,它包括:播音发声学、播音创作基础、播音文体业务、播音心理学、播音美学和播音教学法。"② 在这里,不仅是运用心理学理论对播音有声语言表达进行分析、论述,更是直接、鲜明地提出了播音心理学的概念,这既是播音有声语言表达发展的必然结果,也是播音学理论研究的新的要求。

  也是在 1985 年,北京广播学院播音系教授徐恒出版专著《播音发声学》,第一次对播音员的用气、发声、吐字归音和声音控制等进行了较为系统、全面的梳理和总结,并提出了许多具体的要求。作者在前言中说道:"播音发声是语言发声的一种,它的理论必然涉及语言学、汉语普通话语音,以及发声的物理、心理机制和生理活动诸方面。本书力图对这些方面的有关问题作出简要的叙述。"③ 作者在第三章"播音发声的心理基础"里,用一个整章的篇幅,从心理学的角度,阐述了播音发声的心理基础及其特点。除此之外,作者还运用心理学理论对多个问题进行阐述,如:"发声状态与感觉"、"气息运用的感觉与特点"、"声音弹性的生理心理基础"等。

  通过以上的介绍我们可以发现,一些专家、学者已经开始有意识、有目的地运用心理学知识和理论,对播音学中的相关问题进行集中、深入的探讨和研究,这些探讨和研究虽然还不是系统的和全面的,虽然还只局限在个别部分和个别点上,但它已经为播音心理学的未来埋下了饱满的种子,打下了坚实的基础,开拓了宽广的发展空间,播音心理学的研究进入了一个新的发

---

① 张颂著:《朗读学》,湖南教育出版社 1983 年版,第 14—15 页。
② 张颂著:《播音创作基础》,北京广播学院出版社 1985 年版。
③ 徐恒著:《播音发声学》,北京广播学院出版社 1985 年版,第 1 页。

展阶段。

1992年,北京广播学院播音系教师祁芃出版了第一本播音主持心理学专著《播音心理学》,此书为播音学的建设做出了开拓性的贡献,也使播音心理学的研究得到了扩展和深入,第一次较为系统地从播音创作主体心理、受众接受心理、播音员个性心理和播音员管理心理等方面进行了论述,使播音心理学的研究迈上了一个新台阶。后来祁芃又推出了修订本,并改名为《播音主持心理学》。但正如张颂在本书序言中所指出的那样,"由于这是第一本播音心理学的专著,不可避免地存在着草创期稚嫩性的缺点,有些问题尚欠准确精当,有些问题不够深刻具体,还需要进一步探讨、完善。"[1]

受众心理研究,是播音主持心理学研究的重要方面,其实自从有语言传播以来,人们就不断地对听众或观众的心理进行探究和揣摩。例如,古代说书人,他们往往说到精彩处,惊堂木一拍,跟着来一句:"欲知后事如何,请听下回分解。"这些都是对听众心理进行揣摩之后采取的吸引听众的手段。而相声演员也会在节目表演中不断地留"扣",不断地抖包袱,以造成节目的跌宕起伏、精彩不断,最大限度地吸引听众和观众。从广义上讲这些都属于关于受众心理的研究。20世纪70年代末,出现了一些研究广播听众和电视观众的论文,如张陆游的《听众心理与广播稿写作》、马国力的《从观众心理需求看电视新闻改革》等。

从20世纪50年代,心理学知识在播音创作和播音理论研究中的点滴运用,到90年代《播音心理学》的出版,播音学与心理学在理论研究和创作实践中的相互融合,相互促进,共同发展,已经走过了近半个世纪的历程。今天,随着时代的飞速发展,社会生活和人们的日常生活也发生了翻天覆地的变化。科学技术的进步带来了广播电视事业的突飞猛进,多元化的生活带来日益增长的多元化需求,使得广播电视节目日益丰富多彩。播音员、主持人,播音主持艺术创作和播音学理论研究,都同样面临着前所未有的机遇、挑战、压力和广阔的发展空间。在这一过程中,播音主持心理学的解释、预测、调控、减压等作用,对受众的需要、认知、情绪的把握等作用日益凸显。所以,结合新的形式,将近年有关播音心理学的研究进一步系统化,《播音主持心理学教程》便是具体成果。编写新的《播音主持心理学教程》既是新时期播音学研究的新的发展,也是播音主持艺术实践发展的迫切需要,更是播音主持心理学自身不断深化、完善的要求。

---

[1] 祁芃著:《播音心理学》,北京广播学院出版社1992年版。

首先，是中国播音学理论发展的需要。

任何一门完整的学科体系，都应对其学科体系的主要构成部分进行全面、系统、深入地研究。这就好像一台机器，各个组成部分之间既联系紧密，又分工合作，虽有主次之分，但却缺一不可。播音主持心理学是中国播音学的重要组成部分，对播音心理学的研究，已经得到播音学研究的极大重视并取得了初步成果。在此基础上，结合新的社会现实，结合播音主持艺术新的创作实践，结合应用心理学理论新的发展，结合播音主持艺术教育发展的新情况进行研究，是播音主持心理学研究在新时期的重要任务。播音主持心理学的研究成果，在完善、健全播音学研究理论，指导播音主持艺术创作实践，指导播音主持艺术教学等方面，都将发挥极其重要的作用，从而推动新时期播音主持艺术理论研究、创作实践和教学事业向前发展。

其次，是播音主持心理学自身建设、发展的需要。

15 年前，祁芃运用自己丰富的教学经验和理论积累，完成了我国第一本播音主持心理学专著《播音心理学》，其中包含了她对播音主持学科建设的执着追求，凝聚了她多年的心血。她撰写的《播音心理学》，"从框架构想到各章节的设置，都自成体系，紧紧抓住研究的轴心，既向外扩展，又向纵深开掘，力求做到理论和实践结合、阐述与训练结合、共性与个性结合，深入浅出、细致入微地讲述了许多重要道理和方法，使初学者、有播音经验和教学经验者及研究者都能从中受到启迪，是很有指导意义的。"[①]毋庸置疑，《播音心理学》在播音学研究中具有开创性意义，并在播音创作实践、教学实践中，发挥了不可估量的作用。但是 15 年前《播音心理学》面世时，由于处在初步发展阶段，其在内容和结构方面存在很大的欠缺。15 年来，我们的社会生活环境发生了巨大的变化，人们的思想、意识、观念也发生了巨大的变化；播音主持艺术创作实践发生了巨大的变化，节目主持人异军突起，异彩纷呈；播音学理论研究和应用心理学研究都取得了长足的进步。这些都为播音主持心理学的研究提供了新的视角、新的内容和发展契机。播音主持心理学的建设既丰富了播音学的发展，也拓宽了应用心理学的研究领域。

第三，是培养播音主持人才的需要。

从 1963 年经教育部批准、在北京广播学院正式设立中文播音专业近半个世纪以来，播音专业从无到有、从小到大，不断发展。尤其是改革开放以来更是发展迅速。1963 年播音专业大专层次开始招生；1977 年本科层次开

[①] 祁芃著：《播音心理学》，北京广播学院出版社 1992 年版，张颂作序言。

始招生;1981年硕士研究生层次开始招生;1999年博士研究生层次开始招生;2006年艺术硕士层次开始试点招生。今天,全国已有三四百所高校开办播音主持艺术专业,每年招生人数估计约有三四万人。与此同时,全国广播电视系统播音主持从业人员约为两万两千多人,而数以千计的电台、电视台每年还在不断地面向社会招聘播音员、主持人。面对这样一个人才规格、层次齐全,数量庞大,需求旺盛的人才培养市场,迫切需要一本新的《播音主持心理学教程》,这对规范播音主持艺术教育、提高教学效率,进而对提高播音主持艺术教学质量都具有十分重要的意义和作用。

二、播音主持心理学的主要内容

播音主持心理学主要研究在信息传播过程中,播音员、主持人与受众的心理过程和心理规律。播音主持的过程是一个信息循环流通的过程。传者将要传播的信息经过自己的加工传达给受众,受众接受信息后,随之产生相应的心理体验和行为反应,通过适当的反馈渠道回传给播音员、主持人,从而对播音员、主持人的再加工产生影响。在这一过程中,要想取得理想的传播效果,传者与受众必须达成一种良好的互动关系。另外,成功的播音主持作品是整个团队集体智慧的结晶,再多才多艺的个人也不可能成为"单打独斗"的常胜将军,所以优秀的播音员、主持人需要培养团队精神,在团队中完善和提升自我。

根据以上讨论的信息传播的过程中涉及的心理现象,我们对这本《播音主持心理学教程》的结构作了如下安排:

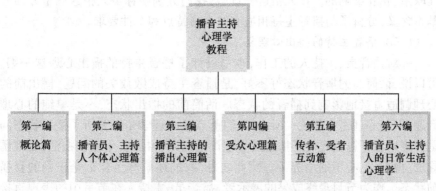

图1.1 《播音主持心理学教程》的内容结构图

(一) 概论篇

主要包括播音主持心理学的学科性质、研究对象、研究方法,播音主持心理学的历史演变、研究意义等几个方面的内容。

(二) 播音员、主持人个体心理篇

播音员、主持人的个体心理现象包括三个重要方面:认知、情绪和意志、人格。首先,认知过程是指人们获得知识或应用知识的过程,或信息加工的过程,是人最基本的心理过程,包括感觉、知觉、注意、记忆、思维和想象等几个方面。我们具体介绍了各个认知过程的原理及在播音主持中的应用,其中语言心理一章也属于播音主持的认知过程,因为语言是播音主持工作的基本功,播音员、主持人的创作活动最终必须通过语言来实现,考虑到语言在播音主持工作中的重要地位,我们将其单列为一章详细加以介绍。其次,情绪是指人在加工外界输入的信息时,产生的对事物的态度,引起满意、不满意、喜爱、厌恶、憎恶等的主观体验。意志是指个体能够自觉地确定目标并为实现目标而自觉支配和调节行为的心理过程。情绪和意志能够调节和控制人类的行为,它们对于播音主持工作的成败至关重要。例如,我国老一辈播音艺术家齐越就一贯主张并强调,播音主持艺术创作要充满激情。所以,当我们聆听齐越的播音时,就能充分感受到他的表达当中所表现出的激情洋溢和磅礴大气。我们专门讲述了播音主持工作中对情绪与情感的调控,意在突出、强调情感在播音创作中的重要作用。人格包括气质、性格和能力,能力是顺利实现某种活动的心理条件,并在活动中得到发展,气质和性格对活动的完成产生一定的影响。这三个方面不是相互割裂的,而是相互联系、相互影响的。在人格这一章中,我们分别解释了人格这三个方面的基本含义,分析了与播音主持相适应的人格特点和个性要求。

(三) 播音主持的播出心理篇

针对播音员、主持人的工作,本书设计了播音主持的播出心理这一编。可以说,话筒前的播音状态好不好,是播音主持成败攸关的问题,播出前的心理调适直接地影响到播音的状态。话筒前的播出状态,不是单纯的心理问题,但与心理密切相关。所以,我们重点从心理学角度分析了播出状态问题。第六章开篇就提供了播出前心理调适的几种措施:生理调控法、心理诱导法、模拟法、心境的培养等。除此之外,我们还解释了什么是正确的直播前状态。作为节目最终成果的展示者,播音员、主持人在节目中的表现直接影响着节目的成败,因此,播音员、主持人在节目中的专业能力与临场技巧的发挥至关重要。针对在现场的节目主持需要,我们分别阐释了播音员、主持人的驾驭能力、提问技巧、应变能力和创新能力的基本内涵,讨论了与这几种能力有关的因素,并提出了增强这几种能力的方法和途径。

（四）受众心理篇

受众是传播系统中一个非常重要、非常活跃的因素,是产生传播效果的关键。受众作为社会群体的一员,是具有特定的心理和生理机制的。传播活动首先作用于人的心理,以心理为中介,才能产生效果,即受众的心理状况和接受程度决定着传播效果的最终实现。要想成为一个成功的播音创作主体,播音员、主持人必须关注与传播效果有关的受众心理,为此,我们设置了本篇的内容。本篇包括受众的需要心理、受众的认知和情绪心理、受众的群体心理效应三章。首先,受众的需要具有引导传播者调整创作内容、创作形式的功能。只有熟悉节目的受众,根据他们的预期需求有针对性地选择节目内容并不断改进节目形式,才能赢得受众。我们在第九章详细分析了受众的求知需要、审美需要、娱乐需求和社会化需求。其次,在受众的认知和情绪心理一章中,我们详细论述了以下几个方面:受众的感知觉与信息知晓度和节目收视率之间的关系;受众对信息的理解度;在接受信息过程中,受众的价值判断与情绪类型;受众情绪情感的唤起和调控。最后,受众是作为一个群体出现的,人们周围的环境影响着个体的观念和情绪,所以,在受众心理这一编中,我们设置了专门的一章,对几种典型的、能够对传播效果产生影响的群体心理效应,如:权威效应、认知效应、逆反心理和认知偏差等作了详尽的介绍。

（五）传者、受者互动篇

随着研究者们对受众的关注的加强,传播理论中"受者中心论"逐渐取代了"传者中心论"的观点。但这并不意味着取消或淡化传者的主体作用,而只是在更大程度上考虑受众需求,使传播的针对性、适应性更强,以达到最佳的传播效果。传播者更多地考虑到了受众的心理,更多地让受众参与其中,传者与受者互动成为节目当中主要的表现形式。我们也顺应和展现了传播领域这一新的潮流,设置了本篇内容——传者、受者互动篇。本篇包括两章内容:人际互动与仿人际互动、网络互动与跨文化互动。其中,第十章概述了人际互动和仿人际互动的概念、理论发展和播音员、主持人在两种互动中的作用。随着大众传媒技术的迅猛发展,以互联网为代表的新媒体在世界范围内快速推进。不同于电视、广播的信息单向传播,网络是一种双向的信息交流活动。借助于互联网这个平台,网络互动成为不少节目的亮点。与此同时,网络的跨地域性的特点也加强了跨文化互动。在第十一章中,我们介绍了网络互动的现状、网络互动条件下的受众心理新特点、跨文化互动的现状以及在这两种互动条件下播音员、主持人面临的挑战。

(六)播音员、主持人的日常生活心理学

作为公众人物,播音员、主持人受到社会各界共同的关注,这种关注既是对播音员、主持人的一种激励,同时又形成一种极大的限制与压力。在这些巨大的落差之中,怎样才能保持"不以物喜,不以己悲"的稳定心态?随着传媒技术的发展,播音主持工作对时效性的要求越来越高,加上播音主持行业的竞争本来就高于一般行业,因此,播音主持从业者的工作压力也要高于一般行业。在我国,新闻工作者中有心理障碍者占总人数的比例,高于一般人群中有心理障碍者七个多百分点。为此,我们设置了"播音员、主持人的日常生活心理学"这一编,结合播音员、主持人的工作和生活实际,分析了产生不良心理状态的根源,以及如何保持良好心理状态,避免不良心理状态的产生,提出了几种个体心理训练的策略。最后,在第十三章中我们结合积极心理学的研究成果,介绍了播音员、主持人的生活满意度和主观幸福感问题,以期能够为播音员、主持人解决心理问题困扰,提供一些科学的、有针对性和可操作性的建议。

三、学习播音主持心理学的意义

(一)广泛扩充专业知识,全面提升理论素养

广播电视播音主持从业人员虽然没有系统地、深入地学习过心理学的有关知识,也会自觉或不自觉地遵循一些一般的心理活动特点和规律去从事播音主持工作,甚至也会有人取得令人称道的成绩。但是,我们不能仅凭一些心理学常识和感觉来指导工作。心理学不只是常识,因为许多心理学家的发现和大多数人预测的结果大相径庭。因此,播音员、主持人不能满足于已有的实践经验,还需要通过系统的心理学理论学习,自觉地将感性认识上升到理性认识,广泛扩充专业知识,全面提升理论素养,以适应未来工作对我们的要求。

(二)准确把握受众心理特点,增强传播效果

受众的心理活动纷繁复杂。大到传播媒体对受众社会化进程的影响,小到受众个体在接受信息时的各种认知心理和情绪心理。要想准确把握受众,需要做多方面努力。心理学是其中一个重要方面,具备了播音主持心理学的系统理论和专门知识,我们就能准确把握受众的心理特点,并依据受众的认知规律进行采制和编播活动。例如,心理学家通过实验发现,认知偏差

是一种普遍存在的心理现象。因此,那些深谙受众认知偏差规律的播音员、主持人往往会主动地、巧妙地利用或回避受众的某种认知错觉,以达到其传播目的,并增强传播效果。

(三) 深入了解自身人格特征,加强自我调控

从心理学的角度来讲,播音主持活动的进行,就是播音员、主持人不断地调控自我心态的过程。由于新闻工作本质属性和特点的要求,播音员、主持人要经常面对直播、现场报道和重大事件、突发事件的现场直播活动。这就需要具备良好的自我调控能力和应变能力。学习播音主持心理学可以有效地指导、帮助播音员、主持人应对千变万化的采、编、播环境,处变不乱,宠辱不惊。例如,有的播音员、主持人常常为自己在话筒前或镜头前因太过紧张而出错或失语苦恼。这里既有业务水平和能力的因素,也有实践经验不足的原因。从心理学的角度可以对这类现象作多方面解释:(1) 从理论上分析,焦虑可以分为两种:特质焦虑(一种人格特征,反映了人们对紧张反应的频率和强度上的个别差异)和状态焦虑(人们在特定情境下所产生的专门反应状态)。如果播音员、主持人属于特质焦虑者,则他不适合从事这项工作,即使从事也要付出相当大的努力来摆脱焦虑状态;若是第二种人,则比较容易在播音主持现场中调控自己的情绪。(2) 自尊心(对自己的价值观的尊重程度)越强的人,面对话筒或镜头(尤其是直播状态)时,越容易产生高焦虑(我播错了怎么办?会不会丢面子?领导和同事对我的能力是否会怀疑?)。心理学家建议:面对压力要顺其自然;适当降低自我价值感,都有助于缓解话筒或镜头前的焦虑感①。

(四) 学习心理健康知识,保持健康的心态

长期以来,人们对健康的认识大多局限于身体的健康或者说生理的健康,而往往忽略身体健康的另一个重要方面——心理健康,对心理健康的知识也知之甚少。现代社会,人们面临着生活、工作等各种各样的巨大压力,心理健康的问题日益突出,也越来越引起人们的关注和重视。播音员、主持人既处在竞争最为激烈的新闻行业之中,也处在播出、直播、现场报道、现场直播等这样一些心理压力巨大的工作最前沿。充分和必要的心理学知识,可以帮助我们有效地缓解压力,调整心态,做好工作。也许有一些播音员、主持人,已经由于各种原因产生了一些心理障碍,并且已经不同程度地影响到了工作。有的人虽然意识到了这些问题,却由于缺少心理学方面的知识

---

① 刘京林主编:《新闻心理学原理》,中国广播电视出版社2004年版,第5页。

而束手无策,无力改变。这种状况不仅会导致某些播音员、主持人的心理健康出现严重问题,影响播出工作,也会影响受众的心理,甚至会影响到播音员、主持人自身的生活。例如,自1994年至1997年,在北京、上海、广州、长沙相继发生了四起电台、电视台"人生热线"类节目主持人因心理疾病而导致自杀的事件,在广大听众、观众中引起了强烈的反响。有关专家认为,如果他们在事前能了解一些心理健康、心理障碍方面的知识,主动找心理医师咨询并及时治疗,或许可以避免这类悲剧的发生①。

思考题

1. 什么是播音主持心理学?
2. 播音主持心理学主要研究哪些内容?
3. 我们可以运用什么方法来研究播音主持心理学?
4. 学习播音主持心理学有什么意义?

---

① 刘京林主编:《新闻心理学原理》,中国广播电视出版社2004年版,第6页。

第二编
播音员、主持人个体心理篇

在全球化进程中,大众传媒扮演着极其重要的角色。伴随着广播电视业的迅速发展,播音员、主持人这一群体越来越受到大众的期待和瞩目,在社会中的影响也越来越大。他们是节目内容的形象代言人,是一个栏目甚至整个频道、整个广播电台/电视台的脸面。正是由于播音员、主持人的不懈努力,才使传播过程得以顺利完成,并产生了良好的传播效果。

播音员、主持人在广播电视传播中的极端重要性,使得我们更加重视播音员、主持人心理的各个方面。在"播音员、主持人个体心理篇"中,我们主要分析了播音员、主持人的语言、认知、情绪和意志、人格这四个方面。首先介绍的是人类最基本的心理过程——认知过程,主要包括感觉、知觉、注意、记忆、思维和想象等几个方面。我们结合播音主持实际介绍了各个认知过程的原理。其中,语言心理也属于播音主持的认知过程,我们专门列出"播音员、主持人的语言心理"这一章加以介绍。其次介绍的是情绪和意志。它们能够调节和控制播音员、主持人的行为,并对播音主持工作产生重要影响。除了情绪和意志的基本理论之外,我们还专门讲述了播音主持工作中情绪与情感的调控技巧。最后介绍了人格方面的内容。主要介绍了气质、性格和能力这三种心理现象,并提出了一些塑造健全人格的有效方法。

第二章 播音员、主持人的语言和言语

在广播电视的信息传播过程中,播音员、主持人是以信息传递者的身份出现的,他们通过有声语言和副语言进行传播活动,因此,播音员、主持人的创作活动最终是通过有声语言来实现的,有声语言表达质量直接关系到信息的传播效果。因此,在播音员、主持人的选拔过程中,对语言的感受、理解和表现是最起码的一个条件。在播音主持工作的过程中,对播音员、主持人的语言质量要求更是严格,在国家广电总局对播音员、主持人的管理规定中有这样的要求:"播音员、主持人的语言面貌,对全社会来说,有着不可替代的标志作用、示范作用、导向作用、规范作用和审美作用。"语言属于播音员、主持人的个体心理的认知过程,语言在播音主持工作中具有重要地位,我们将其单列为一章详细加以介绍。本章第一节明确界定了语言和言语,并从四个方面(语言官能、语言知识、语言行为和语言表达能力)阐释了语言学中的语言能力的概念;在第二节我们分析了语言与思维的关系。语言是思维的工具,抽象思维活动必须借助于语言,不能离开语言而单独进行。思维是语言的基础,思维发展水平有多高,语言的发展水平就有多高,没有了思维,语言工具也就失去了存在的价值。根据出声与否,我们将语言分为内部语言与外部语言。在第三节中,我们区分了内部语言和外部语言两种语言,分别介绍了内部语言和外部语言两种语言的特点及其在播音主持工作中的作用及意义。两者既有区别又有联系,口语表达即是从内部言语向外部言语的转换。本章的最后我们提出了良好的口语表达技能需要的几种能力:组织内部言语的能力、组合语言的能力、表情达意及调节、整理语言的能力。

第一节 概 述

一、语言(language)和言语(speech)

(一) 概述

语言是人们交流思想、进行思维活动、传情达意的重要工具,播音员、主持人的工作从某种意义上说就是对语言的恰当、准确、生动、艺术地运用。

所以,深入认识、理解、感受并且最终表达语言对于每一个播音员、主持人来说就显得尤为重要了。

要深入理解语言,就不得不对"语言"和"言语"这两个概念加以区分。我们在日常生活、文学作品、节目主持中往往把这两个概念混淆在一起。例如:

(1) 这部作品的<u>语言</u>很美。

(2) 他的<u>语言</u>风趣幽默。

(3) 社科院<u>语言</u>研究所。

(4) 要学习劳动人民的<u>语言</u>。

(5) 熟了,也就没有共同<u>语言</u>了。

这几个例子中(1)、(2)、(4)的画线部分指的是广义的"言语",(3)的画线部分指的是"语言",(5)的画线部分实际上既不指"语言"也不指"言语",而是指"观点"、"话题"。那么究竟什么是"语言"、什么是"言语"?它们之间到底有什么区别呢?

(二) 索绪尔对"语言"和"言语"的划分

20世纪初,现代语言学之父索绪尔提出了语言和言语的区别。它们的区别可以用下面这个著名的公式来说明:

$$言语活动 = 语言 + 言语$$

按照这个公式,我们有如下理解:

言语活动指的是人们说话的过程和得到的结果(product);语言是指人们所共知的一套符号系统;言语是指担负意义的物质形式。所以严格意义上的语言和言语是相互对立的,言语就是指言语活动中非语言的那一部分。因此,它们的属性也是完全不同的:是言语的就不是语言的;是语言的也就不可能是言语的。

上面所说的言语是狭义的理解。广义的理解,言语就相当于运用语言知识进行言语行为(performance)的结果,即上述公式中的"言语活动"。下面的讨论是基于对言语这一概念广义的理解。

(三) 语言和言语的区别

1. 语言具有全民性,言语具有个体性

语言是存在于全体社会成员大脑之中的完整的抽象符号系统,它由词库(lexicon)和规则(rules)两部分组成。它对于使用这种语言的全体成员来说就是全民的,只有这样成员之间才能够互相理解对方所说的话语。所以说语言具有全民性;而言语则具有个体性,每个人说话都带有许多个人的特点,如地域、性别、年龄、文化素养、社会地位等,言语是个人对语言形式和规则的具体运用的成果。

2. 语言具有心理现实性,言语具有物理现实性

语言没有物质形式,只具有心理现实性。比如下棋的规则是存在于对弈者的头脑之中的,它与棋盘的质地、棋子的材料等客观因素都没有关系。所以有些人可以在没有棋盘、棋子的情况下对弈。语言就是由只具有心理现实性的词项(lexical item)和规则组成的;言语是对规则的应用,将原本只具有心理现实性的词项赋予具体可感的物质形式,言语具有物理现实性。

3. 语言是抽象的,言语是具体的

语言具有高度的抽象性,它排除了一切个体差异;言语是运用语言的过程和结果。因此,人们只能直接感知到言语,语言学家只能对大量的言语素材进行抽象概括,才会从中发现语言的各种单位和规则。所以说,言语是具体的,而语言是抽象的。

4. 语言是有限的,言语是无限的

就某一种语言来说,音位的数量是有限的,词的数量和构词规则是有限的,组词造句的规则也是有限的;然而根据交际的需要,每个人运用规则生成的句子却是无限的。世界上没有两个人说话会完全一样,一个人一生中究竟要说多少话,要写多少东西,这是无法计算的。所以,语言是一个有限语言单位的集合,这些有限的语言单位按照一定规则组织成一个系统。人们的一切言语活动都是在这个系统中运行的。而在具体的言语活动中,作为一个行为过程,人们所能说出的话语是无限的,每句话语的长短在理论上也应该是无限的,任何一句话都可以追加成分而使它变得更长。利用有限的符号及其规则说出无限的话来,这是言语活动的一个特点。

5. 语言是静态的,言语是动态的

语言中的规则都是现存的、一定的,不允许处于经常的变动之中。这是言语活动得以进行的前提和基础,否则人类就无法进行交际、无法组织社会。因而语言在一定时期内处于静止状态。当然,随着社会的变化和语言的发展,语言也会出现相应的变化,但是总体来说语言系统是相当稳定的。而言语就不同了:言语活动总是在说话人和听话人之间展开,从说到听是一个动态的过程。言语交际的过程也就是信息传递的过程。在这个过程中,语言充当信息传递的代码。说话人通过语言来发送信息,听话人通过语言来接收信息,信息的传递由编码、发送、传递、接收、解码几个连续衔接的过程组成。

以上分别从不同侧面阐述了语言和言语的不同。概括地说,语言是只具有心理现实性的一套系统,存在于全体社会成员的大脑中,具有高度的抽象性、稳定性;言语是对语言单位和语言规则的运用,表现为一定的物质形式,具有物理现实性。

二、语言能力(language competence)

我们这里说的语言能力与通常所说的语言能力不同,这里是指语言学中的概念。要理解语言能力这个概念就必须理解语言官能、语言知识和语言行为这一组概念以及语言能力和有声语言表达能力的区别。

(一) 语言官能(language faculty)

语言官能是人类先天具有的一种能力,这种能力为人类学会一种语言提供可能。就像一个正常的人天生具有学会走路、学会骑车的能力一样,一个正常的人天生就可以学会说话,就具有语言的官能。语言官能是与生俱来的,并且是人类所独有的。

一个婴儿出生、生长在一种语言环境中就会自然而然地习得这种语言。然而,其他任何动物都不可能学会人类的语言,即便是在其生长过程中人为地不停地对它施以言语刺激、通过各种手段教它学习语言也无法达到这样的目的。因为人类的语言机制是十分复杂的。关于语言的基本知识是人们下意识地获得的,一个五岁的儿童的语言能力几乎和成年人完全相同,这么复杂的语言知识仅靠后天的学习是无法掌握的。我们举一组英语的例子来说明这个问题:

(1) The girl asked the boy to leave.

(2) The girl asked the boy to be allowed to leave.

第一个句子是一个歧义句。我们既可以理解为"女孩请求男孩离开",也可以理解为"女孩请求男孩允许自己离开"。而在第二句中,用"to be allowed to leave"替换了第一句中的"to leave",结果这句话就只有一种理解了,即"女孩请求男孩允许自己离开"。同时这句话很难再理解成"女孩请求男孩离开"的意思了。

这种对于句子理解的知识是下意识的。尽管说英语的人拥有它、不自觉地在说话和理解别人的话语时使用它,但是这种知识却不能直接从语言事实中提取出来。对于这种下意识地获得的知识人们不可能通过教学来传授、自然也就不能通过学习而获得了。

概括地说,人类能够学会语言是因为人类具有能够学会语言的先天条件——语言官能。语言官能是人类所特有的,是学习语言的生理基础。

(二) 语言知识(language knowledge)和语言能力

语言知识,一般是指人们关于自己母语的所有知识。这种知识能够让使用这种语言的人在大脑其他官能的配合下,实现沟通交流、表达思想以及其他的种种功能。那么一个有着正常语言能力的人到底掌握了哪些语言知识呢?

1. 关于语音系统的知识

掌握一种语言意味着知道什么样的语音形式是这种语言的,什么样的语音形式不是这种语言的。在学习外语时,时常会出现这样的情况:以自己母语中的某个音来代替母语中没有的音。比如,汉语拼音中 b 是一个清辅音,而英语中没有相对应的音,只有[b]这个浊辅音。所以,母语为英语的人学习汉语时,往往会不自觉地把汉语拼音中"b"这个清音发成浊音。以 b 为声母的音节,他们学起来就有些困难,容易受母语的影响而发出"洋腔洋调"的音来。

掌握一种语言同时也意味着知道什么样的音的组合是这种语言的,什么样的音的组合不是这种语言的。比如汉语普通话中,可以出现这样的组合"kan"、"shu"、"ma";但是不能出现这样的组合"kam"、"shf"、"ml"。

2. 关于词义的知识

掌握一种语言不单单是知道这种语言中有什么样的音和音的组合方式,更重要的是知道特定的声音形式对应什么样的意义。声音形式和意义之间的关系是任意性的,而一旦确定之后又不能轻易改变。

3. 关于句法的知识

了解了一种语言的语音知识和词义的知识并不等于掌握了这门语言。掌握一门语言意味着知道什么样的句子是合语法的,什么样的句子是不合语法的;特殊的句式传递什么样特殊的意义等。例如:

(1) 小李打了老张。

(2) 小李被打了。

这两句话都是主语加动词短语构成的,但是意思却截然不同,这种意义上的差别就是由句式的不同造成的。人们关于句法的知识也是下意识的,与人脑的特定机能密切相关。研究表明,当人脑的某一部位受到损伤后,会使人丧失部分语言能力。不同部位的损伤,导致语言能力中不同方面能力的丧失。例如:有一种病人可以理解下述例句中的(1)(2),却无法理解这样的事实,即(3)的意思更接近(1)而不是(2)。

(1) The boy likes the girl.

(2) The girl likes the boy.

(3) The girl is liked by the boy.

语言知识（language knowledge）是在语言官能的基础上习得的所有关于母语的知识，包括语音、词汇、语法各个方面。一个人知道这些知识并不意味着就可以在真实的环境中与人交流、沟通、自由地表达思想。具备这些知识只是说明一个人具有实现上述功能的可能性，也就是说这个人具备了语言能力（language competence）。

（三）语言行为（language performance）——各个方面能力共同作用的结果

语言行为，是指在真实的语境中运用语言知识表达和理解话语的行为，是言语的可能性转化为现实性的过程。这个过程不仅涉及语言能力，同时涉及其他与言语的发生和理解相关的各个方面的能力，如发音能力、听辨音能力、逻辑推理能力、认知能力等。同时恰当地理解一句话，还要结合当时的语境，还要掌握一定的背景知识。例如下面这组对话：

(1) A：喝咖啡吗？

(2) B：喝咖啡是提神的！

B 的回答可以有不同的解答：可以是"好的，我来一杯！"，如果他正在准备一篇论文，需要工作到很晚的话；相反，如果 B 打算睡个好觉，一直担心会失眠，那么他的回答就意味着"不，不要！"同时对这句话的理解，还要求对话者有这样的背景知识：咖啡中含有一种物质，可以让人兴奋。所以，语言行为是一个复杂的过程，是大脑和机体的各种官能共同起作用、协同工作的结果。

（四）语言能力和语言表达能力（expression ability）

语言能力是指人们能够运用所掌握的语言知识进行思维活动、言语交际的能力；语言表达能力是指通过语言行为陈述事实、表达思想观点的能力。在日常生活中，人们常常用"语言能力"来代替"语言表达能力"。如：

1. 他<u>语言能力</u>很强，主持节目很受观众欢迎。

2. 新闻评论节目主持人一定要提高自己的<u>语言能力</u>。

3. <u>语言能力</u>是大学生求职面试的一个很重要的因素。

语言表达能力和播音员、主持人的工作直接相关。语言表达能力的高低在很大程度上决定了节目的传播效果。在不断提高语言表达能力的同时,我们也不应忽视对于语言本身的认识①。对于语言官能、语言知识、语言能力、语言行为等相关概念清楚准确的理解,也有助于我们加深对于语言本质的理解,有助于提高我们的语言表达能力,是播音员、主持人广义备稿的一部分。

第二节　语言和思维

我们知道语言既是人类的交际工具也是人类的思维工具,语言和思维有着密切的关系。在前面我们了解了什么是语言和言语之后,我们还要进一步了解什么是思维,语言和思维之间有着什么样的关系,而这种关系对我们的有声语言创作有着什么样的意义。

一、思维概述

思维是人的大脑能动地反映客观现实、认识现实世界的过程,是人在运用脑力认识世界的过程中进行比较、分析、综合的能力,是大脑的一种机能。人类面对自然界的现实是相同的,大脑的生理构造也一样,因而具有共同的思维能力。但思维本身是复杂的,多形态的,一个人同时并存着几种不同形态的高度发达的思维。一般把思维分为三种类型:

(一) 直观动作思维

这种思维指思维时能直接感知思维对象,并通过思维者自身的动作去影响思维对象的思维活动。例如工程设计师、体育运动员等的思维活动都具有直观动作特点,教练员讲解有关体育战术如足球、篮球、排球等也要用直观思维。

(二) 形象思维

这种思维指在思维时用唤起形象并在想象中对形象进行加工改造的思维活动。艺术家和文学家思维时(在进行艺术构思时)就充分地进行着这种形象的加工改造和组合的活动。比如构思一幅画、一座雕塑、一个情节、一个戏剧场景等,都要进行形象思维。

(三) 抽象思维

也叫逻辑思维,指人们对客观事物进行抽象概括分类,形成概念,并运

---

① Jamal Ouhalla, *Introducing Transformational Grammar: From Principles and Parameters to Minimalism*, Beijing: Foreign Language Teaching and Research Press, 2001, p.4.

用概念进行判断和推理的思维活动。通常我们所说的思维、思维能力,主要地是指这种思维,这是人类最普遍的一种思维类型。这种思维只有人类有,动物没有,所以动物没有语言。有人曾经做过试验,把小鸡抓住捆扎起来,小鸡挣扎尖叫,母鸡会应声而至,赶来营救;而把小鸡罩在玻璃瓶中,哪怕小鸡挣扎喊破了嗓子,母鸡因为听不到小鸡的叫声,在一边仍然是无动于衷,若无其事。这说明母鸡只有第一信号系统,只具有直观思维能力,没有逻辑思维能力。

这三种类型的思维活动,语言在其中的作用是不相同的。前两种思维很少有语言的活动,一般称为非语言思维,第三种思维主要依靠语言进行,所以是语言思维,这种思维与语言的关系最为密切,也与有声语言表达的关系最为密切。一个人只有具备抽象思维能力,思维才有可能得到突飞猛进的发展。无论是哪一种思维,以语言作为工具的抽象思维都起着主导作用,组织和制约着思维的全过程,它同时也在我们的有声语言表达的过程中扮演着关键角色。

二、认识、理解语言和思维的关系

语言与思维的关系是紧密的,这种紧密联系随着科学的发展,现在已得到了神经生理学的证明。不仅如此,我们自己在日常的交际中和有声语言表达中也能体会到这二者之间的紧密联系。

人类不仅在相互交际时需要语言,需要语言表达自己的思想,通过语言了解别人的思维,即使是在思维的时候,在形成思想的时候,在沉思默想的时候,也需要语言,离不开语言。因此,语言不但是交际的工具,而且也是思维的工具。思维活动,尤其是抽象思维活动,必须借助于语言,不能离开语言而单独进行。马克思在《德意志意识形态》中指出:"语言是思想的直接现实","观念是不能离开语言而存在的"。

人类思维的过程无法用图像显示,是靠语言来显示的。每一个学过外语的人可能都有这样的体会:学习和掌握一门外语实际上就是学习一种新的思维方式和方法;如果外语没有学习好,不能用外语来思维,需要把想说的话先用母语想好,而后再翻译成外语说出来,那肯定说得一点也不流畅,磕磕巴巴的,时断时续的,别人听起来就像是用外语发音的汉语(假定说他的母语是汉语);只有能用外语来思维的人,他才能真正学好外语,他才能自如地运用外语进行交际,因为他已经掌握了另一种思维的方法。这就是说,每一种语言都隐含着一种独特的认识世界的方法,不同语言的差异对不同民族思维方式的实现具有决定性的作用。语言学史上第一位理论语言学家洪堡特有一个著名的论断:"每一语言里都包含着一种独特的世界观","语言仿佛十分民族精神的外在表现,民族的语言即民族的精神;民族的精神即民族的语言"。这一论断比较概括地说明了语言与思维、语言与认知现实之间的辩证关系。

人类思维的过程需要语言,思维的成果也需要用语言表达出来。比如我们认识客观世界,形成了概念,这种概念就需要运用语词把它包装起来,把它固定下来,展示出来。没有语言,没有句子,概念也就无所依托,推理也难以进行,思维恐怕也不存在了。所以,语言在思维过程中具有很大的作用,既参与形成思想,又参与表达思想。语言是思维最有效的工具,人们用语言进行思维,而思维则在语言材料的基础上进行。如果没有语言,思维活动不能进行,思维成果也无法表达。所以,斯大林说不论人的头脑中会产生什么样的思想,以及这些思想在什么时候产生,它们只能在语言材料的基础上、在语言术语和词句的基础上产生和存在。

语言和思维的密切关系还表现在,语言和思维是互相适应的,思维发展水平有多高,语言的发展水平就有多高。我们不能想象,一个民族的语言十分发达,而思维水平却很低;我们同样不能想象,一个民族的思维水平很高,而语言水平很低。这两种情况都是不可想象的,因为二者必须互相适应。一种语言,无论它的结构简单复杂与否,都是能满足一个社会集团交际的需要的,当然也必须能适应思维的要求。从这个角度看,人类语言无所谓先进与落后,无所谓优劣,都是一定社会的产物,为一定的社会服务的。

因此,语言和思维是相互依存、共同发展的。语言是思维的工具,思维离不开语言,同时语言也离不开思维。二者如影随形,谁也离不开谁。一方面,没有语言,思维活动无法进行,思维成果无法表达,思维实际上就不可能存在;另一方面,语言作为思维的工具,只有具有思维活动,只有在思维过程中运用才有存在的意义,如果没有思维活动,无所谓交际和思想,语言工具也就失去了存在的价值,没有必要存在了。所以语言和思维是相辅相成的,二者各以对方为存在条件。思维必须在语言材料的基础上进行,哪里有思维活动,哪里就有语言活动。

三、语言和思维的区别

我们说语言和思维之间的联系非常紧密,水乳交融,无法分割开来,但是语言和思维是不同的东西,并不对等,因此不能混为一谈。二者的统一性不等于二者的同一性。语言和思维是两种不同的事物，它们是不同的社会现象。

第一，语言是物质的，因为语言的所有单位——语素、词、词组、句子等，都是以声音为物质外壳的，思维作为大脑的特质是观念的，它没有物质性，没有质量、重量、长度等。第二，语言是思维的工具，既然是工具，就不可能是思维本身。第三，构成方式不同，思维的组成成分是概念、判断和推理，它运用概念，按照逻辑规律构成种种不同的判断，并由一个或几个已知判断（大小前提）推出新判断（结论）；语言是由语音、词汇和语法组成的，语言运用词语和一定的结构规则构成句子。第四，概念、判断和推理这几种思维形式同语言中的词与句子并非完全对应，这也说明了语言和思维的区别。比如同一概念，一种语言中可以有多个词语表达，也可以用词组表达，词还有感情色彩，概念只反映事物的本质特征，没有色彩。句子中一般只有陈述句表达判断，有些多义的陈述句可以表达几个判断。推理和复句也不对等，人们常以简略形式表达推理，省略一个前提或结论。如：下雨不出操，今天就不出操——下雨不出操，今天下雨。第五，语言具有民族特点，思维是全人类共同的。思维是大脑的功能，人类的大脑的生理构造都是一样的，没有民族性，因而大脑的功能——思维能力也没有民族性，全人类一样。但是由于思维的方式不同，所有的语言都具有民族性特点，如汉语的"上午"和"下午"，意识中是以"中午"作为分界线的，英语的"下午"（afternoon）在构造上反映的思维方式与汉语相同，但"上午"（morning）就不一样，一是内部构造不同，二是包括的时间范围也不同。又比如印第安人能区分很多种白色，这同他们那里雪多有关；阿拉伯人表示骆驼的名词很多，说明骆驼在他们的日常生活中占有十分重要的地位，因而才有这样细致的观察；汉民族历史上关于马的词也非常多，有120多个，今天的《新华字典》收了90多个，大部分不是现代汉语使用的，可见历史上马在汉民族生活中的重要地位。考察不同的语言，我们很难找到两个完全对等的词语。社会生活在语言中打上了种种烙印。例如中国人重视亲属之间的关系，所以汉语中有很多特定的亲属称谓词语，叔叔、伯伯、舅舅、姑姑、姨妈、舅妈、婶子分得十分清楚，如果把汉语各方言中这类词统计出来，数量将是惊人的，而英语中表达同样的含义，男性用一个词，女性用一个词，在他们的思维方式中，叔叔、伯伯、舅舅是没有区别的，而对中国人来说不但有区别，而且通过这些不同的词语反映了指称对象和说话人之间的特定关系。不同的语言在语音、词汇、语法各个方面都有自己的特点，这正是思维方式不同的反映。正是因为思维方式的不同，世界上才有如此丰富多彩的语言;正是因为人类有共同的思维基础,人类语言才可能互相翻译,不同民族的交流才有可能进行。

总而言之,思维活动要借助语言工具,思维成果要通过语言才能表达出来,而语言的词义的形成、语法规则的形成、词语音义关系的建立,又离不开思维活动,如分析、综合、归纳、推理等,二者完全是互相促进的,同步发展的,同时又是互相适应的。

四、语言和思维的关系对有声语言表达的意义

语言和思维形影相随,互相依存:思维是语言通向现实的桥梁,而语言则是人类进行思维的工具。我们可以说,语言是观察思维方式的窗口,甚至可以说是唯一的窗口。有声语言的表达是言语输出的一种表现形式,它是对思维的结果的外在展示,它除了要求我们注意表达技巧以外,还要求我们具备一定的思维能力。这是由于语言和思维是互相适应的,思维发展水平有多高,语言的发展水平就有多高。我们不能想象,一个播音员、主持人的语言十分发达,而思维水平却很低;我们同样不能想象,一个播音员、主持人的思维水平很高,而语言水平很低。这两种情况都是不可想象的,因为二者必须互相适应,只有思维水平高的播音员、主持人,才能成为语言水平高的播音员、主持人。因此,对于播音员、主持人来说进行思维能力训练,对于提高有声语言表达效果具有非常重要的意义。

五、有声语言创作者应具备优秀的语言能力

作为以播音员、主持人为代表的有声语言创作者,首先要具备严密、清晰的思维,包括逻辑思维和形象思维,这一点非常重要。因为播音员、主持人在传播过程中,无论是自己的所见所闻,还是编辑记者的稿件,都应有主有次、有详有略、有重点、有顺序地表述,也就是很有条理、很有逻辑地表述,而不是东一句、西一句、毫无条理、毫无章法地乱说一气。仅仅做到这些依然是不够的,因为此时我们的语言还有点干巴,还缺少生气和活力。所以播音员、主持人在表达过程中,不仅要逻辑清楚,而且还要形象、生动、活泼。要通过形象思维,使稿件中的文字变成生动的形象再现出来,这样,才能使我们的表达既逻辑清楚,又形象生动、可感。

其次,在解决了思维问题之后,我们要解决的是语言通顺流畅的问题,也就是你能不能把你脑子中想好的问题、想好的话,用通顺的语言表达出来。这是对播音员、主持人最基本的要求。播音员、主持人要口齿伶俐,表

达清楚,尤其较长篇幅的串场词更要如行云流水,一气呵成,才能让受众有信服之感。倘若吞吞吐吐,语流滞涩,前言不搭后语,那么受众尚且不能明白你要表达的意思,如何能够同你一同融入节目的氛围中?所以,播音员、主持人一定要勤于锻炼自己语言上的基本功,要言语有心,言语用心,加强基本功训练,要把话说通、说顺、说好、说巧、说妙。

  在语言表达上,要有自己的特色,要富有感染力。主持人与观众的交流主要是一种情感上的沟通与交流。主持人是通过自己的语言、目光、手势、形态等与观众进行交流,其中尤以语言为重,所以主持人的语言一定要富有感染力,才能吸引和打动观众。那么如何使语言富有感染力呢?首先,语言要平实自然,让观众听起来是主持人的肺腑之言。在此基础上,根据当时氛围下的语言表达需要,可以适当运用夸张、含蓄等语言表达方式,同时还要注意掌握一些语言表达上的技能,如分寸、节奏、语气、重音、停连等,只有做到了这些,主持人才能对语言驾驭自如,使语言表达富有自己的特色。

  在语言表达的技能的把握上,尤其要注意两点:语言表达的分寸和节奏。首先,语言表达的分寸是要求主持人通过语言表达,和受众像朋友一样平等交流。既不能和受众之间的心理距离拉得太远,去居高临下地说教;也不能和受众的心理距离太近,这样主持人就无法起到引导者的作用。作为主持人,正确的分寸把握应该是:亲切自然、随和真诚。分寸把握得体,就会出现主持人与受众相互情绪的激发、感染、交流与共鸣,就能沟通节目与受众之间的联系;反之,分寸若把握不得体,就会出现情感沟通的阻隔与断裂。所以,播音员、主持人要将自己摆在一个正确的位置上,使自己能够较好地掌握语言表达的分寸。当然,在此基础上,还应兼顾语言表达的节奏。节奏太快和太慢都会使效果大打折扣。

  另一方面,播音员、主持人应当在尽量短的时间内表达更多的意思,传递给受众更多的信息。所以,不仅讲话的内容,包括表述的层次和结构,都要事先准备,甚至连讲话的节奏也要事先考虑。受众把播音员、主持人传递过去的信息都吸收了,然后期待将下面的内容时,便可继续下去。所以当语言表达的节奏掌握得恰到好处时,会收到意想不到的效果。反之,则只是把编辑、导演所撰写的台词机器般地复述出来或是一股脑儿地倒出来,摆给受众的却是干涩而毫无生机的语言和播音员、主持人慌乱而稚嫩的临场发挥。

第三节 内部言语与外部言语

一、什么是内部言语和外部言语

心理学把语言分为外部言语和内部言语,表达出来的话叫外部言语,在心里思考但没说出来的话叫内部言语。人们常说的"打腹稿"就属于内部言语。语言学家认为内部言语是大脑思维的信息符号系统,大脑要把信息器官收集到的各类信息进行加工处理,必须有相应的信息载体,如形象、声音等,在对各类信息综合、分析、判断、推理的过程中,有一个从感性到理性化的过程。这个过程表现为:局部到整体;模糊到清晰;粗浅到深刻;简单到复杂;形象到概念。最后,思维的结果会以语词的形式形成清晰的认识、观点、态度。而外部言语就是说出来的话,是人与人之间进行交际所使用的"口耳"符号系统。说话是为了交流和交换信息,外部言语就是人与人之间进行信息交换的音义结合的信息符号系统。

二、内部言语的特点

由于内部言语是自问自答的语言活动,或不出声的语言活动,因此它有以下特点:隐蔽性:(1)内部言语是一种不出声的语言,它以语音的隐蔽性为特点。(2)简略性:内部言语不是一种直接用于交际的语言,它不存在别人是否理解的问题,因而常常以十分简略、概括的形式出现。在内部言语中句子的大量成分常常被省略,例如只保留主语和谓语。它可以用一个词或词组来代表一系列完整的陈述。(3)模糊性:内部言语往往是一种浮动的意念,它是与思维直接联系的言语。由于意念在表述动机方面尚无确定的内容,因而它往往是不清晰的。要想把内部言语转化为外部言语,过渡时就必须经过复杂的编码转换。(4)跳跃性:人的大脑是一个不断运动的复杂器官,在大脑中形成的内部言语也是不断变化和跳跃的,那些在大脑中不断跳跃的词语成分和直观成分具有极为复杂的相互关系。(5)生动性:内部言语往往伴有各种感觉形象与色彩,它是生动而活跃的。

三、内部言语的梳理和加工

由于内部言语的以上特点,所以内部言语难以捉摸和控制。要形成明晰的思路,把模糊的语义片段或浓缩的信息点加以扩展,就必须对内部语言加以梳理。语言的加工过程就是对内部语言信息进行编码、转换、存贮、提取的过程。根据语言加工过程中需要注意的资源参与的程度,语言的加工可分为自动化加工和受控制的加工两种形式。自动化加工是无须注意资源的参与,不受人的意识控制的加工;受控制的加工是一种需要应用注意资源,受人的意识控制的加工。根据语言加工时各种成分间是否存在相互作用,语言的加工又可分为模块化的加工和交互作用式的加工。模块化的加工认为,语言各成分的加工是单独进行的,各成分间不存在相互的作用。交互作用式的加工则认为,语言各成分间的加工不是单独进行的,它们存在着相互作用。

思维是人脑复杂的信息加工系统。为了完成思维的任务就必须使知识在一定的形式中编码和存储。那么人脑究竟如何表征外部世界,人类的知识究竟是以怎样的形式在头脑中进行编码的呢?我们认为主要有摹象表征和命题表征两种形式。表征是信息在头脑中存在的方式。根据信息加工的观点,当人们对外界信息进行加工时,这些信息是以表征的形式在头脑中存储。语言的表征就是言语材料所负载的信息在头脑中存在的方式。如"狗"的表征或许是"狗"的表象,这就是一种摹象表征,这种表征反映的是认知中生动、形象的一面,在心理上和真实物体状态间有一一对应的关系。命题表征是人类认识中占主要地位的表征形式。一个命题就是一个陈述,用以表述两个以上概念之间的关系。它可以是一个语句,也可以是一种有意义的符号的组合,它是一个最小的知识单元。

综上所述,语言是表达思想、观念、感情等的心理过程。语言有出声的外部言语和不出声的内部言语,而说话是有声的外部言语,也有在沉默、思考时的内部语言。与外部言语相比,内部言语与人的抽象逻辑思维、行动自觉性具有更直接、更密切的关系。内部言语是在外部言语发展的基础上产生的,无论内部言语还是外部言语,都是人类所创造和运用的符号系统,它们对我们的言语运用和有声语言创作都具有重要的意义。

四、内部言语对现实中语言创作的意义

在我们了解了什么是内部言语和外部言语以及二者的关系之后,我们知道要把内部言语有效地转化为外部言语需要我们多方面的综合能力。只有人们的语言能力增强了,思维才能变得清晰、严密、准确,因此,要有良好的思维能力,首先必须提高语言运用能力,也就是说话的能力。

说话能力是一种综合能力。它包括说话本身的技能技巧,也反映说话

者的心智水平。一个人的知识储备、文化素养、思想品德涵养、个性心理特征以及观察、记忆、思维、联想、想象力等，都对人的说话能力的形成产生深刻影响。就智力因素而言，人的思维直接支配说话。思维的敏捷性、准确性、逻辑性、灵活性都通过说话表现出来。思维混乱，说话不可能明白。思维明晰，才有可能找到明晰的口语表达。"文如其人"，说话更是如此，它直接反映出一个人的智能水平、风貌与品格。因此，培养说话能力，要注意其总体水平的提高，就说话本身的技能技巧来说，应着重训练：

（一）组织内部言语的能力

人们说话，总先有个"想头"，或是"先想后说"，或是"边想边说"。系统的、连贯的、独白式的讲话，要"先想后说"，在说的过程中，还要不断思索和调节。日常交谈，多是边想边说。"想"是说的前提。这"想"，就是内部言语，就是思维过程。内部言语产生于大脑神经中枢。所有的信息资料经过它的筛选、分析、综合、推论、联想，生成了想要说的——内部言语。内部言语的生成是瞬间的、闪电般的，不可能对每句话做出完整的构思和仔细的推敲。它常以一种意思的轮廓、框架、信息点、语点，或形成它们之间的线性意向系统的形式在脑中浮现。这就是我们说话的内部依据——内部言语。

我们组织内部言语能力的训练，实质上是思维能力的训练。其一是思维的敏捷性，内部言语组织要快。在谈话中，边听边想，对方在说，如何对答，聆听之时已成竹在胸。在独白中，有了框架构思，推敲了主要观点、提法，便可在与听众的交流中发挥。其二是思维的广度和周密。在组织内部言语时要条理清楚，不遗漏重要之点，不出现大的片面性和逻辑的混乱。实际上，在说出话来之前，说话者要将以下问题默存于心，这就是：为什么说？对谁说？说什么？怎样说？对这四个问题，想得越迅速、越周密，内部言语就组织得越好，口语表达就越完善、越精彩。

组织内部言语的能力，具体说，也就是思考为什么说、对谁说、说什么、怎么说，明确说话的意义和要点。这就要求我们首先确定话题，要求要灵活、恰当、有针对性，在尽可能短的时间内了解对象和具体要求，定下说话的重点内容。其次，产生"语点"。"语点"也就是想说的内容要点。它是压缩了的内潜言语信息，具有模糊性和跳跃性。产生"语点"就是把与话题密切相关的压缩信息逐渐释放出来，组成一种连续的线性的语义体。

（二）快速的语言编码能力

人们说话时将内部言语转换为外部言语，就是迅速将"意思"扩展开来，编码成为按一定语法规则组成的词汇系列。这种"意思"扩展和语言编码是神速的。大脑神经中枢及言语控制中心高速运转，一句句话儿从口中流出，靠的是快速的语言编码能力。要将内部言语顺利地转换为外部言语，需要两个条件。一是说话者要有较为丰富的词汇储备，可供选择和比较，编码中不致因词不逮意而卡壳，说话者能用恰当的词按语法规则使语句"喷涌"而出。二是谙熟语法规则。所谓"谙熟"，不是说能背诵多少语法术语，记住多少语法知识，而是指在听说交际之中，通习本民族共用的语法规则，编码出的词汇系列符合语法规范，别人能懂。培养学生快速编码的能力，除了丰富他们的语汇，使他们谙熟语法规则，掌握多种句式变化外，还应包括快速选词、快速组句，根据语境特点与听话人的反馈，调节说话内容与方式，以及说话时上下联系、前后呼应等的能力。口语表达的过程也就是把"语点"按语义加以扩展，不断编码、表述的过程。

具体来说，口语编码顺利进行的条件主要有：

(1) 口语语汇储备

如：敬酒——渠县有条江,喝酒当喝汤

(2) 语法规则（词汇组合习惯）

(3) 话题、言语调整

由于受到周围环境、受话者反应、话题潜在内容等复杂因素的影响，因此在编码时还应灵活地进行及时调整、变通，才能使话题进一步展开，从而使谈话内容更为丰富，产生良好的交际效果。

（三）运用语音、语速、语调传播交流的能力

有声语言以声波形式将语音传送到听话人的耳鼓，构成言语交际。在这个过程中，语音的准确、清晰是极重要的。首先，从培养说话能力的角度看，说话人必须语音准确、清晰，才能保证信息传播的准确和清晰。这是准确传播的先决条件。目前在这一问题上存在着一些模糊和不正确的认识。一方面强调所谓个性，忽视语音的准确；另一方面只注重语音准确而忽视意义的准确表达。从社会语言应用看，人们都认为语音人人会听。实际上，人与人之间，不同地域、不同方言之间，语音差别很大。即便是同一地域、同一方言之间依然有着语音上的差异。为了保证高质量的传播，我们必须加强语音方面的训练。其次，要把握好适当的说话速度，过快或过慢都会影响信息的有效传达。说话的速度，既与所说的内容、说话的场景、说话的对象、说

话的情绪密切相关,又与说话者以清晰的思维组织内部言语、以完整的逻辑完成语词编码,以及保持当众说话的良好的心理状态有更重要的关系。有些人当众说话,特别是当心理紧张或情绪激动时,往往速度过快,甚至越说越快,这样思维就有可能跟不上,语词编码就难以从容进行,反而容易出现卡壳、词不达意、结结巴巴现象,影响信息的传播和交流。保持适当的语速,既是传情达意的需要,也是语言表达的重要方法和技巧。再次,语调也是语言表情达意的重要手段或技巧之一。话,张嘴就来,人人会说,但相同的话从不同的人嘴里说出来,效果却完全不同。是平铺直叙,还是错落有致;是一快到底,还是充满变化;是兴致盎然,还是索然无味,都通过语调的变化表现出来。不同的内容、对象、情感、形式,决定着语气、节奏、语流等的变化,决定着语调的变化;而不同的语调又表达着不同的情绪、态度等。因此,语调的准确是表情达意准确的重要方面。

五、有声语言创作中的口语表达

口语表达的特点使其形成了独特的表达过程,即从内部言语向外部言语的转换。"无稿播音出口成章",是对话筒前完成这一转换过程所提出的要求。通过口语训练,我们要掌握和具备以下几个方面的能力:

(一) 组织内部言语的能力

内部言语的组织,是口语表达的基础和前提条件。要能够在话筒前迅速有条理地组织内部言语,使临场发挥中即兴产生的语言动机,具有强烈地目的性、鲜明的倾向性和严密的逻辑性。

(二) 组合语言的能力

要能够将在内部言语阶段脑子里形成的一些"语点",按一定的语法规则,选择适当的词语,快速地扩展、丰富、编码为完整的句子,顺利完成由"想"到"说"的过程。

(三) 表情达意及调节、整理语言的能力

要具备良好的声音状态、娴熟的发音和语言表达技巧,学会和听者交流,善于及时调节。

视窗

语言的魅力
——把握好语言的艺术与分寸

在繁华的巴黎大街的路旁,站着一个衣衫褴褛、头发斑白、双目失明的老人。他不像其他乞丐那样伸手向过路行人乞讨,而是在身旁立一块木牌,上面写着:"我什么也看不见!"不用说,他是为生活所迫才这样做的。街上过往的行人很多,那些穿着华丽的绅士、贵妇人,那些打扮漂亮的少男少女们,看了木牌上的字都无动于衷,有的还淡淡一笑,便姗姗而去了。这天中午,法国著名诗人让·彼浩勒也经过这里。他看看木牌上的字,问盲老人:"老人家,今天上午有人给你钱吗?"

"唉!"那盲老人叹息着回答,"我,我什么也没有得到。"说着,脸上的神情非常悲伤。让·彼浩勒听了,拿起笔悄悄地在那行字的前面添上了"春天到了,可是"几个字,就匆匆地离去了。

晚上,让·彼浩勒又经过这里,问那个盲老人下午的收入情况,那盲人笑着对诗人说:"先生,不知为什么,下午给我钱的人多极了!"让·彼浩勒听了,也摸着胡子满意地笑了。

"春天到了,可是我什么也看不见!"这富有诗意的语言,产生这么大的作用,就在于它有非常浓厚的感情色彩。是的,春天是美好的,那蓝天白云,那绿树红花,那莺歌燕语,那流水人家,怎么不叫人陶醉呢?但这良辰美景,对于一个双目失明的人来说,只是一片漆黑。这是多么令人心酸呀!当人们想到这个盲老人,连万紫千红的春天都看不到,怎能不对他产生同情之心呢?

谈广播电视节目主持人的语言艺术

有声语言是节目主持人进行工作的基本工具。作为大众传播活动中的广播电视节目主持人,有声语言能够传达出媒介的意图、栏目的宗旨,是沟通媒介与受众的主要手段,对于广播节目主持人来说则是唯一手段。因此,对于主持人的语言功力、语言表现力、语言魅力等语言能力的高标准和严要求,是不为过的。

长期以来,人们对广播电视语言的语体定位有着两种截然不同的观点。其中一种意见认为广播电视语言属于口头语体。具有代表性的观点是"广播电视语言是一种借助于电子传播技术创造语境,面对广大的个别听众而又无及时反馈的有备性谈话语体"。另一种意见则认为广播电视语言属于书面语体,认为"新闻广播就是书面语的口头形式"。其实,每一种语体都可以具有口头和书面两种不同形式。另外从媒体的角度看,广播电视实际上存在着双重品格:既是新闻信息的传输工具,又是文化艺术的载体。这就决定了广播电视语言的多样性:既有典雅端庄的书面语体,也有通俗直白的口头语体;既有生动形象的文艺语体,也有精确严谨的科技语体;既有程式化的公文语体,也有逻辑性很强的政论语体。这种融合了多种语体特征而形成的新的语体,著名语体学家袁晖先生称之为"融合语体",也是有一定道理的。

语言的复杂性给广播电视主持人提出了较高的要求。作为一个节目主持人,必须意识到广播电视语言能力的特殊性、丰富性和掌握它的重要性、艰巨性,用有声语言有效地主持节目,进行大众传播活动。

不同的广播电视节目要求主持人有不同的语言风格。同类节目中不同的主持人也会因不同的个性而具有不同的风格。这要根据节目的需要和主持人的特点、学养去把握。比如:是稳重端庄,还是敏锐干练;是热情活泼,还是温文尔雅;等等。但是,无论是哪位优秀的节目主持人,其语言都应该具有以下特点:

(一) 平易近人,通俗自然

在节目中,主持人常以第一人称的口吻出现,与受众如同与朋友一般传播信息,娓娓道来。此时,主持人的语言状态是轻松通俗的。

然而,贴近受众,语言通俗化,并不意味着诠释媚俗主张。目前的情况却是令人困惑的:节目语言迎合低俗,排斥高雅,以怪异为思想解放的表征,以刺激为世人追求的目的。于是,语言的低俗使节目少了品位和格调。事实上,口语化所追求的语言是通俗化,亲切自然,而非粗俗化、低劣化。主持人对民间口头语言的选择使用,是一个需要净化的过程,需要舍弃其中不规范、不纯洁的语言糟粕,提炼出准确、健康、顺畅、富有时代气息的语言。

(二) 情感饱满,抑扬顿挫

汉语音有四声,调有平仄,韵有十三辙,从而形成抑扬顿挫、起伏有致、明暗相间、合辙押韵的语言节奏。主持人要提高语言的表现力和形式美感,节奏韵律是其中重要的一环。而在此之前,主持人还要精力充沛,情感饱满。

"动物世界"的主持人赵忠祥便是一个很好的例子。他根据自己的嗓音条件,重视有声语言的技巧运用,十分讲究语言的音乐美和节奏美,使解说词细腻流转,回环起伏。这些灵活多变的语言配合画面、音乐,使整个节目有了深邃的意境和内涵,令观众久久回味。

(三) 亲切平和,坦率真诚

只有富有人情味,情感丰富的大众传播活动,才能更好地吸引广大受众。今天的广播电视节目中,情感节目和谈话节目成为热门。面对面地交谈拉近了主持人和受众的空间距离,但心理距离呢?坦率真诚、和善质朴的情感化语言是缩短主持人与受众心理距离的最佳途径。主持人应始终保持一颗真诚坦荡的心对待每一位受众,以"情"为先导,与受众进行直接的、平等的、心灵的沟通与交流。只有这样的主持人才能被广大受众认可,也只有这样的主持人主持的节目才能被受众支持。

中央电视台的"实话实说"节目之所以能取得较高的收视率,就是因为主持人崔永元始终把自己的身份定位在"邻居大妈家的儿子"上,平等地和受众交流。还有"真情"节目,更是用"情"牵动了无数受众的心,得到了他们的认可和喜爱。

(四) 生动形象,独具魅力

生动形象的语言往往产生意境,进而产生美感。中央人民广播电台著名播音员方明常说:"有意境则自成高格。"这是因为意境容易引起受众内心的强烈共鸣。这不仅仅要求主持人的声音极具磁性,充满魅力,还要求他们重视选择富有感染力的词句。不同的主持人有不同的语言习惯,加上不同的自身修养和生活阅历,就形成了各自不同的语言风格。如中央电视台"幸运52"的节目主持人李咏,其语言节奏短促,热情幽默,给观众留下了深刻的印象。

(五)掌握技巧,把持分寸

主持人在主持节目时常具有双重身份,他既与受众以朋友身份交谈,又是媒介的代表,掌握整个节目的进程。这就要求主持人能较好地调节气氛,把握节奏,善于灵活处理节目运转过程中的种种问题,如偏离主题、语言啰唆、占线时间太长、节目时间快到了等,注意引导受众,使节目正常运转。

著名主持人蒋丽萍曾说:"主持人是场上唯一能出声的'调度'。他必须全身心地投入谈话,恰到好处地'截流',免得出现一个人滔滔不绝的尴尬;当谈话像野火一样遍地点燃了,主持人必须以重复或提问、证明等方法将嘉宾谈话的精彩之处加以放大,免得出现众说纷纭、莫衷一是的平庸;对于特别怯场或表现欲不强的嘉宾,主持人常把一些话题往他那儿抛,给别人讲话的机会。在这样做的同时,主持人还得不时盯住那只倒计时的钟,以秒计算地把握时间,每一段流逝的时间就像一个包装口袋,须得包容规定谈话的内容。"由此可见,主持人掌握技巧、把持分寸的方方面面是很多的。语言是思想的外壳,是文化的载体。在主持人散淡平白的语言中,传达着媒体、栏目的主旨思想,渗透着主持人自己的情感体验和人生价值观。因此,对主持人语言的要求必须是高层次、高水准的。这就需要主持人在实践过程中加强自己的业务素质,不断地锻炼自己的语言能力,使自己真正成为优秀的、为受众所喜爱的主持人。

思考题

1. 播音员、主持人如何在语言表达中运用智慧?
2. 在播音主持工作中,如何处理好内部言语和外部言语的关系?

第三章 播音员、主持人的认知心理

有人说优秀的播音员、主持人不是培养出来的,他们深厚的文化底蕴、敏锐的观察能力、优秀的记忆品质、丰富的想象张力,独特的思维视角、灵活的现场调控和出色的语言表达能力都不是一朝一夕能形成的。事实真是如此吗?从心理学的角度看,以上人们所公认的优秀播音员、主持人的素质所涉及的主要是个体的认知心理方面。认知心理主要研究人类的认识活动,即个体是如何通过感觉、知觉、记忆、思维、想象等形式来认识世界、获得并呈现知识的。认知是个体重要的心理活动,是人的意识的集中表现。认知对人的情绪、行为具有重要的调节作用。本章首先探讨了个体一般的认知活动特点及规律,然后结合实际的播音主持工作,分别从观察力训练、注意品质的改善、记忆技巧的掌握、创造力及想象力的培养等角度分析了播音员、主持人提高自身素质的途径与方法。

第一节 播音员、主持人的感觉和知觉

一、什么是感觉和知觉

(一)感觉及其意义

感觉是一种最简单的心理现象,是人脑对直接作用于感觉器官的事物的个别属性的反映。例如,看到雨后彩虹红橙黄绿的颜色,听到钢琴曲抑扬顿挫的节奏,闻到栀子花的扑鼻香气,品尝到高山泉水的甘甜,感受到儿童亲吻的温柔接触等。客观世界的各种事物都有许多属性,颜色、声音、香味等都是事物某一方面的个别属性,当直接作用于我们的眼、耳、鼻、舌等感觉器官时,就引起相应的视觉、听觉、嗅觉、味觉等。

虽然感觉是一种最简单的心理现象,但它在人的心理生活中却具有十分重要的意义。它是认识过程的开端,为人们提供了内外环境的信息。[1] 通过感觉,人们能够认识、了解外界事物的各种属性,还能认识自己身体的各

---

[1] 张积家主编:《心理学》,青岛海洋大学出版社1994年版,第81页。

种状态,如口渴、饥饿、疼痛等,并因此实现有效的自我调节。感觉还是保持有机体与环境信息平衡的途径,有机体对环境的适应是以有机体同环境之间的信息平衡为前提的,信息超载或不足都会使信息平衡受到破坏,从而使人倍感不适。我们在一个嘈杂的环境中待久了会感到心烦意乱,精疲力竭,这是信息超载造成的。相反,信息极度不足,如没有感觉也会令人痛苦不堪,"感觉剥夺"实验证明了这一点(见视窗)。感觉的重要性还在于它是一切较高级、较复杂的心理现象的基础,它为人的知觉、记忆、思维、想象等高级心理过程提供信息,后者对这些信息加以综合评定后,才能对自身的反映和自我状态作出评价和获得新的知识。另外,人的情感和意志活动也离不开人对外界环境和机体内部状态的感知。

感觉对于播音员和主持人来说比之于一般人应该更为重要。一般人自己感觉到了,也就可以了。而播音员、主持人则是在自己感觉到的基础上,还要把这种感觉强化、深化并且传达给受众,而且还要让受众也能真切地感受到这些感觉,并从中受到感染。因此,播音员、主持人的感觉应该比一般人更敏感、更丰富,而且区别于一般心理学意义上的概念,带有播音主持职业的显著的特点。

(二) 知觉及其特点

感觉是对刺激的觉察,知觉则是将感觉信息组成有意义的对象,是对刺激的解释[1]。换句话说,知觉是人脑对直接作用于感觉器官的事物的整体属性的反映。例如,欣赏凡·高的《向日葵》、听到贝多芬的《月光奏鸣曲》,这都是知觉现象。虽然知觉和感觉一样,都是事物直接作用于感觉器官而产生的心理现象,但知觉又不同于感觉,感觉是对事物个别属性的反映,而知觉是对事物各种属性、各个部分、各个方面及其相互关系的综合的、整体的反映[2]。因此,知觉是以感觉为基础的但比感觉更高级、更复杂的认知过程。

知觉是对客观事物的整体的反映,任何整体都包含了许多个别属性,因此,一般说来,引起知觉的刺激物是复合刺激物。例如,一个苹果,有颜色、形状、大小、果皮的涩滑等特征。人在知觉时往往多种分析器协同活动,由此而形成对事物的综合印象。

知觉作为一种活动过程,包含了互相联系的几种作用:觉察、分辨和确认。这几种作用与个体的知识经验密切相关,如没有播音学知识的受众,是

---

[1] 全国十二所重点师范大学联合编写:《心理学基础》,教育科学出版社2002年版,第91页。
[2] 张积家主编:《心理学》,第118页。

难以从一个广播或电视节目中知觉出播音员、主持人在语言表达过程中存在的具体缺点和问题的。

感觉剥夺实验[1]

Bexton、Heron 和 Scott 1954 年首次报告了感觉剥夺的实验结果。在实验中,要求被试(被测试者)安静地躺在实验室的一张舒适的床上。实验室内一片漆黑,非常安静,被试者看不见任何东西,也听不到一点声音。被试两手戴上手套,并用纸卡住,吃喝都由主试事先安排好了,用不着被试移动手脚。总之,尽量剥夺被试的所有感觉信息。实验开始时,被试还能安静地睡着,但稍后,被试开始失眠,焦躁不安,急切地寻找刺激,他们想唱歌,吹口哨,自言自语,用两只手套相互敲打,或者用它去探索这间小屋。虽然被试每天都可以获得丰厚的报酬,但是这也难以让他们在实验室中坚持三天以上。这个实验说明,来自外界的刺激对维持人的正常生存是十分重要的。

二、感知觉的种类

(一)感觉的种类

根据所反映的刺激物的性质和刺激物所作用的感官的性质,可以把感觉分为外部感觉和内部感觉。

1. 外部感觉

接受外部刺激、反映外界事物的属性的感觉称为外部感觉,主要包括视觉、听觉、嗅觉、味觉和皮肤感觉。其中视觉和听觉是最重要的感觉,我们关于世界的大量信息是通过这两种感觉通道获得的。

---

[1] 转引自彭聃龄主编:《普通心理学》,北京师范大学出版社 2004 年版,第 78—79 页。

2. 内部感觉

内部感觉是接受机体内部的刺激,反映机体自身的运动和状态的感觉。运动觉、平衡觉(静觉)和内脏感觉(如饥渴感、饱胀感、恶心、疼痛等感觉)都属于内部感觉。

(二) 知觉的种类

知觉可以按不同的标准进行分类。根据知觉时起主导作用的感官的特征,可以把知觉分为视知觉、听知觉、嗅知觉、触知觉、味知觉等。根据知觉所反映的事物的特性,可以将知觉分为空间知觉、时间知觉和运动知觉。其中空间知觉反映事物的形状、大小、方位等空间特性,时间知觉反映客观事物的延续性和顺序性,运动知觉反映事物在空间的位移。知觉的一种特殊形态叫错觉,错觉是在客观事物刺激作用下产生的对刺激的主观歪曲的知觉。错觉产生的原因一般认为有主客观两个方面,客观上是由于环境的变化引起的,主观上往往与个人过去的经验、习惯、思维定式、情绪等心理或生理因素有关。常见的错觉有:

1. 视错觉:在某些视觉因素干扰下而产生的错觉。视错觉中又以几何图形的错觉最为突出,包括关于线条的长度和方向的错觉,图形的大小和形状的错觉等。图3.1列举了视错觉的几个典型例子:a 图中等长的两竖线看起来左短右长;b 图中多条横线本来是平行的,但看起来却不是平行的;c 图中两个中心等圆看起来左面的显得大了些。

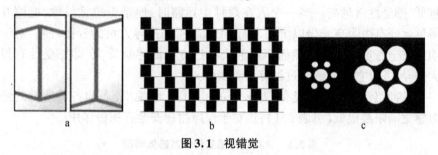

图3.1 视错觉

2. 形重错觉:由于视觉而对重量感产生错觉。如用手比较一公斤铁和一公斤棉花,总会觉得一公斤铁重些。这是受经验定式的影响,由视觉而影响到肌肉的错觉。

3. 时间错觉:在某种情况下,人对同样长短的时间会产生不同的估计错觉,觉得有快有慢。时间错觉受态度情绪影响很大。

错觉是人们知觉事物的特殊情况,研究错觉产生的规律性,不仅对于帮助人们正确认识事物具有重要意义,而且对于艺术活动、军事活动等也有重要作用;古代军事上的"声东击西"、"草船借箭",都是为了给对方造成错觉,迷惑对方。在日常生活中利用错觉的例子也是很多的。例如,体型粗胖的人,穿上黑色或直条图案的衣服,可以在视觉上起到收缩的作用;身材瘦高的人,穿上横条图案或浅色衣服,会使身段显得丰满些。造型艺术和电影特技也都运用了错觉的规律。

三、感受性及其变化

并不是周围客观现实中的任何事物都能引起人们的感知觉,太强太弱的刺激能量或刺激量的变化,并不能被人觉察。例如人们觉察不到皮肤上尘埃的重量,听不到喧闹的铸造车间里工人间相互的议论声。可见,能够产生感觉的刺激是适宜的并且要达到一定的强度。这即是心理量(感觉)与物理量(刺激强度)的关系问题,在心理学中,具体体现在感受性和感觉阈限的关系上。感受性就是人对刺激的感觉能力,而感觉阈限是指能引起感觉的持续了一定时间的刺激量。每一种感觉都有两种类型的感受性和感觉阈限,即绝对感受性和绝对感觉阈限,差别感受性和差别感觉阈限。

(一)绝对感受性与绝对感觉阈限

绝对感受性就是人的感官觉察出最小刺激量的能力,绝对感觉阈限就是刚刚能引起感觉的最小刺激量。二者在数量上呈反比关系,即感觉阈限越低,感受性就越高。当一个人在森林中迷路时,他是否感觉灵敏,能够看得见远处有微弱亮光借以辨别方向,或能够听到搜寻人员的轻微呼唤,对于他的安全有重要影响。然而不同的人在这方面的感觉能力,即感受性有很大差异,并且它是能够通过训练而改变的。

各种感觉的绝对感觉阈限是不同的。但一般说来,人的各种感觉的绝对感觉阈限都很低(见表3.1),这对于保障生命安全有积极作用。

表3.1 人类各种感觉的绝对感觉阈限

视觉	在晴朗的黑夜里,可见到一个烛光的距离为30英里
听觉	在安静的条件下,可听到手表滴嗒声的距离为20英尺
味觉	两加仑水中的一匙糖
嗅觉	一滴香水扩散到有6个房间的公寓的空间中
触觉	从1厘米距离落到你脸上的一个苍蝇的翅膀

引自〔美〕克雷奇等著:《心理学纲要》,文化教育出版社1980年版,第20页。

(二) 差别感受性与差别感觉阈限

在人的绝对感觉阈限之上，如果变化刺激量，并不是任何量的变化都能被我们觉察出来。变化量必须达到一定程度，人们才能感觉出有差别。差别感受性是指刚刚能够感觉出两个同类刺激物间的最小差异量的能力。人们生活中需要确定一个刺激的情况并不多，更常遇到的情况是要去确定两个刺激相同还是不同。例如：音乐家需要确定发自两个声源的声音高度是否相同；喷漆工在粉刷墙壁时需要仔细观察两次调出的颜色是否有差异；医生从X光照片上看得出微弱的阴影更会有助于肿瘤疾患的早期诊断与治疗。这种觉察刺激之间微弱差别的能力称为差别感受性。那种刚能引起差别感觉的两个刺激之间的最小差异量称为差别感觉阈限。差别感受性越高的人，引起差别感觉所需要的刺激差别越小，即差别感觉阈限越低。差别感受性在生活中有重要意义，可以通过实践锻炼而提高。

四、感知的特征和规律及其在播音主持中的运用

（一）感觉的特征和规律

1. 感觉后像

当刺激对感官的作用停止以后，我们对刺激的感觉并没有立刻消失，而是继续维持一段很短的时间，这种现象叫感觉的后效。在各种感觉中，痛觉后效特别显著，视觉的后效也很显著，视觉后效即视觉后像。感觉后像可以使我们对断续出现的刺激产生连续的感觉，当然，这种断续刺激的出现必须达到一定的频率。电影正是运用了感觉后像的心理学原理。

2. 感觉适应

人的感受性会由于刺激的持续作用而发生变化，这种现象叫感觉的适应。它是感觉受刺激时间影响的结果。例如，当我们在清晨踏入海水的时候，最初一瞬间会觉得水很冷，经过两三分钟后，就觉得不那么冷了，这就是一种温度感觉的适应。古人云："入芝兰之室，久而不闻其香，入鲍鱼之肆，久而不闻其臭"，说的就是嗅觉适应现象。而听觉的适应却不十分明显，痛觉的适应则很难发生。

适应能力是有机体在长期进化过程中形成的，对于我们感知外界事物，与环境保持必要的平衡，调节自己的行为，具有积极的意义。了解适应现象的规律性，我们就可以采取必要的措施主动去适应环境。例如，播音员、主持人在录播节目之前都要作好各种准备活动，甚至是模拟直播，让自己保持一种镜头前的状态，就是为了适应下一步的紧张录播工作。相反，一些播音

员、主持人长期从事这项工作之后,对话筒、摄影棚、摄像头习以为常,不再觉得有何新奇,结果导致工作状态不佳。对此,著名播音员赵忠祥的看法是:"电视播音员最致命的弱点就是丧失了在镜头前的新鲜感,缺乏新鲜感就丧失了激情,丧失了激情,就会使观众看到一个对工作与生活没有兴趣的形象。"[①]所以对播音员、主持人来说,适应并不是麻木不仁,而是要调整到最佳状态。

3. 感觉的相互作用

我们的感觉并不是孤立的,而是相互作用、相互影响的。这种相互作用可分为不同感觉之间的相互作用和同一感觉之内的相互作用。

不同感觉之间的相互作用。不同感觉之间的相互作用主要在不同感受器官同时受到刺激时发生。一般地说,一种分析器的微弱刺激,能提高其他分析器的感受性;一种分析器的强烈刺激,能降低其他分析器的感受性。例如,微弱的声音刺激,可提高对颜色的视觉感受性;强烈的光刺激可以降低听觉感受性。把音乐与噪音以特定方式结合起来施与牙科病人,会使许多病人的痛觉减轻。

联觉也是一种不同感觉间相互作用的现象,它是指一种感觉的感受器受到刺激时,另一感觉通道也产生了感觉的现象。人的颜色感觉最易产生联觉,例如,红、橙、黄等类似于太阳和烈火的颜色给人以温暖的感觉,因而被称为暖色;蓝、青、绿等类似于蓝天和大海的颜色,能引起寒冷的感觉,因而被称为冷色。色调的浓淡往往引起远近的感觉,深色调使人感到近些,淡色调使人感到远些。绘画上的"近树浓抹,远山轻描"正是利用了这种心理效应。

同一感受器的相互作用。同一感觉之内的相互作用可由刺激作用的时间顺序不同而引起,如前面说的视觉适应现象;也可由感受器官的各部分受到不同刺激而引起,如感觉的对比、融合等现象。[②] 感觉的对比可分为同时对比和继时对比两种。同时对比是刺激物同时作用时产生的对比现象,例如,同一灰色长方形放在白色背景上显得暗,放在黑色背景上显得亮;继时对比是刺激物先后作用时产生的对比现象,例如,吃过糖后再吃蜜橘,会觉得蜜橘很酸,如果先吃黄瓜再吃蜜橘,就会感到蜜橘很甜。

---

① 赵忠祥著:《岁月随想》,上海人民出版社1997年版,第59页。
② 全国十二所重点师范大学联合编写:《心理学基础》,教育科学出版社2002年版,第91页。

(二) 知觉的规律

1. 知觉的选择性

当我们面对众多的客体时,常常优先知觉部分客体,这就是知觉的选择性。被清楚地知觉到的客体叫对象,未被清楚地知觉到的客体叫背景。知觉的对象和背景之间的关系是相对的,这表现在知觉的对象和背景可以互相转换。如图3.2所示,当我们把图中白色部分作为知觉的对象,黑色部分作为知觉的背景时,我们看到的是一个花瓶;当我们把图中黑色部分作为知觉的对象,白色部分作为知觉的背景时,我们看到的是两个侧面人头像。再如,在节目录制现场,当主持人注意嘉宾的反应时,他的一举一动就成为知觉的对象,而现场观众、舞台设施等便成为知觉的背景;当主持人需要了解观众的反应时,他们的语言、动作便被清晰地知觉到,而嘉宾的表现则变得相对模糊。影响知觉选择性的因素很多。从客观方面来说,与背景差别较大的、活动的、新颖的刺激容易被选择为知觉的对象。从主观方面来说,与个体当前的任务有关、能满足个体需要、符合个体兴趣、个体对之有丰富经验的刺激,容易被选择为知觉的对象。

图3.2 花瓶人像双关图

2. 知觉的整体性

客观事物是由不同部分、不同属性组成的,但我们总是把客观事物作为整体来感知,即把客观事物的个别特性综合为整体来反映,这就是知觉的整体性。例如,图3.3中的图形会被知觉为一个正方形覆盖在四个圆形上面,而不会被看成四个孤立的扇形。另外,我们对个别成分(或部分)的知觉,也往往依赖于事物的整体特性。图3.4说明了部分对整体的依赖关系。同样一个符号,当它处在数字序列中时,我们把它看成数字"13";当它处在字母顺序中时,我们就把它看成B了。知觉的整体性是知觉的积极性和主动性的一个重要方面。它不仅依赖于刺激物的结构,而且依赖于个体的知识经验。

图3.3 "无中生有"的正方形　　　图3.4 中间是什么

3. 知觉的理解性

在知觉过程中,我们总是根据已有的知识经验来解释当前知觉的对象,并用语言来描述它,使它具有一定的意义,这就是知觉的理解性。如图3.5所示,人们看到这张图时,不会只把它看成一些斑点的随意组合,会努力寻找图中斑斑点点之间的联系,努力做出合理解释,不断地提出假设并检验假设,最后会给出合理的解释:画的是一条狗。

图3.5 隐匿图形

在对知觉对象理解的过程中,经验是最重要的。比如一首歌,如果是人们熟悉的,只要听一个片段就知道是哪首歌,并知道后面的旋律是什么。其次,言语的指导对知觉的理解性也有较大的作用。在较为复杂、对象的外部标志不很明显的情况下,言语指导作用,能唤起人们的过去经验,有助于对知觉对象的理解。如上图初看时只觉得是一些黑色的斑点,很难知觉出是什么,但有人告诉你"这是一只行进中的狗"时,言语的指导就会唤起你过去的经验,补充了当前知觉的内容,会立刻看出图中的狗。

4. 知觉的恒常性

在知觉过程中,当知觉的条件(距离、角度、照明等)在一定范围内发生变化时,知觉映像却保持相对不变,这就是知觉的恒常性。例如,对一个熟悉的身材高大的人,我们不会因为他站得离我们远而把他知觉为一个矮子。通常,人们对物体的形状、大小、颜色、亮度的知觉均表现出恒常性。个体的经验是保持知觉恒常性的基本条件。同时,知觉的恒常性在一定程度上依赖于参照物,离开参照物,恒常性就会减少甚至消失。

(三) 播音主持中感知规律的运用

对播音员和主持人来说,播音中的感受不同于一般的感知觉,它是由语言符号引起的视觉、听觉、味觉、嗅觉、触觉、空间知觉、时间知觉、运动知觉等,并不是实物刺激引起的[①]。从这种意义上说,播音中的感受更像是一种幻觉。但这种幻觉不是凭空产生,而是由稿件文字符号引起的诸种感知觉基础上的内心体验,它把全部的外在感受和内心感受都调动起来,激活起来,达到一种"感之于外,受之于心"的状态。播音创作主体的感受首先是从稿件、话题、节目内容的"表层感触"开始的。而语言语词形象的感知是播音感受的起点,也称为播音中的形象感受。形象感受是具体的,它要求播音员通过感官对文字等描述的事物要清晰地"感触"到,进行初步能动的体验。"形象感受一般已经脱离了个别感知的孤立性,进入了综合感知的领域,这一点在播音中极为重要。实际上,这时,播音员已经开始了形象思维的积极活跃的运动过程。"[②]在播音感受的初级阶段,播音员、主持人不仅感触到语词所代表的客观世界的形象,同时也感触到语言序列的内在逻辑,这被称为播音中的逻辑感受。逻辑感受包括从语言序列中获得的并列感、对比感、递进感、转折感、主次感、因果感等多种感受。播音创作主体把由稿件、话题和节目获得的形象感受和逻辑感受加以整合后,播出的稿件文字才可能变成一个有机整体。巴金先生每每听完著名播音艺术家陈醇的播讲都感慨地对陈醇说:"我写出来的,你都播出来了;我没写出来的,你也播出来了。"这意

---

① 祁芃著:《播音主持心理学》,北京广播学院出版社1999年版,第29页。
② 张颂著:《播音创作基础》,北京广播学院出版社1985年版,第39页。

味深长的话语很值得细细咀嚼和深思。

进行播音工作时,播音员、主持人不仅要体验作者的思想意图,言之有物,还要考虑受众的心理、要求、愿望、情绪,并随时由此调动自己的思想感情。无论是有稿还是无稿,播音创作的最终目的是由己达人,不是对空发音,不是自言自语,更不是自我欣赏。在独白性口语中,播音者必须设想和感觉到对象的存在和对象的反应,才可能避免一厢情愿的传播,真正被受众接纳;在对话性口语中,两个人、几个人进行交流或一两个人、几个人同受众交流,相互支持,有问有答,彼此意会,这就要求播音员或主持人必须要和对手或受众之间营造良好的、共同的语言环境,必须和大家一块儿谈一个话题,而不是只说自己的话,置别人于不顾,破坏了语境的整体性,这样就大大削弱了传播效果。

五、播音员、主持人的观察力及其培养

(一) 观察与观察力

观察是一种有目的、有计划、有步骤的比较持久的知觉过程。它包括积极的思维活动,也称为思维的知觉。观察是人们从事各种活动,尤其是创造性活动的必要因素。大量资料说明,一切有创意的新发现,都是建立在周密、精确、系统的观察基础之上的。观察力即有目的、有计划地主动知觉事物的能力。具有较高观察力的人能更全面、更透彻、更迅速地发现事物本身的重要特征和从貌似无关的东西中发现相似点或因果联系,从貌似相同的事物中发现不同之处。播音员、主持人要具备的基本功很多,其中观察力是不可缺少的。它能使播音员、主持人获得大量的感性资料,一方面可以提高播音主持中的感受性,每时每刻都传递出真情实感的新闻或信息,另一方面也使播音员、主持人不断积累节目素材,拓宽播音主持空间,增强节目的可信度和吸引力。有人说好的主持人应该先从记者做起,只有有了记者最基本的训练,即培养了对社会的敏锐观察力,才能做一名有个人风格的主持人,而不是各种晚会上念稿的花瓶。

(二) 培养观察力的方法

良好的观察品质不是天生具有的,而是需要通过培养、在实践活动中逐步形成和发展起来。如何培养良好的观察力呢?首先,要养成注意观察的习惯。在生活中多用眼睛去发现新闻或问题,尽量留意各种事情,包括一些细微之处。从某种意义上说,养成良好的观察习惯,比拥有大量的知识更为重要。凤凰卫视的主持人梁永斌谈到同事窦文涛时,评价说他是特别适合

做脱口秀节目的主持人,"平时跟他聊天,觉得他语言很丰富,也很有趣,看问题的角度也很独特。我举一个例子,有一次工作完了之后,一起坐在餐厅,等着吃饭,后来他悄悄地在我耳边说一句,他说'永斌,你有没有发现,人在等吃饭的时候,都神情呆滞',我仔细看,结果发现我的那些同事,在等吃饭的时候,都真的是傻傻的在等着。我很欣赏他的观察力,做起节目来自然有优势。"①在凤凰卫视主持《时事大参考》(与政治人物对话的节目)的阮次山颇受好评,他是以作评论员起家的,观察入微是他当评论员时养成的习惯。他曾在节目中说美国是个法治国家,却没有利用很多深奥的规条来加以说明,他只是提到"那一次克林顿访问中国,他所使用的汽车虽是从美国空运过去,不过车子一落地,他们很识趣地换上中国车牌。这就是尊重他国法律的表现"。可见小细节就能看出一些端倪,评论不用抖出许多专用名词也能很有深度。

其次,要掌握一些有效的观察方法。一般说来,观察应遵循一定的顺序,如由上到下或是由下到上,由远及近或是由近及远,由人到物或是由物到人,由整体到局部或是由局部到整体。无论采取何种顺序,观察的要求都是相同的。一是具体,它体现在全面和细腻两个方面,即要多方位、多角度地了解全貌并对事物的声、色、形进行细致入微的观察;二是深入,即要善于透过事件的个别现象,发现内在的联系。日常生活中可采用的具体观察方法有:

1. 集中注意力观察

尽可能彻底排除下意识的看法,集中注意力,调动所有感官进行观察。如观察诸如钥匙、硬币之类的普通东西,先注视一小段时间,然后闭上眼睛,仔细触摸刚才看到的东西,直到你能真正感觉出它的形状、重量、质地等特征。

2. 反复地观察

在不同的环境中反复观察同一个物体。注意你情绪和思想上的变化会如何影响你的感觉。再注意一下,随着时间的流逝,你是如何开始留意该物体的新的方面的。观察一系列相关联的事件,持续的时间长一些,比如几个月。人、天气、建筑或者某个特定的风景点,都可以成为你观察的对象。最好把你的感受都记录下来。

---

① http://ent.sina.com.cn/s/m/37201.html,2001年3月22日。

3. 有目的地观察

有目的地进行观察,才会明确观察的中心与观察的范围,才会了解观察的进程和预想到观察的结果,才会避免浮光掠影、走马观花。具体说来,收集观察结果的时候,要努力找出它们内部之间的关系。大胆地对可能的相似点、区别、周期、模式和异常做出假设。然后,设计一个观察计划来确证或推翻你的假设。注意,人们通常无意识地要设法确证第一印象。这种倾向的影响很大,你可能因此忽略了反面的证据。努力控制自己,最大限度地减小你确证自己最初观念的倾向。

4. 做出反馈

把观察过的对象画出来,然后同实物进行比较。如果你不会画画,只管描述,尽量用形象、生动的语言做逼真的描绘,而不说明是什么东西。然后,让某个人根据你的描述,猜它是什么。

5. 观察你自己

这可能有点难度,但也非常有趣。问自己一些问题,然后观察自己。胳膊有多长?你能看见或感觉到的物体能有多小?什么样的声音让你感到快乐?你的视野有多大?满满一屋子人,你会坐在哪个位子?一分钟你能清晰地说出多少字?一分钟能跑多远?你能摸出瓷器和玻璃的区别吗?这些只是建议性的。你可以根据自己的兴趣,问其他的问题并找出答案。

镜头内外:芭芭拉·沃尔特斯的敏锐观察力

第一次看芭芭拉·沃尔特斯的节目,你一定会很惊讶这样一个被当年的记者圈认为是靠"女性特质"起家的美女主播(当然,尽管是十几年以前,她也早已经不是美女,而是"美老太太"啦)口齿竟然不太清楚。但很快,你就会被她犀利的提问和对事件的洞察力吸引住了。作为著名的谈话节目主持人,芭芭拉·沃尔特斯的特点之一正是以她敏锐的观察力来搜集素材,发现细节,这样我们才看到镜头前的她敢于用咄咄逼人的口气,追问一些令对方难堪但却有助于观众了解真相的问

> 题。她采访菲律宾总统马科斯夫人时说:"夫人,据说你的生活十分奢侈,光是鞋就有上千双。"这位夫人也是久经沙场的,她回答:"这些鞋有我穿的,有其他人穿的,不是属于我一个人。"芭芭拉便说:"那请你看录像带。怎么这一千多双鞋,都是同一个号码?"结果对方答不上来,但观众据此得出了结论。

第二节　播音员、主持人的注意

一、什么是注意

注意是心理活动对一定对象的指向和集中,指向性和集中性是注意的两个基本特征。指向性是指心理活动有选择地反映一定的对象,而离开其余的对象。集中性则是指心理活动停留在被选择的对象上的强度或紧张度,它使心理活动离开一切无关的事物,多余的活动被抑制,以保证注意的对象能得到比较鲜明和清晰的反映。

注意不是一个独立的心理过程,而是伴随着感觉、知觉、记忆、思维、想象、情感、意志等心理过程的一种心理状态。当我们注意某个对象时,实际上就是在注意听、注意看、注意想,或者说是在感知着什么、记忆着什么、思考着什么或者想象着什么等,注意必须伴随听、看、想等心理过程,不能单独存在。当然,一切心理活动的发生都离不开注意。我国古代典籍《礼记·大学》里说:"心不在焉,视而不见,听而不闻,食而不知其味。"可见,注意是心灵的窗户,没有它智慧的阳光就无法照射进来。

注意对于播音员、主持人来说,同样具有特殊的重要意义。因为播音员、主持人在话筒前、镜头前的工作是需要全神贯注、注意力高度集中的。不能做到这一点,必然会在有声语言表达过程中不同程度、不同形式地出现言不由衷、言不及义、口是心非、词不达意等注意力不集中的现象,从而影响播出,削弱传播效果。因此,播音员、主持人从投身这一职业开始,就要努力养成良好的集中注意的习惯,保证在进入播音室后,能把全部的精力集中到播出内容上,保证在播出的每时每刻都能做到注意力集中,以提高播出效果。同时还要努力锻炼自己排除干扰的能力,尤其是在演播室或新闻现场直播时,更要排除来自各方面的干扰,集中注意力,保证直播的顺利完成。

二、注意的种类和规律

根据注意是否有预定目的以及意志努力的程度,可以把注意分为无意注意和有意注意。

(一)无意注意

1. 什么是无意注意

无意注意是没有预定目的、无须意志努力的注意,也称为不随意注意。例如,我们在街上散步,突然听到消防车的尖锐声音,我们就会不由自主地转过头去找这个声音,这种注意就叫无意注意。无意注意是人们对那些强烈的、新颖的和感兴趣的事物所表现出来的不受意识控制的心理活动的指向和集中。

无意注意的发生与发展主要取决于客观刺激物本身的性质和强度,由于无须意志努力,因此不易引起个体的身心疲劳。但是由于这种注意是自发产生的,未必和我们正在做的工作一致,因此说不定会起干扰作用,成为分心的原因。

2. 影响无意注意的因素

影响无意注意的因素可分为两大类:一是客观刺激物本身的特点,二是人的主观状态。

(1)客观刺激物的特点

① 刺激物的相对强度。强度较大的刺激容易引起无意注意。如一道闪电、一声惊雷,都会立刻引起我们的注意。但在这种情况下起决定作用的是刺激物的相对强度:如在寂静的夜里,很小的声响也能引起注意,而在人声鼎沸的广场上呼喊某人,即使声嘶力竭也未必会引起他的注意。

② 刺激物的新颖性。新鲜奇特的事物容易引起人们的无意注意,这是人的好奇心使然。如新奇的发型、服饰,奇怪的声音、气味,新露面的主持人等,都容易引起注意。另外,新异刺激物引起人们的注意,也依赖人们对它的理解程度。如果人们对当前一种新奇的东西一点也不理解,虽然可能一时引起注意,但很快就会失去效果,不能长时间地吸引人。如果人们对当前新奇的东西有一些了解,但又不完全理解,为了求得更多的理解,往往引起人们进一步的强烈关注。

③ 刺激物的活动与变化。活动变化的刺激比静止不变的刺激更容易引起人的无意注意。如课堂上正在讲课的老师突然停止讲话,马上就会引起学生的注意;闪烁的霓虹灯、夜空中的流星,特别容易引起人的注意。

④ 刺激物之间的对比关系。与周围环境对比强烈的刺激物容易引起人们的优先注意。如"鹤立鸡群"、"万绿丛中一点红"等往往引人注目。

(2) 人的主观状态

① 需要和兴趣。凡与人的需要相符的事物,容易成为无意注意的对象。饿的时候容易闻到饭菜的香味,有某种疾病的人容易注意有关的广告。直接兴趣是引起无意注意的重要原因。如传媒工作者容易注意时事新闻,追星族对"明星"的一举一动都很关注。

② 情绪和精神状态。人在心情愉悦、精神饱满的时候,容易关心、留意周围的事物;而在情绪烦闷、百无聊赖、郁郁寡欢、疲乏困倦的时候,平时会加以注意的事物,此时也会漠然视之。

(二) 有意注意

1. 什么是有意注意

有意注意也称随意注意,是指有预定目的,必要时需要作出意志努力的注意。如上节目前,播音员、主持人需要克服干扰,集中注意备稿,作好充分准备。此时人的心理活动对特定对象的指向与集中,不是取决于对象本身的特点,而是决定于主体自觉提出的任务、确定的目的。正因为有这种自觉的目的,才能导致产生排除一切干扰而使注意得以维持的意志力量。这种注意显示了人的心理活动的主动性、积极性,所以又被称为积极的注意。有意注意对于人们完成任务、达到目标是必不可少的。由于有意注意需要付出意志努力,活动主体容易疲倦,所以也容易受意外刺激的干扰。

有意后注意是一种特殊形式的注意,是由有意注意升华而来的更高级的注意。在有意注意条件下,人的心理活动对一定客体的指向与集中是服从于主体自觉确定的目的的,主体要维持这种注意需要做出一定的意志努力,这种注意是受间接兴趣制约的。但是随着活动的深化,人们不仅对活动的结果感兴趣,而且对活动本身也产生了兴趣,这时注意的维持不再需要特别的意志努力了。这种注意,虽然保持了有意注意的本质特点——有目的性,但又不同于最初的有意注意,它已不再需要意志努力了,因此个体不易产生疲劳。可以看出,有意后注意兼有无意注意和有意注意两者的优点。它对于人们完成长时间的、持续的活动特别有效。而且,有意后注意具有高度稳定性,是人类从事创造性活动的必要条件。

2. 影响有意注意的因素

对活动目的、任务的理解程度。有意注意是主动服从于活动目的的注意,因此,个体对于活动的目的、任务及意义理解得越清楚、越深刻、完成任务的愿望越强烈,与完成任务有关的一切事物就越能引起和保持有意注意。

对活动的合理组织。心理学研究表明,形式单一的活动容易使人产生厌倦和疲劳感,从而导致注意力分散;反之,多样化的活动则有利于提高大脑的兴奋性,有助于注意力的维持。

对活动的间接兴趣。间接兴趣是指对活动的最后结果饶有兴趣。如果说无意注意主要依赖于人的直接兴趣,那么,有意注意则主要依赖于人的间接兴趣。为了这种兴趣,尽管活动本身是枯燥乏味的,但有意注意仍能长时间地保持着,使人能够长久地从事某种活动,直到完成任务、达到目的为止。

个体人格的特点。良好的意志品质是维持有意注意的保障。一个具有顽强、坚毅性格特点的人,易于使自己的注意服从于当前的目的与任务;而缺乏良好的意志品质、害怕困难的人,不可能有良好的有意注意。

三、注意的基本品质及个体差异

(一) 注意的基本品质

1. 注意的稳定性

注意的稳定性是指注意在同一对象或同一活动上所能持续的时间。它是注意在时间上的特征,可以用某一时间范围内工作效率的变化来表示。注意的稳定性有狭义和广义之分。狭义的注意稳定性是指注意保持在同一对象上的时间。人在感知同一事物时,注意很难长时间地保持固定不变。如人在夜晚仔细听一只表的滴答声时,会发现有时听到表的声音,有时又听不到,注意的这种周期性变化,被称为注意的起伏。广义的注意稳定性则是指注意保持在同一活动上的时间。也就是说,注意并不总是指向同一对象,但注意的对象和行动有所变化时,注意的总方向和总任务不变。

注意的稳定性与人的主体状态和对象的特点有关。从前者来看,一个人如果具有明确的目的、坚强的意志、浓厚的兴趣和健康的体魄、旺盛的精力,就容易保持稳定的注意。从注意对象的特点来看,内容丰富的对象(如文艺晚会)比内容单调的对象(如白纸上的一个黑点)更容易让人维持长时间的注意;所以在节目进行中,当活动交替进行、不断出现新内容、提出新问题时,可以更好地保持主持人和受众的注意稳定性。

2. 注意的广度

注意的广度也叫作注意的范围,是指在同一时间内所能清楚地把握的对象的数量。实验证明,在0.1秒的时间内,成人一般能注意到8—9个黑色圆点或4—6个外文字母,3—4个几何图形。关于汉字辨认的实验表明,在上述时间内,对没有内在联系的单个字只能看清3—4个,在内容有联系的词或句子中,一般可看到5—6个字。

人的注意范围的大小是随着被知觉对象的特点而改变的。例如对同样颜色的字母所能注意的范围,一般比对颜色不同字母的注意范围要大一些;对排列成一行的字母,比对分散在各个角落上的字母的注意数目要多一些。也就是说,被注意的对象越集中,排列得越有规律,越能成为相互联系的整体,注意的范围就越大。此外,注意范围的大小,随着活动任务的不同和个人知识经验的不同而有所改变。例如,根据个人的知识经验去感知一些有意义的字或词句,要比知觉一些彼此不相联系的孤立的字母或单字的范围大。

对播音员、主持人来说,注意范围的扩大可以提高镜头前的看稿效率,增加抬头与观众交流的机会,使观众感觉更为亲切、自然。

3. 注意的分配

注意的分配是指在同一时间内把注意指向不同的对象,即我们通常所说的"一心二用"问题。节目中有时候是需要播音员、主持人"一心几用"的。如在谈话节目中要把思想高度集中于对方的话语,认真地听,又要对对方的谈话内容进行思考,加以选择,有目的地听,还要考虑谈话主题,组织语言,通过表达使主题清晰、鲜明。这就要求主持人倾听时要学会分配注意力,即一心多用,这样才能使节目更精彩。

4. 注意的转移

注意的转移是指根据新的任务,主动地把注意从一个对象转移到另一个对象上。如播音员、主持人每播一条消息,注意就转移一次。一般说来,注意转移的快慢和难易取决于原来注意的紧张程度和引起注意转移的新事物或新活动的性质。原来的注意紧张度越高,新的事物或新的活动越不符合引起注意的条件,转移注意就越困难、缓慢。同时,注意的转移还和个体的神经过程的灵活性有关。

应当指出,注意的以上四种品质,看起来好像是矛盾的,但实际上是统一的。也就是说:一个人一定要有稳定的注意,才能使任务完成得更好;但在一定条件下,又要求注意发生迅速的转移;为了使注意在每一瞬间把握的对象多,就应当使注意的范围扩大;同时,在扩大注意范围的基础上,还要善于把注意分配到不同的活动上去。因此,注意的四种品质是不可分的。在这四种品质统一发展的基础上所产生的注意,才是有价值的注意。

(二) 注意品质的个体差异

注意的品质是有个体差异的。如有些人注意转移与分配能力较强,有的则较差;有些人注意范围大,有的注意范围小;有些人注意比较稳定,有的则易分心。这些个别差异有时和个体的神经机能有关(如神经衰弱者一般注意力不集中,较难持久),但大多数情况下则是个人的生活经历和职业特点所造成的。虽然同样从事播音主持工作,但由于节目性质的巨大差异,也就要求播音员、主持人更突出某一种或几种注意品质。因此应该按照不同节目的要求,进行锻炼,提高从事这一职业的工作能力。

四、播音员、主持人注意品质的改善

良好的注意品质是播音主持活动的重要条件。播音员、主持人如果有较大的注意广度、持久的注意稳定性、较强的注意分配和注意转移的能力,就可以保证播音主持活动顺利有效地进行。通过有针对性的训练,注意的品质可以不断改善。

就注意的稳定性来说,克服分心是首要的。要尽量消除或避免各种引起分心的干扰性刺激;努力养成善于抵制分心刺激的能力,如平时在复杂的环境中练习播读稿件;养成随时都能使自己把注意集中于一定事物的习惯;尽量保持身体的健康,以避免病理性刺激的干扰;努力提高自己对于工作的自觉性和自信心。

当播音员、主持人同时做几件事时,就必须要分配好自己的注意。如,在新闻现场做直播报道时,既要全方位地观察现场,又要及时发现新问题、新情况,更要注意发现细节,及时地进行思考、判断、分析,还要组织、整理语言,把握现场气氛,掌握报道分寸,尽可能做到语言准确、流畅、生动、真实,恰如其分地把新闻传达给受众。同时还要照顾到和其他部门、其他环节、其他节目的衔接,以保证节目播出的正常顺利。又比如,当主持一个有现场嘉宾和观众的节目时,既要把握节目的内容、节目的进程、现场的气氛,又要倾听嘉宾的观点,及时引申或调整,同时又要观察观众的反应,及时做好沟通,还要听从编导、导播的指令,等等。如果没有良好的注意品质,是难以胜任这一工作的。所谓熟能生巧,平时的学习非常重要。要尽可能快地熟悉播音主持业务,注意积累经验,多向优秀的同行学习。

注意的范围与个体的知识经验和知觉对象的特点有关。播音员、主持人平时应注意博览群书,增加知识储备,因为在主持节目时,可能涉及世界各地的风土人情、宗教信仰、名人轶事等,对稿件主题、内容越熟悉,越有可

能做到"一目十行",口若悬河。另外,由于新闻来稿多是时间紧、来稿急,根本没有充分的看稿时间,这对新闻播音员的注意范围也是一个挑战。因此,更加要求播音员、主持人作长期、充分的新闻储备,把注意的范围扩大到整个新闻领域,而不仅仅是一次节目,一篇稿件。这样我们的节目才能有深度和广度。

注意的转移是可以通过对外在因素的控制和后天训练加以改善和提高的。一方面,播音员、主持人应锻炼在短时间内对新刺激物迅速发生反应的能力;另一方面,要养成只要进入演播室,坐在话筒前,眼里、心中就只有节目内容和受众的习惯,先前不论是和同事聊天,还是想着如何改进播音技巧,这时要统统抛在脑后,把完整、准确、鲜明地表达节目,和受众进行交流作为注意的中心。

第三节　播音员、主持人的记忆

一、什么是记忆

记忆是过去经验在人脑中的反映。凡是人们感知过的事物、思考过的问题、体验过的情绪和情感以及操作过的动作等,都会在头脑里留下一定的痕迹。随着时间的推移,这些痕迹有的逐渐消退,有的则保持下来,在一定条件下,那些被保持下来的痕迹在人脑中重新得到恢复。这个过程就是记忆。

记忆是一个非常重要的心理过程,对人的学习、工作和生活具有十分重要的意义。人对客观事物的认识,虽然是从感知觉开始的,但如果没有记忆,我们感知过的一切事物就不能保留下来,就无法积累知识和经验,也就没有个体心理的发展。记忆把人的过去、现在和未来连接为一个整体。俄国生理学家谢切诺夫曾说过,离开了记忆,任何现实的动作都是不可思议的。因为任何心理活动,即使是最简单的心理活动都必须以保留它的每一个当前的要素为前提,从而把它与随后的要素连接起来。没有这种联结的能力,发展是不可能的,人便会永远处于新生儿的状况,什么也学不会,什么也掌握不了。人们通过丰富自己的记忆内容,最终形成独具魅力的个性。

二、记忆的分类

(一) 记忆的内容分类

根据记忆的内容,可把记忆分为形象记忆、语词逻辑记忆、情绪记忆和动作记忆四种类型。

1. 形象记忆

以感知过的事物形象为主要内容的记忆叫作形象记忆。例如,我们所感知过的物体的颜色、形状,人物的音容笑貌、仪表姿态、音乐的旋律、自然景观等,它保持的是事物的具体形象,具有鲜明的直观性。一般人以视觉和听觉方面的形象记忆为主,但也存在着嗅觉、味觉、触觉方面的形象记忆。形象记忆与人的形象思维密切联系。

2. 语词逻辑记忆

语词逻辑记忆是以语词、概念、公式和规律等的逻辑思维过程为内容的记忆,具有概括性、理解性和逻辑性的特点。这类记忆是人储存知识的最主要的形式,是人类特有的记忆。从简单的识字、计数到掌握复杂的现代科学知识,都离不开语词记忆。语词记忆与人的抽象思维有密切联系,它随抽象思维的发展而发展。

3. 情绪记忆

情绪记忆是以体验过的情绪或情感为内容的记忆。例如,我们就要与久别的朋友重逢,此刻我们沉浸在幸福的回忆中,昔日的愉快欢乐的情绪、情感油然而生。

4. 运动记忆

运动记忆是以过去经历过的运动状态或动作形象为内容的记忆。例如,对书写、打网球、驾驶汽车等技能的记忆。动作记忆在获得时比较困难,但记住后则容易保持、恢复。

(二) 记忆的时间分类

根据信息在人脑中贮存时间的长短,可把记忆分为感觉记忆、短时记忆和长时记忆。

1. 感觉记忆

感觉记忆又称瞬时记忆,是指当感觉刺激停止以后头脑中仍能保持瞬间映像的记忆。感觉记忆的保持时间极为短暂,持续时间仅约两秒钟左右。感觉记忆的特点是:信息的保存形象生动,信息量大但时间很短。感觉记忆中的信息受到注意即可转入短时记忆。

2. 短时记忆

短时记忆是指信息保存在一分钟之内的记忆。如拨打电话时查过电话号码后，你就可以凭借这种记忆去拨号，但拨完后可能就忘了这个号码。和感觉记忆中的信息容量相比，短时记忆的容量有限，短时记忆的广度为 7+2 个单位或"组块"（一组物体、字母或符号等）。由于组块的容量不同，短时记忆的绝对容量也不同。短时记忆中的信息经过复述、运用或进一步的加工，就会进入长时记忆。

3. 长时记忆

长时记忆是指信息的贮存超过一分钟，能在头脑中长久保留的记忆。长时记忆的信息主要来自短时记忆阶段加以复述的内容，也有一些是在感知中印象深刻的内容一次性印入的，特别是那些激动人心、引起强烈情绪体验的内容可直接进入长时记忆系统被储存起来。感觉记忆和短时记忆中的信息都稍纵即逝，而长时记忆则可长久保持；长时记忆的容量是无限的，是一个真正的信息库；短时记忆中的信息受到干扰就很难恢复，而长时记忆中的信息即使受到干扰，以后也可能恢复。

三、记忆的基本过程

记忆是一个复杂的心理过程，包括"记"和"忆"两个方面，可分为三个基本环节：识记、保持、再认或回忆。20 世纪 50 年代以后，随着信息科学的发展与计算机技术的应用，更多的心理学家开始用信息加工的观点来解释记忆过程。从信息加工的观点来看，记忆就是人脑对所输入的信息进行编码、贮存和提取的过程。这里信息的输入和编码就相当于识记这一环节，贮存相当于保持的环节，提取就是对信息的再认或回忆。

（一）识记

识记是记忆过程的第一个环节，是识别和记住事物从而积累知识经验的过程。

1. 识记的种类

识记可以有不同的种类。按识记时的目的性和意志努力的程度可以将识记分为无意识记和有意识记。无意识记的典型表现就是人们在日常生活中不知不觉地记住了某些东西，有意识记则是事先有预定目的，并作出一定意志努力的识记。按识记的材料有无意义或学习者是否了解其意义，可将识记分为机械识记和意义识记。机械识记是指不求甚解，仅仅依据事物的外部特征或外在联系而机械重复地识记；意义识记则是指在对事物理解的基础上，依据事物的内在特征或内部联系而进行的识记。

2. 影响识记的因素

识记的效果受多种因素影响，概括起来有以下几个方面：

（1）识记的目的。有无明确的识记目的，直接影响识记的效果。由于目的不同，学习者在识记材料时的加工方式也不同。如果目的是要求回忆的精确性，那么识记者就会在心里默默地复习单个项目；如果目的是要求连贯地回忆材料，那么学习者就会去建立意义联系，理解材料的逻辑性。

（2）识记的态度。对识记内容采取积极的态度，识记时注意力集中并积极进行思维活动，识记往往进行得迅速，也有利于牢固保持。实践证明，注意力高度集中地阅读两遍材料，比漫不经心地浏览十遍的效果好得多。

（3）材料的数量和性质。识记材料的数量对识记效果的影响很大，要达到同样的识记水平，材料越多，平均所用的时间就越多。材料的性质不同，识记效果也不同。一般说来，直观形象的材料比抽象的词汇、符号易记，视觉形象比听觉形象易记。

（4）识记方法。识记方法对识记效果有重大影响。显而易见，以理解为基础的意义识记比机械识记的效果好得多。有人曾设计了一个实验，让被试学习一个词表，上面印有：长颈鹿、萝卜、斑马、潜水员、菠菜、掮客、面包师、黄鼠狼、打字员等60个单词。被试可以自由地研究和分析，当被试发现可以把这些词分属到动物、蔬菜和职业等范畴来记忆时，其识记效果便显著提高。

（二）保持与遗忘

保持是巩固已经获得的知识经验的过程。保持是记忆的重要环节，借助于保持，识记的内容才得到进一步的巩固。保持也是实现回忆或再认的重要条件。保持是一个富于变化的过程。变化一方面体现在数量方面，随时间流逝，保持量会越来越少；另一方面保持的质量也会发生变化，原来识记过的材料在保持过程中会出现与原先不一致的现象。

从对保持的量和质的分析来看，保持并不是信息在大脑中被动的、简单的印留，而是主动的、复杂的加工过程。防止遗忘，不仅要注意防止信息的遗漏，还需要注意信息可能被歪曲。

保持中材料的质变

英国心理学家巴特莱特(Bartlett)采用图画复绘的方法测验了记忆质变的情形(见下图),图中左边的为刺激图形,先给被试中的第一个人看,要求他凭记忆将图绘出,再将第一个人所绘的画给第二个人看,看后同样凭记忆将所看到的画绘出,然后给第三个人看,如此继续进行,直到第十八个人为止。图中垂直线右边的八个图形,就是该实验中的第1、2、3、8、9、10、15、18个被试所绘的图形。从这些图形可以看出,被试的记忆内容,在量上并未减少,甚至反而增加了,但从记忆内容的质上看,却起了很大变化,变化的方向越来越显示出图形的意义,但却也越来越与事实不符。

遗忘是保持的对立面,是对识记的材料不能再认或回忆,或再认和回忆

时发生错误。遗忘可分为暂时性遗忘和永久性遗忘两类。前者指已经转入长时记忆的内容一时不能被提取,但在适宜条件下还可能恢复。后者是指不经重新学习永远不能恢复的记忆。遗忘的原因很多,可能是因为记忆痕迹的消退造成的,也可能是因为与记忆中的其他信息发生了干扰而产生了抑制。

(三) 再认和回忆

再认和回忆是记忆过程的第三个环节,是恢复过去知识经验的过程。过去经历过的事物再次出现在面前,能把它们辨认出来的过程称为再认;过去经历过的事物不在面前,把它们在头脑中重新呈现出来的过程称为回忆。再认与回忆没有本质的区别,再认过程比回忆简单、容易。

四、记忆的品质

在学习与工作中我们常常发现:有的人记事情快,但忘得也快;有的人记得多,但用时想不起来。这种"快"和"多"是没有什么用的。这样的记忆也就不能算好的。还有的人,虽然记得慢,但却记得牢;也有的人虽然记得少,但能灵活运用。这样的记忆就比较有效。这些现象涉及人类的记忆品质。

根据什么标准来判断人记忆的优劣呢? 综合起来,一个人的记忆力水平,可以从记忆品质的敏捷性、持久性、准确性和备用性四个方面来衡量。

(一) 敏捷性

记忆的敏捷性是指一个人在识记事物时的速度方面的特征。能够在较短的时间内记住较多的东西,就是记忆敏捷性强的表现。人们记忆的速度有相当大的差异。有人做过这方面的实验:让受试者背诵一首唐诗,有的人重复5次就记住了,而有的人却需要重复26次才能记住。

(二) 持久性

记忆的持久性是指记忆内容在记忆系统中保持时间长短方面的特征,它是记忆巩固程度的体现。仅有敏捷性还不能称为良好的记忆,如果记得快忘得也快,那就没有什么实际意义了。所以,良好的记忆必须具备的第二个标准就是持久性。人们的记忆在持久性方面也有很大差别:有的人记忆十分长久,可以维持多年;而有的人却十分健忘。

(三) 准确性

记忆的准确性是指对记忆内容的识记、保持和提取时是否精确的特征,即提取的内容与事物的本来面目相一致的程度。"准确性"是良好记忆的最重要的特点,也是保证人们获得正确知识的重要的心理品质。我们周围有的人记忆总是非常正确,回答问题、处理事情总是那么信心十足,从不丢三落四或添枝加叶;而有的人的记忆不是错误百出,就是犹豫不决,拿不定主意,总是"大概"、"或许"、"差不多"等。这说明人们的记忆在准确性方面也是大不相同的。

(四)备用性

记忆的备用性是指能够根据需要,从已识记的知识储备中提取当时所需用的信息的特征。记忆的目的在于在实际需要时,能迅速、灵活地提取信息,回忆所需的内容并加以应用。所以记忆的备用性是决定记忆效能的主要因素,是判断记忆品质的最重要的标准。记忆的这一品质,是记忆的敏捷性、持久性、准确性的综合体现,上述三种品质只有与记忆的准备性结合起来,才有价值。

记忆的四种品质是有机联系、缺一不可的。为了使自己具有良好的记忆能力,就必须具备所有优秀的记忆品质。忽视记忆品质中的任何一个方面都是片面的。检验一个人的记忆力的好坏,也不能单看某一方面品质,而必须用四个方面的品质去全面地衡量。

五、记忆规律与播音主持的记忆技巧

每个人都想拥有超强的记忆力,而媒体工作的性质使得播音员、主持人更希望自己的大脑能够"闪存",并且过目(耳)不忘。其实,只要利用好记忆的规律,掌握科学的记忆方法,记忆的效率是可以显著提高的。

(一)记忆的规律

我们从影响遗忘的因素方面分析一下记忆的规律。

1. 时间因素。德国心理学家艾宾浩斯最早对遗忘现象进行了研究,并发现遗忘的进程是不均衡的,识记以后的最初阶段遗忘速度快,随后逐渐变慢(见图3.6)。

2. 识记材料的性质与数量。有意义的材料比无意义的材料遗忘得慢;对熟练的动作和形象材料遗忘得慢;在学习程度相等的情况下,识记材料越多,忘得越快。

3. 识记的程度。一般认为,对材料的识记没有一次能达到无误背诵的标准,称为低度学习的材料;如果达到恰能成诵之后还继续学习一段时间,这种材料称为过度学习材料。实验证明,低度学习材料容易遗忘,而过度学习材料比恰能背诵的材料,记忆效果要好。当然过度学习有一定限度,花费

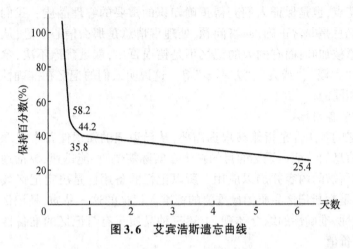

图 3.6　艾宾浩斯遗忘曲线

在过度学习上的时间太多,会造成精力与时间上的浪费。实验表明,过度学习达到 150%,效果最为经济合理。

4. 识记材料的系列位置。人们发现在回忆系列材料时,回忆的顺序有一定的规律性。如人们对于 26 个英文字母的记忆,一般以开头的字母如 ABC 较好,最后的几个字母 XYZ 效果也很好,但对字母表的中间部分则容易遗忘。这种在回忆系列材料时发生的现象叫系列位置效应。最后呈现的材料最易回忆,遗忘最少,叫近因效应;最先呈现的材料较易回忆,遗忘较少,叫首因效应。这种系列位置效应已被许多实验所证实。

(二) 播音主持的记忆技巧

根据记忆的规律,播音员、主持人在工作中可以采取一些记忆方法和技巧来掌握那些需要准确记忆或背诵的资料。

第一,用心、专心记忆。记忆时要专心致志,排除杂念和外界干扰,这样大脑皮层就会留下深刻的记忆痕迹而不容易遗忘。相信鲁豫在早期《凤凰早班车》节目中给观众留下深刻印象的不仅是她那种"说"新闻的新鲜感,还有她那出色的记忆力。确实,在这档节目中,鲁豫将自己的记忆能力发挥得淋漓尽致,但在她滔滔不绝地用新闻对观众"狂轰滥炸"的背后,很少有人看到她的勤奋与专注。为了做《凤凰早班车》,她的工作日程表是这样的:早上 4 点起床,4 点半赶去电视台,换衣服,化妆,6 点到 7 点看报纸。然后是从 7 点直播到 7 点 45 分。看报纸的一个小时,鲁豫聚精会神,对周围的一切都视若无睹,即使看见老板,她也没什么反应,仍然不停地自言自语,用她自己的话说就是"每天走进直播间的时候,我连头都不敢乱动,生怕会忘掉脑子里的东西"。

第二，理解记忆。理解了的东西，容易记住。优秀的播音员、主持人都不是简单机械地死记硬背。除了必须死记的材料，如地名、人名、活动名称之外，大部分材料都应先理解再记忆，记忆的重点是材料的内在逻辑和精彩语句。如果材料较长，可以先寻找层次，写出提纲或归纳出类别，再捕捉具有中心意义的词汇、句子进行重点记忆。识记之后一定要及时复习，最大限度地减少遗忘。

第三，尝试记忆。尝试记忆是指在识记时，对要记的材料记住一些之后，便可以尝试回忆。回忆一遍之后，再打开材料着重看那些没有记住或记得不准的内容，然后再尝试回忆。如此周而复始，直至全部记住。尝试回忆时在可能的条件下，尽量不要默默回忆，而要出声复述，或叫自我讲述。自我讲述可以使精神高度集中，加深对识记材料的印象，并且可以使逻辑思维能力和表达能力得到相应的锻炼。

第四，联想记忆。在记忆一些无意义的材料，如数字、地名时，运用材料的谐音进行联想，容易记住一些枯燥的东西。比如，背圆周率 π = 3.1415926535897932384626……有一定的难度，我们可以用谐音编一个小故事"山顶一寺一壶酒(3.14159)，尔乐苦煞吾(26535)，把酒吃(897)，酒杀尔(932)，杀不死(384)，乐而乐(626)"，以此来记住一长串的数字。

第五，位置记忆。位置是指在自己的记忆仓库中准备好一系列位置固定的货架，当识记一系列材料时，如名词、短语、事物等，可以按顺序往货架上存放，以保证提取时有条不紊。定位词可用人体器官：眼睛、鼻子、耳朵、嘴巴、下巴等，也可以用常用词组：工农兵学商、东南西北中、春夏秋冬、江湖河海、松竹梅、上中下等，只要谐音、形象、便于记忆的都行。进行位置记忆的方法很简单，把所有要记忆的材料与所运用的定位词进行奇特联想就可以了。应该注意的是选用哪一套定位词，这要根据要记的材料有哪几项而决定。例如，记明代小说家冯梦龙所著的"三言"——《喻世明言》、《警世通言》、《醒世恒言》，可以选择"桃园三结义"的刘、关、张作定位词：刘备看了冯梦龙的小说，眼睛像玉(喻)一样"明"亮；关羽看了冯梦龙的小说，气得跳到井(警)里，"扑通"一声；张飞睡"醒"了，看了冯梦龙的小说，气得直哼(恒)哼。因为一提到刘、关、张，就可能想到定位数是三，回忆时，只要从他们三人身上联想与识记材料的关系就可以了。

第六，首字联词记忆。这种方法是利用每个要记的事物的第一个字形成一个缩写。比如计算机 BASIC 程序语言就是 Beginner's All-purpose Symbolic Instruction Code(初学者通用符号指令代码)各词首字母的联词。再如，要记住王昌龄的《采莲曲》"荷叶罗裙一色裁，芙蓉向脸两边开，乱入池中看不见，闻歌始觉有人来。"只需记住"和(荷)服(芙)乱闻"四个字，并在脑中展开一幅想象画面，掌握起来就容易多了。

除以上提到的几种方法之外，播音员、主持人还常用提纲挈领法、卡片法来帮助提取记忆中的信息，这里就不再详细介绍了。最后，莫忘经常进食有利于补脑健智、提高记忆力的食品。营养保健专家研究发现，菠萝、鱼类、牛奶、鸡蛋、花生、小米、辣椒等食品可以使人精力充沛，思维活跃，改善记忆力。

第四节 播音员、主持人的思维

一、什么是思维

（一）思维的概念

思维是人脑对客观事物的本质属性及其内在规律的反映。思维是在感知的基础上产生和发展起来的借助语言、表象或动作实现的理性认识过程，是人类最复杂的心理现象之一。思维主要表现在人解决问题的活动之中。

（二）思维的特点

与其他心理过程相比，思维具有如下两个典型特点。

1. 概括性

思维的概括性是指在大量感性材料的基础上，把一类事物的共同本质特征和规律抽取出来加以概括。比如，人们把麻雀、鸽子、鸵鸟等外形、大小各不相同的卵生、有羽毛的脊椎动物称为"鸟"；人们根据日常生活中长期的观察得出"燕子低飞要下雨"、"朝霞不出门，晚霞行千里"等结论。思维的概括性促使人对客观事物的本质特征、内在关系及其规律性加以认识，有利于人对环境的适应与改造。个人思维的概括性越高，知识系统性越强，应用就越灵活，这个人的思维能力发展水平也就越高。

2. 间接性

思维的间接性是指人凭借一定的媒介和已有的知识经验来对客观事物进行间接的认识和反映。医生诊断疾病是根据病人的体温、血压、心电、脑电等各种检查材料来确诊病患和病因；气象工作者根据已有的气象资料预测今后的天气变化；访谈者根据被访者的言语行为表现来推测其内心世界；

等等。这种"由此及彼、由表及里"的加工活动就是思维间接性的表现。由于思维的间接性,人们才可能超越感知觉提供的信息,认识那些没有直接作用于人的各种事物的属性,揭露事物的本质规律,预见事物发展变化的进程。从这个意义上讲,思维认识的领域要比感知觉认识的领域更广阔、更深刻。

二、思维的过程与类型

(一)思维的过程

思维是通过一系列比较复杂的操作来实现的。人们在头脑中,运用存储在长时记忆中的知识经验,对外界输入的信息进行分析、综合、比较、抽象和概括的过程,就是思维的过程①。其中,分析与综合是思维的基本过程,它贯穿于整个思维活动,其他思维过程都是在此基础上派生的。

1. 分析与综合

分析是在认识的基础上把事物的整体分解为各个部分、个别特性或个别方面。如把一篇文章分为段落、句子和词汇,把植物分解为根、茎、叶、花果,把几何图形分解为点、线、面、体,都属于分析过程。综合是在认识的基础上把事物或对象的各个部分或属性结合为一个整体。如把单词组成句子、把部件组成完整的机器等,都是综合过程。任何一个事物,不论是简单的还是复杂的,总是由各个部分组成,而且具有各种不同的特性。我们在认识某一事物时,就要不断地对它进行分析和综合。分析与综合贯穿于人的整个认识活动中,感性认识有初级水平的分析与综合,理性认识有高级水平的分析与综合,以言语为中介对事物本质特征和规律的分析与综合,就是抽象与概括的过程。

分析与综合是彼此相反而又紧密联系的过程,是同一思维过程中不可分割的两个方面。分析为了综合,分析才有方向,才有意义;综合以分析为基础,综合才更完备。任何一种思维活动既需要分析,也需要综合。

2. 比较

比较是在认识的基础上把各种事物或现象加以对比来确定它们的异同点和关系的思维过程。比较是以分析为前提的,只有在思想上把不同对象的各个部分或特征区别开来,才能进行比较。同时,比较还要确定它们之间的关系,所以比较又是一个综合的过程。比较既是重要的思维过程,也是有

---

① 彭聃龄主编:《普通心理学》,北京师范大学出版社2001年版,第243页。

效的思维方法,在认识活动中的作用极其重要。比较的形式主要有同中求异、异中求同、同时对比、前后对照等。

3. 抽象与概括

抽象是在认识的基础上抽取出同类事物的共同的本质属性,舍去其个别的非本质属性的过程。比如从手表、怀表、电子表、石英钟、闹钟、挂钟等对象中,抽取它们共同的、本质的属性即"能计时",舍弃它们非本质的属性如大小、形状、构造等。概括是在认识的基础上把同类事物的本质特征加以综合并推广到同类其他事物的思维过程。抽象与概括紧密联系,抽象是概括的基础,如果不能从千差万别的事物中抽取事物共同的、本质的特征,要进行科学的概括是不可能的。任何一个概念、一个公式、一条规律,都是抽象与概括的结果。

(二)思维的类型

1. 根据思维过程中的凭借物或思维形态的不同,可以把思维分为动作思维、形象思维和抽象思维

动作思维是在思维过程中以实际动作为支持的思维。它解决问题的方式是一边动手操作一边思考。3岁以前的幼儿的思维基本就属于动作思维。例如,幼儿在做"医生给病人看病"的游戏时,就是一边做着动作一边思考自己生病时医生是如何给自己看病的,当游戏结束后,这种思维也就随之停止。

形象思维是运用头脑中已有的表象进行的思维。它解决问题的方式是想象活动。儿童的思维以具体形象思维为主。比如,他们凭借具体实物(火柴棍、苹果、积木等)进行运算或借助表象进行模拟游戏等。成人虽然以概念思维为主要形式,但也不能完全脱离形象思维,特别是在解决比较复杂的问题时,鲜明生动的形象有助于思维过程的顺利进行。作家、画家、诗人、设计师的创造活动更多地运用了形象思维。

抽象思维又叫逻辑思维,它是以概念、判断、推理等形式所进行的思维。它是人类思维活动的核心形态,在个体思维发展中,只有到青年后期才能具有较发达的抽象思维。抽象思维解决问题的方式是运用概念进行判断、推理和论证。例如,数学定理的证明,科学假设的提出,文章中心思想的概括,人物性格的分析等都要运用这种思维。

上述三种思维在思维过程中并不是截然划分的。从个体思维发展的角度看,儿童的思维发展经历着从直观动作思维到具体形象思维再到抽象逻辑思维的过程。而在成人的思维活动中,三种思维形式是互相联系、不可分

割的,人们常常综合起来运用它们。

2. 根据思维过程中的指向性不同,思维可分为集中思维和发散思维

集中思维又叫聚合思维,是指思考中信息朝一个方向聚敛前进,从而形成单一的、确定的答案的认识过程。集中思维的主要特点是求同。

发散思维又叫分散思维,是指思考问题时信息朝各种可能的方向扩散,并引出更多新信息,使思考者能从各种设想出发,尽可能做出合乎条件的多种解答。其主要特点是求异与创新。

3. 根据思维的创造性程度,可将思维分为常规性思维和创造性思维

常规性思维是运用已有的知识经验,按照惯常的解决问题的方式进行思维。例如,学生运用已学会的公式解决同一类型的问题。这种思维的创造性水平较低,缺乏新颖性和独创性。

创造性思维是个人在已有经验的基础上,用独创的新颖的方法来解决问题的思维。例如,德国数学家高斯在小学时就能找出解答"$1+2+3+\cdots+100$"的简便方法,还有我国历史上的"田忌赛马"的故事等,都是创造性思维的表现。它是人类思维的高级过程,是一切创造性活动的必要心理条件。

三、思维的品质及其差异

人的思维就其本质和特征来说,有其共同的规律。然而在具体的思维过程中,不同的人又表现出差异,这种差异主要体现在思维的品质上。思维的品质包括以下几方面。

(一) 思维的敏捷性

思维的敏捷性是指思考问题、解决问题的速度。古人云:"眉头一皱,计上心来",就是思维敏捷性的一种表现。思维敏捷的人在短时间内能当机立断地根据具体情况作出决定,迅速解决问题。在日常生活和工作中,有的人遇事胸有成竹,善于迅速作出判断,但又不流于匆忙草率;有的人遇事优柔寡断,或草率行事。

(二) 思维的深刻性

思维的深刻性是指思维的深度。它集中地表现为善于透过现象抓住本质,深入思考问题而不停留在表面上,能预见事物的发展和进程。这一品质要求人们具有广博精深的知识,知识浅薄的人,其思维的深刻性较差。在思维的深刻性方面,有的人明察秋毫,思考问题善于打破砂锅问到底,一定要弄个明白,但又不钻牛角尖;而有的人思考问题往往肤浅,只求一知半解。

（三）思维的独立性

是否具有思维的独立性表现在是否善于独立地分析问题和解决问题。独立的思维主要在于不寻求现有的解决方案，不依赖别人的思想和原则，能创造性地寻求并获得研究现实的新途径、新事实和规律，提出新的解释和结论。在独立性方面，人与人之间的差异十分明显：有的人遇事有独立见解，解决问题时既不固执己见，唯我是从，也不人云亦云，随波逐流；而有的人具有明显的依赖性，遇事盲从附和，因别人的暗示和影响而产生动摇。

（四）思维的批判性

思维的批判性是指在思维过程中，善于以客观事实为依据，严格地根据客观标准来判断是非与正误，在没有确证真实性之前，不轻易相信某个结论和观点就是真理。在批判性上，有的人能辩证地分析问题，从不持"好就是绝对的好，坏就是绝对的坏"的形而上学观点；而思维缺乏批判性的人，则往往自以为是，主观自恃，不能辩证地分析事物。

（五）思维的灵活性

思维的灵活性是指思考问题、解决问题的随机应变程度。思维灵活的具体表现是，在问题的情况与条件发生变化时，能够打破框架，提出新办法。这一品质与思维的敏捷性联系密切，可以说，没有敏捷性，就没有灵活性。在工作、学习、生活中，有人遇事举一反三，足智多谋，善于随机应变；而有的人脑筋僵化，惯于墨守成规。

四、播音主持实务中的问题解决、推理和决策

在实际的播音主持工作中，播音员、主持人会遇到各种各样的问题。如忘记或说错串联词；直播现场观众反应冷淡或者反应过热甚至出现失控局面；节目的时间不多了，设计好的问题还没有提问，而被访嘉宾仍滔滔不绝；现场突然发生意外情况；等等。能否顺利解决这些问题取决于播音员、主持人平时丰富的经验积累及临场的机智应变能力，而这一切都需要播音员、主持人勤于思考、善于推理和决策。只有思维敏捷、思路清晰、思想深刻，才能应变自如。

（一）谈话节目中的问题解决

现代社会的人际交往关系比过去疏离了，由于谈话作为人们交流的有力方式，能调动人的整体感知，使人们能在其中获得超越于语言之上的亲密感觉，因而成为最人性化的交流方式。于是，建立一个交流意见、表达看法、互相倾诉的公共场所就成为一种必需，《实话实说》、《面对面》、《杨澜工作

室》、《鲁豫有约》等人际沟通类谈话节目便应运而生。作为高科技时代对人类情感的一个良好补偿,这类节目往往创下较高的收视率,当然这也与主持人在节目中灵敏的言语知觉和快捷的反应有密切关系。主持人杨澜就是一位访谈高手,我们以她采访巩俐的片段为例:

杨澜:一年多以来看你的电影,(只拍了)《荆轲刺秦王》、《中国盒子》,好像节奏没有前两年那么快,是自己故意放松?还是家庭生活太幸福,进取心减少了呢?

巩俐:也不是,可能挑剧本比较多一些,自己喜欢的比较少,陈凯歌导演的《荆轲刺秦王》一拍就是5个月,所以也没有太多的时间。

杨澜:再挑下一部戏的剧本、导演或制片,你的标准是什么?

巩俐:哦,是比较喜欢我没有演过的,当然我没有演过的太多了,现在需要一种动力,这对人来说挺难的,我也希望尝试没有合作过的导演。大概9月中吧,我会拍一部城市题材的片子,和一个年轻的导演合作。我喜欢和一些新的导演、演员合作,这样会有一些新的思路,想和大家一起合作找出一种新的感觉。

杨澜:过去你演的角色都是外表很单纯或很贤淑,但处在很压抑的环境下,内心又很有激情,有很强的个性在里面,这和你的性格是否很像?

巩俐:有一样的地方,也有不一样的地方,比如说《大红灯笼高高挂》、《霸王别姬》里面的女主角,外表不是那么强,她们对事物的看法和解决方法都是小说里写的,我觉得要是我的话,我也会那么做。

杨澜:(笑)就像以前采访中你说你的个性比较像蛇,在草里要是别人不碰它它就不动,但要是侵犯它就上去咬一口。

巩俐:我是觉得我不太喜欢主动去做太多的事情,我跟他们讲我是冬天的蛇,睡觉的蛇,我觉得蛇是很温和的动物,如果不去侵犯它,它不会主动攻击别人,对我来说,我觉得挺像的。

杨澜:前不久法国授予你文化艺术勋章,说你是法国人心中最美的女性,你觉得法国人欣赏你哪些地方?

巩俐:(平静地)我觉得他们说的这种美是内心的,不是说外表是怎么漂亮,可能是整体的美,包括工作、为人、言谈举止、文化水平。当别人说你漂亮时,我觉得不好意思,中国人一般是谦虚啦……不知怎么回答。

杨澜：你现在就很谦虚嘛……①

这一段访谈，杨澜开局就不同凡响，以一个逆向探询切入："是不是进取心减少？"进而，杨澜不断地熟悉、适应对方，根据对方的信息能动地调整自己的言语表达策略。当杨澜说巩俐"个性比较像蛇"、有时"会上去咬一口"时，这句明显不是夸赞的话，善于言辞的巩俐用一句"我觉得我是不太喜欢主动去做太多的事"，暗有所指，恰到好处。杨澜也很敏感，她觉察到巩俐不动声色的修正后，立即改变语用色彩，将话题内容转向"你是法国人心目中最美的中国女性"的赞美性话题上。这一切，不显山，不露水，十分微妙地显示出两位知识女性思维细腻的对谈特色。杨澜曾经说过："主持人不是播报员，要有头脑有想法。我常常听到国内一些主持人问着一些对谁都能问的笼统问题，比如你有何感想之类。主持人的问题应该更有针对性，有时提问比回答更重要。"而要提出有针对性的问题，除了要在节目开播之前下足功夫外，在与嘉宾的现场交流中，要达到与嘉宾的思维共振，才能撞击出节目范畴以外的火花，进而让整个节目变得精彩。

在谈话类节目中，播音员、主持人往往会遇到这样的情况——被访者喜欢滔滔不绝。大多数的时候，主持人喜欢所谓"巧妙"地打断对方，以使其谈话更适合节目要求。在许多节目中，我们也经常看到许多主持人一番看似机敏的打断，而同时也看到了被访者尴尬的表情。崔永元却会这么做：在他的《实话实说》节目每次开录之前，他都要跟现场观众来个约定，观众要通过崔永元拿话筒的手来决定自己说话的简要与长短——当他一只手轻松地拿着话筒的时候，你就可以尽情地说；看到手有点抖动的时候，你就应注意赶紧收尾了；如果他双拳抱握话筒，似乎在讨饶的话，赶紧刹车，否则，他就会扭头走了。在第一次这样的录制过程中，说话的人看着崔永元抖动的手就笑了，观众也笑了。后来，经常有观众写信问崔永元，为什么自己觉得不怎么可笑的时候也总听到现场观众的笑声？那是观众在笑他的手。崔永元说，寻找这个与观众达成默契的手段整整用了四年的工夫。

（二）直播现场中的意外情况处理

我们通常认为，直播节目中主持人大多有事先拟定的台本，根据导演的意图出场组织、串联节目的各个部分。而事实上，随着节目的进行，主持人在和现场观众在交流中总会出现台本以外的情形。在这个时候，主持人结

---

① http://www.sxrtv.com/tvmagazine/sjsp/content.asp，2004年8月20日。

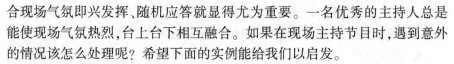

合现场气氛即兴发挥、随机应答就显得尤为重要。一名优秀的主持人总是能使现场气氛热烈,台上台下相互融合。如果在现场主持节目时,遇到意外的情况该怎么处理呢？希望下面的实例能给我们以启发。

1. 诠释新意

马有失蹄,人有失手。就算是优秀的播音员、节目主持人,也可能因为种种原因在主持现场不小心说错话。这种情况下使出什么解数才能力挽狂澜,不至于出洋相呢？我们来看东方卫视的主持人袁鸣是如何化腐朽为神奇的。袁鸣有一次在海南主持庆祝狮子楼京剧团成立文艺晚会,介绍嘉宾时,望文生义,把一位"南新燕"先生误说成了"南女士",随着袁鸣的话音,座席中慢腾腾地站起来一位花白头发的老同志——南新燕！全场哗然！袁鸣不自然地笑了,她马上真诚地致歉："对不起,我是望文生义了。不过……"她稍一转折,施展了自己的口才："你的名字实在是太有诗意了,让我想起了一首古诗:'旧时王谢堂前燕,飞入寻常百姓家。'这可真是一幅充满诗意的美妙图画啊！同样,国粹京剧作为宫廷艺术,一直盛演于北方,如今随着狮子楼京剧团的成立,古老的京剧艺术也首次飞过了琼州海峡,到海南落户,这不也是一幅美妙的图画吗？"袁鸣由失误引出话题,诠释新意,赢得了全场异乎寻常热烈的喝彩。

另外,在直播节目中,偶尔灯光、乐队、音响也可能会出现疏漏情况。如果置之不理,往往会引起观众或演员的不满。其实,只要稍加诠释,就能收到意想不到的好效果。有一次在国际"白玉兰"电视节群英荟萃音乐会上,当法国著名歌星多罗黛正款款地走向舞台中央时,音响设备却不知何故"哐"地轰天一响,场上顿时十分尴尬,在法国主持过少儿节目的多罗黛以特有的幽默举起双手做了个打枪的手势,主持人曹可凡灵机一动,当即发挥道："多罗黛小姐,刚才是上海观众对您的到来表示欢迎,鸣礼炮一响。"话音刚落,全场一片掌声,一场尴尬轻松化解。

2. 即兴发挥

综艺节目往往都会邀请一些嘉宾,而一些特殊的嘉宾来到现场的时间没个准数,而来到现场之后又是非介绍不可,这样的情况几乎每个综艺节目主持人都碰到过。如何介绍、如何处理,才能使领导满意,使观众不觉得乏味呢？东方卫视的主持人叶惠贤的临场即兴发挥,往往非同一般。如江泽民在上海当市长时,一次突然出现在叶惠贤主持的文艺晚会上。怎么向观众介绍江市长呢？如果想省事轻松点,只要拿着领导名单照本宣科就行,但叶惠贤非常忌讳这一点。他即兴编了个谜语："水上人家——打一领导人的名字。"结果,观众席一下子热闹起来,共同说出了这个谜底。会后,江泽民同志兴致勃勃地与叶惠贤合影,称赞说:"你的主持很有艺术性。"

3. 填补空白

在节目直播现场,有时会遇到节目已经用完,而时间又没有填满的情况,该如何处理,那就主要靠主持人的这张嘴了。

倪萍在她的《日子》一书中提到这样一次主持经历:1995年初我们曾做过一次以"母亲"为主题的《综艺大观》,我非常喜欢这类有人情味的主题节目。当节目快结束时,导演急匆匆地告诉我还剩余三分多钟时间,可是已经没有节目了,让我即兴发挥,把这三分钟的时间填补上。三分多钟,生活中就一眨眼的工夫,可在电视上,在直播现场,三分钟,太长了,说什么,多少话才能填满这三分钟呀。直播就是战场,你来不及周密策划,在场上你也找不到任何可以商量的人,最重要的是观众并不知道你是临场发挥,他们依然要你准确得体,职业要求你必须具备这种能力。而在现场你不能有片刻的停顿,我一边往台上走,心里一边激烈地盘算,说什么?对,说观众,我走向了观众席。

"我想知道,今天在场的观众朋友们,有哪位是陪同母亲一起来看《综艺大观》的?"此时,我脑子里迅速在做着下一步的打算,如果一个也没有,我会如何?如果有,我该说什么?观众席上一位清秀的小伙子站起来,"我!"我惊奇地说,"是吗?可不可以把你的母亲介绍给大家?"小伙子看了看母亲,说:"可以。""请这位母亲站起来好吗?"那位母亲笑盈盈地在观众热烈的掌声中站起来。"这位妈妈,我们都为你自豪,有这么好的儿子真幸福啊!小伙子,孝敬老人是最受人们尊敬的,我们都应该向你学习,请坐下。"她们母子又在热烈的掌声中坐下了。我回头看了看导演,他还示意我再说点什么,因为时间还有一分钟。说实话,往下再说什么,我已经很自如了。因为那时我和观众一起感受着这份中华民族的美德,我的心被感染着。想到电视是对着千千万万个家庭,对着千千万万个有父母的儿女,我激动了。我转向了镜头:"儿子带母亲来看节目本来不算什么了不起的事情,但我常常在我们的演播厅里看到的却是一对对情侣,一对对夫妻,有的是父母带着孩子,我却很少看见儿女陪着父母来的。其实,老人更需要多出来走走,他们更愿意来看看电视台是什么样,演播厅是什么样,倪萍是什么样,我希望从今

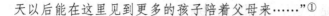

天以后能在这里见到更多的孩子陪着父母来……"①

从以上实例可以看出,直播节目给主持人提供了一个更大的发挥现场,但这种发挥一定要与节目的主题相关联,这需要主持人平时努力做到多看、多听、多写、多问,练好扎实的基本功。博闻强记,厚积薄发,就一定能反应机灵敏捷,语言诙谐幽默,能随时根据现场的瞬息变化迅即作出反应,或补充引申,或议论说理,或抒情说笑,或插科打诨,处处让人感受到主持人的现场意识和对节目的掌控。

五、播音员、主持人的创造力培养

面对竞争的激烈态势,广播电视媒体需要不断创新。不仅节目策划、制作要有新思想、新点子,作为节目核心人物的播音员、主持人更要具备杰出的创造力。我们耳熟能详的播音员、主持人无不具备这一特点,例如,作为《凤凰早班车》主持人的陈鲁豫,以"说新闻"的方式开创了新一代的主持风格,当大家还津津乐道这个节目时,她又走进《鲁豫有约:说出你的故事》,打造了又一个嵌入心房让观众不能忘怀的访谈节目。可以说,创造是播音主持的生命,或者说是生命的实质。

创造并不神秘,每个人身上都蕴藏着创造的潜能,对播音员、主持人来说,只要澄清认识,合理训练,就一定能够打开创造之门,成为播音主持百花园中的一朵奇葩。

(一)激发创造的动机

创造动机是直接推动播音员、主持人开展节目创新活动的内部动力。只有具备强烈的创造动机,才能不甘模仿、推陈出新。当年,和晶第一次去《实话实说》的时候,部主任和崔永元的第一句话就是:和晶,你要做好思想准备,你出了第一期节目,就会骂声如潮。和晶能够预见到这一点,但她更相信只要将前任主持人的长处作为创新的起点和基础,自己会在观众心目中打造一个新的、被认可的《实话实说》节目主持人。等到和晶录第二十几期节目的时候,负责切换节目的导播对和晶说:"这个场是属于你的了!"在上一个节目之前,主持人一定要想把这个节目做得真正"有内涵"、"有看头",而不是定位于"克隆"或是"模仿秀"。美国著名"脱口秀"节目主持人奥佩拉·温弗瑞有一句名言:"我必须用自己的声音向世界说话。"用自己的

---

① http://www.aochina.com/news-show.asp? column_id=1658&column_cat_id=49,2005年9月16日。

声音说话其实就是有远见、有深度的创新。

(二) 提高文化素养

缺乏宽广的视野和较为扎实的基础知识基本技能,就难以在某一领域有所创造。"台上一分钟,台下十年功",播音员、主持人若想在话筒前、屏幕上挥洒自如、信手拈来、妙语如珠,在日常生活中,就应注意博览群书,不断积累,以做到学识渊博。张锦力在《解密中国电视》中曾经把主持人分成"炒菜式"和"拼盘式"两类,意思是说节目的内容、程序是已经洗好、切好了的各种菜料,一名好的主持人应根据需要加盐加油进行深加工,把菜"炒好",而现在相当一部分的主持人是"拼盘式"的,把各种"菜"拼凑到一块儿就"上桌"了,哪里会有好味道呢? 如何拓展创造的空间? 主持节目时,主持人要靠自己对解说词和相关资料、信息的理解消化后形成自己的语言,向观众传播新鲜、生动的节目内容和信息,这是一种高境界的临场发挥,是主持人在对事件的内涵和外延有充分全面的了解,对现场气氛有细致感受的基础上所产生的一种厚积薄发式的创造性发挥。1997 年 6 月 30 日,白岩松在主持香港回归的现场直播中,其出色表现为人们所称道。那天上午,驻港部队离营时据誓师大会开始还有一小时,天突然骤降大雨,到离大会开幕还有 20 分钟时,天气又突然放晴,白岩松在现场即兴组织了这样一个开场白:"一场大雨洗刷的是中国百年的耻辱,而风雨过后,是中国晴朗的天空。"短短 28 个字,为香港回归的直播节目锦上添花,这是主持人在现场拓展自己创造空间的一个范例。如果没有深厚的知识积累,关键时刻决不会出彩。白岩松也曾经感慨,"电视是这样一个东西:它拼命压榨你,恨不能一天把你的'库存'榨干、掏空。为了避免被掏空,就要不断积累,不断充电。"一个用文化力量支撑的具有鲜明个性特色的主持人,才会让整个节目鲜亮起来。

(三) 培养发散思维能力和集中思维能力

创造性思维是发散思维与集中思维相结合的产物,其中发散思维是创造性思维最主要的特点,播音员、主持人可以从思维的流畅性、变通性、独特性等方面入手,经常进行发散思维训练。首先,经常对某一问题进行开放式思维,伸出众多"触角",如美国《60 分钟》节目主持人麦克·华莱士仅一个小时的采访,往往设计 100 多个问题作支撑;其次,思维要具备灵活性,能够举一反三、触类旁通,尤其要注意克服思维定式;最后,思考问题时应力求得出新颖的、与众不同的答案。培养集中思维主要是培养播音员、主持人的抽象、概括、判断和推理的能力。平时可以注意搜集各类节目的信息,从中总结优秀节目主持人的特点并加以学习。

播音主持现场:白岩松对话余秋雨

在主持《东方之子》时,白岩松设计了以下8个问题采访了文化学者、上海戏剧学院教授余秋雨。

1. 您的文章很多人看了之后就说鬼斧神工,经常有神来之笔,那么当您写完之后,回头看自己的文章,是否也有种新奇感?

2. 我在您的文章中曾经注意您这样一种思想:人应该有一种大气和超越,才会有种深刻的悲和美。那么您认为对于文人这一点是不是尤其重要?那么您自己是否在体验着深刻的悲和美呢?

3. 中国文化的历史已经很悠久了,在这个过程中有很多的文人在传递着它,岁月流逝,文人们相继地去了,但心灵中这种体验却是一脉相承的。那么现在您是否觉得自己非常有责任来承担弘扬民族文化的使命,或者说您很幸运的是这个血脉中的一分子?

4. 当面对自己的时候,或者说在酒后,您有没有构思或想过自己是唐朝的一个诗人或者宋代的一个词者?

5. 您现在是名人了,平时会有很多人找您,很多场合需要您,这样一种非常忙碌的生活,您是忙于应付呢,还是心里藏着成功的喜悦?

6. 辞去上海戏剧学院院长的职位,对您来说是不是件很高兴的事情?

7. 您过去家住楼房,在上海的西北角,您可以以一个旁观者的身份来观察这个大都市,那么您正要搬家,搬到市长的院里,也许多了一份安静,但会不会也多了一份贵族气?

8. 您被评为上海高教的十大精英,这个奖项和您在其他文学领域获得的奖项,不会有太大的差距吧?

白岩松以开阔的视野、多维发散的思考设计了以上问题,分别触及受访者的心灵体验、情感方式、人生态度等。前三个问题从文思、文人的气质和文人的责任发问,貌似巨大,但角度很小,问的是余秋雨本人的感受,受众自然也想了解;第四个问题貌似荒诞,但话题别致,受众肯定觉得有趣;最后四个问题貌似平常,但小中见大,既有"平民意识",又能得知"贵族心态",问得恰到好处①。

---

① 吴郁主编:《主持人思维与语言能力训练途径》,中国广播电视出版社2005年版,第14—15页。

第五节　播音员、主持人的想象

一、什么是想象

想象是对头脑中已有表象(形象)进行加工改造而形成新形象的心理过程。例如，人们在听广播、看小说时，在头脑中所呈现的各种各样的情景、人物形象。这些根据别人的介绍描述，或者根据自己已有的经验，在头脑中形成的新形象，都是想象活动的结果。

形象性和新颖性是想象活动的基本特点。想象是在感知的基础上，改造旧表象创造新形象的心理过程。它是以直观的形象呈现在人们头脑中，而不是词或者符号。而且想象中出现的形象是新的，不是表象的简单再现，而是在已有表象的基础上加工改造的结果。例如，当我们读着马志远的《天净沙·秋思》时，头脑中出现一幅苍凉的画面。虽然这样的场景我们没有亲眼见到过，但是我们头脑里储存的有枯藤、老树、昏鸦、小桥、流水、夕阳、瘦马等表象，人脑就对这些表象加工组合而形成一幅这样的画面。想象不仅可以创造出人们未曾知觉过的事物的形象，还可以创造出现实中根本不可能存在的形象。例如，《西游记》中的孙悟空、猪八戒以及妖魔鬼怪等。尽管这一类形象离奇古怪，有时甚至荒诞无稽，但它们仍来自现实之中，来自对人脑中记忆表象的加工，孙悟空就是把人的特征和猴子的习性、动作等结合在一起而创造出来的。想象的形象在现实生活中都能找到其原型，它同其他心理活动一样，都是对客观现实的反映。

想象与思维有着密切的联系，同属于高级认识过程，它们都产生于问题情境，由个体的需要所推动，并能预见未来。想象的预见是以具体形象的形式出现的，而思维的预见是以概念的形式出现的。有时人们遇到疑难问题时往往运用想象来解决问题。例如，有这样一个问题：一天清晨日出时，一个修道士开始沿着盘旋的山路爬山，到山顶的一个寺庙。山路狭窄只有一两步宽。这个修道士爬山时，时快时慢，一路上多次停下来休息。他在日落前不久到达寺庙，在寺庙停留几天后他开始沿原路下山，也是日出时起程，以变化的速度行走，同样在路上多次休息，当然他下山的速度要比上山时快。试证明修道士在往返途中将于一天中的同一时刻经过同一地点。要解决这个问题就需要运用想象，你只要想象出有两个修道士同时起程，一个人从山脚向上爬，一个人从山顶往下走。无论他们的速度如何，都会在途中某一时刻,某一地点相遇。由此可以看出,解决问题的想象与解决问题的思维是不同的,思维是有计划、有步骤、连贯的思考,而想象可以"跳过"某些思维阶段,构成事物的形象,从而实现对问题的解决。

二、想象的种类

按照想象活动是否具有目的性,想象可以区分为无意想象和有意想象两类。

(一)无意想象

无意想象是一种没有预定目的、不自觉的想象。它是当人们的意识减弱时,在某种刺激的作用下,不由自主地想象某种事物的过程。例如,人们观察天上的白云时,有时把它想象成棉花,有时又像羊群,有时又像野兽等;还有人们在睡眠时做的梦,服食大麻、迷幻药导致的幻觉等,都是无意想象。

(二)有意想象

有意想象是有预定目的、自觉进行的想象。它是人们根据一定的目的,为塑造某种事物形象而进行的想象活动,这种想象活动具有一定的预见性、方向性。根据想象的创新程度和形成方式的不同,可把有意想象分为再造想象、创造想象和幻想。

1. 再造想象

再造想象是根据言语的描述或图形的示意,在头脑中形成相应的新形象的过程。再造想象的新形象不是想象者自己独立创造出来的,而是再现他人描述的形象,所以,言语描述或图样示意越详细,主体的感性经验越丰富,再造想象的形象也越完善。再造想象中也有创造性的成分,但创造性的水平较低。

2. 创造想象

创造想象是在创造活动中,根据一定的目的、任务,在人脑中独立地创造新形象的心理过程。在创造新产品、新作品、新理论时,人脑中构成的新事物的形象都属于创造想象。例如鲁迅先生创作的"阿Q"形象,工程师构建的建筑物的形象,发明家构思的新产品的形象等都是创造性的新形象。因此,它具有首创性、独立性和新颖性的特点。创造想象是一切创造活动、科学发明与发现的必要条件。爱因斯坦说过,想象力比知识更重要,因为知识是有限的,而想象力概括着世界上的一切,推动着进步,并且是知识进化的源泉,严格地说,想象力是科学研究中的实在因素。这个想象力指的就是创造想象的能力,可见创造想象在科学创造中具有十分重要的意义。

3. 幻想

幻想是指向未来,并与个人愿望相联系的想象,它是创造想象的特殊形式。科学幻想中的形象,宗教迷信中的形象,各种神话、童话中的形象都属于幻想。幻想不立即体现在人们的实际活动中,而带有向往的性质,幻想的形象是人们希望寄托的东西。例如,古书中所描述的腾云驾雾、嫦娥奔月、龙宫探宝等,在当时就代表了人们希望登天入地的幻想。

三、播音主持想象力的特征及想象的个别差异

情景再现是播音员、主持人想象力特点的恰当概括。所谓情景再现,就是在符合稿件需要的前提下,以稿件提供的材料为原型,使稿件中的人物、事件、情节、场面、景物、情绪……在播音员脑海里不断浮现,形成连续活动的画面,并不断引发相应的态度、感情的过程。在这一过程中,播音员、主持人的想象力特征及差异表现在以下几方面:

(一) 想象的主动性

有的播音员、主持人无意想象占优势,不能按照稿件的目的和内容来展开想象的翅膀;一旦想象的翅膀展开之后,又会像一匹脱缰之马,漫无边际、自由奔驰。有的则有意想象占优势,能够有目的、有计划地唤起自己的想象,"登山则情满于山",像一艘带着罗盘的船只沿着预定的航线前进,且能当行则行,当止则止。具有主动性想象力的播音员、主持人,一般都能在节目创造中大显身手。

(二) 想象的丰富性

丰富性是指想象内容的充实程度。想象是在表象的基础上形成,其丰富性取决于表象的多样性。当然,丰富充实的表象必须正确无误,由此形成的想象才会富有价值。播音员、主持人想象丰富性的差异表现在:有的人想象丰富多彩,内容充实,在围绕某一主题展开想象时,就会在自己的头脑中出现一幅幅的画面;而有的人想象贫乏单调,缺乏内涵。

(三) 想象的生动性

生动性指想象的活跃、鲜明程度。想象的生动性也是以表象的生动性为转移的,表象越富有直观性,想象就越富有生动性。如果一个人的视觉表象、听觉表象、味觉表象及触觉表象等总像直接看到、听到、尝到、嗅到、触到时那样鲜明、完整和稳定,由此构成的想象自然也就生动、鲜明了。有的播音员、主持人想象生动活泼,色彩鲜明,能在头脑中"看到"某人及其一言一行、一举一动;有人想象则似一潭死水,色彩暗淡。

（四）想象的新颖性

新颖性是指想象所构成的形象的新异程度。想象的新颖性通过表象的改造而实现，其过程带有分析和综合的性质。为了构成一个新颖的想象，一方面要从许多已有的表象中，通过分析选取某些有用的表象；另一方面，又要通过综合，把分析出来的表象联合起来，构成一个新的形象。想象所构成的形象越是出乎意料，它就越富有新颖性。有的播音员、主持人想象所构造的形象几乎是依葫芦画瓢，缺少新意；有的想象则标新立异，创意非凡。美国计划很久的"深度撞击号"如愿以偿地撞击到了目标。从美国国家航天局公布的照片来看，却不过像是个闪光的霓虹灯——根本不像焰火。这边刚刚撞完，窦文涛便在脱口秀里说，"深度撞击号"撞到坦普尔一号彗星之上，犹如一只蚊子撞到飞机上，其想象力可谓生动、新颖。

四、播音员、主持人的想象力培养

播音主持的内容是十分广泛的，上至天文，下至地理，古今中外，无所不包。播音员、主持人经历再丰富，也不可能事事身临其境。运用想象加深对节目内容的感受是播音员、主持人必须具有的能力。只有想象力丰富，才能去感受别人的经历，才能从中捕捉到真情实感，才能在此基础上进行再创造。培养想象力的有效途径有：

（一）增加表象储备

想象中任何新形象的形成都是以头脑中原有表象为基础的，没有旧有记忆表象作为原材料，新的表象是不可能被加工出来的，就更谈不上创造性想象。人的知识经验范围决定着表象的丰富程度。作为播音员、主持人，要在社会实践中开阔视野，尽量扩大对自然界和社会各种形象的储备，参与社会调查、参观、游览、欣赏影视歌舞、读书、制作，都可以扩大表象储备。生活积累越丰富、坚实，想象力的驰骋面就越广阔，产生的新形象也越深刻、越生动，创造性想象活动也就越频繁。

（二）配合积极的思维活动

想象力的丰富程度与个体的知识经验并不成正比，因为想象是通过对已有表象加工、改造和重新组合，在头脑中建立新形象的过程，它不是感性材料的胡乱堆砌，而是一种严格的构思过程，受思维活动的控制、调节和支配。对播音员、主持人来说，只有通过积极、严密的思维才能保证创造想象沿着正确的方向顺利进行，它的产物才会符合节目的要求，才会激发起受众的兴趣。

(三) 经常展开联想

联想是想象力的花朵，经常展开联想，可使想象活跃。联想就是从一个事物、概念、方法、形象想到另一个事物、概念、方法和形象。比如从山如何联想到盘子，是根据这样的一个联想过程：根据对比联想，从山联想到水；根据接近联想，从水联想到鱼；根据相似联想，从鱼联想到虾；根据关系联想，从虾联想到盘子。在生活中不妨利用这四种联想，进行想象训练，比如从话筒开始进行联想，和话筒接近的是什么，和它相似的是什么，和它对比的是什么，和它有关系的是什么。经常进行一连串的联想，会增加想象的细密程度和丰富程度，从而促进想象力的发展。

思考题

1. 播音员、主持人怎样正确利用感知的特征和规律来改进播音主持工作？
2. 敏锐的观察力是播音员、主持人必备的素质吗？怎样才能不断提高个人的观察力水平？
3. 如果你将要主持一场直播晚会，怎样才能迅速、准确地记住大段的串联词？
4. 为什么有的主持人虽然已满头白发却依然有着深厚的观众缘？试用本章学习的有关创造力及其培养的知识分析这种现象。
5. 列举几位你所熟悉并欣赏的播音员、主持人，分析他们所具备的认知心理方面的特点，这些特点是可以培养的吗？
6. 注意的基本品质有哪些？播音员、主持人应怎样培养自己良好的注意品质？
7. 注意对于播音主持工作的意义是什么？
8. 播音员、主持人应具有怎样的记忆品质？
9. 简述思维的品质及对播音主持工作的意义。
10. 想象在播音主持创作中的独特性和作用是什么？
11. 播音主持创作中想象的意义是什么？

第四章 播音员、主持人的情意心理

人是感情动物,人的生活充满着情绪色彩,时而欣喜若狂,时而灰心沮丧,时而满腔怒火,时而心花怒放。正是因为有了各种各样的情绪,我们的生活才变得五光十色、多姿多彩。情绪最能表达人的内心状态,是认识和洞察人们内心世界的窗口,是人的心理需求满足与否的晴雨表。播音员、主持人的工作主要是通过自己的节目传递信息、传播知识、服务大众。那么,怎样才能让自己的情绪情感和节目水乳交融,更好地感染受众,进而达到情感共鸣呢?在节目中又该如何调控自己的情绪,不让节目为自己的个人情绪所扰?另外,工作过程中会出现各种各样的困难,播音员、主持人又该怎样运用自己坚强的意志力和聪明才智克服这些困难,提升个人的意志品质?本章从心理学的角度指引读者解答这些问题,我们首先介绍有关情绪、情感和意志的心理学基础知识,然后再结合播音员、主持人的工作特点对有关问题加以分析。

第一节 播音员、主持人的情绪和情感

一、情绪和情感概述

人非草木,孰能无情?人在社会生活中,每时每刻都在经历着喜怒哀乐等情绪的起伏变化。有时会体验到开心、愉悦的积极情绪,它们是获得幸福与成功的动力,使人充满生机和希望;有时也会体验到焦虑、痛苦的消极情绪,它们使人心灰意冷、失落沮丧,如果不及时调适,还有可能严重危害身心健康。播音员、主持人在做节目的过程中,充分表达节目的情绪和情感,营造和渲染一种氛围,让受众在多姿多彩的情绪和情感世界里获取知识,领略人生百味。古往今来,人们为情绪和情感感叹而又迷惑,不断提出一个古老而又常新的问题:问世间情为何物?

(一) 什么是情绪和情感

心理学家把心理现象划分为三个方面,即认识过程、情绪过程和意志过程。认识过程是对客观事物本身的性质和属性以及它们之间的联系和关系

的反映过程;意志过程是认识活动的能动方面和自觉调节方面;而情绪和情感则是伴随着认识活动和意志行动而出现的。心理学家对情绪做了长期而深入的研究,对情绪提出了各种各样的看法,但是,由于情绪和情感的极端复杂性,至今没有得出完全一致的结论。现在比较被接受的一种看法是:情绪和情感是有机体反映客观事物与主体需要之间关系的态度体验及相应的行为反应①。这种看法说明,情绪和情感是以个人的愿望和需要为中介的一种心理活动。

人在认识世界和改造世界的过程中,与很多事物发生着各种各样的联系和关系。现实事物对人总是具有这样或那样的意义,相应的,人对这些事物就抱有这样或那样的态度。人对客观事物的态度与人对事物的认识有所不同,它总是以带有某些特殊色彩体验的形式表现出来。例如,顺利做完节目会使播音员、主持人轻松、愉快;失去至亲会带来痛苦和悲伤;美好的事物使人产生爱慕之情,丑恶的现象令人顿生憎恶之感。所有这些喜、怒、悲、愤等,都是人的具有某种独特色彩的体验,而这些不同的体验,是以人的不同态度为转移的。人对客观事物采取怎样的态度,又是以该事物是否满足人的需要为中介的。依人的需要是否获得满足,人会形成肯定或否定的态度,进而使情绪和情感具有肯定或否定的性质。凡是能够满足人的需要的事物,就会引起肯定性质的体验,如快乐、满意、爱等;凡是不能满足人的需要的事物,或者与人的意向相违背的事物,则会引起否定性质的体验,如愤怒、哀怨、憎恨等。情绪和情感的独特性质正是由这些需要、渴求或意向所决定的。所以,播音员、主持人在做节目之前,一定要好好研究一下受众的心理需要,受众想要接受什么样的信息,喜欢以什么样的方式接受,进而不断改进节目的内容和形式。

情绪和情感具有以下三方面的特点:(1) 具有独特的主观体验。它不是有机体对现实对象和现象本身的反映,而是由客观现实与有机体的需要之间关系所引起的喜、怒、哀、惧等主观感受。(2) 具有明显的机体变化和生理唤醒状态。例如,内脏机能的变化(消化、呼吸、循环及内分泌器官的活动)、脑电和皮电活动的变化。(3) 具有独特的生理机制。不仅大脑皮层,而且大脑皮层以下的丘脑、下丘脑、边缘系统,网状系统等部位在情绪情感的产生中也起着特定的作用。

---

① 林崇德、杨治良、黄希庭主编:《心理学大词典》,上海教育出版社2003年版,第945页。

(二) 情绪和情感的外部表现

情绪和情感虽然是一种独特的主观体验,却常常伴随着某种外部表现,如高兴时微笑、欢呼、跳跃等。情绪和情感的外部表现形式就叫作表情。表情是人们在人际交往中传递信息、交流情感的重要手段。我们通过"察言观色",体察他人的情绪,在他们的举手投足间了解他们内心的感受。表情主要可以分为面部表情、姿态表情和言语表情三种。

1. 面部表情

面部表情是指通过眼部肌肉、颜面肌肉和嘴部肌肉的变化来表现的各种情绪状态(如图4-1)。它是人类表达情绪的最主要的一种表情,能精细、准确地反映人的情绪。在面部表情中,人的眼神变化是最重要的体现,其次是嘴部和眉头肌肉的变化。播音员、主持人在播报信息时可以适当地调整面部表情。高兴时眉头舒展,双目含笑,嘴角上提;悲伤时则眼含悲伤,表情

1 愉快　2 愤怒　3 惊奇　4 悲哀　5 厌恶　6 恐惧

图4.1　人类的面部表情

严肃。中央电视台《第一时间》节目的主持人马斌在这一点上就比较有自己的特色。但是,面部表情要适度,播音员、主持人毕竟不是演员。

美国心理学家伊扎德(Izard, C. E.)和艾克曼(Ekman)等人对人的面部表情识别做了许多实验研究,得出三个重要发现:(1)把无意义音节与面部表情照片搭配成对,让被试判断表情并记住与之成对的无意义音节。结果表明,被试识记与积极的面部表情照片配对的无意义音节速度快,对那些与消极表情照片配对的无意义音节记忆速度较慢。(2)先让被试判断表情照片并确认是何种表情,然后再让他们判断照片中人物的性格。结果,多数人认为有积极的面部表情的人具备令人喜欢的性格特征,如友善、聪敏、乐观、善解人意等。(3)让精神病医生和舞蹈家通过影片观察一个妇女的表情,判断她是否很快乐。结果发现,这两组被试刚开始时几乎完全是依照面部表情的线索进行判断;在经过主试引导后,舞蹈家更多地依靠动作姿势来判断,精神病医生则依旧靠面部表情做出判断。这说明职业不同,判断情绪时所依据的线索也不同。

2. 姿态表情

姿态表情是除面部之外身体其他部位的表情动作。头、手和脚是表达情绪的主要身体部位。例如,人在高兴时手舞足蹈,悲痛时捶胸顿足,焦虑时坐立不安,恐惧时紧缩双肩。舞蹈和哑剧就是演员用姿态表情和面部表情反映情感和思想的艺术形式。心理学家认为,手势等很多姿态表情是通过后天学习得来的,而且在不同的社会环境和文化环境中存在差异。

3. 言语表情

言语表情是情绪和情感在言语的声调、节奏和速度等方面的表现。言语表情强调的不是言语的内容,而是语音的高低、强弱,以及语调的变化。例如,播音员在解说世界杯比赛实况时,语音尖锐、急促,语调激昂,有时甚至声嘶力竭,表达出一种紧张而兴奋的情感;而当他播出某位领导人逝世的讣告时,则语调低沉、缓慢,表达出一种悲痛的情绪。

表情和语言都是人际交往的重要工具,三种表情中,面部表情在人际交往中起主要作用,而姿态表情和言语表情是情绪表达的辅助手段。

(三)情绪、情感的联系和区别

情绪和情感是十分复杂的心理现象,既是在有机体的种族发生、进化的基础上产生的,又是人类社会历史发展的产物。西方心理学著作常常把无限纷繁的情绪和情感统称为感情。人们的感情是非常复杂的,既包括了感情发生的过程,也包括了由此产生的种种体验,情绪和情感是从不同的角度来表现感情这种复杂的心理现象的。要想把它们作严格的区分是困难的，但是可以从不同的侧面对二者加以说明。

情绪主要指感情过程，即个体需要与情境相互作用的过程，通常是在有机体的生物性需要是否得到满足的情况下产生的，例如，由于饮食的需求而引起满意或不满意的情绪，由于危险情景引起的恐惧等。因此，情绪为人和动物所共有。但是，人的情绪在本质上与动物的情绪有所不同。即使人类最简单的情绪，在它产生和起作用的时候，都会受人的社会生活方式、社会习俗和文化教养的影响和制约。情绪具有较大的情境性、激动性和暂时性，往往在情境转移或者需要得到满足后而减弱或消失。因此，情绪是反应性、活动性的过程，不太稳定。对于人类个体而言，情绪发展在先，代表了感情的种系发展的原始方面。情绪表现具有明显的冲动性和外部特征，面部表情是情绪的主要表现形式，如人们高兴时手舞足蹈，愤怒时咬牙切齿等，这些都是情绪的外在表现。

情感是人类特有的心理活动，人类在社会历史发展进程中所形成的稳定的社会关系决定着人们对于客观世界的态度，对于这些受社会关系制约的态度的反映，就是人类所特有的情感。例如集体感、荣誉感、责任感、羞耻心、求知欲等都是人们在社会生活条件下所形成的高级情感，它们具有社会历史性，有时还可能带有阶级的烙印。情感大都与人的社会性需要相联系，情感的性质常常与稳定的社会事件的内容方面密切相关。因此，情感这一概念较多地用于表达感情的内容，一般具有较大的稳定性和深刻性。例如高尚的道德情操、精湛的艺术感受之类的体验，用情感这一术语来表达。情感多是以内在感受、体验的形式存在，有时虽不轻易表露却对行为具有重要的调节作用。

实际上，无论是情绪还是情感都有内容和形式两个方面，因此这种区分不是绝对的。一方面人具有稳定的社会内容的高级情感，也可能以鲜明的、暴发的形式表现出来，表现为一种情绪。例如，1976年1月11日傍晚，在北京长安街上，等待周恩来总理灵车经过的千百万人，冒着寒风，流着热泪，悼念周总理的无限悲恸充斥人们的肺腑，表达着人们由衷的哀思。这些深邃的体验，既是中国人民对祖国、对伟人的高尚的深沉的情感，同时又具有鲜明的表现形式，表现为激烈的情绪。另一方面，那些与人的生物性需要相联系的情绪，又能由赋予的社会内容而改变它的原始表现形式。小学教科书里有一篇课文叫《一个苹果》，讲的是在抗美援朝战争中，在极度缺水的条件下，一个苹果在战士们手中辗转传递，却没有人舍得咬上一口，传来传去，最终还是一个完整的苹果。这个故事之所以感人,就是由于战士们高尚的道德和觉悟,压倒了那些基本的生理性需要,表现了人们纯正的、高尚的情操。在人类身上体现的情绪和情感是统一在人的社会性本质之中的。

(四)情绪和情感的功能

情绪和情感是人反映客观世界的一种形式,在人们的生活中具有重要的作用,其功能主要表现在:

1. 适应功能

有机体在生存和发展的过程中,有多种适应方式。情绪和情感是人们适应生存的精神支柱,如人和动物在遇到危险时大声呼救,就是一种求生的手段。

高等动物的情绪具有适应功能,类人猿等高级灵长类动物,有着和人类相似的表情,能表达喜、怒、哀、乐等基本情绪,可以和同伴进行交流。情绪是人类早期赖以生存的手段。刚出生的婴儿还不能独立地维持生存,这时主要依靠情绪来传递信息,与成人进行交流并得到成人的抚养。成人也正是通过婴儿的情绪反应,及时为婴儿提供各种生活条件。现代社会生活节奏加快,对环境的适应成了人们经常遇到的问题,情绪调节也就成了适应社会环境的重要手段。如用哭泣宣泄内心的压力,用移情维护人际关系,用察言观色了解对方的情绪状况,以便采取适当的对策等。也就是说,人们通过各种情绪,了解自身或他人的处境与状况,适应社会的需要,以谋求更好地生存和发展。

2. 动机功能

人们的各种需要是行为动机产生的源泉和基础,而情绪和情感是需要是否得到满足的内心体验,它们能激励人们的行为,改变活动的效率。因此,情绪和情感具有动机功能。

积极的情绪状态能推动、促进人的活动,消极的情绪则抑制、阻止人的活动。研究表明,适度的情绪兴奋,可以使身心处于活动的最佳状态,进而推动人们有效地完成工作任务,适度的紧张和焦虑能促使人积极地思考和解决问题。

此外,情绪在人类高级的目的行为和意志行动中也发挥着重要影响。心理学之父冯特就十分重视情绪在意志行动中的作用。譬如,正是对播音主持工作的兴趣和热爱促使播音员、主持人全心全意投入工作,即使屡遭失败也能坚持不懈;强烈的民族自豪感能使足球运动员在世界杯赛场上奋力拼搏;等等。

3. 组织功能

情绪是一个独立的心理过程,有自己的发生机制和发展过程,什劳费(Sroufe)认为情绪作为脑内的一个监测系统,对其他心理活动具有组织的作用。这种作用表现为积极情绪的协调、组织作用和消极情绪的破坏、瓦解作用。

情绪能影响认知操作的结果,其影响效果取决于情绪的性质和强度。中等强度的积极情绪如愉快和兴趣,有利于提高认识活动的效果;而消极的情绪如恐惧、痛苦等会对操作产生负面影响,且情绪强度越大,操作效果越差。

情绪的组织作用也体现在对记忆的影响方面。情绪能影响记忆的效率,人们容易记住喜欢的事物,而不感兴趣的记起来就非常吃力。鲍尔等(Bower)的研究表明,如果识记材料在某种情绪状态下被记忆,那么这些材料在相同的情绪状态下更容易被回忆出来,这种现象称为心境一致性记忆效应。这说明情绪可以干预记忆的效果,使记忆的内容按照情绪的性质进行分类。

4. 信号功能

情绪和情感具有明显的外在表现形式——表情。和语言一样,表情是人际间传递信息、沟通思想的重要方式。面部表情、姿态表情和言语表情都能显示人的情绪状态,如用微笑表示赞赏、友好和鼓励,用点头表示认可,用轻快的声音表示愉悦。表情也是言语交流的重要补充,我们称其为非言语信息,在许多情境中,能消除言语交流所造成的不确定性。例如我们在和其他人交流时,通过增加手势、改变语调使言语信息表达得更加准确。从信息交流的发生上看,表情的交流比言语交流要早得多,如在前言语阶段,婴儿与成人交流的唯一手段就是情绪,成人及时的情绪和情感反应是婴儿学习、认识世界,形成自我的一个重要手段。这种作用称为情绪和情感的社会参照作用。

情绪和情感的功能向我们揭示:情绪既服务于人类基本的生存需要,又服务于人类社会群体生活的需要。情绪渗透于人的整个心理过程和实际生活,播音员、主持人有必要掌握合适的方法来调整情绪、利用情绪,使之成为推动节目运作的重要心理力量。

二、情绪和情感的分类与特征

关于情绪和情感的分类,一直以来众说纷纭。我国古代名著《礼记》中提出"七情"说,即喜、怒、哀、惧、爱、恶、欲等。美国心理学家普拉切克(R. Plutchik)提出了八种基本情绪:悲痛、恐惧、惊奇、接受、狂喜、狂怒、警惕、憎恨。还有的心理学家提出了其他类别。虽然类别很多,但一般认为有四种基本情绪,即快乐、愤怒、恐惧和悲哀。基本情绪的不同组合派生出了复合情绪。下面我们从情绪状态和社会情感两个方面介绍一下情绪和情感的具体分类。

(一) 情绪状态的分类

情绪状态是指在某种事件或情境的影响下,在一段时间内所产生的某种情绪。根据情绪状态的强度和持续时间可以分为心境、激情和应激三种,这也是最典型的三种情绪状态。

1. 心境

心境是一种微弱、持久、带有渲染性的情绪状态。如愉悦、失落、焦虑等。心境具有弥散性,它不是关于某一特定事物的体验,而是指当人具有某种心境时,这种心境表现出的态度体验会朝向周围的一切事物。一个主持人接到热心观众的表扬信,心情非常愉快,走在路上会觉得天高气爽,回到家里会同家人谈笑风生,甚至遇到陌生人也会去笑脸相迎;而当他心情不好时,在单位、在家里都会情绪低落,无精打采,甚至会看什么都不顺眼。古语中说人们对同一种事物,"忧者见之而忧,喜者见之而喜",就是心境弥散性的表现。

导致心境产生的原因很多。生活中的顺境和逆境,工作、学习上的成功与否,人际关系的亲疏远近,个人的身体健康状况,自然环境的变化,都可能引起某种心境。但心境并不完全取决于外部因素,个人的主观认识也起着非常重要的作用。一个聪明、乐观的人会正确面对人生的失意和挫折,始终以积极的心境面对生活。陈毅元帅的《梅岭三章》可以说就是这种心境的写照。

心境对人们的生活、工作、学习和健康都有很大的影响。积极良好的心境可以提高工作和学习的效率,帮助人们克服困难,保持身心健康;消极不良的心境则会使人意志消沉,悲观绝望,降低活动的效率,甚至无法正常地工作和生活,严重了还会导致一些身心疾病。所以,保持一种积极健康、乐观向上的心境对每个人都有重要意义。我们要学会调节控制自己的心境。

2. 激情

激情是一种强烈的、迅猛爆发的、激动而短暂的情绪状态。人们在生活中的狂喜、暴怒、剧痛等都是激情的表现。和心境相比,激情在强度上更大,但持续的时间一般比较短暂。

激情通常由对个体具有重大意义的生活事件所引起,如考上大学,找到梦寐以求的工作,至亲去世等。出乎意料的突发事件也会引起激情,如在异地他乡见到多年失去音讯的亲朋,常会欣喜若狂。另外,对立意向的冲突或过分压抑也会引起激情。鲁迅先生曾说过:"不在黑暗中爆发,就在黑暗中灭亡。"

激情具有爆发性和冲动性,同时伴有明显的生理变化和外部行为表现,如怒发冲冠、捶胸顿足、哭天抢地、咬牙切齿等,有时会因为过分激动而说不出话来、身体痉挛甚至休克。《儒林外史》中的范进在得知自己金榜题名后,狂喜之下,竟然意识混乱,手舞足蹈,疯疯癫癫。但这些激情在宣泄之后,人又会很快平息下来,甚至出现精力衰竭的状态。

激情对人既有积极影响,又有消极影响。一方面,激情可以激发内在的心理能量,成为活动的巨大动力,提高工作效率并有所创造。如艺术家在激情状态下,洋洋洒洒,如有神助,往往成就惊人之作;运动员在大赛气氛的感染下,力争报效祖国,勇于拼搏,超水平发挥,勇夺桂冠。但是另一方面,激情也有很大的破坏性和危害性。人在激情状态下,往往会出现"意识狭窄"的现象,任性而为,不计后果,于人于己都造成重大损失。例如,一位著名的体育类主持人在解说世界杯的足球比赛时,因为自己喜欢的球队进了球,欣喜若狂,在解说的时候说出了不该说的话,酿成大错。另外,人如果长期处于激情状态,还会引起强烈的生理变化,进而影响身体健康。所以,播音员、主持人在生活中特别是节目中,要善于控制自己的激情。应该积极主动地调整、控制自己的激情,使之处于积极的状态之中,让其多多发挥积极作用,成为正确行动的动力。同时要努力抑制消极的激情的产生和发展。

3. 应激

应激是一种出乎意料的紧急情况所引起的十分强烈的情绪状态。例如主持人在做一些热线节目时,会接到一些不友善的甚至是意想不到的电话,这个时候就要求主持人在心理上要保持高度警醒和紧张,并迅速做出判断,产生相应的反应,这就是应激的表现。

应激状态产生的原因主要与人面临的情景和对自己能力的估计有关。当面对从未遇到的情景,已有的知识经验不足以解决问题时,或者熟悉的情景发生突变时,人都会感到紧张、无助而处于应激状态。

人在应激状态下常常伴随着明显的生理变化,如呼吸暂时停止、肌肉紧张、血压上升、心跳加速等。加拿大学者汉斯·塞里(Hans Selye,1907—

1982）把这种变化称为适应性综合征，并把整个应激反应过程分为动员、阻抗和衰竭三个阶段。① 适当的应激状态有助于个体迅速适应急剧变化的环境刺激，保护机体的功能，但若长期处于应激状态中，就会使人的生物化学保护机制溃退，引发某些疾病，影响身体健康。

（二）情感的分类

情感是同人的社会性需要相联系的主观体验，渗透到人类生活的各个方面，具有鲜明的社会历史性。人类较高级的社会性情感有道德感、理智感和美感。

1. 道德感

道德感是根据一定的道德标准在评价人的思想、意图、言论和行为时所产生的主观体验。

如果自己或他人的行为举止、思想言论符合道德标准的要求，就会产生肯定的道德体验，如自豪感和钦佩感等；反之，则会产生否定的道德体验，如厌恶、反感、鄙视等。鞠躬尽瘁、死而后已的好干部牛玉儒，与邪恶势力斗争到底、保一方平安的好警察任长霞，他们都具有高尚的道德情感，是永远值得我们称颂和学习的榜样。

道德情感在形式上可分为直觉的道德感、形象性的道德感和理论性的道德感三类。② （1）直觉的道德感：是由于对某种情境的感知而引起的，往往迅速产生。如一个人由于突然不安，而制止了某些不道德的举动。这种道德体验，尽管缺乏明确的自觉性，但它仍然与人的实践经验和道德认识有密切关系，是对周围舆论的态度表现。（2）形象性的道德感：是通过想象发生的一种情感，比如想起了雷锋的形象而产生的钦佩感。（3）理论性的道德感：是以清晰地意识到道德要求为中介的情感，具有较大的概括性。

2. 理智感

理智感是在智力活动过程中，在认识和评价事物时所产生的情感体验。理智感是和人们的求知欲望、好奇心、认知兴趣、解决问题的社会需要联系在一起的。

理智感是一种高级的社会情感，是在人的认识活动中产生和发展起来的，反过来它又推动人的认识进一步深入，成为认识世界和改造世界的一种动力。例如，好奇心是探索真理的源泉，历史上许多伟大的发明创造都是源

---

① 彭聃龄主编：《普通心理学》，北京师范大学出版社2001年版，第362页。
② 李伯黍、燕国材主编：《教育心理学》，华东师范大学出版社1993年版，第51页。

于发明者有强烈的好奇心。另外,人的理想、信念、世界观对理智感也有重要的作用。播音员、主持人要有意识地培养自己的理智感,让它为自己的学习、工作更好地发挥作用。

3. 美感

美感是对事物美的体验,是人们根据美的需要,按照一定的审美标准评价事物时所产生的情感体验。美感具有两个重要特点:一是愉悦的体验,二是有倾向性的体验。

人们是根据审美标准来评价事物的,审美标准既反映了客观事物的属性,又受到个人的知识水平、需要、思想观念和价值的影响。事实表明,对于同一个对象,不同的人会产生不同的美感。另外,审美标准是在一定历史条件下产生的,受到多种因素的影响,具有社会性、历史性和阶级性。例如在我国唐朝,女子以胖为美,但时下却流行骨感美人。社会环境、风俗习惯、文化背景都会影响到人们的审美标准。现在社会越来越进步,人们对美也有了更多的认识,变得越来越宽容,美感也有了更加丰富的内容。美感具有较强的直观性,事物的外部形式对美感有很大的影响,美丽的包装固然重要,但我们不仅要注重美的形式,更要关注美的内容。

镜头前的李咏与不少观众心目中的主持人形象相距甚远,那么他究竟是凭什么吸引了观众呢?有人说,李咏属于那种"一不小心就让人喜欢了"的一类,他最大的本事是能把游戏节目主持得人情味十足。在《幸运52》中,李咏既不靠油嘴滑舌,也不咋咋呼呼,用他自己的话来说,就是以"平民的语言、平民的笑脸,带领大伙儿忘我地玩一把"。人们说,如今荧屏游戏节目众多,而李咏骨子里的东西是别人无法"克隆"的。这样一个看似不美却能把节目做得很美的李咏,告诉我们在当前电视节目日趋多元化的时代,荧屏需要多种风格、不同做派的主持人。人们推崇像白岩松那样深刻犀利、具有使命意识的主持人,而像李咏这样亦庄亦谐、看似有点"另类"的也很讨人喜欢。主持人应该发挥自己的特色,形成自己的主持风格,给受众以美的享受。

(三)情绪和情感的特征

人的情绪和情感具有许多区别于其他心理活动的特征,主要表现在以下两方面:

1. 情绪和情感的两极性。人的任何一种情绪和情感都可以找到另外一种和它在性质上恰好对立的情感,如激动与平静、欢乐与忧伤、喜爱与厌恶、紧张与松弛等,这就是情感的两极性。在快感度、紧张度、激动度和强度上,情绪和情感都表现出相互对立的两极。在快感度方面,两极为"愉快—不愉快";在紧张度方面,两极为"紧张—轻松";在激动水平方面,两极为"激动—平静";在强度方面,两极为"强—弱"。另外,在任一两极之间,都还有一系列不同程度、不同色彩的情绪和情感,如"喜"的情绪从满意到狂喜,"怒"的情绪从微愠到暴怒。两极情绪可以互相转化,如乐极生悲、破涕为笑等。正是因为情绪和情感具有两极性,每两极间又有不同程度的变化,所以情绪和情感的表现是复杂的、多样的。

2. 情绪和情感的情境性。人的情绪和情感总是在一定的情境中产生的,例如,在具有快乐气氛的情境中,一个人就会产生快乐的感觉;在悲伤的情境中,一个人就会产生忧伤感。这就是情感的情境性。在心理学上,情境变量是情绪研究中应用较多的一种自变量。例如在情感移入(empathy)研究中,克雷格和洛厄里等人(Craig & Lowery et al.,1969)的实验均使用了情境变量。他们的基本方法是让被试观看一个人(通常是实验助手)正处在危险情境中,或者正在遭受电击(通常是虚假的),这些情境布置得非常逼真,使被试不自觉地做出相应的情绪反应。正因为触"境"往往能生"情",所以要避免消极的、不愉快的情感,应该注意避免有关的情境刺激。播音员、主持人要想和受众产生共鸣,就要使自己的节目情景交融,让受众的情绪情感由境而发,在接受情绪情感的同时接受我们所要传达的信息。

三、播音员、主持人应具备的情绪和情感品质

情绪和情感是播音主持创作的动力源泉,播音员、主持人在不同的节目中会体验到各种各样的情绪和情感,每个人的情绪和情感品质也有很大的个别差异,但是一般说来,优秀的播音员、主持人应该具有以下四种情绪和情感品质。

(一)播音员、主持人的情绪和情感倾向性

情绪和情感倾向性,指播音员、主持人的情绪和情感指向什么和为什么而引起,是他们的意识倾向在情感中的表现,是情感品质的核心部分,对评价情感的社会价值具有重要意义。

播音员、主持人在工作过程中,应该投入自己的真情实感,把自己的情绪和情感指向能触动、激励受众的内容上,这才能把节目做好,得到受众的认可。特别是一些情感谈话类节目,更是主持人、嘉宾和受众之间的情感交流、心灵碰撞。但是在某些情感谈话类节目中,出现了刻意煽情、热衷隐私的不良倾向。北京电影学院院长张会军在谈到这一点时也曾说过:"悲剧也

好,喜剧也好,最终目的还是要激励人,让人对生活、生命、社会、历史有一种很崇尚的感觉。不是用眼泪就能换来真情,也不是用眼泪就能换来同情。"能不能抓住观众的眼球,拴住观众的心,主持人在情感谈话类节目中的因素不可小觑。但有的主持人却干脆沦为场上一个递话筒的角色,你说了他说,他说完我再说……一路按部就班说下来,淡若白水。而一些主持人的失利,除了文化功底、新闻素养等方面的缺失,其中重要的一条还是欠缺一种"关怀",一种发自内心的对人的尊重和体贴。演播室一旦成了主持人和嘉宾"斗智斗勇"的战场,结果就是原先那种敞开心扉的感觉全没了,一边是穷追猛打,步步紧逼,一边是迂回婉转,惜字如金,观众看到的只是一场围绕着"隐私"两个字的猫捉老鼠的游戏。实际上,感情是要自然流露的,主持人在完成对情感故事的讲述中起到的是引导性的作用。就像河北电视台的节目主持人王颖在做《真情旋律》这档节目时,细腻的感觉和敏锐的细节捕捉能力经常给人留下深刻的印象。她能把握谈话对象细微的情感,使对方感受到亲和力,愿意向她敞开心扉,而观众也把她看作"咱邻居家的小媳妇儿"。

在其他类型的节目中对情感的介入要多加慎重。比如新闻报道是讲究客观的,我们应该报道情感,但是不应该感情用事。另外播音员、主持人应该把握情感的分寸,不要在节目中加入过多的个人感情,因为当你坐在话筒前或镜头前时,你已经不是本我而是非我了,你代表的已经不是你自己,而是媒体、是政府。应该以媒体的、政府的立场、观点为主。作为公众人物的播音员、主持人,职业操守要求你必须抛开个人好恶、情绪倾向性等诸多因素,客观实在地报道,当然在报道事实的基础上可以展示个人的工作技巧,以此增加节目的精彩程度和观赏性。在这一点上,央视的主持人崔永元就把握得比较好,以幽默见长,不假正经,不玩深沉;另一方面这也反映了崔永元的感情倾向,懂得把握节目情感的分寸。

(二) 播音员、主持人的情绪和情感深刻性

情绪和情感深刻性,指播音员、主持人的情感在思想言行中所表现的普遍程度与深厚程度,与肤浅性相对立。能深入地渗透到一个人生活的各方面的情感,才是深刻的情感。

播音员、主持人要想在节目中体现出自己情感的深刻性,就要从生活中的点点滴滴入手,从做人入手。首先要有正确的世界观、人生观和价值观,是一个道德高尚的人,是一个有内涵的人,是一个有事业心、有责任感的人,同时又要具有较强的业务能力和广博的知识储备,能够很好地驾驭节目。播音员、主持人在节目中体现出人文关怀,让受众在欣赏节目的过程中,能

够感受到播音员、主持人的思想脉搏,从而把想要表达和体现的节目的精神实质于无形之中传递给受众,达到"润物细无声"的传播功效。试想,一个没有道德修养,语言庸俗、乏味,主持的节目没有品位的主持人,长得再英俊再漂亮也不会受到受众的欢迎,更谈不上喜欢他(她)所主持的节目。我国著名的播音员、主持人方明、铁成、雅坤、于芳、沈力等,德艺双馨,在业务能力和个人修养方面都达到了很高的水平。他们播音主持的节目自然大方,感情饱满、丰富,不仅展示了炉火纯青的业务水平,更把较高的个人修养渗透于节目之中,从而提高了节目的品位,他们的人格魅力也为亿万听众、观众所折服。

播音员、主持人要想在节目中体现情感的深刻性还要学会对受众移情。所谓对受众移情,就是播音员、主持人设身处地理解、体验受众的认知、情绪情感和需要等的心理过程。播音员、主持人只有对受众移情,才能切实体验受众的情绪情感,从而进行有效的双向交流。播音员、主持人只有对受众移情,受众才会对主持人及其节目反移情,才会接受这个主持人及他的节目甚至他所代表的媒体。因此,作为大众媒介的"代言人",主持人既要善于设身处地领会节目的思想并体验受众心理,又要善于运用自己的情感去感染受众,也就是要将心比心地思考"假如我是受众……"这个问题,每做一期节目都想想:我这期节目的内容是受众关心的吗? 节目的形式受众乐于接受吗?①

(三) 播音员、主持人的情绪和情感稳定性

情绪和情感稳定性指播音员、主持人的情感在时间上的持续程度与巩固程度,与易变性相对立。情感稳定性是主观世界稳固性的具体表现。情感的稳固性与情感的深度也是密切联系的,深厚的情感是稳固持久的,浅薄的情感即使强烈,也总是短暂的、变化无常的。

日常生活中,播音员、主持人如果对待事物的态度是变化无常的,那么他的情感就是不稳定的;如果他的情感在节目开始的时候还比较强烈,但很快就减弱了,不能始终如一,这也是情感不稳定的表现。要想在节目中保持情感的稳定性,就要始终把握好自己节目的风格、主调,不把自己在个人生活中情绪情感的起伏变化带到节目中,不以个人的好恶来确定播音主持时的情感。例如需要播一篇全国人民喜迎"五一"的稿子,但是正赶上播音员

---

① 杜燕文:《试论主持人对受众的移情》,茂名广视网,http://219.129.238.98:82/new/show.php? sortid = 18&id = 17206,2006 年 4 月 7 日。

家遭不幸,完全没有心情用愉悦的情绪来展示稿件内容,怎么办呢?显然,播音员要暂时抛开个人的烦恼和痛苦,用节目所需要的感情基调播出。另外主持人在节目中需要对受众或者嘉宾产生移情,达到情感上的交流和贴近,又不能完全受他们情绪的影响,在感性之余还要用理性主持节目,引导嘉宾或受众,让节目按预定的计划进行。在节目播出特别是直播的过程中,意外情况是随时都可能出现的,比如要播出的时候发现提示器出了故障,直播过程中突然出现了自己从没遇到的情况等,这个时候情绪出现波动是很正常的,但要很快稳定下来,找到解决问题的办法。要做到情感的稳定性,播音员、主持人要学会一些心理技巧,调控自己的情绪,并且在生活实践中不断磨炼,最后才能做到"不露痕迹",我的情绪我做主!这一点我们在下述问题中会涉及。

(四)播音员、主持人的情绪和情感效能性

情绪和情感效能性是指播音员、主持人的情感对他的行动产生实际效果的程度。情感效能高的播音员、主持人,任何情感都会化作行动的力量:不仅愉快和满意的情感能使其工作积极,状态饱满,就是悲痛也会化为前进的力量。相反,情感效能低或者没有情感效能的播音员、主持人,任何情感都可能只停留在主观"体验"上,迷恋于自我欣赏,而不会见之于实际行动。情感效能的社会价值取决于情感的倾向性,而情感效能的发挥程度、持久程度,则有赖于情感的深刻性与情感的稳定性。

要想使自己的情感发挥最大的效能性,播音员、主持人可以从以下几个方面努力:(1)树立正确的人生观、价值观,加强业务学习,这是发挥情感效能性的前提。只有这样,做节目的时候,才能明辨是非、爱憎分明,表达好自己的情感,做节目时才不会出现情感把握严重失衡的现象。例如,某电视台一位播音员在播报一条空难的消息时,面带微笑,采用轻快的用声状态和语调,声音"亮"、脸也"亮",这样的播音情感显然是不妥的。(2)勇于实践,存储真情,是发挥情感效能性的关键。播音员、主持人必须在日常生活中多体验、多观察、多积累,台上一分钟,台下十年功。条件允许的话,播音员、主持人要经常深入第一线,切实感受真情实感。(3)善于传情,是发挥情感效能性的金钥匙。首先,要积极准确地把握稿件的中心思想和内涵,反复推敲,激发自己的想象力,充分调动自己的感官,找到与受众心声合拍的播音主持情感。其次,做节目时要有真情,不刻意修饰自己的语调、声音、形体语言等。再次,做节目时,要把握好情感流露的"度",有真情,但不煽情。

四、播音主持工作中情绪和情感的调控技巧

我们在前面的内容中介绍了积极的情绪和情感能推动、促进人的活动,提高工作效率,情绪和情感是播音主持工作中的一抹亮彩。怎样让情绪和情感更好地发挥作用?播音员、主持人有必要掌握一些情绪和情感的调控技巧。

(一)移情调控法

移情是播音员、主持人应具备的一种能力,也是用来调控播音主持工作中情绪和情感的一种重要技巧。移情,是心理学中的一般用语,又称"感情移入"、"移感",是指"在人际交往中,人们彼此的感情相互作用","能设身处地感受和理解对方的心情。"在播音主持工作中,它体现在两个方面:一是播音员、主持人要善于设身处地地领会记者、编辑融入稿件的思想感情和体验受众对节目的需求心理;二是播音员、主持人要善于运用自己的情感(借助声音和形象)去感染受众。通俗地讲就是换位思考,指能设身处地感受和理解对方的心情,即将心比心。

移情能够使播音员、主持人尽快进入自如的思想感情运动状态。"思想感情运动状态"是指播音员、主持人对稿件书面语言或腹稿内容的具体感受逐步深化而引发出来的思想感情从积聚到迸发,随着内容的发展,情感不断变化的心理状态[①]。播音员、主持人在播音主持活动中,找到自己移情的对象,与之进行交流,促使自己形成较鲜明的具体的对象感、交流感,从而激发自己播讲的欲望,进入良好、自如的工作状态。在移情的时候,播音员、主持人会产生一些生理变化,如肾上腺素分泌增加,心跳、血压变化,他们能体验到这种变化,从而进一步地调动自己的情绪。

移情能够帮助播音员、主持人明确自己的角色定位,知道受众对自己的角色期望是什么,让自己的行为举止尽量符合受众的角色期望。只有当受众感觉播音员、主持人是他们当中的一员时,才能接受他们的节目,接受他们的人。崔永元一直被称作"邻居大妈家的儿子",就是因为他具备较高的移情能力,了解观众的期望,让观众倍感亲切。移情,还有利于播音员、主持人与受众之间的心理互动。移情是双方的,不仅播音员、主持人对受众产生移情,受众对播音员、主持人也会产生反移情。正是主持人与受众之间的移情和反向移情,使二者之间在认知上达成共识,在情感上产生共鸣。观众或

---

① 刘京林著:《新闻心理学概论》,北京广播学院出版社1995年版,第157页。

许可以发现,有的主持人和嘉宾坦诚交流的对话氛围,时常让嘉宾一次次落下真诚的泪水,这往往也是观众最为之动容的时候。但流泪的远不止嘉宾一人,主持人情到深处,也有不能自持的时候。这就是移情在形成良好的心理互动过程中的作用。所以,主持人在访谈节目中如果善于调动自己的移情能力,既可以设身处地揣摩和感受嘉宾和受众的心理,又能巧妙地选择语言或非语言手段把自己角色换位后获得的感受,准确地传递给对方、感染对方,形成良好的心理互动,为访谈创造融洽的氛围。

(二) 暗示调控法

心理暗示是指用含蓄、间接的方式,对自己和别人的心理和行为产生影响。暗示作用往往会使自己或别人不自觉地按照一定的方式行动,或者不加批判地接受一定的意见或信念。语词暗示是运用内部语言或书面语言的形式调控情绪的方法。语词具有巨大的能量和感染力,几句话可以把自己说得信心倍增,也可以把别人逗得心花怒放。所以,播音员、主持人可以用积极的言语暗示自己或他人,进而达到调控情绪和情感的目的。

在做节目之前,可以暗示自己:"今天我心情很好!""我一定能把节目做得很精彩!""受众一定会喜欢我和我的节目!"如果能不断地这样进行自我暗示,就会使潜意识接受这些信号,对你工作的情绪有很大的影响,使你能够心情愉快、精神饱满地去从事工作。在工作中如果出现了一些意想不到的情况,要暗示自己:"冷静!我一定会解决问题的!"这样可以保持心态平衡,维持情绪稳定,进而冷静地分析问题,寻找原因,调整思想和行为,解决问题。另外,在焦急、烦恼时,也可以把此时的各种行为表现一一列在纸上,使胸中的焦急、烦恼情绪化为书面语言,心情就会平静。

主持人在做一些访谈类节目的时候,为了能使嘉宾更好地进入状态,也可以适时地对他们进行言语暗示。在《鲁豫有约》的一期节目中,主持人鲁豫采访某位嘉宾时,许多人都认为是一个非常棘手的采访。因为该嘉宾曾经受过伤,所以本能地对外界保持警惕。在做节目的时候,她不是很配合,像一个刺猬一样,随时准备着保护自己。鲁豫没有退缩,她没有做任何虚伪的客套,从一开始,她就扔出了一个接一个的尖锐提问。该嘉宾也不示弱,一场事先就可以预测难度的采访,变成了两个人的斗智斗勇。最后,该嘉宾才意识到自己无意中接受了鲁豫的暗示,谈出了许多问题。事后,她服气地对鲁豫说:"你是一个优秀的主持人。"

经验表明,只要是在松弛平静、排除杂念、专心致志的情况下进行各种自我暗示,往往对情绪的好转有显著作用。值得注意的是,在播音主持工作中运用此种方法必须先相信自我暗示的奇妙作用,并在平时反复练习。

(三) 理智调控法

在播音主持工作中,播音员、主持人因为种种原因,可能会产生一些消极情绪,消极情绪往往会伴随着思维狭隘现象,而且消极情绪的强度愈大,思维就愈有可能被卷进情绪的旋涡,从而发生不合逻辑、失去理智的种种行为反应。理智调控法正是针对这种情况,用正常的思维和坚强的意志力消除消极情绪盲目增长的一种自我调控方法。它一般有三个步骤:

第一步,必须承认消极情绪的存在。有的播音员、主持人明明已经被消极情绪所困扰,但还是不承认。例如,他为别人超过了自己而嫉妒,为在节目中读错了字灰心丧气,为节目的收视率提心吊胆,为家庭的琐事苦恼等。当别人好心相劝时,他反而矢口否认自己有这种消极情绪,这就无法对消极情绪进行排解了。

第二步,当承认自己存在某种消极情绪之后,就要分析引起这种情绪的原因,弄清楚究竟为什么会有焦虑、幽怨、恐惧和愤怒的反应。例如,很多主持人感觉做节目有压力,是因为对自己的要求太高,希望一期比一期精彩,实际上不可能永远达到这种要求。在了解了消极情绪的原因之后,就有机会清楚地看到自己所惧怕的事物是否确实具有危险的或威胁的作用。如果我们发现这一切原本都不是真实存在的话,那些恐惧、焦虑之心就会烟消云散、不复存在了;如果发现某个情境确实具有危险性,那么,就必须进入理智调适的第三步。

第三步,寻求适当的途径和方法去克服那些危险的东西,或是设法避开它。这时,应该对所恐惧的事物细作分析,了解其所具有危险的性质、危害的程度以及可能防护的途径。初次登台的播音员、主持人,往往顾此失彼,会有惊慌失措的情形,而经验丰富的播音员、主持人却能神态自如地面对镜头,能判断出什么样的情况该怎样处理,什么样的行为是有效果的。知道了自己不足的地方,就采取得力的措施,比如积累工作经验,增加知识储备等。恐惧的情绪使人们意识到该采取怎样有建设性的安全措施,这些措施又反过来帮助人们减少或消灭恐惧的情绪。

除此之外,在做节目的过程中,主持人要学会适当地控制嘉宾的情绪状态。既要让嘉宾进入节目状态,又不能过于沉溺于某种情绪状态,比如过于激动、伤感,主持人可以通过转移话题等进行调控。

视窗

正在直播：美丽海霞

中央电视台的新闻女主播海霞被称为微笑天使,她主持的《现在播报》一改中央电视台主持人严肃谨慎的风格,深受广大观众的喜爱。有观众这样评价她:她给人一种很舒服和坦然的感觉,看她播报新闻,就像在实际生活中亲眼看到事儿一样,那种笑容也让人觉得很清新、自然,一点都不造作。传统意义上,似乎新闻都应该是板起脸来播的,但是一反常态的海霞为什么却如此受欢迎?原因就在于她在播报新闻的过程中投入了自己的真情实感。明确了播报目的,在其引导和带动下,她把自己融入一种氛围和主调,付出感情,用心播报,播音自然会流畅,表达到位。海霞播报新闻是处在"播"和"说"之间的,正是因为她这种独特的风格,拉近了自己和观众的距离,让观众觉得亲切。她这种热情积极的播讲很能感染人,让人不自觉地去关注她说的每一件事情,播报新闻的最终目的也就达到了。在一项调查中发现,有很多中老年朋友都喜欢海霞,每天晚上都要看完她的节目后才乐滋滋地去睡觉,这也足可以说明她的亲切动人。新闻本身的内容是非常客观的,但主持人在把它传播给观众的时候应当有自己的态度,从而使节目更有意义,海霞做到了这一点。

在接受《珠江源》的记者采访时,海霞自己说到:"我给观众留下的印象是面带微笑,干脆利落。我自己努力要做的是能够打动别人,感染别人,这是做我们这行的不可推卸的社会责任。认真、谨慎是我的处世哲学。我认为,主持人与栏目是相辅相成的。台里给了我这么大的空间,让我感到很幸运。一年365天,每天播报让我能够很快掌握观众心理。我有一个体会:节目不应全是个人特色。作为主持人,应该与节目浑然一体,完全融入节目。其实,常看常新的还是节目内容本身。"知道观众心里在想什么,然后朝着那个方向努力,塑造自己的风格,这就是海霞的成功之处。

第二节 播音员、主持人的意志

人的心理除了认识和情感外,还有一个重要的方面就是意志。人在改造主客观世界方面所获得的成就是与人的意志努力分不开的,所以意志在人类生活中有重要作用。播音员、主持人在工作中也要通过意志努力,克服种种困难,达到工作的预期目标。

一、意志概述

(一) 什么是意志

意志是个体自觉确定目的,并据此支配和调节自己的行动,克服种种困难,实现预定目的的心理过程。[①] 意志是人的意识能动性的集中表现,是人类特有的心理现象。人的心理不仅能够通过感觉、知觉、记忆、思维等心理过程认识客观事物及其规律,而且能制订行动计划,积极而有目的地控制自己的行动。

意志对行动的调节作用体现在两个方面:一是表现为发动人去产生和维持达到一定目的所必需的行动;二是表现为抑制与预定目的相违背的愿望和行动。但意志调节功能的这两个方面在实际活动中不是互相抵触和排斥的,而是一个问题的两个方面,是一个统一的过程。例如,播音员、主持人为了把节目做好,要督促自己不断开阔知识面,用心揣摩、思考播音主持的技巧,克制贪图享乐、沉迷名利的思想和行动。古人云"有所为,有所不为",正是通过发动和抑制这两种作用,意志实现着对人的活动的支配和调节,保证了活动目的的顺利实现。

(二) 意志与认识、情感的关系

1. 意志与认识的关系

认识活动是意志行动的前提和基础。首先,意志行动中的自觉目的性是以对客观规律的认识为基础的,意志行动的目的受客观规律的制约。只有当人们认识了客观事物发展的规律,并运用规律去改造世界以适应人类的需要时,才能自觉地提出行动目的,制定实现目的的计划和方法。列宁曾说过:"人的目的是客观世界所产生的,是以它为前提的。"其次,在意志行动过程中,个体要随着形势的变化来调节自己的行动,这也需要通过认识活动

---

① 林崇德、杨治良、黄希庭主编:《心理学大词典》,上海教育出版社2003年版,第1555页。

分析主客观条件,把握事态的发展,以决定是加速意志行动过程,还是调整意志行动的进程和方向。再次,意志行动是与克服困难相联系的,而对困难的性质和大小的估计,也是离不开认识过程的。如果对困难的性质认识不清,就可能使人盲目行动,付出了很多的意志努力却事与愿违,半途而废。所以说,离开了认识过程,就不会有意志活动。

20世纪六七十年代心理学有关习得性无助的研究为我们证明了人对自己行为结果的认识会制约人的意志行动的表现。赛里格曼(Martin E. P. Seligman)发现,狗在连续多次遭受电击而无法躲避的情况下,会产生一种反应,这种反应导致它在可以设法躲避时也不躲避,听任电击,这就是习得性无助。20世纪70年代中期,海若托等以大学生为被试研究发现,如果大学生原有的认识认为根本无法躲避困难,那么他们就会很少试图去躲避,会不作努力,似乎他们的意志在消失。

意志对认识过程也有很大影响。人对外部世界的认识,必须通过个体的努力,组织自己的观察活动,维持自己的注意,加强随意记忆和创造性想象,积极开展解决问题的思维活动等,这都离不开意志的努力。另外,在认识过程中,人总会遇到这样或那样的困难,要克服这些困难,也需要意志的努力。在认识过程中,一些意志薄弱、不能做到坚持不懈的人,学习和工作就会缺乏成效,不能承担复杂而艰巨的任务。可见,没有意志行动,不会有认识活动,更不可能进行有效的社会实践活动。

2. 意志与情感的关系

首先,情感过程推动或阻碍着意志行动的实现。积极的情感可以鼓舞人的意志,成为意志的动力。例如,很多播音员、主持人的工作之所以很出色,源于他们特别热爱自己的工作,在工作中体验到很多快乐。消极的情感则可能成为人意志的阻力,它会削弱人的意志,阻碍人去实现原定的目标,使意志行动半途而废。例如,有些主持人不喜欢自己的栏目类型,觉得不受重视,所以就会缺乏积极主动的情感的参与,遇到困难也不愿克服,结果是可想而知的。

其次,意志能够控制情绪情感,使其服从于理智。人们在工作或学习中面对困难会产生一些消极情绪,意志坚强的人可以通过意志努力进行调节和控制,从而使理智驾驭情感。《三国演义》中诸葛亮不念师友之情,挥泪斩马谡;一个获悉亲人遭遇不幸的主持人强忍悲痛,不动声色地照常主持节目。这些都是意志对情感直接进行控制的例子。相反,意志薄弱的人常常受情感左右,有时是一次失败就情绪低落,一蹶不振,有时则是难以控制自己的不良情绪,做出不理智的冲动行为。

总之,认识、情感和意志是密切联系、相互渗透的。认识过程、情绪情感过程中包含着意志的成分;同样,意志过程中也包含着认识过程和情绪情感的成分,心理学家只是为了研究的需要,才对统一的心理过程从不同的侧面进行分析。在对人的统一心理活动进行分析时,必须注意它们之间存在的密切联系。

(三) 意志自由

有关"意志是否自由"的问题实际上是对人的意志的本质问题的探讨。在历史发展中以下几种观点存在过激烈的交锋。

第一种观点是"否认意志论",以西方行为主义心理学派为代表。行为主义心理学的创始人华生完全否认意志的存在,认为人的行为可以用"刺激—反应"(S-R)这个简单的公式来概括,认为人的行为完全是由外部刺激所决定的。行为主义心理学不仅否认了意志,而且从根本上否认了意识的存在。事实上,人的行为具有高度的自主性,在一定条件下的具体行为是受个人的主观愿望制约的。人的行为不是被动的、单纯受外部情境决定的,它也受主体内部意识状态的调节,而这种调节正是意志活动的表现,是人的意志具有某种自由的证明。

第二种观点是唯心主义的"意志自由论",把意志看成是一种独立于客观现实的、纯粹的"精神力量",是一种超越于物质之上而不受客观规律制约的"自我"的表现。德国哲学家尼采和叔本华就是唯意志论的代表人物。他们鼓吹人的意志主宰一切,认为意志不受任何东西的约束,可以绝对自由,为所欲为,这也是错误的。意志是影响人的活动的直接原因,但不是终极原因。意志是人脑的机能,是人脑对客观现实的反映,受客观现实规律的制约。

第三种观点是辩证唯物主义的"意志相对自由论",认为意志是自由的,又是不自由的。意志自由是指人能对客观事物发展的规律进行正确认识和掌握,并按客观规律确定活动目的、制订计划、选择方法、创造条件,最终实现目的。总而言之,意志自由只是人对客观必然的认识和在行为上对必然的驾驭。如果违反客观规律,为所欲为,一意孤行,那么一定会在实践中碰得头破血流。意志和其他心理现象一样,都是人脑对客观现实的反映,都要受客观规律的制约,在这一点上,意志又是不自由的。所以,我们说意志自由是相对的、有条件的,绝对意义上的意志自由是不存在的。

著名节目主持人倪萍在接受《艺术人生》栏目采访时,谈到她在做节目之初遇到很多困难,但把压力转化为动力,都一一克服了;随着年龄的增长,新人辈出,感觉自己在主持这一领域已经很难再有所突破,就转回老本行——演电影,反倒屡获大奖,大受欢迎。这就是一个"意志相对自由"的典型案例,自己行与不行,自己最清楚。

二、意志行动的分析

意志总是通过一系列的具体行动表现出来,受意志支配的行动称为意志行动。意志行动的心理过程分为两个阶段:采取决定阶段和执行决定阶段。每个阶段又包括一些具体环节,都要克服很多困难。

（一）采取决定阶段

采取决定阶段是意志行动的开始阶段,也是准备阶段。它决定意志行动的方向和行动的方法、步骤,是完成意志行动必不可少的开端。采取决定是一个过程,不是一瞬间完成的。它有着丰富的心理内容,充分体现了人的意志品质。一般说来,具体包括动机斗争、目的确定等环节。

1. 动机斗争

意志行动是有目的、有方向的活动过程,是由一定的动机引起的。在有些活动中,人的动机是单一的、明确的,意志行动可以顺利实现。例如主持人为了提高节目的收视率努力工作,学生为了升入大学勤奋读书等。但是在更多情况下,人的动机却复杂得多。生活环境复杂,同一时间内个体的多种需要不可能同时满足,而且其中有些需要甚至是相互矛盾的,那么,可为与不可为、孰先孰后,就会有矛盾,引起心理冲突,产生动机斗争。所以,意志行动中的动机斗争是指动机之间相互矛盾时,个体对各种动机权衡轻重,评价其社会价值的过程以及解除意志的内部障碍的过程。动机斗争按照内容不同,可能是原则性的,也可能是非原则性的,动机斗争的强度也有所不同。

动机斗争一般有以下几种表现:

（1）双趋斗争,指一个人以同样强度的两个动机去追求两个并存的但又不能同时实现的目的时产生的动机斗争。平日所说的"鱼和熊掌不可兼得"就是这种动机斗争的生动体现。例如,主持人杨澜当年放下做得很火的《正大综艺》,只身一人去国外进修,在做出决定之前,她的内心也充满了激烈的斗争。对于此类动机斗争,解决的办法就是放弃一个目标,或者同时放弃两个目标而去追求另一个折中目标。

（2）双避斗争,指一个人同时遇到两个具有威胁性的事件,力图避开,但又只能避开其一的情境,这时就会产生双避斗争。例如,小朋友患了龋齿,如果不及时就医,牙痛就会加剧,而且会影响周围健康的牙齿;如果请牙医看牙,可能又会很痛,这个时候内心就会产生矛盾。不过在经历了几次牙痛之后,他就会痛下决心去看牙医了,因为看牙医的痛苦是一时的,并且对自己的身体有好处。

(3) 趋避斗争,指一个人对同一事物产生两种相反的动机,一方面好而趋之,另一方面又恶而避之的矛盾的内心斗争。我国古典名著《三国演义》中说曹操兵败斜谷,进退两难,当夜规定军中口号为"鸡肋"——食之无味,弃之可惜,就是这种内心矛盾的体现。是趋是避,不同的人有不同的选择:或趋强于避,不惜一切而趋之;或避强于趋,不求趋而力避之;或趋避折中,使不利降到最小限度而趋之。研究表明,趋避斗争在心理上引起矛盾冲突的后果最严重,因为它会使人在较长时间内一直处于对立意向的冲突中,从而导致沉重的心理负担或使行动出现失误。

(4) 多重趋避斗争,指一个人面对两种或两种以上的目标,而每个目标又分别具有吸引和排斥两方面的作用,人们无法简单地选择一个目标而回避另一种目标,必须进行多重的选择而引起的内心冲突。例如,一个地方台的主持人想调到中央台去,因为中央台的地位高,业务环境好,对于事业的发展比较有利,但是中央台的名人太多,怕自己去了不起眼,没有机会,而且人际关系又不易适应。留在原来的地方台,工作环境、人际关系都比较习惯,自己也已经做到了一定的位置,但是又不甘心,想到更广阔的天地去闯一闯。这样对各种利弊、得失的考虑,就产生了多重趋避斗争。解决这类斗争要求人们对各种目标的可能性进行深入思考,因而要花费较长的时间。

2. 确定行动目的

通过动机斗争,解决了心理矛盾后,占优势的动机决定行动,也就确定了行动的目的。因为意志行动都要有预先确定的行动目的,故这是意志行动产生的重要环节。从某种意义上说,动机斗争的过程就涉及对外界多种行动目的的权衡、选择。目的在意志行动中起着极其重要的作用,目的越深刻、越具体,则由这个目的所引起的动力也越大,就越能表现出一个人的意志力量。目的有多种类别,有高尚和卑劣之分,也有远近、主次的不同。我们要选择那种既有益于社会也有益于个人的行动目的,要先实现近景目的,再实现远景目的。

3. 选择行动方法

在行动的目的确定之后,就要选择能够实现目的的方法,必须经过精密地考虑,选择最有效、最经济、最优化的方法。有些行动方法同行动目的直接联系,无须选择,例如要想主持好节目,必须苦练基本功,因为"台上一分钟,台下十年功"。但是在许多情况下,实现行动目的的方法不止一个,这就需要进行选择。例如致富既可以通过辛勤劳动实现,又可以通过买彩票中大奖一蹴而就。在选择行动方法的时候,首先要比较不同方法间的优缺点,能否通过该方法实现行动目的;其次还要考虑到行动方法是否符合公众利益和社会道德,有的方法对达到目的是有效的,但它又是为社会道德规范所不容的,具有高尚道德动机的人是不会选择这类方法的。另外,选择行动方法还要有胆识,当机立断。

4. 制订行动计划

根据确定的行动目的和选择的行动方法,制订具体的行动计划,以便按计划行动,顺利实现行动目的。例如,在一场大型的直播活动之前,主持人就要把活动的各个方面考虑清楚,制定完善的行动计划。在制订计划时,要全面了解情况,综合考虑主客观因素,进行调查研究,收集各种信息,进行认真的分析探讨,抓住重点,突出矛盾,制订出切实可行的行动计划。

经过动机斗争,确定了行动目的,选定了行动方法,制订了计划,采取决定阶段就完成了,随即进入执行决定阶段。

(二) 执行决定的阶段

在一系列的内部决策完成之后,意志行动的下一步就是要执行所做出的决定。因为即使动机再高尚,行动目的再明确,方法和手段再完善,如果不付诸实际行动,所有的一切仍然只是空中楼阁,毫无意义。因此,执行决定阶段是意志行动的关键阶段,也是意志努力集中体现的阶段。

首先,执行决定阶段是一个需要不断克服困难的过程,而克服困难就需要积极的意志努力。意志努力在这一阶段常常会表现为:(1) 把头脑中的计划变成客观现实,必须承受更大的智力和体力紧张;(2) 要面对在采取决定的过程中各种预料不到的情况,咬紧牙关按计划去解决问题;(3) 在意志行动中一旦发现新情况、新问题与预定目的、方法、计划等发生矛盾,必须能够随机应变,果断抉择;(4) 为了有效地执行决定,必然要求个体克服各种不时出现的与既定目的不相符合的消极情绪,如懈怠、保守、犹豫不决等,需要以巨大的毅力,克服个体的内部困难;(5) 在克服困难、实现所做出的决定的过程中,还要根据意志行动中反馈的新情况来修订原有的行动方案,以便更好地达到目标。

其次,执行决定阶段还要接受成败的考验。很多时候,执行决定是一个漫长的过程。播音员、主持人要得到受众的认可,可能要经过漫长的积累才能厚积薄发;运动员为夺得奥运冠军,要经过多年的辛苦训练和无数场比赛的磨砺。在这个过程中,有成功必然也会有失败,对成败我们需要运用意志来调节自己的心理反应。面对成功精神振奋、信心百倍,同时又不会迷失在成功的喜悦中,忘乎所以;面对失败百折不挠、顽强斗争,同时又能冷静分析失败的原因,总结教训,以利再战。这些都是意志努力的表现。

三、播音主持活动中意志的特点

播音员、主持人是党和政府的喉舌,是党和政府联系人民群众的桥梁和纽带,担负着党和政府与人民群众进行沟通的重大的使命和责任。播音主持活动非常具有挑战性,播音员、主持人要及时更新知识,要满足受众日益增长的需要等,所以播音员、主持人应具有顽强的意志力来面对挑战。播音主持活动中意志具有以下几个特点。

(一)播音主持活动的目的性

播音主持活动中,意志行动具有明确的目的性。不管是声情并茂、悦耳动听的广播,还是声画和谐、赏心悦目的电视,播音员、主持人在做节目之前都应该想到这样一个问题:我播出这篇稿子或者主持这档节目要达到什么样的目的?采用什么样的形式才能给受众留下比较深刻的印象?作为党和人民的宣传员,播音员、主持人进行播音主持的目的就是贯彻党的宣传方针,传递信息、传播知识、服务大众,达到宣传目的。与此同时,播音员、主持人会努力提高媒介的视听率、发行量等,扩大媒介的影响。所以,播音主持活动既有大的目的,又有小的目的,既有长远的目的,又有近期的目的。

为了实现广播电视的宣传目的,播音创作主体必须付出艰辛的劳动,把人类劳动成果中的精华,通过大众传媒的传播让更多的人分享。有些人认为稿件是别人写的,播音员播音没有自己的东西,这种观点是错误的。写稿和播稿都是创作,是两种不同形式的创作。有时候,播别人写的稿子比播自己写的稿子要付出更多的劳动。因为播别人的稿子,播音员还要有一个理解与感受的过程,有一个与创作者的思想融合的过程。播音主持要求做到层次清楚、主题鲜明、联系背景、重点突出、目的明确、基调准确。只有明确了播音主持的这个目的,事先做好心态、知识上的准备,在传播过程中始终让这个目的引导和带动着你,才能表达到位,让自己处于主动的位置,给受众一种真实、深刻的印象。中央电视台的主持人贺红梅在主持《本周》时,像个喜欢逗弄天真可爱的孩子的母亲,为观众娓娓道来那些最有趣的新闻。

她的播音主持具有非常人性化的一面,她的语言里充满着童真、浪漫和激情,让人在浓浓的情感中感受到人性的质朴和温馨。贺红梅的节目让我们的心中充满着爱!之所以能做到这一点,就因为她能明确节目的目的,把自己的感情融入节目,以情动人,而不是在干巴巴地念新闻。

在传播活动中,播音员、主持人的语言也有很强的目的性。在日常生活中,人们的交谈虽然也有目的,但交谈的内容是较随意的,表达方式也是非常自由的。而播音主持活动的一个重要特征就是明确的目的性。首先,内容是经过选择的具有社会意义的,比如节目的时效性、综合性、知识性、娱乐性等,它包括党的大政方针,人民群众关心的热点、焦点等。播音员、主持人既要传播知识、信息,给予传播对象以奋发向上的精神和力量,也是连接政府和民众的桥梁,连接党和人民群众的纽带。所以播音员、主持人所传播的内容代表着这个节目组全体、代表媒体、代表党和人民。其次,在语言上也要时刻体现这种目的性。即使是娱乐性节目,也应该包含积极向上的意义和目的,让人们笑得愉快,笑得灿烂,笑过之后又有一定的收获。语言表达方式受表达内容的限制,为表达内容服务,所以不能过分自我、随意、放纵,过分张扬"个性"。

(二) 播音主持活动中的困难

在播音主持活动中,常常会出现很多预想不到的情况,会有很多困难,例如播音员、主持人身体欠佳仍然要坚持做节目,为了按时完成某项重要任务要加班加点等。困难的性质和克服困难的努力程度可以衡量播音员、主持人的意志水平。

播音员、主持人在播音主持活动中遇到的困难有两种:内部困难和外部困难。内部困难是指存在于人脑中的某些不利因素,例如消极情绪、信心不足、知识经验欠缺、性格胆怯等。中央电视台主持人白岩松在做客《艺术人生》时曾经说过,他在做香港回归的直播节目时,特别害怕直播时自己出差错,因为以前没有直播经验,可是偏偏在每次演练的时候,一张嘴就出错,当时非常恐惧,结果每天晚上都睡不着觉。后来经过自己的精心准备和调节,他在直播的时候终于顺利完成任务。杨澜曾经因为主持《正大综艺》而家喻户晓,别人却不知道她曾经差点被换下来,当时栏目组只给了她三个月的时间,如果能做好,就留下,做不好,就走人。可以想象,当时她承受着多么大的心理压力。事后她说道:"我觉得单纯做一个主持人,你的命运不在自己的掌握之中。从那个时候开始,基本上所有的稿子我都坚持自己写,我觉得我起码要掌握一部分我在说什么,我想说什么,我要表达什么,那段时间压力非常大。"①另外,当节目成功、自己成名之后,播音员、主持人还要抵御各种诱惑和飘飘然的情绪,不让自己一直沉迷在成功的喜悦中,不思进取。这些都是播音员、主持人在播音主持活动中遇到的内在困难,要克服这些,必须具备坚强的意志力。

外部困难是由于客观条件而造成的某些不利因素。例如,环境条件恶劣、缺乏必要的工作条件、周围人的冷嘲热讽以及政治经济方面的落后等。沈力是我国第一位电视播音员,为我国的电视事业做出了不可磨灭的贡献。他们老一辈电视人当时的工作条件非常艰苦,沈力曾经回忆到"一个监视器、两个聚光灯、一个吊着的话筒,就是所有的电视播音设备。在初创的一年多时间里,我一个人担当了当时北京电视台(中央电视台前身)的全部播音任务,每天清早到晚上十点半都是我的工作时间。辛苦倒没什么,最痛苦的是在当时,我们都不知道电视是什么,都在摸索,只能抱着一种责任感坚持向前探索。"张越、崔永元、白岩松等著名主持人因为在形象上不太符合传统意义上大众对主持人的要求,刚开始做节目的时候,很不被观众接受。如果是意志薄弱的人可能早就放弃了,但是他们凭借自己对电视的热爱,凭借自己坚强的意志品质,凭借自己的聪明智慧和不懈努力,坚持了下来,并且做到了今天的程度,成为家喻户晓、受众喜闻乐见的主持人。《东方时空》等新闻类节目的主持人和记者在进行新闻采访的时候,经常遇到当事人拒防、摔设备的情况,甚至被殴打、人身安全受到威胁等,但是他们都顽强地接受了考验,最终真实、生动地给受众呈现了节目大餐。

(三) 随意运动是播音主持活动的基础

随意运动是播音主持活动的最基本单位,在播音主持活动中体现的意志都是表现在随意运动中。人的各种运动可分为随意运动和不随意运动。随意运动是指受到意识支配和调节的,具有一定目的方向性的或习惯性的运动。②例如播音员、主持人准备稿子,对采访对象和参加节目的嘉宾进行提问等。不随意运动是指一般不受意识支配的运动。例如心脏跳动、瞳孔反射等。因为播音主持活动具有明确的目的性,只有运动是随意的,才有可能实现行动的目的。

由于播音主持活动的特殊性,一些本来是不随意运动的动作,播音员、主持人在播音主持活动中也要加以控制,使其成为随意运动。例如,平常人

---

① 参见杨澜:《凭海临风》,上海文艺出版社1996年版。
② 叶奕乾等主编:《普通心理学》,华东师范大学出版社1997年版,第378页。

的呼吸、换气都是有声音的,也不用太在意;但是在话筒前轻微的呼吸声也是能够听得清清楚楚的,所以播音或主持节目特别是播报新闻时,播音员、主持人必须要学会控制自己的声音和气息,要做到"呼吸无声、语势平稳、节奏明快"。我国老一辈播音艺术家夏青等人在这方面做得非常好,但是现在由于"轻播音、重主持"的误导,一些节目的新闻播音水平不尽如人意,甚至有下滑的趋势。再例如,眨眼也是一种不随意运动,在日常生活中一般不会有人注意到,但是上镜的时候如果眨眼频率过快的话,会非常不美观。所以,很多播音员、主持人就会进行自我训练,比如盯着一束光看,最后让自己眨眼的次数符合播出要求。

四、播音员、主持人应具备的意志品质

坚强的意志品质是克服困难、完成各项实践活动的重要条件。构成一个人行为特点的稳定因素的总和就是意志品质。意志行动在不同播音员、主持人的身上的表现有所不同:有人能独立地做出决定,有人则易受暗示;有人做事雷厉风行,有人则相对温和一些;等等。但是要想做一个意志坚强的人,顺利完成播音主持工作,播音员、主持人应具备四种良好的意志品质:自觉性、果断性、坚韧性和自制力。

(一) 播音员、主持人的意志自觉性

意志的自觉性是指播音员、主持人的行动具有明确的目的,尤其是能够充分地意识到自己行动的社会意义,使自己的行动服从社会要求、集体利益的一种品质。这种品质反映着播音员、主持人的坚定立场和信仰。它贯穿于意志行动的始终,也是产生坚强意志的源泉。意志的自觉性是以坚定的信念和科学的世界观为基础的,是以对自己工作的热爱为前提的。它是播音员、主持人的一种高贵的品质:既不轻易接受外界的影响而改变自己的目的、计划和方法,又不拒绝一切有益的意见和建议。具有意志自觉性的播音员、主持人能够自觉地、独立地、主动地控制和调节自己的行动,为实现预定的目的倾注全部的热情和力量,即使在遇到障碍和危险的时候,也能够百折不挠地排除万难,勇往直前。例如,在现在的商品经济社会中,个别播音员、主持人耐不住金钱的诱惑,不顾台里的规定,私自接拍广告、参加商业演出而忽略了自己的本职工作,节目做得每况愈下,到最后后悔晚矣。这就是缺乏意志自觉性的表现。

与自觉性品质相反的是意志的受暗示性和独断性。受暗示性是指缺乏独立精神和倡导精神,对自己的行动没有信心,盲目轻信别人的言辞,不加分析地接受别人的观点和行为或者容易屈从于周围的环境。例如崔永元刚开始主持《实话实说》的时候，因为自身的形象与传统意义上的主持人形象不符，很多观众不能接受，写信到电视台要求换主持人。如果崔永元非常容易接受这些消极暗示，没有自己的主见而就此放弃的话，观众就看不到以后精彩的《实话实说》节目，他个人也达不到自己事业的高度了。独断性是指对自己的决定坚信不疑，一概拒绝他人的意见或建议。有独断性的人，表面上似乎是在独立地采取决定、执行决定，但是他们不管自己的愿望、目的是否合理，或者在客观环境发生变化的时候仍然一味地固执己见、刚愎自用、一意孤行、专横跋扈，毫无理由地拒绝任何人的批评、劝告，结果只能是违背客观规律，碰得头破血流。可见，易受暗示性或独断性的人尽管表现形式不同，但是他们的所作所为都是盲目的，缺乏正确的认识基础，都是意志薄弱的表现。

（二）播音员、主持人的意志果断性

意志的果断性是指播音员、主持人能根据不断变化的情况，明辨是非、抓住时机、迅速而合理地采取决定，并坚决执行所做决定的心理品质。它是以勇敢和深思熟虑为前提条件的。意志的果断性是个人的聪敏、学识、勇敢、机智的有机结合。具有意志果断性的播音员、主持人在面对某些情况时也会有动机斗争，也会有犹豫不决，但是他们没有多余的疑虑，一旦需要做出决定时能够当机立断，一旦情况和预想的不一致时又能迅速改变已经执行的决定。另外，在有些时候，果断性还同一个人的信仰和人生观有密切的联系。有强烈正义感的人在危急关头，能镇定自若、大义凛然、深明大义、敢作敢为，甚至不惜牺牲自己的利益。大众传播中有关"主持人"的历史，现在最早可追溯到美国哥伦比亚广播公司（CBS）的爱德华·默罗（1908年生）。在第二次世界大战前夕，希特勒妄图以"闪电战"吞并整个欧洲。1937年，默罗被派往伦敦担任哥伦比亚广播公司新闻部主任。当他得到情报——希特勒已有所动作，德军已越过奥地利国境线时，便一边指示助手迅即回伦敦报道这一消息，自己则果断地包了一架小型专机直飞维也纳，深入腹地进行采访。1938年3月12日，根据事先安排，他的两个助手一个在伦敦，另一个在柏林，默罗自己则在维也纳——于三地同时发出了第一篇关于欧洲可能"爆发战争"的振聋发聩的报道。可以说正是由于默罗的果断坚决，传播史上才有了第一次"新闻联播"节目，"新闻联播"这种传播手段可汇集当时最大的信息量，使得美国和欧洲的听众得以迅速、全面地了解最新的战况。

与果断性品质相反的是优柔寡断和草率决定（冒失）。不善于化解矛盾的思想和情感,在各种动机之间,在不同目的、手段之间不知所措,迟疑不决,思想分散,情感矛盾,是优柔寡断的主要特征。优柔寡断的人总是患得患失,瞻前顾后,"前怕狼、后怕虎",最后拖延决定、错过时机;还有一种表现是做出了决定后,又反复审查,担心后果,而不坚决执行。如英国的张伯伦就是这样一个人物。尽管他才思敏捷,学识过人,终因其缺乏果断性,常常是举棋不定,因而贻误了战机。草率决定是对任何事情都不假思索、盲目冲动、莽撞行事,而不考虑后果好坏的一种行为。处事草率的人或是性格暴躁,懒于思考,或是目光短浅,不计结果,往往是以愚蠢开始,以后悔告终。优柔寡断和草率决定都是意志薄弱的表现。

(三)播音员、主持人的意志自制性

意志的自制性就是播音员、主持人在意志行动中善于灵活、自觉地控制自己的情绪,约束自己的言行的一种心理品质。这是一种重要的意志品质,它主要表现为:(1)善于控制自己去执行已经采取的决定,遇到一些困难挫折能够克服,不轻易放弃;(2)善于克服盲目的冲动行为,控制自己的困惑、恐惧、慌张、厌倦和懒惰等消极情绪。自制性反映着意志的抑制功能。自制力强的播音员、主持人,在遇到一些突如其来的情况,特别是棘手的事情时,能够冷静地分析情况,找出解决问题的办法。他们不轻举妄动,成功时不骄傲自满,忘乎所以,失败时不悲观失望,消极怠工。无论胜利还是失败,他们都能精神振奋,稳步前进。当和别人发生矛盾,特别是被别人误会时,他们也能够克制自己,坚持以理服人,这就是平时所说的忍耐克己。自制力强的播音员、主持人不仅情绪比较稳定,而且注意力能高度集中,思维敏捷,记忆力和组织性很强。例如,世界杯足球赛的赛场气氛如火如荼,每个身在其中的人都会被鼓动起来,尽情欢呼,发泄自己的情绪,但是负责解说体育比赛的主持人却应该具有比常人更高的自制力,眼观六路,耳听八方,注意到赛场的每一处变化,解说富有激情,却又不失理智。自制力的强弱取决于对自己行动目的的社会意义的认识,对自己行动的社会效果认识越清楚,自制力就越强。《新闻联播》的播音员正是因为知道有亿万双眼睛在注视着自己,所以不管自己处于什么情况,都能一如既往地奉献最好的节目。

与自制力品质相反的是任性和怯懦。任性是指容易情感用事,缺乏理智,常在需要克制冲动的时候任意为之,不能约束自己。怯懦则表现为在需要采取行动、迎接挑战的时候却临阵退缩、惊慌失措、不敢有所行动。这两种情况都是缺乏自制力、意志薄弱的表现。

（四）播音员、主持人的意志坚韧性

坚韧性是指播音员、主持人在自己的工作中，百折不挠地克服困难，为实现服务大众的预定目的而坚持到底的心理品质。具有坚韧性的播音员、主持人善于抵制不符合行动目的的主客观诱因的干扰。他们不仅能顺利完成容易的、自己感兴趣的工作，而且不计较个人得失，对已经开展的，甚至是枯燥无味的工作，也决不半途而废，在坚持目的性的原则下，灵活地改变达到目的的手段，努力做出优异的成绩。大家都知道宋英杰是中央电视台非常著名的气象节目主持人，被评为2004年度气象先生。他能够20年如一日地播报平常人看上去单调、枯燥的天气信息，并且赢得了广大观众的喜爱，源于他对自己工作的热爱和意志的坚忍性。他在接受采访时这样说道："我个人希望从一种逻辑性很强的角度去看天气，同时又能把冷冰冰的天气预报变得温暖起来。"

长期坚持决定是意志坚韧性的表现，然而对不符合自己意愿的决定进行服从，也是意志顽强的一种表现。因为它更加需要人做出意志努力。有很多播音员、主持人在出名之后仍然能保持自己谦虚谨慎的本性，抵制各种诱惑。著名主持人崔永元在成名之后没有参加过一次商业演出，一直都是本本分分地挣台里的工资，面对自己的成名，他说："绚烂之极，归于平淡，总要回到日常的状态。"

与坚韧性品质相反的是动摇和顽固。动摇是指在意志行动刚开始的时候，决心很大，干劲十足，但虎头蛇尾，一旦遇到困难，就灰心丧气，中途放弃对预定目标的追求。顽固是对自己的行动缺乏正确的估计，就像坐井观天的青蛙一样，只承认自己的想法，并以此作为行动的依据，一意孤行，而不管自己的判断、观点正确与否。或者在客观条件已经发生了变化时，也不能审时度势，寻求变通。俗语说"不见黄河不死心"，就是指某些人行为过于执拗，总是一意孤行。动摇和顽固虽然表现形式不同，但其实质都是不能正确对待行动中的困难，都是意志薄弱的表现。

播音员、主持人的意志坚韧性是在其他意志品质的基础上发展而来的。如果没有自觉性，就不能明确认识自己的行动目的，因而就无所坚持；如果没有果断性，则作不了决定，也就谈不上坚持；如果没有自制性，就不能使自己行动的主导动机压倒其他动机，当然也就无法坚持。所以意志的四种主要品质是相互联系的，而坚韧性是自觉性、果断性和自制性的综合表现。此外，播音员、主持人意志的这四种品质和他们的知识、修养、理想、信念、世界观有着密切的关系。

视窗

意志品质自测简易量表

下面20道题目,请你逐题认真读一读,看看自己是否同意题目所说。如果你很同意,该题就选择A;如果比较同意,该题就选择B;如果处在可否之间,就选择C;如果不太同意,就选择D;如果不同意,就选择E。

A——很同意

B——比较同意

C——可否之间

D——不太同意

E——不同意

1. 我很喜爱长跑、远足旅行、爬山等体育运动,但并不是因为我的身体条件适合这些项目,而是因为它们能使我更有毅力。

2. 我给自己订的计划常常因为主观原因不能如期完成。

3. 如没有特殊原因,我能每天按时起床,不睡懒觉。

4. 订的计划应有一定的灵活性,如果完成计划有困难随时可以改变或撤销它。

5. 在学习和娱乐发生冲突的时候,哪怕这种娱乐很有吸引力,我也会马上决定去学习。

6. 学习或工作中遇到难题时,最好的办法是立即向师长、同志、同学求援。

7. 在练长跑中遇到生理反应,觉得跑不动时,我常常咬紧牙关,坚持到底。

8. 我常因读一本引人入胜的小说而不能按时睡眠。

9. 我在做一件应该做的事之前,常能想到做还是不做的好坏结果,而有目的地去做。

10. 如果对一件事不感兴趣，那么不管它是什么事，我的积极性都不高。

11. 当我同时面临一件该做的事和一件不该做却吸引着我的事时，我常常经过斗争，使前者占上风。

12. 有时我躺在床上，下决心第二天要干一件重要事情（例如突击学一下外语），但到第二天，这种劲头又消失了。

13. 我能长时间做一件重要但枯燥无味的事情。

14. 生活中遇到复杂情况时，我常常优柔寡断，举棋不定。

15. 做一件事之前，我首先想的是它的重要性，其次才想它是否使我感兴趣。

16. 我遇到困难情况时，常常希望别人帮我拿主意。

17. 我决定做一件事时，常常说干就干，决不拖延或让它落空。

18. 在和别人争吵时，虽然明知不对，我却忍不住说一些过头话，甚至骂他几句。

19. 我希望做一个坚强的有毅力的人，因为我深信"有志者事竟成"。

20. 我相信机遇，好多事实证明，机遇的作用有时大大超过人的努力。

计分方法：

1. 凡单数题(1、3、5、7、…)，每题后面的五种回答，从第一到第五种依次记5、4、3、2、1分，凡双数题(2、4、6、8、…)，题后五种回答依次记1、2、3、4、5分。

2. 结果与建议：

81—100 分　意志很坚强

你是一个坚强的人，只要下定决心，就不言放弃，往往能取得很大成功。你只需要更完善你的计划，使你的努力更具效率，就很好了。

61—80 分　意志较坚强

你已能为自己的发展订一个明确的目标，也能为目标的实现倾尽全力，有时即使小有动摇，也能很快再将注意力转回正道。要尽可能完善你的计划,使实施过程更少受到挫折,让你的意志力可以更好地发展。制订计划时,要多考虑到可能遇到的困难、波折,清醒地认识到它能被克服,也要考虑到你的自身具有的有利条件,认可你的能力与努力。

41—60分　意志品质一般

对于难度一般的事情,你能坚持得很好,容易半途而废的一般是那些难度大、持续时间长的任务。可考虑将它们分成几个阶段性的小任务,分担难度、减少时间,使完成任务不至于变成折磨;另外,当完成某一个分任务时,给自己一些奖赏,如我真行、我干得不错,给自己一些鼓励,告诉自己下一个任务我也能干好。制订计划时,要考虑到困难,但也不必认为那就是不可克服的,而是要把它细分成几个小困难,逐个击破。你完全可以依靠你自己的!

21—40分　意志较薄弱

0—20分　意志很薄弱

当你感到自己缺少内在的动力、勉强为之时,请考虑:我究竟想要什么?为什么这个目标是现在值得追求的?深入思考这两个问题,或许能重新获得动力。确定了要做什么后就开始计划行动,将活动时间安排在每天你精神较好的时候,难度不要太大,是慢是快要看你平时的作风做出安排,另外就是要安排好每件事的顺序,即先做什么后做什么。别忘了,每完成一件事,或一件事告一段落时,给自己一些奖励。

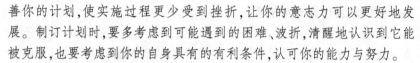

绝对挑战:"黑马"王小丫

游刃于《经济半小时》和《开心辞典》两档节目之间的央视名嘴王小丫,因为旺盛的人气而被很多喜爱她的观众誉为央视"黑马"。

把困难当作是一次机会

王小丫来自四川,大学学的是经济专业,毕业后在四川一家经济类报社当了6年的经济记者。可能很多人会很佩服她离开报社、一个人闯荡京城的勇气,她却说:"其实不是我主动想这样做,而是当时报社经营不景气,基本快要垮了,老总告诉我们要自谋生路。我刚开始很怕丢了工作,心里很烦,精神上也很疲惫。后来索性就把这次遭遇当作一次机会吧,干脆主动出击。"

于是,王小丫重返京城,在北京广播学院进修。由于有经济专业的学历和经济媒体的工作背景,1997年,王小丫进入中央电视台经济部实习。她说:"当时心里也没有多想,只是想要做一个好的电视记者,唯一的梦想就是做一个证券市场或经济领域的权威记者。"可是,谁能断定,王小丫当时不是冲着《经济半小时》去的?

荧屏上的王小丫给人以伶牙俐齿的感觉,可以前的她是个性格内向甚至"不会说话"的人,她第一次去采访的时候,居然不知道怎么提问,但是她强迫自己改变。此后,经过北京广播学院研修班的学习以及与《黄金旅游》、《商务电视》、《金土地》、《供求热线》等电视栏目的磨合,才有了今天这个"会说话"的王小丫。

有机会就上,没机会就算制造机会也要上

进了中央台的王小丫一直都有危机感,做了主持人更感觉竞争激烈,压力倍增,而且很多时候她还很不自信。但是,不自信并没有在她身上导致自卑,相反,正因为不自信,王小丫才会反省自己,会更努力地工作,更踏实地学习和思考。

一次偶然的机会,她做起《经济半小时》的主持人,没想到在1998年全国经济节目优秀主持人评比中,当时还是实习主持人的她居然得了个第一名!总结自己由报社记者到电视主持人的转变,王小丫说:"生活中我并不是一个主动性很强的人,很多时候我属于那种被牵着鼻子或推着走的人。对事业和人生,我经常是没有远虑,只有近忧。"可能正是因为王小丫总有近忧——危机感的缘故,她总是不停地给自己制造机会。她用行动向周围传达着这样一个信息:有机会就上,没有机会就算制造机会也要上。

第四章 播音员、主持人的情意心理

当初央视开办《开心辞典》,为了收视率,首先找的是黄安,王小丫是他的助理,帮忙抱奖品之类的东西。可是当时的她很用功,不但仔细做笔记,还把节目录像带回家反复钻研。后来黄安说:"我就知道我快要做不下去了,因为被人家'偷师'不少。王小丫能够出头,我给她开了一个很好的头。"虽说黄安一向以"大嘴"出名,这样说只怕又是故伎重演。但是我们不得不承认,对于一直有所准备的人来说,运气来了,挡都挡不住。

上大学时,王小丫选择了学经济。但她发现不少朋友对"经济"一词都很畏惧,觉得它深不可测。她自己最初学习时也觉得经济类内容学术性太强,听起来冷冰冰的。但是,为了能让自己与众不同,她硬是把那些深不可测的东西完全在生活中找到对应,把经济变得感性又通俗,所以她能够在《经济半小时》里游刃有余。

在大家眼中很顺的王小丫也经常要面对挫折和压力。但她属于典型理工科出身——遇强越强型。报社还没有垮掉,她就战胜了因困境导致的不自信,调整心态,自己另谋出路。王小丫不喜欢条条框框的限制,只要有机会就上,没有机会制造机会也要上。为了扭转自己非嫡系就不能够在央视挑大梁的状况,她努力学习和"偷师",终于在《开心辞典》中一炮打响。①

思考题

1. 播音员、主持人在节目中怎样调控自己的情绪情感?
2. 播音员、主持人应怎样对受众移情?程度如何把握?
3. 播音员、主持人应该怎样发挥自己的意志品质?
4. 播音员、主持人情感的特征是什么?
5. 播音员、主持人怎样保持良好的情绪状态?
6. 意志行动有哪些阶段?特点是什么?

---

① http://forum.xinhuanet.com/detail.jsp?id=33569520(有删减)。

第五章　播音员、主持人的人格心理

当你打开电视时,你可能会被许多节目中各具魅力、独具个性的播音员、主持人所吸引。赵忠祥的庄重与沉稳,倪萍的真诚与善良,白岩松的犀利与智慧,水均益的敏锐与精辟,崔永元的睿智与幽默,王小丫的可爱与干练……所有这些个性差异都是人格差异的表现。人格是一种心理特性,它使每个人在心理活动过程中表现出各自独特的风格。播音员、主持人在节目中表现出来的各具特色的人格魅力对受众能够产生不可忽视的影响,研究人格心理有助于进一步完善播音员、主持人的人格,增强节目的吸引力。在本章第一节中,首先探讨构成播音员、主持人个性倾向的需要、动机、兴趣和价值观,以及它们在播音员、主持人行为中的动力作用。第二节论述关于能力的一些基本知识与构成播音员、主持人能力的基本要素。第三节介绍气质和性格及其对播音员、主持人的意义。最后一节则阐释播音员、主持人的人格及其作用,并对播音员、主持人的公众性以及个性化的"度"进行了一定的探讨。

第一节　播音员、主持人的个性倾向

一、播音员、主持人的需要

(一) 需要的界定

播音员、主持人的需要是指播音员、主持人内部的一种不平衡状态,它表现为播音员、主持人对内部环境或外部生活条件的一种稳定的要求,并成为他们活动的源泉。这种不平衡状态包括生理的和心理的不平衡。例如当体内的水分缺乏时会产生口渴想喝水的需要;当生命财产得不到保障时会产生安全的需要;当孤独时会产生交往的需要;等等。在需要得到满足后,这种不平衡状态暂时得到消除;当出现新的不平衡时,新的需要又会产生。

当人需要某种东西时,便把缺少的东西视为必需的东西。人既是生物有机体又是社会成员。为了个体的生存和发展,人对于外部环境必定有一定的需求。需要表现出有机体的生存和发展对于客观条件的依赖性。它总是指向于能满足该需要的对象或条件,并从中获得满足。没有对象的需要、不指向任何事物的需要是不存在的。

需要是有机体活动的积极性源泉,是人进行活动的基本动力。人的各种活动,从饥则食、渴则饮,到从事物质资料的生产、文学艺术作品的创作、科学技术的发明与创造,都是在需要的推动下进行的。需要越强烈、越迫切,由它所引起的活动动机就越强烈。同时,人的需要也是在活动中不断产生和发展的。当人通过活动使原有的需要得到满足时,人和周围现实的关系就发生了变化,又会产生新的需要。这样,需要推动着人去从事某种活动,在活动中需要不断得到满足又不断产生新的需要,从而使人的活动不断地向前发展。需要是个体积极性的源泉,它常以意向、愿望、动机、抱负、兴趣、信念、价值观等形式表现出来。

人的需要和动物的需要有着本质的区别。人的需要主要是由人的社会性决定的,具有社会的性质;人的需要的内容以及满足需要的手段也和动物不同;由于人有意识,人的需要会受到意识的调节与控制。

(二) 需要的分类

人的需要是多种多样的,可以按照不同的标准进行分类。按起源可分为自然需要和社会文化需要。其中自然需要主要由机体内部某些生理的不平衡状态所引起,对有机体维持生命、延续后代有重要意义,例如饮食、运动、休息、睡眠、排泄等需要;社会文化需要则是人类特有的需要,反映了人类社会的要求,对维系人类社会生活、推动社会进步具有重要的作用,例如交往的需要、成就的需要、社会赞许的需要、求知的需要等。人的需要按指向的对象可分为物质需要和精神需要。其中物质需要指向社会的物质产品,并以占有这些产品而获得满足,如对工作和劳动条件的需要;精神需要指向社会的各种精神产品,如对文艺作品的需要、欣赏美的需要等。

(三) 马斯洛的需要层次理论

美国人本主义心理学家马斯洛在1943年发表的《人类动机的理论》一书中提出了一种需要层次理论。这种理论的构成根据三个基本假设:(1) 人要生存,他的需要能够影响他的行为,只有未满足的需要能够影响行为,满足了的需要不能充当激励工具;(2) 人的需要按重要性和层次性排成一定的次序,从较低层次到较高层次;(3) 当人的某一层次的需要得到最低限度满足后,才会追求高一层次的需要,如此逐级上升,成为推动继续努力的内在动力。马斯洛把人的需要归纳为五大类,由低到高分成五个阶层,像金字塔一样(如图5.1)。

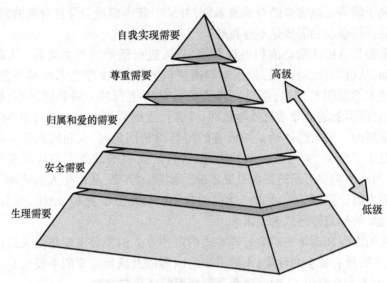

图 5.1 马斯洛的需要层次模式

生理需要：是人类本能的最基本的需要，位于需要层次金字塔的底部。这种需要包括衣、食、住、行及延续种族的需要等。

安全需要：实质上是生理需要的保障。包括生命安全、财产安全、职业安全、劳动安全、环境安全和心理安全等。

归属与爱的需要：包括社会交往，从属于某一个组织或某一种团体，并在其中发挥作用，得到承认；希望同伴之间保持友谊和融洽的关系，希望得到亲友的爱等。

尊重需要：自尊、自重和要求被他人所尊重。包括自尊心、信心、希望有地位、有威望，受到别人的尊重、信赖以及高度评价等。

自我实现需要：是人生追求的最高目标，位于需要层次金字塔的顶端。包括能充分发挥自己的潜力，表现自己的才能，成为有成就的人物。

几乎所有介绍马斯洛的书籍都这样介绍他的需要层次理论。但是，这实际上存在一定的不完整性。马斯洛本人的著作中对需要层次论作了更多的探讨。除了广为人知的以上五种需要外，马斯洛还详细说明了认知需要、审美需要在人身上的客观存在。

人在成长的过程中，不仅需要低级的需要的满足，而且更需要高级需要的满足。马斯洛认为，人性本善，人格的发展就是去实现人的本质、发挥人的潜能，走向自我实现。与普通人群相比，播音员、主持人的生存环境、生存状态、社会地位等都相对较好、较高,其生理和安全的需要基本上都能得到满足,因此他们主要关注归属与爱、尊重、认知、审美以及自我实现这些需要的满足,而他们所从事的工作则是一条通向自我满足的重要途径。马斯洛这样定义自我实现:如果想要获得最终的平静,一个音乐家必须作曲,一个画家必须画画,一个诗人必须写诗。一个人能是什么,他就必须是什么①。所以,对于播音员、主持人而言,其自我实现的途径便是出色地完成播音主持工作。

二、播音员、主持人的动机

(一) 动机的界定

播音员、主持人的动机是由一种目标或对象所引导、激发或维持的播音员、主持人活动的内在心理过程或内部动力。换句话说,动机是一种内部心理过程,而不是心理活动的结果。对于这种内部过程,我们不能进行直接的观察,但是,可以通过任务选择、努力程度、对活动的坚持性和言语表达等外部行为间接地推断出来。

动机和需要是密切联系的,但也有差异,需要在主观上常以意向和愿望的形式被体验着。意向是模糊意识到的未分化的需要,而愿望是明确意识到并想实现的需要。如果愿望仅停留在头脑里,不把它付诸行动,那么这种需要还不能成为活动的动因,因此,处于静态的需要,还不是动机。只有当愿望或需要激起人进行活动并维持这种活动时,需要才成为活动的动机。

(二) 动机的功能

动机在人的行为活动中一般具有三大功能:(1) 激发功能。动机能激发有机体产生某种活动。例如,为了消除饥饿而引起择食活动,为了获得优秀成绩而努力学习,为了取得他人的赞扬而努力工作,为了摆脱孤独而结交朋友等。(2) 指向功能。动机使有机体的活动针对一定的目标或对象。例如,在学习动机的支配下,人们可能去图书馆或教室;在休息动机的支配下,人们可能去电影院、公园或娱乐场所;在成就动机的驱使下,人们会主动选择像播音主持之类的具有挑战性的工作等。(3) 维持和调节功能。当活动产生以后,动机维持着这种活动针对一定的目标,并调节着活动的强度和持续时间。如果活动达到了目标,动机就促使有机体终止这种活动;如果活动尚未达到目标,动机将驱使有机体维持(或加强)这种活动,或转换活动以达到

---

① 艾森克:《心理学——一条整合的途径》,华东师范大学出版社2000年版,第438页。

某种目标。

在具体活动中动机功能的表现是很复杂的。不同的动机可以通过相同的活动来表现；不同的活动也可能由相同或近似的动机所支配，甚至人的活动常常可以由多种动机所支配。所以，考察人的行为必须揭示其动机，只有这样才能对他的行为做出客观的、准确的判断。

（三）动机的分类

人的动机是多种多样的。根据动机的起源，可以把动机区分为生物性动机（也称为生理性动机或原发性动机）和社会性动机（也称为心理性动机或习得性动机）。前者与人的生理需要相联系，后者与人的社会需要相联系。成就动机和交往动机被认为是两种主要的社会性动机。成就动机指个体在完成某种任务时力图取得成功的动机。麦克兰德（McCelland）发现，成就动机低的人，愿意选择风险小、独立决策较少的职业；而成就动机高的人爱毛遂自荐，喜欢从事开创性的工作，并在工作中敢于自己做决策。交往动机指个体愿意与他人接近、合作、互惠，并发展友谊的动机。

根据动机的起因，可分为外在动机和内在动机。外在动机是指活动动机是由外在因素引起的，是追求活动之外的某种目标。例如，有的播音员、主持人的播音主持动机只是为了获得社会的认可。这种动机就是外在动机。内在动机是指活动动机出自活动者本人，并且活动本身就能使活动者的需要得到满足，例如，有的播音员、主持人的播音主持动机是由播音员、主持人本人自行产生的，播音主持活动本身就是播音员、主持人所追求的。这种动机就是内在动机。外在动机可以转化为内在动机。

根据动机的意识水平，动机可以分为有意识的动机和无意识的动机。具体说来，在自我意识没有发展起来的婴幼儿身上，他们的动机是无意识的；在成人身上，也有无意识的或没有清楚意识到的动机，例如，对活动的定势与意向等，人们意识不到它们的作用，但能在它们的支配下产生各种各样的行动。又如，我们经常把山东人看作是豪爽、正直、能吃苦耐劳的人；把浙江人看作是聪明伶俐、随机应变的人；把学者看作是文质彬彬的人；把商人看作是唯利是图的人。这类社会定势可能是程度不同地未被意识到。我们大多数活动的动机是被意识到的。

（四）动机强度与工作效率

工作效率与动机强度密切联系。你可能会设想，如果动机强度不断增强，有机体的活动就会越高涨，活动的效率也就越高。但事实并非如此。心理学的研究表明，动机强度与工作效率之间并不是一种线性关系，而是倒U

形曲线关系。中等强度的动机最有利于任务的完成。也就是说,动机强度处于中等水平时,工作效率最高,一旦动机强度超过了这个水平,对行为反而会产生一定的阻碍作用。

在各种活动中都有一个动机最佳水平问题。动机最佳水平因课题性质的不同而不同。在比较容易的课题中,工作效率有随动机提高而上升的趋势;而在比较困难的课题中,动机最佳水平有逐渐下降的趋势。这种现象被称为耶基斯—多德森定律,如图5.2所示。因此,播音员、主持人在工作中要善于根据自己的任务难度调节自己的动机水平。也就是说,在面对比较困难的任务时不要产生太强的动机,做到放下包袱、轻松应战;而在面对相对来说比较容易的任务时,就可以提高自己的动机水平,心里绷紧那根弦儿,这样就能更好地完成工作。

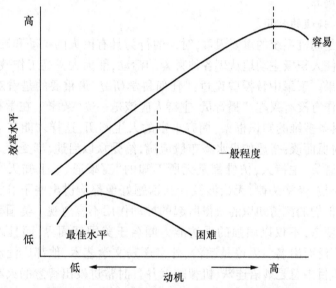

图5.2 动机强度、课题类型与工作绩效的关系

三、播音员、主持人的兴趣

(一) 兴趣的界定

播音员、主持人的兴趣是播音员、主持人探究某种事物或从事某种活动的心理倾向,它以认识或探索外界的需要为基础,是推动播音员、主持人认识事物、探求真理的重要动机。兴趣进一步发展为从事实际活动的需要时,

就变成了爱好。所以,兴趣和爱好往往是联系在一起的。

兴趣是在需要的基础上通过实践活动而形成、发展起来的。人的需要多种多样,因人而异,所以人的兴趣也是多种多样,因人而异的。人的需要改变了,兴趣也随之改变。但是需要不一定都表现为兴趣。如人有睡眠需要,不等于对睡眠有兴趣。

(二) 兴趣的分类

兴趣可以分为直接兴趣和间接兴趣。直接兴趣是由认识事物本身的需要所引起的,如对电影、小说的兴趣;间接兴趣是由认识事物的目的和结果所引起的,它和当前认识的客体只有间接的关系。例如,有的学生对学习英语过程本身并不感兴趣,但是对学习英语的结果,如取得好的成绩,能与外国人进行交流感兴趣。间接兴趣在自觉劳动中占有重要地位,应该注意它的形成和培养。

(三) 兴趣的作用

兴趣是动机系统的重要因素,对人的行为具有巨大的拉动和推动作用。兴趣可以使人积极主动地从事各种喜爱的活动,能大大提高工作效率,获得满意的效果。丁肇中教授曾说过:"任何科学研究,最重要的是看对自己所从事的工作有没有兴趣。"播音员、主持人应该是一位"杂家",在学有所长的基础上,具备多维的知识框架,拥有丰富的人生阅历,这样才能在节目中游刃有余,侃侃而谈;智慧如泉水瀑布般流淌,给受众以启迪、享受。人们耳闻目睹的播音员、主持人,仿佛都是无所不知的"百事通"。上知天文下晓地理,文史科技、经济法律,无论涉及什么话题好像都能讲出些子丑寅卯。其中兴趣对他们的渊博知识的获得所起的推动作用不容忽视。美国著名节目主持人布罗考,不仅以顽强的采访能力闻名于美国新闻界,而且以读书勤奋、兴趣广泛而出名。无论是政治、外交还是文学艺术,他都广泛涉猎。因此,他在节目中总是妙语连珠、机智幽默并且时常迸发出智慧的火花也就不足为奇了。所以,播音员、主持人要注意培养自己广泛的兴趣,从而提高自己的修养,增强自身的魅力。

四、播音员、主持人的价值观

(一) 价值观的界定

播音员、主持人的价值观是指播音员、主持人按照客观事物对其自身及社会的意义或重要性进行评价和选择的原则、信念和标准。价值观是一个人思想意识的核心,是支配着个人的行为、态度、观点、信念、理想的一种心理基础。价值观不仅影响个人的行为,还影响着群体行为和整个组织行为。在同一客观条件下,对于同一个事物,由于人们的价值观不同,就会产生不同的行为。在同一个单位中,有人注重工作成就,有人看重金钱报酬,也有人重视地位权力,这就是因为他们的价值观不同。同一个规章制度,如果两个人的价值观相反,那么就会采取完全相反的行为,将对组织目标的实现起着完全不同的作用。

价值观具有以下几种特征:(1)主观性。人们区分好与坏的标准,包括区分得与失、荣与辱、成与败、福与祸、善与恶的标准,都可以成为价值观,是根据个人自己内心的尺度进行评价的。虽然客体是客观存在的,但个人对客体意义的认识,对其好坏的评价却取决于主体自身的需要。(2)稳定性和持久性。在特定的时间、地点、条件下,人们的价值观总是相对稳定和持久的。比如,对某种事物的好坏总有一个看法和评价,在条件不变的情况下这种看法不会改变。(3)社会历史性。随着人们的经济地位的改变,以及人生观和世界观的改变,其价值观也会随之改变。这就是说价值观也处于发展变化之中。处于不同历史时代、不同的社会生活环境里的人们的价值观是不同的。

一个人的价值观是从出生开始,在家庭和社会的影响下逐步形成的。一个人所处的社会生产方式及其所处的经济地位,对其价值观的形成有决定性的影响。当然,报刊、电视和广播等宣传的观点以及父母、老师、朋友和公众名人的观点与行为,对一个人的价值观也有不可忽视的影响和引导作用。

(二)价值观的分类

价值观是一个多维度多层次的心理倾向系统。可以根据不同的标准对价值观进行分类。德国心理学家施普兰格(Spranger)根据社会文化生活方式把人的价值观分为经济价值观、理论价值观、审美价值观、社会价值观、政治价值观和宗教价值观等。经济价值观是以有效和实惠为中心的价值观,认为世界上一切实惠的就是最有价值的。实业家多持这种价值观。理论价值观是以知识和真理为中心的价值观。具有理论价值观的人把追求真理看得高于一切。哲学家和科学家多持这种价值观。审美价值观是以外形协调和匀称为中心的价值观,认为美和协调比什么都重要。艺术家多持这种价值观。社会价值观是以群体和他人为中心的价值观,把为群体、他人服务看作是最有价值的。社会活动家多持这种价值观。政治价值观是以权力地位为中心的价值观,这一类型的人把权力和地位看得最有价值。政治家多持这种价值观。宗教价值观是以信仰为中心的价值观,认为信仰是人生最有价值的。宗教信仰者或传教士多持这种价值观。

另外,雷塞尔(N. Rescher)根据自我—他人维度把价值观区分为自我取向价值观和他人取向价值观;罗克奇(M. Rokeach)根据工具—目标维度把价值观分为工具性价值观和终极性价值观;等等。从价值观的表现形式来看,兴趣、信念、理想等都可以说是价值观的表现形式。

(三) 价值观的作用

广播电视是传播真善美的重要媒介,在人类漫长的完善自身的过程中承担着重要的角色。每一位播音员、主持人都应该意识到自己的责任感和使命感,努力树立正确的价值观,以引导青少年的健康成长,引导社会的健康发展,为社会主义精神文明建设做出应有的贡献。而人类对于精神价值的追求,集中体现在对真善美的追求上。美是人类追求的最高价值。因此,对于播音员、主持人来说,就应该树立真善美的价值观。播音员、主持人的工作是神圣的。他(她)应该是美的化身,美的使者,美的播种者。要做到这一点,就要从自身修养做起,努力陶冶情操,净化心灵,树立正确的价值观,使生命的历程成为追求真善美的过程,只有这样,才能在寻常百姓间,在普通的素材中,挖掘出真、善、美,才能做出无愧于受众、无愧于时代的高质量的节目,发挥广播电视应有的作用。

第二节 播音员、主持人的能力

一、什么是能力

一般说来,能力就是人顺利地完成某种活动所必须具备的那些心理特征。例如,一位画家所具有的色彩鉴别力、形象记忆力等,都叫能力。它包含有两种含义:一是个人现在实际所能做的,即实际能力;二是个人将来可能在行为上表现出来的能力,即潜能。

人的能力总是和人的活动相联系并表现在活动中。只有从一个人所从事的某种活动中,才能看出他具有某种能力。一个有播音主持能力的人,只有在播音和主持节目的活动中才能施展自己的才能;当一个人能顺利完成某种活动时,也就多多少少表现了他的能力。

能力是人格的一个组成部分,也就是我们通常所说的个性心理特征。因此,有些因素虽然也影响活动的顺利进行,如体力、知识等,但它们不能称为能力,因为它们不是个体的心理特征,不属于人格的组成部分;有些虽然是人格心理特征,但不会直接影响活动效率,如谦虚、骄傲、活泼、沉稳等也不能称为能力。

二、能力的种类和结构

(一)能力的种类

人的能力是各种各样的,可以从不同的角度对能力进行分类。

1. 一般能力和特殊能力

一般能力是在许多基本活动中都表现出来,而且是各种活动都必须具备的能力。如观察力、记忆力、想象力、创造力等。平日我们所说的智力,就是指的一般能力。学习、工作、创造发明等人类活动的完成,都离不开这些能力。

特殊能力是指在某些专业活动中表现出来的能力。例如,播音员、主持人的快速背稿和出口成章的口头表达能力、亲和力和应变能力,均属于特殊能力。每一种特殊能力都是完成相应的活动所必须具备的。

人要顺利完成某种活动,就必须具备一般能力和该种活动的特殊能力。一般能力愈是发展,就愈能为特殊能力的发展创造有利条件,而特殊能力的发展也会促进一般能力的发展。

2. 模仿能力和创造能力

模仿能力,是指仿效他人的言行举止而引起与之相类似的行为活动的能力。如有的播音员、主持人开始学习播音时,往往会不由自主地、不同程度地模仿自己喜欢的或比较成功的播音员、主持人的播音和主持,并受其影响。模仿不仅是一种能力,而且是专业学习中初期入门的一个重要方法和途径。班杜拉认为,模仿是人们彼此之间互相影响的重要方式,是实现个体行为社会化的基本历程之一。模仿是动物和人的一种重要的学习能力。

创造能力,是指在创造活动中能产生出具有社会价值的、独特的、新颖的思想和事物的能力。例如,对播音主持工作来说,语言的创造力是指播音员、主持人用恰当的声音形式,准确表达思想和情感的能力,是播音员、主持人思维能力、理解能力、语言表达能力的反映。播音员、主持人语言的创造性,主要体现在对书面语言音声化过程中所赋予它的那种生命活力的能力上。心理学家认为,创造能力的基本特征是独特性和有价值性。人们正是由于有了创造能力,才能在模仿的基础上有所突破,有所发展,社会才可能得以发展。

模仿能力和创造能力二者是相互联系的。人们常常是先模仿,然后再进行创造的。模仿能力一般都含有创造因素,而创造能力的发展又需要模仿能力。

3. 流体能力和晶体能力

根据能力在人的一生中的不同发展趋势以及能力与先天禀赋和社会文化因素的关系,可以将能力分为流体能力和晶体能力。

流体能力是在信息加工和问题解决中表现出来的能力。如作为一个播音员、主持人所必须具备的知觉能力、推理能力和想象能力。它较少地依赖于文化和知识的内容,而取决于个人的禀赋。因此,许多测验是为了文化公平,测的就是流体能力,如瑞文推理测验。流体能力的发展一般在 20 岁后达到顶峰,30 岁后将随着年龄的增长而降低。

晶体能力是指获得语言、数学知识的能力。如播音员、主持人深厚的知识底蕴、临场应变和即兴发挥能力。它取决于后天的学习,与社会文化有密切的关系。晶体能力在人的一生中一直在发展,只是到了 25 岁以后,发展的速度才渐趋平缓。

晶体能力与流体能力有着密切的联系。一方面,晶体能力的发展依赖于流体能力。具有相同经历的人,流体能力高者,晶体能力发展得较好。另一方面,对于晶体能力的发展,只有流体能力是不够的,还需要环境的作用。

4. 认知能力、操作能力和社交能力

认知能力是指个体接受信息、加工信息和运用信息的能力,也就是个人获取和保存知识的能力,如注意力、观察力、记忆力和思维能力等。播音员、主持人在节目中把握节目的主题,密切注意观众的反应并提出相应的问题,主要依赖于他的认知能力。

操作能力是操纵、制作和运动的能力,如运动能力、操作机械的能力、制作能力等,是人们适应或改变环境、协调自己的动作、掌握和施展技能所必备的心理条件。如播音员、主持人自由驾驭各种体裁稿件的能力以及一定的采编能力和写作能力就属于操作能力。

社交能力是在人们的社会交往活动中表现出来的能力,如言语感染力、判别决策的能力、处理意外事故的能力等。这种能力对播音员、主持人缓解节目现场的紧张气氛,与观众形成互动,凸现节目的主题有重要作用。

(二) 能力的结构

能力是由多种心理品质所构成的系统,具有复杂的结构。分析能力的结构,对于深入了解能力的本质,合理地设计出能力的测量手段,科学地拟定出能力培养计划,都有重要的意义。

心理学家对人类能力的结构提出了许多假设,大体上可分为三种理论模型:因素说、结构说和信息加工论。

1. 因素说

(1) 独立因素理论

美国心理学家桑代克(Thorndike)曾对能力作过系统的描述。他认为,人的能力是由许多独立的成分或因素构成的。不同能力和不同因素彼此是没有关系的,能力的发展只是单个能力独立的发展。如抽象能力、对社会关系的适应能力等。但心理学家进一步的研究发现,当人们完成不同的认知作业时,他们所得到的成绩具有明显的相关性。这说明各种能力并不是完全独立的。

(2) 二因素理论

英国心理学家斯皮尔曼(C. Spearman)运用因素分析的方法,提出能力结构的二因素理论。他认为能力包括两个因素:一般因素(general factor),又称 G 因素;特殊因素(specific factor),又称 S 因素。G 因素是每种心智活动所共同具有的,它是人的基本心理潜能,是决定一个人能力高低的主要因素;S 因素则是因心智活动不同而各异,它指专门领域的知识。由于这些因素的作用,人们的作业成绩才没有完全的相关。由许多特殊因素与某种一般因素结合在一起,就组成人的智力。完成任何一项作业都由两种因素参加。例如,完成一个数学推理作业需要 $G + S_1$,完成一个言语作业需要 $G + S_2$,完成第三个作业则需要 $G + S_3$,这几个测验的结果出现正相关,是由于每个作业中都包含有一般因素 G,但三者又不完全相关,是由于每个作业中都包含不同的、无联系的 S 因素。由此,斯皮尔曼认为 G 因素是能力结构的基础与关键,是一切能力活动的主体(如图 5.3)。

(3) 群因素理论

美国心理测验权威塞斯顿(L. Thurstone)用由 56 个测验组成的一组测验对 218 名大学生进行测试,然后用因素分析法求得智力由七种因素构成,被称为群因素论。他把这七种因素称为七种基本心理能力:(1) 计算能力,正确而迅速地解答数学问题的能力;(2) 言语理解能力,了解言语的意义的能力;(3) 词的流畅性,拼字正确迅速和词义联想敏捷的能力;(4) 记忆能力,对事物强记的能力;(5) 演绎推理能力,根据已知条件进行推断的能力;(6) 空间知觉能力,运用感知经验正确判断空间方向及各种关系的能力;(7) 知觉速度,迅速而正确地观察和辨别的能力。塞斯顿为此设计了基本智

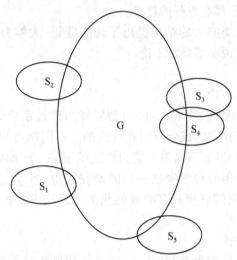

图 5.3　斯皮尔曼的二因素模型

力测验来测量这 7 种因素。结果发现这些能力之间存在一定相关,说明它们并非彼此独立。这实际上又支持了斯皮尔曼的二因素理论。

2. 结构说

（1）三维结构模式理论

美国心理学家吉尔福特(J. P. Guilford)在二十余年因素分析研究的基础上于 1967 年创立了智力三维结构模型理论,认为智力结构应从操作、内容、产物三个维度去考虑。智力活动就是人在头脑里加工(操作过程)客观对象(内容),产生知识(产物)的过程。智力的操作过程包括认知、记忆、发散思维、聚合思维、评价 5 个因素;智力加工的内容包括图形(具体事物的形象)、符号(由字母、数字和其他记号组成的事物)、语义(词、句的意义及概念)、行为(社会能力),共 4 个因素;智力加工的产物包括 6 个因素,即单元、类别、关系、系统、转换、蕴含。这样,智力便由 $4 \times 6 \times 5 = 120$ 种基本能力构成(如图 5.4)。

1971 年,他把内容维度中的图形改为视觉和听觉,使其增为 5 项,智力组成因素变为 150 种。1988 年,他又将操作维度中的记忆分为短时记忆和长时记忆,使其由 5 项变为 6 项,智力结构的组成因素便增加到 $5 \times 6 \times 6 = 180$ 种。吉尔福特认为每种因素都是独特的能力。例如学生对英语单词的掌握,就是语义、记忆、单元的能力。又如,说出鱼、马、菊花、太阳、猴子等事物哪些属于一类,回答这类问题进行的操作是认知,内容是语义,产物是类别。

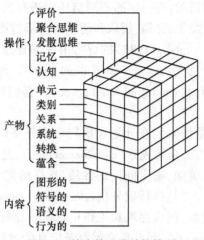

图 5.4　能力的三维结构模型

（2）层次结构理论

美国心理学家阜南提出了智力层次结构理论。阜南把斯皮尔曼的一般能力因素作为最高层次，在这个层次之下包含了两大因素群，即言语和教育方面的能力因素、操作和机械方面的能力因素；第三层是小因素群，包括言语、数量、机械、信息、空间信息、用手操作等；第四层是特殊因素，即各种各样的特殊能力（如图 5.5）。

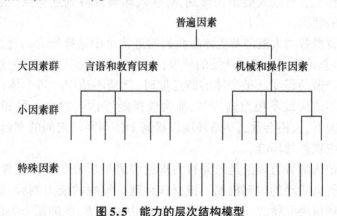

图 5.5　能力的层次结构模型

3. 信息加工理论

20 世纪 70 年代以来，能力的信息加工论把人的能力和智力看成是一个过程，它由不同的阶段组成，并且是由某些更高的决策过程组织起来的。智力是为了达到一定的目的,在一定的心理结构中进行的信息加工,包括感觉输入受到转换、简约、加工、存储、提取和使用的全部过程(Nesser,1967)。这里仅介绍斯腾伯格(Sternberg,1985)的智力由三部分控制的理论作为例子。这三部分智力是成分智力(componential intelligence)、经验智力(experiential intelligence)和背景智力(contextual intelligence)。它们在智力活动的信息加工中起着不同作用。

所谓成分智力,是指人们在计划和执行一项任务时的心理机制。它包含有三种机能的成分:一是元成分(metacomponents),是用于计划、控制和决策的高级执行过程。例如,确定问题的性质,选择解题的步骤,调整解题思路,分配心理资源等。二是执行成分(performance components),是指人实际执行任务的过程。例如,词法存取和工作记忆。三是知识习得成分(knowledge-acquistion components),是获取和保存新信息的过程,负责接受新刺激,做出判断和反应,以及对新信息的编码和存贮。在智力成分中,元成分起着核心作用,它决定人们解决问题时所使用的解题策略。

关于经验智力,可以从下面的例子中看出。一个有能力的人比无能力的人能够更有效地适应新的环境;他能较好地分析情况,绞尽脑汁去解决问题,即使是从未遇到过的问题。经过多次解决某个问题之后,有能力的人就能不假思索、自动地启动程序来解决该问题,从而把节省下来的心理资源用在别的工作上。有些人能很快做到,有些人却难以做到这一点。这种能力就称为经验智力。

所谓背景智力大概涉及主体在我们的进化史中选择压力的行为。一般说来,个体总是努力适应他所处的环境,力图在个体及其环境之间达到一种和谐。当和谐的程度低于个体的满意度时,就是不适应。当个体在一种情境中感到不适应或不愿意适应时,他会选择能够达到的另一种和谐环境。在这种情况下,人们会重新塑造环境以提高个体与环境之间的和谐程度,而不只是适应现存的环境。

斯腾伯格的智力理论是三元智力理论中最早形成和最为完善的部分,它揭示了智力活动的内部机制。根据这种理论编制的能力测验,能测量出人们是怎样解决问题的,因而对深入了解能力的实质,促进能力的训练和培养,都有重要意义。

三、能力的形成和发展

（一）能力形成的原因和条件

能力的形成受多方面因素的影响，素质、环境和教育的影响，实践活动的影响以及个人主观的努力，都会对人的能力的形成和发展起到不同的作用。正确认识这些因素，有利于在实践中促进能力的发展。

1. 先天素质

先天素质构成了人们能力发展的自然基础，决定着人能力的发展潜力。

2. 环境和教育

产前环境、家庭环境、学校环境和社会环境都会对人们能力的形成和发展产生影响。尤其是早期环境，对能力的形成和发展更有着重要的影响，有些影响甚至是不可逆的，父母和托幼教师要树立正确的教育观、儿童观，给儿童创造一个良好的心理环境。学校教育对能力的形成和发展所起的作用是系统性的。

3. 实践活动的影响

人的各种能力是在社会实践活动中最终形成起来的。个人直接经验的积累在人的能力发展中有着不可替代的重要作用。

4. 主观能动性

个人自身是能力的载体，一个人能力的提高，离不开他的主观努力和主观能动性。他追求的目标越远大，付出的努力越多，经历得越广、程度越深，他的能力也会相应地获得越大、越多、越广和越深的发展。

（二）能力的发展

能力是发展的，能力的发展有一定的趋势，又存在个体差异。

1. 根据心理学家的研究，人类的智力随年龄增加而增长。贝利（Baylay）通过36年的追踪研究，发现人13岁以前测验的智力分数呈直线上升，以后逐渐缓慢，到25岁时达到最高峰，26—36岁属于保持水平的高原期，随后有所下降（见图5.6）。

2. 智力不仅作为整体而发展，而且智力中的各成分的发展速度也是不同的。塞斯顿考察了他所提出的7个因素的发展情况，结果如图5.7所示，各种心理能力的发展速度各不相同。例如，12岁时知觉速度已发展到成人水平的80%；而推理能力、词的理解力和词语运用能力等则要到14岁、18岁和20岁以后才分别达到同一水平。

3. 智力发展速度与停止年龄，是有个体差异的。它与人的智力高低有

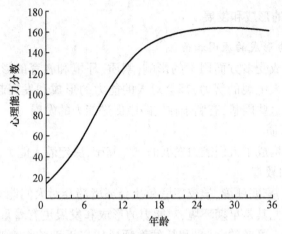

图 5.6 Baylay 的智力成长曲线

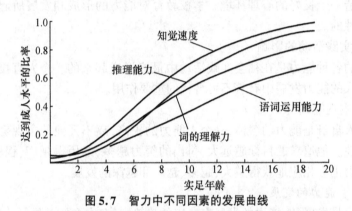

图 5.7 智力中不同因素的发展曲线

密切的关系,智力低的人发展速度慢,停止的年龄较早,反之则相反。

四、能力的个体差异

由于人的遗传素质、后天环境和所受教育以及从事的实践活动不同,人与人之间在能力上存在着个别差异。了解和鉴别能力的个体差异,是"因材施教"与分工协作的前提,因而受到教育界和社会各界的重视。

(一)能力类型差异

在个人的感知、记忆和思维过程中经常采取的习惯化的认知风格就是能力的类型差异。

在感知方面,有分析型、综合型和分析综合型三种能力类型差异。它们各自的特点分别是:(1)分析型:分析能力较强,对细节敏感但整体性不强;(2)综合型:概括性和整体能力较强,但分析能力较弱;(3)分析综合型:具有上述两种类型的特点。

在记忆方面,有视觉记忆型、听觉记忆型、运动记忆型和混合记忆型等能力类型。

在思维方面,能力有形象思维型、抽象思维型和中间型之分。

(二)能力发展水平的差异

人的能力水平有高有低。总的说来,能力在全人口中呈正态分布:两头小,中间大。例如,智力的高度发展称为智力超常或天才;智力发展低于一般人的水平叫智力低下或智力落后;中间又可以分成不同的层次。

智力的高度发展叫智力超常,智力超常者也就是我们平常说的天才。智力超常者约占全人口的1%。对社会有伟大贡献的科学家、发明家大多是智力超常者。智力超常者的智力特点是:观察事物准确、细致;注意容易集中,记忆速度快、准确而牢固;想象力丰富,有创造性;语言能力强,发展较早较快。

智力落后指智力明显低于同龄平均水平并有适应障碍的人。一般智商在70分以下者就被称作智力落后。智力落后可分为三个等级:(1)轻度,智商70—50。能从事简单的劳动,有自理生活的能力,但学习能力与应对新环境能力较差。(2)中度,智商50—25。生活半自理,动作基本可以或部分有障碍,只能说简单的字或极少的生活用语。(3)重度,智商在25以下。生活不能自理,动作、生活都有困难。

(三)表现早晚的差异

人的能力成熟时期有早有晚。有些人的能力表现较早,年轻时就显露出卓越的才华。这叫"人才早熟"。如王勃10岁能赋;李白5岁通六甲,7岁观百家;俄国诗人普希金8岁就能用法文写诗。这种情况古今中外,各国都有。资料表明,早期成材者以从事音乐、绘画、文学、艺术等方面的人居多。

有些人的才能表现较晚,叫"大器晚成"。这些人在年轻时并未显出出众的能力,但到中年表现出了过人的天赋。例如达尔文年轻时被认为是智力低下,以后却成为进化论的创始人。这种情况在科学和政治舞台上屡见不鲜。

(四)能力的性别差异

几乎没有任何系统性的证据能表明某种性别的能力优于另一种性别。但是在生命的过程中,我们可以观察到在某些能力方面有性别差异。例如从青春期开始,女性的语言发展比男性占优势。在视觉空间能力方面,8岁前儿童几乎没有差别;8—11岁这一年龄段的研究结果不一致;到了青春期男性在这方面占优势,且随着中学阶段的教育而增大。在问题解决方面,40岁时男性优于女性;但到了60岁之后,女性优于男性。后者的差异可能是男性大脑血液循环衰退导致生理改变所致[①]。

五、播音员、主持人的能力要素

对于播音员、主持人而言,所依托的广播电视媒体技术含量高,工作表征特殊,所以对播音员、主持人的能力要求也特别严格,几近严苛。虽然对播音员、主持人的能力要求超乎一般职业很多,然而由于这个职业的明星光环效应,依然吸引着众多青年男女跃跃欲试。每次电视台招聘播音员、主持人,无不趋之若鹜。即使是百里挑一的播音员、主持人,也会让人们横挑鼻子竖挑眼,这不仅仅是由播音员、主持人的职业特点决定的,也反映出对于播音员、主持人能力的要求是立体的、全方位的。为了方便认识,概括说来,一个播音员、主持人应该具备的最基本的能力要素应该有以下几点:

(一)敏锐深邃的思维能力

敏锐的思维能力是指具有新闻敏感,能透过新闻信息敏锐地分析、判断出其独特的新闻价值、社会价值和思想意义,能通过新闻事件本身,迅速地捕捉住它在全局中的地位、影响,抓住要点,鲜明、准确地进行传播。

播音员、主持人是新闻工作者,这一性质从根本上决定了播音员、主持人从思想上必须清醒地认识到:广播电视是党、政府和人民的喉舌。这也是由我国广播电视事业的社会主义性质所决定的,也是党的新闻宣传工作的优良传统。

播音员、主持人作为广播电视传播的关键一环,其敏锐深邃的思维能力表现在以下几个方面:首先是作为新闻工作者的敏感力。播音员、主持人应该具有比一般人高得多的敏感力,包括观察力、感受力、理解力等。这样当你面对一个新的环境、新的事件、新的人物、新的产品,或者一个新的画面、新的词汇等时,你都可以从中敏锐地感觉到一些新的、独特的东西,使你的节目、你的播出与众不同,富有新意。其次是创造力。播音员、主持人不仅仅只是做好工作,而是要创造性地做好工作。要在工作中不断地努力创新,要突破思维定式、传统观念和习惯势力的束缚,在司空见惯、习以为常的事

---

① 转引自黄希庭主编:《人格心理学》,浙江教育出版社2002年版,第475页。

物和现象中发现新的问题,提出新的思想,创作出新的产品。第三是思辨力。播音员、主持人的思维要全面、辩证、深刻,要力戒孤立、片面、简单的主观看问题的思路和方法,努力学会全方位、多角度、多层次的客观分析问题和解决问题的方法。要从简单中见深刻,深刻中见全面,全面中见到历史和现实,使我们的宣传体现出广度、深度和厚度。

(二) 出众的语言驾驭能力

科学家经过分析论证认为,人的天赋能力主要体现在六个方面,语言能力是其中之一。播音员、主持人作为有声语言工作者,用声音创造世界、表达世界,在这一过程中饱含着播音员、主持人丰富的情感,凝聚着播音员、主持人无限的创造力,展现给人们的是一个崇高的精神世界。播音员、主持人的语言能力我们也可以从语言表达能力和语言驾驭能力两方面来说。

先说语言表达能力。播音主持工作不是将无声的文字简单地转换成有声的语言,而是依据文字进行符合有声语言表达特点和要求的再创作,进而传情达意于广大受众。因此,评判一个播音员、主持人的语言表达能力,首先看语感,也就是你对语言文字的最基本的感受能力。你能不能面对书面语言文字符号,感受到它所代表的具体事物,它的性状、感情、色彩、声息、氛围、风格、特点等,对词语的这种高度敏感,有赖于对人情世事的深刻了解、对现实的精辟剖析和对心灵的深层体悟。因此,有人说:"语感是心灵的感觉,是一种精神感觉。"[1]其次是理解和感受,也就是你能不能完整、准确、深入、细致地理解所要播出的内容,播出所要达到的目的,并在此基础上切实、具体、设身处地地感受到其中的情感、性格、理趣、风格等。这里需要注意的是,不能用理解来代替感受。理解是感受的前提和基础,而感受是对理解的深化和具体化。再次是表达技能。要求语音准确,吐字清晰,感情真挚饱满、生动形象、富于感染力。

再说语言驾驭能力。播音员、主持人不仅要具备面对文字稿件锦上添花的能力,同时还要具备面对突发事件、现场直播等即兴口语表达时能够出口成章的能力。我们也可以把它理解为对语言的驾驭能力。首先,要注意平时的积累,多观察、多观摩、多思考,也要注意总结积累自己的实践经验;其次,在直播现场,要注意观察,寻找新鲜点和特点,分清主次,随时了解现场变化,将现场的一切掌握在自己的眼中、脑中和口中;第三,要理清头绪,清楚明白要先说什么后说什么,那些地方要详述,那些地方要略说,怎样开

---

[1] 王尚文著:《语感论》,上海教育出版社2006年版,第28页。

头,如何过渡,怎样结尾等,都要心中有数;第四,尽可能选择通俗、准确、鲜明、有特点的语言来叙述,要口语化,使人听起来既感到自然亲切,又通俗易懂。正如著名主持人水均益所讲的:"我们所说的'口语化'绝非指淡而无味,对于主持语言我们要求:第一,平常但不能平淡,要精彩;第二,平淡要有内容,每一句话力争做到'言之有物、言之有趣、言之有益'。"①

播音员、主持人的工作,实际上起着对受众、对全社会的语言示范作用,因此应牢固树立语言规范意识、示范意识、引导意识和审美意识。广播电视播音主持语言要讲究质量与品位、艺术性与典型性。

(三) 稳定的平衡调控能力

播音员、主持人的平衡能力表现为对自己的控制和对节目的控制,而首先是对自己的控制。播音员、主持人都是社会中的人,也有七情六欲,也会有情绪跌宕起伏的时候,也会激动、愤怒、忧伤、烦躁……而这些情绪是不能带到节目中去的,排除干扰非常重要。这就要求播音员、主持人保持高昂的工作激情,把注意力集中在节目内容上,心中时刻想着受众。实际上,把与节目无关的表情(因为心情一般会写在脸上)带到节目里,就是对节目的敷衍和对受众的愚弄,最好的做法就是暂且把不快的心绪抛开,全身心地做完节目再说。

通常,节目主持人的"自由"度比较大,有一定的现场发挥的成分,这个时候,节目有了一定的弹性,同时,也赋予主持人相应的责任。主持人在围绕节目主题调动受众的时候,也应客观地表达思想和观点,不被受众左右,或将问题留给专业人士,不要以自我的好恶为好恶,要始终坚持客观、公允、有度。

(四) 灵活的随机应变能力

播音员、主持人在直播现场播音主持的同时,必须留心现场的各种变化,一旦出现意想不到的情况,得想着如何救场补台;播音员、主持人在直播中万一出现差错,要能迅速调整情绪,自圆其说,体面地挽回局面。例如,杨澜曾应邀赴广州主持第九届电视"金鹰奖"颁奖文艺晚会。在报幕退场时不小心被台阶绊了一下摔倒在地。这可谓在大庭广众之下出尽洋相,当时现场一片哗然。面对这种情况,只见杨澜一跃而起笑容可掬地说:"真是人有失足、马有失蹄呀,我刚才的狮子滚绣球的节目滚得还不够熟练吧?看来这次演出的台阶不那么好下哩,但台上的节目很精彩。不信,你们瞧他们。"听

---

① 水均益著:《前沿故事》,南海出版公司1998年版。

到这机敏的话语,全场报以热烈的掌声,有的观众还大声喊:广州欢迎你。这真可谓化险为夷。可以想象,如果主持人处理不好场上失控,整台晚会都会在尴尬中充满遗憾。

播音与主持是一项富有挑战性和创造性的工作,在日常的播出中,特别是在现场直播中,难免会有意想不到的情况发生,这就需要播音员和主持人及时和恰当地应急处理,处理得好,节目就会顿生光彩,而如果处理得不好,整个节目都会被尴尬与郁闷所笼罩。所以,播音员、主持人应重视培养自己的应急处理能力,注意培养随机应变的能力①。

广播电视事业的发展,需要大批合格的、优秀的播音员和主持人。播音员、主持人要能胜任自己的工作,成为专业技能强的行家里手,就要在实践中苦学苦练,从各方面提升自己的能力,而这条道路又是艰辛的,播音员、主持人可以一举成名,而锻炼能力的道路要走一生。

第三节 播音员、主持人的气质和性格

一、什么是气质和性格

(一) 气质的内涵

在日常生活中,我们可以看到,有的人总是活泼好动、反应灵活;有的人总是安静稳重、反应迟缓;有的人不论做什么事情总显得十分急躁;有的人总是那么细腻、深刻。人与人在这些心理特性等方面的差异,就是气质的不同。

气质是人格结构中比较稳定的、与遗传素质密切相关的成分,也就是我们平时所说的脾气、秉性。它是一个人心理过程的速度(如知觉的速度、思维的灵活程度)、稳定性(如注意力集中时间的长短)、强度(如情绪的强弱、意志努力的程度)以及心理活动的指向性(如倾向于外部世界还是内心世界)等动力方面的特点的总和。具有某种气质类型的人,常常在内容很不相同的活动中都显示出同样性质的动力特点。例如,一个具有安静迟缓的气质特征的人,他的气质特征会在学习、工作、考试、解说、体育比赛等各种活动中表现出来。个人的气质特点不依活动的内容为转移,它表现出一个人生来就具有的自然特性。

---

① 廖声武:《节目主持人的应急能力养成》,《中国广播电视学刊》,2005 年第 8 期。

很多人不懂得,气质和气质美不是一个概念。气质是一个心理学的概念,而气质美则已经进入了社会学领域。气质来源于先天,但是在后天的社会活动中会产生变化。先天的气质经过后天的感悟和体验,会形成一个人的气质美,它实际上是指人的风度。气质美与一个人的学识、修养、生活环境、审美追求等方面有密切关系。

(二) 性格的内涵

我们经常可以看到,一个人在各种场合总是表现出对同志热情忠厚、与人为善、虚心谦逊、严于律己、遇事坚毅果断、深谋远虑;而另一个人在各种场合总是表现出对同事尖酸刻薄、冷嘲热讽,自高自大、宽于恕己,遇事优柔寡断、鼠目寸光。人与人在这些心理特性等方面的差异,叫性格的不同。

性格是一个人在现实生活中形成的对现实比较稳固的态度以及与之相适应的习惯化了的行为方式,如诚实、善良、热情、害羞、忧郁、自私、奸诈等都是对一个人性格特征的描述。然而并不是任何态度和行为方式都能表明人的某种性格。如一个人偶尔在一次劳动中表现得很能吃苦,还不能说他具有能吃苦的性格特征,只有在多次的劳动中都表现出能吃苦,才能说他具有这种性格特征。性格特征具有稳定性。性格是人格结构中表现最明显,也是最重要的心理特征,是区别一个人与众不同的、明显的和主要的心理品质。

性格表现了一个人的品德,受人的价值观、人生观、世界观的影响,如有的人大公无私,有的人自私自利。这些具有道德评价含义的人格差异,我们称之为性格差异。性格主要是在社会生活中逐渐形成的,同时也受个体生物学因素的影响。研究发现,脑损伤或脑病变会在一定程度上改变人的性格。

二、气质和性格的类型及特征

(一) 气质的类型及特征

目前心理学界还没有能编拟出构成气质类型全部特性的完整方案,但根据已有的研究,可以列举出构成气质类型的几种特性:

1. 感受性。这是人对外界刺激的最小强度产生心理反应的能力。它是神经系统强度特性的表现。人们的感受性存在着个别差异。

2. 耐受性。这是人在经受外界事物的刺激作用时,表现在时间和强度上的承受能力,以及在这些刺激下个体的心理状态。它也是神经系统强度特性的反映。它表现为长时间从事某项活动时注意力的集中性,对强烈刺激(如疼痛、噪声、过强或过弱的光线)的耐受性,对长时间的思维活动而能保持优越效果的坚持性等方面。

3. 反应的敏捷性。反应的敏捷性可以分为两类:一类为不随意的反应性,即各种刺激引起心理的指向性,如不随意注意的指向性、不随意运动反应的指向性等;另一类指一般的心理反应和心理过程进行的速度,如说话的速度、记忆的速度、思考的敏捷程度、动作的灵活性等。反应的敏捷性主要是神经系统灵活性的表现。

4. 可塑性。这是人根据外界的变化而改变自己的行为以适应环境的难易程度。表现在对外界环境或要求的变化,主体在顺应上的难易,情绪产生上的愉快或不愉快,采取行动的简捷或迟缓,态度上的果断或犹豫等方面。凡是顺应上容易的、情绪上不出现大波动的、行动果断的人表现为更大的可塑性,而在顺应上困难的情绪上出现纷扰、行动迟缓、态度犹豫的人表现有更大的刻板性或惰性。可塑性主要是神经系统灵活性的反映。

5. 情绪兴奋性。这是以不同的速度对刺激产生情绪反应的特性。它既反映神经系统的强度,也反映平衡性。有的人情绪兴奋性很强,而情绪抑制力弱,这就不但表现了神经过程的强度,而且明显表现了兴奋和抑制不平衡的特点。情绪兴奋性还包括情绪向外表现的强烈程度。这一点可以有不同的组合,例如,有人可以具有强烈的兴奋和强烈的外部表现;另一些人可以只有强烈的兴奋但无强烈的外部表现,体现为极度兴奋但又不外露的气质特征。

6. 外倾性与内倾性。这是指人的心理活动、言语和动作反应是表现于外还是表现于内的特性。表现于外叫外倾性,表现于内叫内倾性。外倾性是兴奋过程强的表现;内倾性是抑制过程强的表现。

上述各种特性的不同结合,构成不同的气质类型。人们在传统上把气质分成多血质、黏液质、胆汁质和抑郁质四种类型。

1. 多血质

多血质又称活泼型,属于敏捷好动的类型。这种气质类型的特征是:情绪不稳定、情感的发生迅速而易变,思维语言迅速而敏捷、活泼好动。在情绪反应上表现为快而多变,但不强烈,情感体验不深刻。在行为方面表现为活泼好动、机敏、爱参加各种活动,但常常有始无终。该类型的人适应性强,善于交际,待人热情,学习上领会问题快,但也可能表现出轻率、不忠诚等。这种气质类型的典型代表如赵云、孙悟空、王熙凤等。

2. 胆汁质

胆汁质又称不可遏制型,属于兴奋而强烈的类型。这种气质类型的特征是:好冲动,情感发生快、强烈而持久,动作迅速而强烈,对自己的言行不能控制,反应速度快,但不灵活。具有这种类型特征的人,在情绪反应上易受感动,情感一旦发生就很强烈,久久不能平静,易同人们发脾气,性情暴躁、易怒,情绪不能自制。在行为方面的表现为积极参加各种活动,有创新精神、工作积极,遇到困难时能以极大的毅力去克服。胆汁质的优点是有毅力、积极热情、有独创性。不良表现是缺乏自制性、粗暴和急躁、易生气、易激动。这种气质类型的典型代表如李逵、鲁智深、张飞等。

3. 黏液质

黏液质又称安静型,属于缄默而沉静的类型。这种气质类型的特征是:性情沉静,情感发生缓慢而微弱,不外露,动作迟缓,易抑制,沉默寡言。该类型的人在情绪方面表现为沉着、平静、迟缓、心境平稳、不易激动,很少发脾气,情感很少外露。在行为方面表现为沉默寡言,面部表情单一、胸怀宽广,不计小事,能委曲求全,自制力强,活动中表现为有条有理、深思熟虑、坚韧不拔。这种人容易形成勤勉、实事求是的作风和坚韧性等特征,但也可能发展萎靡、迟钝、消极、怠惰等不良品质。这种气质类型的典型代表如沙僧、诸葛亮、薛宝钗等。

4. 抑郁质

抑郁质又称弱型,属于呆板而羞涩的类型。这种气质类型的特征是:性情脆弱,情感发生缓慢而持久,动作迟钝、柔弱易倦。具有这种类型特征的人在情绪方面表现为情感不易弱化,比较平静,不易动情,情感脆弱,易神经过敏,容易变得孤僻。在行为方面表现为动作迟缓,胆小,不喜欢抛头露面,反应迟钝。这种人易形成伤感、沮丧、忧郁、深沉、悲观等不良心理特征。这种气质类型的典型代表如林黛玉、唐僧等。

应当指出,现实生活中并不是所有的人都可按照四种传统气质类型来划分,只有少数人是四种气质类型的典型代表,多数人是介于各类型之间的中间类型。

视窗

四种典型的气质类型的识别（图）

请认真看下面这四幅图，相信你一定会对胆汁质、多血质、黏液质、抑郁质这四种典型的气质类型有更深的理解。

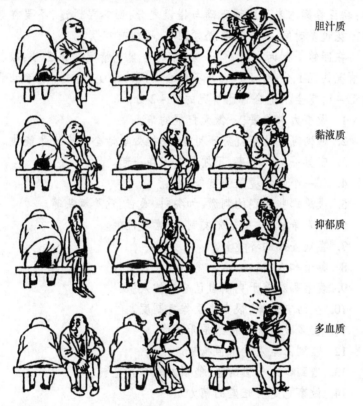

四种典型气质类型

（［丹麦］皮特斯特鲁普, http://www.pep.com.cn/xgjy/xlyj/xlshuku/shuku13/shuku17/200310/t20031029_61358.htm）

视窗

气质类型调查表

　　本测验共有 60 个问题,回答问题时请不要猜测题目内容要求,也就是说不要考虑应该怎样,而只需要根据自己的实际行为表现如实回答;题目答案本身无所谓正确与错误之分;回答要迅速,不要在某道题目上花过多时间;每一题都必须回答,不能有空题。

　　在回答下列问题时,你认为:很符合自己情况的记 2 分;较符合自己情况的记 1 分;介于符合与不符合之间的记 0 分;较不符合自己情况的记 -1;完全不符合自己情况的记 -2 分。

1. 做事力求稳妥,不做无把握的事。
2. 遇到可气的事就怒不可遏,想把心里话全说出来才痛快。
3. 宁肯一个人干事,不愿很多人在一起。
4. 到一个新环境很快就能适应。
5. 厌恶那些强烈的刺激,如尖叫、噪音、危险镜头等。
6. 和人争吵时,总是先发制人,喜欢挑衅。
7. 喜欢安静的环境。
8. 善于和人交往。
9. 羡慕那种善于克制自己感情的人。
10. 生活有规律,很少违反作息制度。
11. 在多数情况下情绪是乐观的。
12. 碰到陌生人觉得很拘束。
13. 遇到令人气愤的事,能很好地自我克制。
14. 做事总是有旺盛的精力。
15. 遇到问题常常举棋不定,优柔寡断。
16. 在人群中从不觉得过分拘束。
17. 情绪高昂时,觉得干什么都有趣;情绪低落时,又觉得什么都没有意思。

18. 当注意力集中于一事物时,别的事很难使我分心。
19. 理解问题总比别人快。
20. 碰到危险情景,常有一种极度恐惧感。
21. 对学习、工作、事业怀有很高的热情。
22. 能够长时间做枯燥、单调的工作。
23. 符合兴趣的事情,干起来劲头十足,否则就不想干。
24. 一点小事就能引起情绪波动。
25. 讨厌做那种需要耐心、细致的工作。
26. 与人交往不卑不亢。
27. 喜欢参加热烈的活动。
28. 爱看感情细腻、描写人物内心活动的文学作品。
29. 工作学习时间长了,常感到厌倦。
30. 不喜欢长时间谈论一个问题,愿意实际动手干。
31. 宁愿侃侃而谈,不愿窃窃私语。
32. 别人说我总是闷闷不乐。
33. 理解问题常比别人慢些。
34. 疲倦时只要短暂的休息就能精神抖擞,重新投入工作。
35. 心里有话宁愿自己想,不愿说出来。
36. 认准一个目标就希望尽快实现,不达目的,誓不罢休。
37. 学习、工作同样长时间,常比别人更疲倦。
38. 做事有些莽撞,常常不考虑后果。
39. 老师或师傅讲授新知识、新技术时,总希望他讲慢些,多重复几遍。
40. 能够很快地忘记那些不愉快的事情。
41. 做作业或完成一件工作总比别人花的时间多。
42. 喜欢运动量大的剧烈体育活动,或参加各种文艺活动。
43. 不能很快地把注意力从一件事转移到另一件事上去。
44. 接受一个任务后,就希望把它迅速解决。
45. 认为墨守成规比冒风险强些。
46. 能够同时注意几件事物。
47. 当我烦闷的时候,别人很难使我高兴起来。

48. 爱看情节起伏跌宕、激动人心的小说。
49. 对工作抱认真严谨、始终一贯的态度。
50. 和周围人们的关系总是相处不好。
51. 喜欢复习学过的知识,重复做已经掌握的工作。
52. 希望做变化大、花样多的工作。
53. 小时候会背的诗歌,我似乎比别人记得清楚。
54. 别人说我"出语伤人",可我并不觉得是这样。
55. 在体育活动中,常因反应慢而落后。
56. 反应敏捷,头脑机智。
57. 喜欢有条理而不甚麻烦的工作。
58. 兴奋的事常使我失眠。
59. 老师讲新概念,常常听不懂,但弄懂以后就很难忘记。
60. 假如工作枯燥无味,马上就会情绪低落。

气质类型分析

胆汁质
(A) 2、6、9、14、17、21、27、31、36、38、42、48、50、54、58
合计

多血质
(B) 4、8、11、16、19、23、25、29、34、40、44、46、52、56、60
合计

黏液质
(C) 1、7、10、13、18、22、26、30、33、39、43、45、49、55、57
合计

抑郁质
(D) 3、5、12、15、20、24、28、32、35、37、41、47、51、53、59
合计

汇总:A( )　　B( )　　C( )　　D( )

1. 如果某类气质得分明显高出其他三种,均高出4分以上,则可定为该类气质。如果该类气质得分超过20分,则为典型型;如果该类得分在10—20分,则为一般型。

> 2. 两种气质类型得分接近,其差异低于3分,而且又明显高于其他两种,高出4分以上,则可定为这两种气质的混合型。
>
> 3. 三种气质得分均高于第四种,而且接近,则为三种气质的混合型,如多血——胆汁——黏液质混合型或黏液——多血——抑郁质混合型。
>
> 4. 如4栏分数皆不高且相近(<3分),则为4种气质的混合型。多数人的气质是一般型气质或两种气质的混合型,典型气质和数种气质的混合型的人较少。

(二) 性格的类型及特征

在一类人身上所共有的某些性格特征的独特组合称之为性格类型。长期以来,心理学家试图按一定标准对性格进行分类,提出了多种分类学说,但由于性格这种心理现象极为复杂,所以至今还没有一个公认的分类标准。常见的性格分类有如下几种:

1. 机能类型说

根据理智、情绪、意志三者中哪一个在性格结构中占优势,可以把人的性格分为情绪型、意志型和理智型。

情绪型的人内心情绪体验深刻,外部表露明显,情绪不稳定,不善于思考,凭感情办事。意志型的人行为目标明确,做事积极主动、勇敢、果断、坚定,自制力强,不易为外界因素干扰,追求将来的憧憬,有时表现得固执、任性或轻率、鲁莽。理智型的人依冷静的头脑思考而行事,以理智来支配自己的行动,做事很少受到情绪波动的影响。

2. 向性说

根据个体心理活动倾向于内部世界还是外部世界,把性格分为内向型和外向型。

内向者的性格特征是:沉郁、安静、处事谨慎、优柔寡断、富有想象、动作缓慢、应变能力较弱、不善社交;外向者的性格特征是:开朗、善交际、感情外露、不拘小节、独立性强、易适应环境、易轻信。

3. 独立—顺从说

按个体独立性的程度,可以将性格分为独立型与依从型。

独立型的人,具有坚定的个人信念,善于独立思考,能够独立地发现问题和解决问题;自信心强,不易受他人的暗示和其他因素的干扰;紧急情况下沉着镇静,易发挥自己的作用,但喜欢把自己的意见强加于人,有时唯我独尊、自高自大。顺从型的人,独立性差,做事缺乏主见,易受暗示,有依赖心;在突发事件面前,往往表现为束手无策或惊慌失措。

性格类型测试

下面的问题可以帮助你判断自己的性格属于哪一类型。每一题中有四个空,在最符合你的情况的那个空中填入4,其次填3,再次填2,最不符合的填1。

1. 我给别人留下的印象可能是
   A. 经验丰富（　） B. 热情（　）
   C. 灵敏（　） D. 知识丰富（　）
2. 我按计划工作时,我希望这个计划能够
   A. 取得预期效果,不要浪费时间和精力（　）
   B. 有趣,并能和有关人一起进行（　）
   C. 计划性强（　）
   D. 能产生有价值的新成果（　）
3. 我的时间很宝贵,所以总是首先确定要做的事情
   A. 有无价值（　）
   B. 能否使别人感到有趣（　）
   C. 是否安排得当,按计划进行（　）
   D. 是否考虑好了下一步计划（　）
4. 对我来说,最满意的情况是
   A. 比原计划做得多（　）
   B. 对别人有帮助（　）

C. 通过思考解决了一个问题(　)
D. 把一个想法和另一个想法联系起来了(　)
5. 我喜欢别人把我看成是一个
A. 能完成工作任务的人(　)
B. 充满热情和活力的人(　)
C. 办事胸有成竹的人(　)
D. 有远见卓识的人(　)
6. 当别人对我无礼时,我往往
A. 立即表现出不快(　)
B. 心情不快,但能很快消除(　)
C. 谴责对方(　)
D. 不去理他,考虑自己的事情(　)

填好以后,把六个问题中A、B、C、D四项的分数分别相加,得出四个总分数。分数最高的一项,就是你的性格的基本类型。即:

A 敏感型　　B 感情型　　C 思考型　　D 想象型

下面我们分别介绍一下这四种性格类型的特点。

敏感型:

这类人精神饱满,好动不好静,办事爱速战速决,但是行为常有盲目性。在与人交往中,往往会拿出全部热情,但受挫折时又容易消沉、失望。这类人最多,约占40%,在运动员、行政人员等各种职业中均有。

感情型:

这类人感情丰富,喜怒哀乐溢于言表。别人很容易了解其经历和困难。不喜欢单调的生活,爱刺激,爱感情用事,讲话写信热情洋溢。在生活中喜欢鲜明的色彩,对新事物很有兴趣。与人交往中容易冲动,有时易反复无常,傲慢无礼,所以与其他类型的人有时不易相处。这类人约占25%,在演员、活动家和护理人员中较多。

思考型:

这类人善于思考,逻辑思维发达,有较成熟的观点,一切以事实为依据,一经做出决定,能够持之以恒。生活、工作有规律,爱整洁,时间观

> 念强,重视调查研究和精确性。但这类人有时思想僵化、教条、纠缠细节、缺乏灵活性。这类人约占25%,在工程师、教师、财务人员和数据处理人员中较多。
>
> 想象型:
>
> 这类人想象力丰富,憧憬未来,在生活中不太注重小节。对那些不能了解其想法价值的人往往很不耐烦,有时行为刻板、不易合群、难以相处。这类人不多,大约占10%,在科学家、发明家、研究人员和艺术家、作家中居多。

三、播音员、主持人怎样正确看待自身气质和性格特点

气质是现代社会中的现代人使用频率最高的词汇之一。世界上只有人类才拥有气质,只有人类才懂得追求气质,塑造气质,欣赏气质。良好的、完美的气质,不仅是一个人精神面貌的反映,同时也往往折射出一个社会、一个时代的精神风貌。播音员、主持人作为社会公众人物,作为媒体对外的代表,其自身的声音形象和屏幕形象既代表着媒体形象,也反映着党和政府的形象。这种形象所反映和表现出来的精神面貌和气质,具有权威性和公信力,对社会具有引导、示范和影响力。良好的形象气质和精神面貌,不仅是作为大众传媒的广播电视对于播音员、主持人的具体要求,而且也是广大受众的期待和要求,更应是播音员、主持人完善自我的自觉追求。

俗话说:"江山易改,本性难移"。作为人,如果说气质的形成与后天的因素有关,那么性格就更多的是先天因素了。每一个播音员、主持人都有自己先天所具有的性格,同时也有经过长时间积淀形成的各具特色的气质。作为广播电视播音主持工作,特别是党领导的人民广播事业,经过60多年的发展所形成的气质和性格,就完全是靠后天的因素了,靠我们的思想、文化、追求,靠我们全心全意为受众服务的宗旨和满腔的热忱,靠我们每一个播音员、主持人心中的理想。这种气质就是:从容大气,充满正气,如黄钟大吕般代表华夏之声。这种性格就是:坚持坚定正确的政治方向,坚持实事求是,坚持为人民服务。因此作为一个播音员、主持人,你的性格、气质首先要服从和服务于广播电视的性格和气质,只有在这个前提和基础之上,我们才能够充分发挥个人的性格和气质特点来做好播音主持工作。如果不顾广播电

视的性格特点,不顾广大受众对于美好事物的期待和追求,一味地追求或张扬自己的所谓个性、特点,这种做法与我们的事业、与我们的职业、与我们的追求都是格格不入的。

不同类型的节目有着不同的个性和气质,因而对播音员、主持人的性格和气质类型的要求是不一样的。节目选择与自己所设计和追求的性格和气质特点相协调的播音员、主持人,有利于发挥他们的长处,充分展现编导意图和节目思想,增强节目的魅力,从而达到节目所希望的最佳效果。例如中央电视台的《话说长江》是属于文化哲理性很强的专题节目,需要配以有学者风度、气质稳健的主持人,其最终选择的主持人陈铎,举手投足间表现出来的那种饱经沧桑般的、成熟的气质,儒雅、深沉的风度,深深吸引和打动着每一位观众,仿佛这个节目就是为他量身打造的,非他莫属,非得他(以及虹云)这样的人才能"镇"得住;同时,播音员、主持人选择与自己性格和气质特点相协调的节目,也能充分发挥自己的特长,使节目达到锦上添花的目的。

播音员、主持人在节目中表现出来的与节目内容相协调的性格特征对节目的重要性也不可低估。例如,在中央电视台的300多个栏目中,少儿节目《动画城》有过连续三次名列一套节目收视率前20名的好成绩,这对儿童节目来说实属不易。栏目中三个卡通主持人所表现出来的鲜明的性格特征无疑起着核心的作用。《动画城》的三位主持人从性别来看是两男一女。哆来咪和达达狼是男孩性格的生动体现:"哆来咪能唱会跳,想入非非,怎么刺激怎么来,可干又干不好,老是出错误,他的智慧和11岁的孩子差不多,经常说错话,说绝对的话,认死理,但人不坏,经常是好心害得别人吃苦头;达达狼学谁像谁,有语言天才和舞蹈天才,爱和别人争嘴,什么风头都爱出,不自量力,聪明劲儿不往正处使,忘性大,光爱吃肉,不吃水果,勇敢,爱憎分明"。小老鼠格里美则代表着小女孩的性格特征:"爱吃零食,机灵,爱臭美,讨人爱又讨人嫌,哭笑无度。她爱天下所有女孩子之所爱:爱减肥,爱英雄,爱花钱,爱算计,爱丢东西,爱幻想,爱回忆,爱讲特别没意思的小故事,爱把蚂蚁说成刺猬,爱把小单车说成法拉利"[1]。儿童电视节目的受众正处在一个对世界的认识从无到有的阶段,有时会分不清现实与虚构的界线,可能会将电视上出现的虚构人物作为自己的游戏伙伴。这个时期的孩子喜欢想象。而三个卡通节目主持人所表现出来的性格特征无疑正迎合了他们天真烂漫的性格特点,节目取得成功也就不足为奇了。

---

[1] 陈晓莱:《探寻国产动画片包装播出的新思路》,《中国电视》2001年第2期。

性格不仅有好坏之分,而且可以改变。如有的播音员、主持人工作积极、勤奋,但固执、傲慢,对人尖酸刻薄,人际关系较差;有的专业智能结构良好,但工作不踏实,事业心不强,比较懒惰;等等。播音员、主持人应该注意培养良好的性格,这对自己、对集体都有重要的意义。一个具有高度责任心、神圣使命感的播音员、主持人,能够非常认真地对待自己的工作,并且会正视现实,努力克服遇到的种种困难,在事业上取得成就。相反,如果缺乏良好的性格品质,对播音主持工作没有强烈的事业心,那么他也不可能有所建树。播音员、主持人如果了解自己性格中好的一面和不良的一面,就要自觉地发挥好的一面,下决心改造不良的一面,去掉性格中的消极因素。

良好的性格特征同样具有重要的社会适应功能。有的播音员、主持人由于性格的关系,不能很好地融入他们所处的环境和集体,总是与人格格不入。性格本身对社会适应具有重要的意义,不具备这种品质,无法与他人合作,势必造成自己工作上的困难和障碍。所以,播音员、主持人性格的培养不是可以放任自流的小事,而应把这项工作与整个集体、社会、事业的利益结合起来。

视窗

台 前 幕 后
——杨澜:我很有气质

著名主持人杨澜在湖南卫视台《背后的故事》栏目中,回忆当年的主持人生涯,称她差点因为"太丑"而与主持职业失之交臂。杨澜在央视《正大综艺》的工作经历是不可缺少的篇章,在《背后的故事》中她回忆起当年因为"丑"而差点与这个节目的主持人擦肩而过的经历:当年自己因为长得不太漂亮,以至于第六次试镜时还只是"被节目组导演置于考虑范围之列"。当时,杨澜很气愤,回到家中对着镜子不停地照,一下子感觉自己真是长得很丑。幸亏此时母亲安慰杨澜,她只是眼睛长得小了点,其他一切都好。在最后关头,她向导演说:"我不是很漂亮,但我很有气质。"为此,杨澜一直坚持主持人不一定非得漂亮,女人的头脑更重要。

主持人的魅力要想长期保持下去,需要不断地给自己"充电",用丰富的知识、深刻的思想充实提高自己,借鉴别人的长处,提高和创新主持艺术,从而增添新的魅力,保持永久魅力。比如杨澜在做了较长时间的《正大综艺》主持以后,感觉到了自身素养仍需提高,于是又毅然决然去了国外学习,在她回国后主持的节目中使我们感觉到她原先聪明活泼的形象里又多了几分成熟,多了几分内涵,个人的魅力有增无减。

第四节 播音员、主持人的人格分析

一、什么是人格

在心理学中,人格是探讨完整个体与个体差异的领域。到目前为止,由于心理学家各自的理解及研究重点不同,因而对人格的看法有很大差异。

(一) 人格的界定

人格一词,由日本学者译自英文"personality",后直接引入中国。它源于拉丁文"persona",后者的本义是指面具。所谓面具,就是演戏时应剧情的需要所画的脸谱,它表现剧中人物的角色和身份。例如,我国京剧中有大花脸、小花脸等各种脸谱,表现各种性格和角色。把面具转意为人格,实际上包含着两层意思:一是指个人在生活舞台上表演出的各种行为,即表现于外给人印象的特点或公开的自我;二是指个人蕴藏于内、外部未露的特点,即被遮蔽起来的真实的自我。因此,从词源上讲,人格就是我国古代学者所说的"蕴蓄于中,行诸于外"[①]。

由于人格内涵的丰富性,心理学家关于人格的定义有多种界说。奥尔波特(Allport)最早对人格的定义做过综述,考察并列举出约50多种不同的人格定义,并对这些定义进行了归类,其中心理学领域中的定义可以分为6

---

① 黄希庭:《人格心理学》,浙江教育出版社2002年版,第5页。

种:(1) 罗列式定义,这类定义把一个人所有的特质的总和称为人格,其实质是把特质不分大小,一律相加;(2) 综合性定义,强调人格是人各方面特征所组成的一个整体;(3) 等级性定义,这类定义将人的各方面的特征分为不同的等级层次,其最高层次的特征对其他特征具有统合的作用;(4) 适应性定义,这类定义强调人格的功能在于适应社会;(5) 区别性定义,这类定义强调人格是一个人独有的特征;(6) 本质性定义,此类定义认为人格不仅是人与人之间的不同,而且更是个体具有代表性的典型特征[1]。迄今为止,没有一个人格的定义是为学者们一致认可的。当代心理学一般认为,人格是支持个人生活的认知、情感和行为的复杂的身心组织,它既包含了人先天的基因因素,同时也包含了人后天的生活经验。

(二) 人格的特征

尽管学者们对人格的定义有着不同的看法,但对于人格特点的理解却有着基本接近的观点,认为人格具有整体性、稳定性、复杂性、独特性及社会性等五个基本特性。

人格的整体性是指人格虽然有多种成分和特质,但是它的任何一个方面都不是孤立的,都与其他方面密切联系。人格中的任何因素的改变都会引起其他因素的改变。一个人从自信到自卑的改变,会引起情绪、认知和行为等方方面面的变化,我们感受到的不仅仅是自信心的改变,而是整个人的改变。人格是一个有机组织,人的任何行为都是整个人的活动,是个人整体机能的实现。正像汽车那样,它要顺利运行,各部分必须协调一致朝着一定的目标,作为一个整体运作。

人格的稳定性是指人的思想感情和行为具有跨时间的持续性和跨情境的一致性。所谓跨时间性是指一个现在比较幽默的人,我们可以猜想他过去也很幽默,也可以预测他将来也会很幽默风趣。所谓跨情境性,是指人在不同的情境中的行为往往是相当一致的。一个喜欢交往的人在工作单位与很多人交往密切,在业余学习班能很快认识很多人,在健身俱乐部也有许多朋友,甚至在完全由陌生人组成的旅行团里也能很快与大家混熟。当然,情境不同,人的行为也可能不同,一个爱说话的人面对自己不熟悉的话题而又有权威人士在场时,他可能很少讲话,但在平时或多数情境下,他通常比别人的话多。

人格的复杂性是说人是世界上最复杂的动物,任何一个人都有说不完

---

[1] 郭永玉:《人格心理学——人性及其差异的研究》,中国社会科学出版社2005年版,第3页。

道不尽的故事。从结构上讲,人格由许多复杂的因素构成;从功能上讲,人格处在各种复杂的关系之中。因此,人格是世界上最难解的谜(所谓"斯芬克斯之谜")。人的复杂性特别表现在人的矛盾性上,一个杀人犯也可能有良心发现的时候,一个长期被人们视为楷模的人可能同时从事犯罪活动,一个表面上义正词严的人内心可能忍受着难以释怀的煎熬……男人与女人、好人与坏人、朋友与敌人、穷人与富人、儿童与老人、中国人与外国人……又有谁能说清他们之间的区别呢?

人格的独特性是指每个人都是独一无二的个体。世界上没有两片相同的树叶,更没有两个完全相同的人。即使同卵双生子,遗传基因相同,但由于每个个体所处的环境是千变万化的,他们又都以各自独特的方式与环境相互作用,因此,人格也会有所差异,尽管他们的相似程度可能较高。除同卵双生子以外的每个人的基因都不完全相同,而每个人所处的环境也是千差万别的,每个人与环境发生交互作用的方式也不同,因此,每个人都是独特的。独特性与共同性的关系即共性与个性的关系,共性寓于个性之中,个性又不同程度地体现着共性。每个人都是不同的,但每个人又都是人。一方面,人心不同,各如其面;另一方面,人同此心,心同此理。

人格的社会性是指社会化把人这样的动物变成社会的成员,人格是社会的人所特有的。所谓社会化是指个人在与他人交往中掌握社会经验和行为规范,获得自我的过程。人类的婴儿不同于其他动物的幼崽,具有一种与生俱来的对社会生活的需要和适应此种社会生活的能力。如学会使用语言,用概念进行思维,将学到的经验加以抽象、沟通和传递的能力。社会化与个人所处的文化传统、社会制度、种族、民族、阶级地位、家庭有密切的关系。通过社会化,个人获得了从装饰习惯到价值观和自我概念等人格特征。人格既是社会化的对象,也是社会化的结果。

(三) 人格与个性

中国心理学界曾经将 personality 对应的一个俄文词翻译为"个性",相应就有了"个性心理学"。在那个话语体系中,"个性"就是"个体差异"(individual difference),包括个性倾向(如需要、动机、信仰、价值观等)和个性特征(包括能力、气质和性格),但性格又首先是指个人对现实(社会、国家、机体、他人和自己)的稳定态度,如社会责任感、爱国主义、公而忘私、舍己为人等,实际上指的是价值观和道德,与所谓"个性倾向"搅在了一起,系统内部概念混乱。

个性与人格是有区别的。这两个概念的主要区别在于:其一,个性是指人的个别差异,从差别的角度来看一个人不同于他人的特点。人格则是对一个人的总的描述或本质的描述。个性仅表达人的独特性,但人格还有整体性的特点。其二,个性是相对于共性而言的,世界上的万事万物都有个性,这里的个性就不仅仅指人的个性。人格是专指人而言的。人格就是一个真实的人。人是由某些其他人共同的或相似的特征以及完全不同的特征复杂地交织而成的,其中既有个人所独有的,也有与他人相似的或相同的。因此,人格这个概念比个性具有更多的内涵和外延。

二、播音员、主持人的人格魅力

随着现代化传媒——广播电视事业的飞速发展,播音员、主持人已经深入到千家万户,其影响遍及当今社会的各个领域。但是,在社会多元化的发展进程中,在受众日益增长的多元化需求中,人们对播音员、主持人的要求也呈现出多元化的需求,这其中对其人格魅力的期待显得更加强烈。播音主持作为一门有声语言的艺术,它是源于生活,高于生活的。正因为有了人这个根本因素贯穿于播音主持创作的始终,使得播音主持不仅成为一门有声语言艺术,而且成为一门人的艺术。正如著名相声艺术家马季所说:"任何艺术最后的竞争,一定是人格的竞争。"人格魅力是播音员、主持人的节目获得良好传播效果的重要因素,也是一个播音员、主持人的艺术生命力所在。一个缺少人格魅力的播音员、主持人,是不可能赢得受众更多、更久的关注和喜爱的。

播音员、主持人在塑造屏幕形象的同时,也在塑造自身独立的人格,但是为了追求市场占有率、视听率,有的播音员、主持人要么牺牲自我来适应栏目,要么牺牲栏目来适应自己,这样的电视节目主持人不鲜活真实,当然他在屏幕上也就展现不出什么人格的力量了。《焦点访谈》、《新闻调查》中的记者兼主持人,他们之所以能受到大家的欢迎,其重要原因就在于他们通过节目所表现出来的人格力量。无论是在演播室评说大众话题,还是在现实生活中进行时事追踪报道,他们都表现出了强烈的发自内心的事业心与主体意识,并在此基础上充分展现了他们的人格魅力。他们的成功向我们昭示:要塑造自己的人格魅力,坚守、弘扬人文精神与生命意义就是电视节目播音员、主持人所肩负的使命。

播音员、主持人的节目要想获得成功,就必须体现出他们的人格特点,展现出各自独有的魅力,如果所有的播音员、主持人都千人一面、千篇一律,是无法吸引听众和观众的。反之,一个具有人格魅力的播音员、主持人一定会得到受众的认可。例如,美国全国广播公司(NBC)《每夜新闻》的著名主持人约翰·钱塞勒,"身材魁伟而颀长,生就一副学者风貌,戴一副牛角边眼镜,花呢上衣,若有所思地喷着雪茄。他待人和蔼可亲,说话有趣,酷爱运动,并是个研究莫扎特和城市建筑的专家……"当然,除了这些外形上的特征和魅力,他从不草率办事的工作作风和关心新闻的准确性和真实性的工作准则,使他成为"全国广播公司的良心"的象征,成为受众最信得过的人。钱塞勒的外在形象、独特气质所构成的独有的人格魅力以及他的《每夜新闻》,显然是一个风格彼此协调的统一体。难怪有观众说,倒不一定是新闻吸引我每天在这一时刻打开电视,而是新闻节目的主持人吸引我每天想看到他[1]。敬一丹的《一丹话题》播出一年间,观众也真切感受到了主持人的诸种心态、情感和认识、理解人生的思维方式所折射出的人格魅力。正如一位学者所言:主持人自身的生活阅历、知识结构和思维品格都会通过节目自己站出来讲话,想藏也藏不住,想躲也躲不开。一句话,观众看节目的同时也在看主持人的生命体验及人格魅力。因而,敬一丹在节目中为我们显现的就是她的真实人格,真实感受。正如方宏进所说,人格的高尚不是做给人看的,而应是一种生活方式,给自己带来平稳的快乐,营造自己的信心。对于主持人来说,在节目主持过程中的一举一动,一言一行都是其内在人格的自然外露。

每一个播音员、主持人都应当有勇气追求与众不同,追求个性风格,展现自己的人格魅力。正如沈力所言:"生活中每个人都有自己的性格特征,屏幕上也应如此。因为主持人是一个真实的人,而不是模具。他应该有自己的喜怒哀乐。有个性才有活力,才能产生魅力。有个性也才符合生活的真实,增强节目的说服力。"

总之,富有人格魅力的播音员、主持人是一档好节目长期富有生命力的保障,是一家电台或电视台的品牌,是广大受众心目中喜爱的偶像,在一定程度上,也是一种时代精神的写照。现在,人格魅力这块播音员、主持人超越自我、走向成功的基石,已经为越来越多的"圈内人士"所重视。白岩松提出把"主持"缩小,把"人"放大,山西台的李中豪认为:"所谓主持人,重点在后面那个人字。"大连台的李盛之指出:"虽然媒介文化不断促使主持人影像化,但是主持人的生命力恰恰在于他是活生生的真实的人……"[2]因此,播音员、主持人应清醒地认识到人格魅力的重要性,注意培养自己积极健康的人

---

[1] 俞虹著:《节目主持人通论》,中国广播电视出版社2004年版,第139页。
[2] 参见李盛之:《电视传媒战略:观点与重点》,东北财经大学出版社2007年版。

格,并使之在节目中产生力量,而这也必将促使自己登上一个又一个艺术的高峰,同时站在新的起点上,自己又能进一步提高人格境界,使播音员、主持人的人格魅力不断地得到发展和完善。

三、播音员、主持人的公众性

在我国,新闻媒体是党、政府和人民的喉舌,而播音员、主持人在广播电视传播中,始终处于最前沿的地位并且在其中发挥着承上启下的连接作用。他们的形象是媒体对外的代表,他们的工作则被形容为是喉舌的喉舌;是一个电台、电视台的台标,一个频道、栏目的标识;也是媒体和受众联系的桥梁。所以,播音员、主持人的一言一行都会受到大众传播、广播电视以及政治、文化、道德等的制约,也就是说,任何一个播音员、主持人的形象都具有公众性的特点。

科学技术的发展,推动广播电视这一现代传播媒体以令人眼花缭乱的、目不暇接的速度向前发展。一方面,广播电视担负着传播先进文化,弘扬民族精神、科学精神、人文精神和法治精神,推动人类文明进步的社会责任。它代表的应始终是社会发展中积极的、进步的主流趋势。另一方面,播音员、主持人作为广播电视传播的参与者和直接体现者,作为社会主流思想、主流文化等的直接传播者,借助广播电视强大的传播力、影响力,成为万众瞩目的公众人物。播音主持形态反映着一种文化选择,播音主持行为呈现为一种文化流转,而播音主持活动正是一种文化建构。只有优秀的播音主持作品、良好的声屏形象才会对引导社会文化思潮、推进社会主义文化建设起到正面的作用。处在这一特殊的位置上,也使得播音员、主持人的公众性,具有重大的现实意义和历史意义,播音员、主持人所担负的重大的社会历史责任由此可见一斑[1]。

我国著名的播音员、主持人齐越、夏青、方明、铁城、林如、雅坤、沈力、赵忠祥等,以他们崇高的思想境界、完美的人格和精湛的播音主持艺术而成为播音主持的一代楷模。他们以自己杰出的新闻实践、播音主持艺术实践,履行了播音员、主持人所担负的社会历史责任,为社会主义精神文明建设做出了突出的贡献。每一个播音员、主持人都要以他们为榜样,珍惜荣誉、谦虚谨慎、心系受众、爱岗敬业,塑造良好的公众形象,做"德艺双馨"的新闻工作者。

---

[1] 广播影视业务教育培训丛书编写组:《广播电视播音主持业务》,中国国际广播出版社2005年版,第75—76页。

四、播音员、主持人个性化的"度":"我"与"非我"

"追求个性,活出自我",几乎已经成为现代生活当中一句最时髦、最响亮的口号。不可否认,在过去相当长的一段时间内,个性确实受到某些"集体无意识"的无情压抑,千人一面、千篇一律的现象充斥着我们的生活。今天,随着改革开放、随着社会的不断发展进步,追求个性已经成为许多人生活中的一个内容。社会多元化的要求,广播电视多元化的发展,使得播音员、主持人,在张扬自己的个性,体现出不同的风格,展现各自独特的魅力等方面遇到了前所未有的挑战。这不但是节目的要求,受众的要求,也是时代提出的要求。有个性、特点鲜明的广播电视节目的不断出现,使我们的宣传迈上了新台阶,进入了新的境界。但同时我们也看到,部分播音员、主持人过分地强调发挥个性,不恰当地张扬自我,反而破坏了节目的风格特点,失去了受众的信任和喜爱,损害了广播电视形象,损害了播音员、主持人形象,最终损害了我们的宣传工作。正如表演要讲究分寸感,过了就会做作,缺了就会夹生,播音主持在强调突出个性的过程中,同样要讲究分寸感。播音员、主持人的一言一行、一举一动都有一个度,一个分寸的问题,失之毫厘或许就会产生差之千里的负效应。播音员、主持人要在个性、风格、特点之间,在节目、受众、自我之间把握最佳分寸,情绪表达要适度,言谈举止要得体。这是一件需要经过长期的刻苦努力才能把握好的事,绝非一朝一夕就能做好。分寸把握的得体与否影响着播音员、主持人的形象与节目的质量,并且对传播效果有着直接的影响。

播音员、主持人根据节目要求所表达的是"非我",这与现实生活中的"自我"是一种对立统一的关系。播音员、主持人是一个群体的人格总和与播音员、主持人自身的独特个性的有机融合,是客观的"非我"与播音员、主持人主观的"自我"的有机融合。"非我"体现于播音员、主持人不断的"自我"突破、超越之中,播音员、主持人创作的"自我"是播音员、主持人不断减少和缩小"非我"与"自我"的矛盾的距离,在播音、主持实践中不断磨炼和追求中形成的播音主持个性。

播音员、主持人的气质、形象、语言要符合栏目的定位和个性,力求创造一种自然和谐的氛围,使自己的声音、形象进入社会和家庭中去,就必须根据栏目创作集体的意志,调整自己对栏目定位、性质、特点的理解,除了上述能力外,还要注意知识积累,辅以社会生活阅历,用自己的语言顺畅自如地与受众进行交流,体现出栏目的群体个性和符合栏目个性的那部分"自我"

个性。在协调"自我"与"非我"的有机联系的基础上,大力发挥自己的个人优势,形成主持特色。

我们知道,一个有个性的播音员、主持人首先要依托其主持的节目,在"非我"的要求下展现"自我",如果不能服从"非我"的要求,那么"自我"的魅力也就无从谈起。比如,中央电视台的《实话实说》,要求主持人具有比较渊博的知识以及灵敏的反应能力,而其主持人崔永元在符合上述要求的前提下,还很好地展现了他的应变能力及其亲和力、幽默感和良好的语言组织和驾驭能力,表现出了具有独特魅力的"自我"特征,很好地把握住了个性化的"度"。在广播电视媒体中,我们常常会看到一些著名主持人在一个与自身个性特点极不相称的节目中出现的时候,那种尴尬的场面就是播音员、主持人不能让"自我"服从"非我"的典型表现。

播音员、主持人生来都有着自己的个性,有自己的审美情趣,有自己的世界观、人生观、价值观,但这些又都是可以在社会生活、工作中培养锻炼的。播音员、主持人的"自我"也是随着政治修养、文化知识修养和审美情趣的提高而得到不断的突破、超越的,逐渐减少和缩小"自我"与"非我"的矛盾和距离,最后达到"自我"与"非我"的接近或统一,形成独特的播音主持风格,是每一个播音员、主持人所要不懈追求的目标。

播音员、主持人个性化的把握是一个长期的积累过程,不可能一蹴而就,需要播音员、主持人的不懈努力,也需要播音主持理论的不断创新,业界的大胆探索、实践,这样,我们的播音主持艺术才会百花争艳、奇葩绽放。

思考题

1. 你认为播音员、主持人的个性倾向对其播音主持工作有何影响和启示?
2. 谈谈你对播音员、主持人应具备的基本能力结构的看法。
3. 播音员、主持人应如何看待自己的气质和性格对其工作的影响?
4. 结合人格的定义讨论一下播音员、主持人人格魅力的作用。

第三编
播音主持的播出心理篇

自社会主义市场经济体制逐步建立后,电视传播行业也开始了蓬勃发展的时期。播音员、主持人也进入了多元化的发展时代,1994年的《焦点访谈》、1996年的《新闻调查》带动了新闻评论性栏目的开播,1996年的《实话实说》促进了谈话类节目的兴起,1999年综艺节目走红,2000年资讯类节目热播等。这些栏目的创新促使播音员、主持人的来源以及对业务素质的要求进一步多元化。在节目的采访、编辑、播出的各个环节都能独当一面的播音员、主持人日益走红。例如以敬一丹、水均益、白岩松等人为代表的"记者型主持人"成为观众日益喜爱的主持人。竞争日益激烈的传播行业需要主持人深入节目且能够对节目全面把握,因此我们在本编中分析了播音员、主持人的采访心理、编辑心理和播出心理,分别讲述了三种业务素质需要具备的能力,提高这三种业务素质的技巧等。作为节目最终成果的展示者,播音员、主持人在节目中的表现直接影响着节目的成败,因此,针对播音员、主持人的工作,本编详细分析了播音员、主持人的播出心理,包括播出前心理调适,在节目中的专业能力与临场技巧的发挥,针对在现场的节目主持需要,我们分别阐释了播音员、主持人的驾驭能力、提问问题技巧、应变能力和创新能力的基本内涵,讨论了与这几种能力有关的因素,并提出了增强这几种能力的策略。

第六章 播音员、主持人的采编播心理

第一节 采访心理

一、采访者的心理状况

近年来,国内学界对新闻心理学的研究已取得较大的成效。然而,综观整个采访心理的研究体系,我们可以发现,以往的研究成果较多地集中在对被采访对象心理的探索上,而对采访者自身采访过程中的心理状况重视不够。

新闻采访从表现形式上说,是新闻采访者为了取得新闻而进行的一种社会交往活动。其主体部分是采访者直接与被采访对象接触,通过访问和观察来获取新闻素材的过程。事实上,新闻采访既然是一个互动的过程,那么就必然存在一个采访者在采访中不断调节自己的心理,以求获得最佳采访效果的问题。

采访能否成功,关键取决于被采访对象是否乐意向采访者提供真实且有价值的事实或材料。而被采访对象的构成十分复杂,存在着各种差异,不同的对象有着不同的经历、不同的环境、不同的素质,因而具有不同的心理表现。同一个被采访者,面对进行正面报道的采访和批评报道的采访,态度可能会截然不同。同一件事,当事双方又可能各执一词,态度截然相反。面对着千变万化、日新月异的采访活动,采访者只有掌握了自我心理状态的应变,才能不断提高采访效率,取得良好的采访效果。

掌握采访者在新闻采访中的心理活动特点,提升他们的心理素质,化解采访者采访中发生的心理危机,对于提高采访效率无疑具有相当重要的现实意义。

二、采访心理状态的自我控制

心理状态主要包括性格、兴趣、情感、情绪、意志等。采访者心理状态的自我控制主要从这五个方面进行。

(一) 性格

采访者的性格与采访活动有着紧密的联系,性格不同对采访的影响也就不同。这是因为,人的性格有互相影响作用,采访者与采访对象的性格投合就会受到欢迎,就容易展开推心置腹的谈话。反之,如果性格迥异,双方的隔阂就会增大,采访的难度也就自然增大了。因此,每个采访者都应对自己的性格有全面、清晰的认识,扬长避短,使采访获得更大的成效。当然,一个人的性格不可能是十全十美的,免不了有这样或那样的缺陷,这就需要加强自身修养,努力克服自己的弱点。性格孤僻的采访者要主动热情地与人接触,增强社会活动能力,增强对事物的敏锐感。性格刚烈的采访者,在采访中遇到各种问题,要冷静缜密地思考,防止急躁轻率,避免简单化倾向。性格懦弱的采访者,要多看到采访中的有利条件,要想方设法依靠各方面的帮助,尽力取得被采访对象的支持,以加强采访的信心。

(二) 兴趣

采访者与采访对象能否对所谈的话题产生共同兴趣,常常是采访顺利与否的关键。有了共同兴趣,双方关系融洽,就能倾心交谈,导致采访成功。反之,双方关系冷漠,话不投机,采访者就很难从中得到有价值的材料。人们间的共同点是多方面的,包括思想、感情、知识、经验、爱好、习惯等。只要找到一点,就可以"心有灵犀一点通",相互间心心相通,产生共同语言,打开采访的通道。为此,采访者要注意变换原有的心理状态;对不熟悉,乃至不喜欢的事物常去接近、了解,以培养自己的广泛兴趣。尤其是对采访范围中涉及的问题,要认真钻研,使个人兴趣逐步融合对象兴趣。采访者对自己的采访对象及采访内容,兴趣越浓,采访的浓度就越深,采访的效率也就越高。与此同时,采访者还要十分注意了解新闻受众的兴趣。受众的兴趣是在不断变化之中的,采访者应使自身的兴趣不断地调整以与之相适应、相接近,这样采访的结果才会得到受众的青睐。

(三) 情感

情感是喜怒哀乐等心理状态,具体表现为对待客观事物的态度。采访中对同一事物抱不同情感,会产生不同的采访效果。采访者同采访对象情感一致,就会产生心理上的共鸣,从而缩短彼此间的心理差距,使采访对象在最大限度上与采访者合作。反之,情感相左,采访者与采访对象就会感到"格格不入",采访就难以顺利进行。怎样才能实现采访者与采访对象之间有效的情感交流呢?如果记者所表达的对某一事物的认识能被采访对象所接受,那么这种认识便成为使对方产生情感活动的基础,于是心理上的共鸣也就出现了。

要达到情感一致和心理上的共鸣,在短时间内并不是一件轻易能做到的事。这就要求采访者想方设法同采访对象熟悉起来,建立起友谊,必须寻找双方的共同特点,即相似性。一些有经验的采访者经常会利用某种条件,去寻找打通心理共鸣的钥匙,为采访的顺利进行创造条件。

采访者要善于调节和控制自己的情感,更重要的是要在平时下功夫。要深入基层,深入生活,熟悉生活,热爱生活;要善于广交朋友,能随时随地与各种采访对象相处。

（四）情绪

在采访中,采访者的情绪也会影响采访对象。因为,情绪是人对客观事物态度的具体反映,是人的感情的表现。它具有较大的情景性、激动性和短暂性,且是丰富而又复杂的。

表情是人的心理活动的外在表露,是情绪的外显。在采访中,采访者的表情动作反映出他的态度、情绪和精神。这些对于采访对象来说是一种外来的刺激物,势必影响对象的情绪、兴致等一系列心理反应。成功的采访是双方感情的双向交流,而这种感情交流则具体表现在表情上。因此,采访者要善于利用自己的表情来调动对方的情绪的积极性,以创造一种适宜的采访气氛,使采访得以深入。

（五）意志

意志是人自觉地确定目标,并支配、调节行动,以实现预定目的的心理过程。意志主要表现为高度的自觉性、坚韧精神和顽强作风。一个采访者在采访遇到各种困难时,要设法用种种手段战胜困难,这就是意志的表现。采访者必须有坚韧不拔、勇往直前、不怕困难、不怕干扰的精神,千方百计去完成采访任务。意志薄弱的采访者,往往会使采访工作陷入半途而废,有的甚至会丧失采访者应有的品质和坚定的立场。优柔寡断、患得患失、受外界条件制约而不能自主的采访者,是无法完成采访任务的。当然,采访者在采访时也要防止一意孤行的现象出现,它同样会导致采访失败。

意志在采访活动中,不仅能调节采访者的外部动作,而且可以调节采访者内在的心理状态。而采访者心理状态中的情绪与意志的关系是相互制约、相互影响的。情绪可成为意志的动力,如采访中采访者情绪高涨、兴奋,克服困难完成任务的信心和勇气就会增大。同样,意志也会影响和制约情绪。采访要实现既定的目标,就采访者的内部条件来讲,只有意志坚强,才能克服不利情绪的干扰,想方设法去完成任务。所以,采访中采访者要通过意志努力控制好自己的情绪,并根据当时的实际情况,对自己的情绪不断调节,使自己的心理状态适应采访的需要,从而促使采访对象做出积极的心理反应,以达到预定的采访目标。

三、采访者心理状态的调整

作为采访活动的主体,采访者自身的心理状态怎样,直接制约着自己的言行与才智的发挥。

首先,要有充分的自信心。自信心是采访者在采访活动中最基本的心理因素。只有"自己觉得自己行",对完成采访任务"感到心里踏实",才会产生勇气,有一股子闯劲,才会精神焕发,足智多谋,千方百计地去获取采访的成功。

其次,要有坚强的意志。采访者在走南闯北、四处奔波的采访活动中,不但常常会遇到各种各样的,甚至意想不到的困难,而且由于采访者工作的性质和特点,使得采访活动时常遇到更大的竞争和冒险。因此,采访者在战胜采访困难的过程中,意志既能调节自己的行动,推动采访者以顽强的毅力,百折不挠地去达到预定的目的,又能控制与制止和预定目标相矛盾的行动。

再次,要有丰富的情感。所谓情感,是人们已经形成的思想意识同外事物接触后所引起的态度体验。采访者的情感,总的来说,就是要对人民群众有深厚的感情,有一颗爱祖国、爱人民的火热的心。根据情感发生的强度、速度、持续时间的长短和外在表现,会表现为三种状态,即心境、激情、应激。

心境,是一种比较微弱、平静而持久的情绪状态。为了工作,为了事业,采访者应当多一些愉快,少一些烦恼;多一些乐观,少一点忧愁;多一些坦然,少一点伤感[1]。

激情,是一种猛烈的、迅速爆发而又短暂的情感状态。对采访者来说,积极的激情是非常难得、非常可贵的,正是一股股积极的激情,激发了人们巨大的热情和创造力,给正确的行动带来不可估量的力量。在实际采访中,一个采访者没有激情,那就不是一个合格的采访者;但是如果放纵自己的激情,那又不是一个成熟的采访者。应该对激情要有促有控,善于适时地调控自己的情感。

应激,这是采访者在采访中遇到出乎意料的紧张情况或对自己有切身

---

[1] 彭聃龄:《普通心理学》,北京师范大学出版社2004年版。

利害关系的严重事件所引起的情绪状态。采访者在心理素质上应该具有较强的应变和调节能力,临危不惧,处险不惊,并且情急智生,及时采取相应对策。

最后,作为个体,必须努力提高自己对挫折的容忍力,建立积极的心理防卫机制,在树立崇高的职业理想和正确的人生观的前提下,努力做到:(1)正确评价自己。心理学研究表明,人们的自我评价往往高于实际的刻度,古希腊那句名言"人啊,认识你自己"看来永远不会过时。一些采访者火了几张网页、有了一点人脉、发了一些大稿、得了几张奖状,就暗暗以"大牌"、"名记"自诩了,一旦蹭蹬受挫,对挫折的忍耐力自然极低,如果能够实事求是地评估自己,对自己提出恰如其分的目标,就容易实现目标,获得良好的情绪体验。(2)大度乐观。要以宽广的胸怀对待危机。采访者在社会上形成复杂的人际关系,在许多场合常常被人误解,有时会遭到不白之冤,或者由于他人的阻碍而不能实现目标等。在这些不良情景下,个体都应该泰然处之,以平常心面对各种情况,令焦灼的心慢慢平静。

第二节 编 辑 心 理

新闻编辑是指在新闻传播机构中专门从事编辑工作的在职人员。新闻编辑工作的特殊性和复杂性,对编辑的心理承受能力有着很高的要求,决定了新闻编辑要在政治、业务、理论等方面有较高的素质才能做好自己的工作。新闻编辑的基本素质直接影响着其心理承受能力,其心理承受能力反过来又直接影响着新闻编辑素质的提高,并关系到新闻宣传的传播效果。

一、新闻编辑的职业素质

职业素质是职业人具备的与自身从事职业相适应的特点要求,作为一名称职的编辑在很多方面要具备较高的素质。

(一) 理论素质

新闻编辑如何挑选合适的信息,必然受到他自身的世界观和方法论的影响。一个合格的编辑需要具备较高的理论水平,才能选择和编辑出好的传播内容,达到理想的传播效果。

一般说来,理论可分为认知、专业和政治三个层面。认知理论层面,要求新闻编辑能以辩证唯物主义和历史唯物主义的观点,以发展的眼光,客观、辩证地看待事物;坚持实践是检验真理的唯一标准,不被扑朔迷离的表面现象所迷惑,认清事物的本质,把握事物的规律,使新闻传播符合事物发展的规律,避免错误的传播和不良影响。专业理论层面,要求新闻编辑经常运用理论工具对编辑工作进行不断的总结,高质量地完成工作要求。每个报道领域都涉及一定的专业知识,作为编辑,只有去了解这些知识,掌握基本的原理,才能将这些领域发生的事件予以真实反映,所涉及的学科知识得以准确的传播。政策理论层面,新闻编辑要在思想上深刻地认识、理解和掌握党和国家的路线、方针、政策,并使之体现在传播的新闻中,为社会主义现代化事业提供舆论服务,推动各项方针、政策得以有效的贯彻执行。

（二）能力素质

新闻编辑除了具备完成一项工作要求的一般能力,如记忆力、观察力等,还因为工作特点,要能具备创新能力、组织能力、鉴别能力和写作能力等要求较高的业务能力。

新闻编辑要能突破传统的思维,具备对编辑业务的创新能力。新闻稿件一般都是对千变万化事物的最新状态的反映。要制作好新闻,必须要善于打破常规,进行创造性思维。编辑工作的每一个环节,从活动策划、报道到编辑、排版,都是创新性劳动。一次新闻传播的质量高低,在很大程度上取决于编辑人员的创造性。

组织能力指的是新闻编辑组织报道和组织新闻工作者的能力。新闻编辑工作贯穿于新闻报道的整个过程,联系着相关工作的各个部门,在整个新闻的运作中起桥梁作用。因此,新闻编辑必须具备组织协调能力,使每个工作环节有序进行。如果缺乏这种能力,就可能使新闻制作在某个环节上停滞,整个新闻播报流程就会出现失控的状态。是否具备良好的组织才能,直接关系到编辑工作的成败。

鉴别能力是指新闻编辑迅速、准确地判断新闻线索和新闻事实的报道价值的能力。新闻编辑每天会接触到大量的信息,哪些信息是有价值的新闻线索,编辑应具备这种鉴别的能力,辨别出信息是否真实、全面、准确地反映了客观事实。鉴别能力是编辑基本修养和工作经验的综合体现。一般说来,长年从事编辑工作的人由于阅历广、见识博、经验丰富,这种鉴别能力就会比较强。

新闻编辑每天处理、修改、编写大量的稿件,这就要求具备较高的写作水平。因为新闻传播讲究时效性,分秒必争,编辑要在有限的时间内加工修改稿件,制作标题,就必须有深厚的文字功底和娴熟的写作技巧。

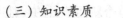

（三）知识素质

新闻编辑应该具备丰富渊博的知识，使得所传播的新闻信息中包含大量的知识，能在不同领域的各个层次读者中引起共鸣。因此新闻编辑的知识结构应该是以精通编辑业务知识为基础，以熟知自然科学和人文社会科学基础学科知识为架构，了解某些特别专业的学科知识为补充的一种不断更新的知识结构。编辑所从事的各项工作，从选择稿件到编排版面，都需要专业知识和技能，要做好报道策划工作，就要深刻地了解与把握新闻传播的规律，进行专业性的学习与研究。

新闻编辑不仅要成为新闻传播领域的专家，还要对自己分管的报道领域有比较深刻的了解与研究，这样才能使新闻报道全面地反映客观事实，起到正确的舆论导向作用。

二、新闻编辑的心理承受能力

从事编辑工作，必须有一定的能力作为保障，这是人人皆知的道理。然而，不同的编辑在完成自身的业务时，才能又不尽相同。尤其是新闻编辑，他们的能力不仅与业务能力有关，又与其心理素质和社会承受能力紧密联系。从这一方面来说，编辑业务水平是心理活动的结果。

（一）新闻编辑应具备的心理承受能力

首先，新闻编辑应具有社会责任感。责任感是编辑做好新闻采编工作必备的一种主要的心理素质。新闻编辑的责任感是做好新闻的宏观计划、每条或整档新闻的编辑，也是发现有价值的新闻线索、编排整档新闻的关键。社会责任感又是新闻编辑把握正确的舆论导向和增强新闻宣传力度的重要保障。新闻编辑的社会责任感是其新闻的党性原则和社会政治敏锐性，以及个人的思想觉悟、道德修养的综合体现，也是新闻编辑对社会、对广大受众的回应。新闻编辑应该具有强烈的社会责任感，做到心中装有受众。只有这样，才有可能提高新闻节目的档次，增强新闻的社会效应。

其次，新闻编辑要有把关意识。新闻编辑应该全面地、系统地考虑整档新闻的框架、节目的内容，甚至每条新闻的位置以及每条新闻之间的相互关系，从而做出增添裁剪、删节取舍、次序排列的决定。这就要求新闻编辑要善于透过错综复杂的社会现象，深入解剖，挖掘出对社会最有用、对受众最具影响的新闻内容，做到审时度势，及时准确地传递党和政府的声音。

再次，新闻编辑要善于调整心态。新闻编辑心态指新闻编辑能成功地进行新闻采编活动时所具备的正常编辑工作能力。实践证明，编辑的正常心态对新闻的编辑效果影响极大。新闻编辑要使整个新闻节目的传播有条不紊地进行,使节目能适应受众的需求、符合新闻的规律、得到地方党政领导的认可,不是一件简单的事。新闻贵在"新",而形势又在不断变化,没有全新的理念,体现时代的精神,适应时代的要求,能行吗?一句话,没有正常的心态,没有适应社会的心理,别说编辑出好的新闻,恐怕自己也会落伍、遭到淘汰。

(二) 形成新闻编辑正常心理承受能力的若干要素

新闻编辑要具有正常心理承受能力,并使这些能力得到充分发挥,应该做到以下几点:

第一,保持良好的心态。新闻编辑一般不与外界直接打交道,在屏幕上也少"露面",但其拟定的宣传报道方案、修改的稿件、编辑的图像等又直接服务于社会,同时又要与记者建立良好的人际关系、与受众实现心灵上的沟通。这种为他人"架桥"、为社会奉献的精神,理应得到人们的尊重、理解和支持。然而,由于记者在品质、性格、业务水平、工作性质等方面往往与编辑存在着一些差异,有的记者对编辑处理的稿件、图像持不同态度,甚至产生抵抗的情绪。编辑如果没有保持良好的心态,敢于面对现实存在的问题,冷静地处理好这些关系,很容易产生厌烦编辑工作的情绪,甚至直接影响新闻的编辑和播出质量。

第二,理性地处理新闻。在采编新闻的过程中,人们的头脑每时每刻都会遇到来自各种渠道的信息,因思想认识、文化程度、工作经历的不同,处理上存在差距,这是理所当然的。问题在于新闻编辑在分析情况、取舍内容、编排节目等方面,是否理性地思考,从大局出发,透过纷繁复杂的各种现象和关系,力求编辑的新闻既符合传播规律,又适应当前宣传工作的要求。

第三,深层次地分析新闻。综观当今的新闻编辑,有的记者怎么写、怎么拍摄,编辑就怎么编;又有的受众喜欢什么,编辑就编什么……新闻组合时又简单地"堆叠成块",即"1+1=2"。这种现象,说白了,不是责任编辑独立思维能力差,就是编新闻时马虎应付的思想在作怪,这是对新闻宣传工作极不负责任的态度。合格的新闻编辑要具有超越一般记者的业务能力和思维能力。新闻编辑只有把自己训练成深思熟虑的高手,善于把握正确的舆论导向、挖掘有价值的新闻,并奉献给广大受众,才能使新闻的"1+1>2"发挥更大的效应。

面对事业飞跃发展的实际和各种传播媒体激烈竞争的局面,广大新闻编辑只有不断加强自身的心理能力、心理素质的培养,才有可能在新闻报道

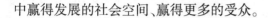
第六章 播音员、主持人的采编播心理

中赢得发展的社会空间、赢得更多的受众。

第三节 播音员、主持人播出心理

一、播音员、主持人播出前心理调适

自我调控系统是以自我意识为核心的人格调控系统,包括自我认知、自我体验、自我控制三个方面。自我调控系统的主要作用是对人格的各个成分进行调控,保证人格的完整、统一、和谐。它属于人格中的内控系统或自控系统。

具有自知的人能够客观地分析自己,不会把遗传或生理方面的局限视为阻碍个人发展的因素,而会有效地利用个人资源,发挥个人长处,努力地改善自己和完善自我。作为一名传媒工作者,应该具备较强的心理素质。下面介绍几种播出前心理调适的措施。

(一) 生理调控法

通过调节和控制生理变化的手段来解除紧张心理,增强自信心,掌握生理与心理的密切联系,从意识上加以调节和控制。例如:播出前,当自己意识到呼吸加快、心跳加速、气息浮浅等时,就应及时采取措施进行调控。

1. "深呼吸"

可缓解紧张情绪,使僵持的声音气息得到部分的调整并使之缓解。用鼻子慢慢地进行深呼吸,同时还要想几个能帮助你静下来的词,如"放松"、"镇静"等。坐下来闭上眼睛屏气,关键是呼气而不是吸气。呼气时要徐徐地发出"嘶"声稳劲持久地呼,并收缩腹部三角区的肌肉,借此缓冲、平静一下过度的心跳和过促的呼吸。当你吐完气时,放松肌肉,然后轻轻吸气(口鼻同时进气,不要抬肩,胸部放松)。

收缩腹部三角区的肌肉可以防止体内造成恐惧的化学物质——肾上腺素的产生。同时它可以减少疲倦,并能产生能量。这种方法在直播前有很好的效果。这样做后,紧张感会得到缓解。

收缩腹部三角区的肌肉还有助于发声。收缩可以使横膈膜下面的肌肉用力,增加由肺中排向声带气体的压力。如果你的声音由于局促而发颤,这种收缩可以稳住你的声音。

如果你浑身冒汗或者手心出汗,收缩腹部三角区的肌肉也会有帮助缓解的作用。

2. "调调弦儿"

可以坐在播音室，面对话筒播上几句调调声音，就好似弦乐器在演奏前要调调弦儿定音。稿件起头播几句，高潮播几句，找准合适的用声范围。

人的内脏活动时是受自主神经系统支配的，人也可能在一定程度上随意地调节自己的内脏活动，如影响心跳节律、血压升降、皮肤温度和内分泌水平等。由生理活动的改变带动心理活动的改变，达到自我心理调适（心因疗法），获得良好的心理状态，其表现为机体适度紧张，内部生理变化是呼吸加快加深、心律脉搏加速加强、外周血管舒张、血液含氧量增加。机体的心理变化为坚信自己能取胜，对所播的内容充满了兴趣和自信，播讲愿望强烈。外部表现形式为：声音自如，神态轻松又全神贯注。这种充满自信的心理就是良好的心理状态，它有助于积极性的发挥，克服困难。

（二）心理诱导法

有些播音员、主持人在直播前高度紧张，诸如稿子太拗口肯定会出错、嗓子发干、声音状态不好等无穷无尽的泄气念头在脑海里萦绕，这些刺激给自己带来不安，人为地制造紧张空气，也是信心不足的一种表现。

心理诱导法是用含蓄的暗示方法对人的心理和行为产生影响，给人脑以兴奋的刺激，这种心理影响表现为使人按一定的方式行动或接受一定的意见或信念。

暗示的意义：树立必胜信念，克服一切不利因素，实现积极的自我暗示，稳定自己的情绪，才能发挥水平。无论是自我暗示还是他动暗示，进行心理诱导时切忌用消极暗示。诸如"别慌"、"别紧张"等暗示是消极的，因为它会让当事人产生心理负担。所以在直播前应当尽量避免去想可能使自己不安的反面刺激，不断鼓励自己，给自己打气。最重要的是用积极的暗示，如"会好起来"、"我状态不错"、"我会顺利"等，这种积极的暗示会产生很好的效果。

当然心理诱导的暗示方法还有很多，如不要把播出成功看得过重，形成精神压力，更不能老是想着如果出错的后果之类的。正确的做法是，把这次直播看作是一次练习，当然提前在课下做好充足的准备也是一种方法。这样调整自己的心理状态会使自己更加从容不迫，很好地完成播出任务。

（三）模拟法

俗话说，练为战。对于播音员、主持人来说，平时的各种训练都是为了播出，我们不能把正式的播出当作训练或锻炼的机会，而应把平时的训练当作正式播出来对待，这样才能取得好的效果。因此，播音员、主持人要抓紧日常生活和工作中的各种机会,根据自身存在的问题,不失时机地进行模拟训练。要尽可能以接近"实战"的要求去做。如拿录播当直播对待,努力做到准时开机,中途任何情况下都不停机,一气呵成,连贯完整;又如,每一次播出前都可将要播出的内容当作直播稿或现场急稿来对待,给自己限定准备时间,努力使自己全力以赴、全神贯注地在短时间内做好播出准备,从中积累经验,不断提高。模拟法可以使播音员、主持人在现场的紧张气氛中增强适应力。模拟训练要让被试者多体验成功的心情,目的在于增强信心,鼓舞斗志。在模拟训练中播音员、主持人要有坚定的信心,体会成功的播音状态,以激发良好的播讲愿望。

心理学研究表明,内在紧张可以抑制心理作用过程,也可以活跃心理作用过程。在播音创作过程中,适度的紧张是积极的心理活动所必需的,必要的。

(四) 心境的培养

考生参加高考,就有一个发挥状态问题,这个竞技状态就是情绪状态。通过分析考生的竞技水平可以发现,它的形成因素有很多,包括前一天的睡眠状态、饮食、环境,还有考生自身的心情、意志、性格等。最佳的发挥状态往往是综合优势的充分发挥。对于播音创作主体,在播音主持过程中也存在一个"发挥状态"问题,这就是心境。

优良的环境条件,可以为播音创作提供最佳心理,使其发挥最高水平;从另一方面,播音员、主持人必须培养一种"抗干扰"的能力和适应各种环境条件的稳定心境。播音员、主持人面对环境嘈杂声音的干扰,面对任何不利因素都应该视而不见,只有一心想稿件内容,才能全身心地投入创作。

人的情绪状态是十分复杂的,既有外部刺激引起的变化,又有内在因素产生的影响。播音创作主体要想获得最佳状态,就不能让自己的心境处于被动的位置,而必须注意主动调节,使自己的心态处于积极的、主动的状态。

中央人民广播台播音员林田,在值班播早报摘节目,突然接到自己的父亲病故的消息,因当时找不到替班,她克制住失去亲人的悲痛情绪,仍以工作为重,以党的利益为重,去热情讴歌先进人物的可歌可泣的事迹,尽全力保证播出。播出结束后当她向领导请假回去办丧事时,同志们才知道她在控制个人的感情上付出了多大的努力。人都有七情六欲,但到了镜头前、话筒前,就只能以成功播出为准则,在这时候,播音员、主持人就应当调节自己的心境,保持良好、健康的心态,这对提高工作效率和质量是很有帮助的。

可以说,话筒前的播音主持状态好不好,是播音主持成败攸关的问题。

所以播出前,一定要进入积极的创作状态,这样才能实现创作理想。因此播音员、主持人在话筒前的心理、生理状态都应是最积极、最充沛、最丰满、最灵动的时刻。它的基本要求是:全力以赴抓目的,精神集中播内容。在话筒前有经验的播音员、主持人往往能够张弛有致,忙而不乱,而作为初学者却经常无所适从,手忙脚乱。我们下面就来谈一下正确的直播前状态。

1. 全局在胸,信心百倍,激发创作热情

播音员、主持人在播出前没有任何心理负担,心中只有将要完成的工作,全神贯注地做好最后的准备。一种不可遏制的创作冲动促使他/她集中精力于创作对象,那些复杂、纷繁的思路和意念似乎都净化了,同时还有一种强烈的播讲愿望促使播音员、主持人很好地完成工作。

2. 联想背景,面对受众,唤起播讲愿望

这虽然是备稿时解决了的问题,但是,如果感受的阀门已经关闭,想象的翅膀已经收拢,我们就不能认为备稿时的一切会自然地涌现出来,而采取等待的态度。这时,只能接通备稿时贮存记忆的道路,引起记忆中的心理变化,把自己置身于稿件展现的环境中;这样的稿件,这样的内容,这样的背景,这样的受众,使我们感受到生动的现实、沸腾的生活,心中觉得很充实,很受鼓舞,因而产生强烈的播讲愿望,使我们的思想感情处于运动状态。

3. 播好开头,进入内容,精神高度集中

如果有时间,可用先试播开头几句,把握基调,把握思想感情的运动状态,把握语气和节奏,并适当调节一下气息和声音。一个好的开始,就是成功的一半。播好开头是播好全篇的基础,一定不要贸然张嘴就来,更不要寄希望于"播下去,自然便会进入稿件"。

所谓"全神贯注到稿件中去",就是把稿件的内容、语句作为注意的中心,就是进入稿件。事实上,跑神儿的现象是很常见的,有经验的播音员、主持人总是用自己的意志杜绝它、排除它,使它一到注意的边缘就被赶走。

4. 播内容,想到再说,不抢先,不拖后

稿件的内容是一句一句说下去的,稿件叙述或论述到哪里,我们的思想感情就要处于哪里的具体运动状态。还没有播到那个内容,就已经产生了那种内容所要求的具体状态,这是抢先;已经播到这个内容,我们的思想感情运动的具体状态还停滞在前面内容所要求的具体状态上,没有随着内容的推进而转换状态,就是拖后。

在话筒前,播稿时不抢先,不拖后,是很重要的。这样做,可以使目的贯穿线不中断,使我们的思想感情紧扣着稿件的具体内容而运动,使我们的精神一直集中在稿件的内容上。

5. 说感受,感情起伏,不懈怠,不断线

我们要把感觉的每一部分,每一层次,每个段落,每个句子,系列化为自己的具体感受,化为具体的态度和感情。态度的变化,感情的起伏,波澜万状,不断前进,充满着目的贯穿线。任何一处,都不能没有自己的感受,没有自己的态度和感情。凡是没有感受的地方,感情也就会降到零度,思想感情的运动状态也就停滞了。

6. 有弹性,肌肉松弛,声音气息自如

话筒前思想感情的运动状态,必须通过声音气息有弹性的变化才能表达出来。气托声,声传情,放得开,收得拢,既有控制性又有自如性,这就是有弹性的表现。弹性的幅度和力度,以基本功为基础,以话筒前的良好状态为条件。到话筒前播出,应该如鱼得水,不应显得捉襟见肘,忐忑不安。

二、播音员、主持人在节目中的驾驭能力

播音员、主持人是节目的主人、协调人,是实现与完成节目的最后把关人。所以播音员、主持人要有良好的心理素质,积极地引导和驾驭节目,使节目在其控制下顺利发展。"驾驭,就是调度、控制的意思,它是领导学的一个基本范畴"。在节目主持工作中,驾驭是指播音员、主持人对节目流程、节目现场的一种控制能力。播音员、主持人的节目驾驭能力,播音员、主持人的引导、调控能力,具体表现在播音员、主持人对节目的串联与组织、引导与协调以及对现场的控制、主持人自我表现的调控上。驾驭能力是播音员、主持人能否完成节目、最终实现节目要求的关键环节。在此意义上可以说驾驭能力是心理素质的一种综合表现。主持人要培养驾驭节目的本领就要参与节目整体策划,培养合作精神、整体意识与观众意识,同时还要提高自身的专业素养与政策水平。

(一) 节目的串联与组织

1. 节目的串联

节目主持人的概念最初是由美国哥伦比亚广播公司的唐·休伊特提出的,英文名为 anchor,强调节目主持人应像 anchor 那样,能迅速组织、串联各种渠道来源的新闻稿件,使之成为一个有机的节目整体;同时,节目主持人在美国的另一个名称是 moderator,原意是协调人,表示在游戏、竞赛类节目中起缓和作用的人;还有我们所熟悉的 host,原意为主人,指在节目中以主人身份出现,调控节目节奏、气氛的人。从这些不同的概念中我们可以看出节

目主持人在节目的串联、组织方面的重要作用。

2. 节目的组织

节目主持人的组织能力是指主持人按照节目的宗旨、依据一定的逻辑，有目的地选择信息并将这些信息迅速有效地构成一个整体，从而使受众容易接受的能力。主持人的组织能力是主持人领导能力的体现，它主要表现在对节目的各种资源的有效整合上。特别是在谈话节目中，主持人的组织作用更为显著。通过适度的言行组织嘉宾谈话、观众讨论、控制现场气氛等，都是主持人组织能力的体现。主持人在组织谈话过程中要善于观察，注意话题间的连接，各段落间的起承转合，注意与嘉宾和观众的交流和沟通，调动各方面的积极性和参与性，使话题顺利展开。

（二）主持人的引导与协调

主持人的引导和协调作用是为达到节目的特定传播目的，有意识地引导观众领会节目的主导意图，明白节目的主要内容；理解节目的主题思想；同时在有现场观众参与、群体配合的节目中，协调现场的各个环节，使之相互间配合得当。

1. 主持人的引导

播音员、主持人在整个节目中起主导作用，从节目的一开始，主持人对节目主题的引入、深化和发展，以及节目的全局要有一个整体的把握，在节目制作过程中，运用语言和动作引导和协调节目的各方关系，使节目顺利进行。在综艺节目中，主持人要积极引导嘉宾和现场观众参与节目的制作，以活跃现场气氛；在新闻性节目中，主持人要通过自己的报道和评论来引导舆论；在谈话节目中，主持人要围绕节目主题发动嘉宾和观众抒发自己的感受，使大家各抒己见，使节目生动活泼、丰富多彩。

2. 主持人的协调

主持人的协调作用主要指主持人协调与现场观众的关系、协调与嘉宾之间的关系以及协调自身与节目整体的关系。例如，在谈话类节目中，谈话都是围绕话题展开的，然而针对同一个话题，不同的嘉宾和观众会有自己不同的看法，因而就会造成意见上的冲突。主持人要通过自己的协调，一方面使不同的观点得到充分表达，这种谈话的冲突使节目更真实更有吸引力；另一方面又要协调好这些观点，避免发生冲突，否则，矛盾激化，造成僵局，就会使得话题难以很好地展开，节目难以继续。

协调，为的是要达到一种平衡。主持人的天平不能向任何一方倾斜，必须要保证每一方的话语权。有些嘉宾容易抢话，说的也许与话题关系不大，主持人就要巧妙地让他少说点;有些嘉宾不喜欢发表自己的观点,主持人就要想办法让他把观点讲出来。其实,这也是主持人与嘉宾的心理对抗。总之,主持人要把握好一个度,协调好嘉宾的发言时间比例,保持谈话现场的话语平衡(有的节目也会给观众留出提问的时间)。

对现场气氛的调节是主持人协调能力的又一表现。有些嘉宾在面对镜头时会紧张,事先想好的发言,在这一刻全部烟消云散。主持人的作用是通过自己的言语和行为来营造一种轻松愉快的氛围,以缓解嘉宾和现场观众的紧张感。崔永元在《实话实说》节目录制之前,总是要先跟参加节目的嘉宾和现场的观众拉拉家常,说些俏皮话缓解一下气氛。他经常说的是:"大家今天来到这里,就是我的朋友,就像到我家做客一样,一点都不用紧张。你们看,这就是我家的客厅,400平方米,外面还有两个厕所,一室两卫,条件还可以吧。"有时候说:"真不好意思,很多人没吃晚饭就赶来录我们的节目,我很想请大家一起吃饭,但那样一来,咱们不就成了酒肉朋友了吗?"他正是通过这种幽默风趣的"热场"方式,营造了一种轻松愉快的现场氛围,让在场的嘉宾和观众很容易进入状态。在节目进行中他用特有的诙谐幽默营造一种轻松愉快、平等的氛围,像是跟朋友在一起话家常一样。节目的整体氛围非常好,有时都感觉不出在进行节目的录制。①

在节目的制作过程中,常常会有难以预料的情况出现,在《实话实说》的一期节目中,嘉宾王海在说明观点时引用了马克思的话,观众报以掌声,谁料嘉宾萧灼基教授随即指出王海引言出处的错误,刚才鼓掌的观众未免尴尬。此时,崔永元巧妙地接上了一句:"感谢萧教授适时地为我们开设了第二课堂。"场内响起了一片掌声和笑声,几乎凝滞的空气顿时缓和下来。

崔永元的机智和幽默化解了嘉宾之间的难堪,也缓解了当时的尴尬气氛,适时地调节了现场气氛,推动节目继续进行。主持人的协调不等于妥协,更不能失控。在一档节目中,主持人是节目的主人,引导嘉宾和观众配合完成节目。当遇到紧急状况时,主持人应及时果断地进行协调、疏导,避免不利的节目内容向外传播,以免产生不良的甚至是严重的播出后果。

以"罗刚事件"为例。2003年2月25日凌晨,湖南人民广播电台经济频率夜间热线直播节目《心灵之约》的主持人罗刚接进了一个热线电话,是一个自称"日本留学生"的人打进的电话,他用蹩脚的普通话说:"我是一个日本人,从小在书本上,在爸爸妈妈的嘴里我就知道,中国是个很低劣的民族

---

① 李元授、谈晓明、李鹏编著:《知名主持人妙语评点》,华中科技大学出版社2005年版。

……"在他说出的这段话中还有很多对中国人肆意辱骂的词汇。面对这种情况,主持人理智的做法应该是,在意识到这是一个蓄意辱骂的电话时就迅速切断热线电话(电台的热线直播都使用延时器,以给主持人在遇到突发事件时有一个及时反应和处理的时间),不让这些无端蓄意辱骂中国人的内容传播出去,但是罗刚没有及时控制好自己被对方激起的愤怒情绪,不仅没有及时果断地挂断电话,而且在试图驳斥、阻止该"日本留学生"(事后查明这是一个名为梁少南的中国农民假冒日本人,蓄意搞的恶作剧,事发后此人被判刑)的恶意辱骂言论失效后,在热线直播中对其愤怒地回骂。由于主持人没有及时切断热线,这些恶意辱骂言论传播了出去,造成了严重的不良影响。罗刚作为一个主持人,在节目中缺少政治敏感,轻易放弃了播音员、主持人的话语权利,面对突发事件缺乏应急能力,没有尽到"主人"的责任,造成了主持人功能的严重缺失[①]。

主持人在节目中并不是作为一个个体存在的,他的一言一行都是整个节目制作团队的宗旨和意图的体现,他代表的是一个媒介形象而不是个人形象。主持人应努力协调好自身与节目这个整体的关系,时刻铭记自己作为媒介形象代表的身份。从另一层来看,作为一个主持人不仅要协调好节目现场的各种关系,而且不能忽视节目外的受众的感受。在矛盾冲突达到敌对程度时,主持人首先要做的事情是守住自己的阵地——节目,不让恶意内容传播出去,不让更多的受众受到伤害。

三、主持人必须精于提问

播音员、主持人的节目能否成功,同他们在采访环节中是否善于提问有着直接的关系。从采访角度看,大约有百分之九十五以上的新闻是通过"提问—回答—再提问—再回答"的形式获得的。所以提问是播音员、主持人从事播音主持工作的一项基本功。也可以说,是否善于提问在某种程度上决定了节目能否成功。因此,主持人一定要注意提问,要善于提问,精于提问。

(一)设计问题很重要

播音员、主持人在节目播出制作过程中,一个重要的内容,就是通过同被采访对象的交谈,去探明事实的"真相"。要挖掘出有价值的材料,特别是在非常有限的时间内要使被采访对象将自己所知道的有关情况都讲出来,提问的设计就显得十分重要了。从某种意义上讲,播音员、主持人创作节目

[①] 李元授、谈晓明、李鹏编著:《知名主持人妙语评点》,华中科技大学出版社2005年版。

的过程就是对一系列问题的探明,这就使得有时播音员、主持人给人的感觉是,在节目中有问不完的问题。"问题"多不是坏事,关键是怎样使"问题"有水平,能够问到关键点上,替百姓解答疑惑。在规定的环境中进行采访,主持人的提问能力对于整个节目的深度和有序进行,有着非常重要的作用。

就播音员、主持人的职业特征看,其实就是跟人打交道。播音员、主持人为了解事实而进行的采访活动,有一个怎样迅速接近采访对象的问题。而谈话正是播音员、主持人接近并熟悉采访对象的第一步。在人的社会活动中,谈话是人与人之间相互联系的中介,在双方的情感沟通过程中能够起到重要的媒介作用。播音员、主持人所接触的任何一位采访对象,都有一个由不认识到认识,由不熟悉到熟悉的过程。在这一过程完成之后,双方才可能集中话题,深入交谈,一直到最后获得自己新闻报道所需要的材料。对于事实的调查了解过程,正是以谈话为中介巧妙实现的。

播音员、主持人的采访时间是非常有限的(不同于记者可以就一件事情进行长期采访),这就要求为了节目内容上的"丰满",必须以精练的提问去获得材料,这也是对主持人自身能力的考验。特别应该注意的是,作为被采访对象,在接受采访时,也会"称"这主持人的斤两,评价主持人是否有采访(或对话)的能力,而其起点,往往正是主持人对于问题的设计。

(二)主持人要了解采访对象

播音员、主持人了解事实,找采访对象谈话,只有善问,才能取得理想的效果,采访对象才会乐于与之交谈,并心甘情愿地提供有价值的新闻素材。在一般情况下,播音员、主持人为了保证访谈节目的有序性,使采访对象在陈述事实时有明确的目的性,也是从提问开始的。所以,是否善问,不仅是对于播音员、主持人语言表达能力的检验,也是检验播音员、主持人水平高低和是否成熟的标尺。

有的播音员、主持人有时"迷信"自己的直觉,认为随便看点材料,确定出一个方向,跟着感觉走就行了。其实,失败的采访往往就从这时开始了。1993年,美国亚特兰大的一批医生发起了一项为中国贫困山区义诊的活动,康纳德医生是这一活动的发起人之一。为了支持这一活动,他已经拿出了30万美元。水均益在美国报道联合国成立50周年的特别联大时,采访了康纳德医生,一个感觉式的提问,引出了一段动人的回答,也使他发现自己提了一个不该提的问题,而这种感觉又是每一个人都会产生的。

他问康纳德,你们的生活相当舒适,你们每年花几个月到中国的贫困山区义诊是否只是想临时改变一下生活节奏,或者说像是一种独特的旅游方式?他当时这么问只是想刺激一下他,期望他能做出意想不到的反应。另外,许多人在看待这种事情时也有类似的疑问:美国人放着汽车洋房不用,跑到一些艰苦的地方去,是不是就是图个刺激?康纳德听了水均益的问题,并没有激动。他从身旁的一个柜子里拿了一个镜框,指着里面照片上的一个人说:"这是我父亲。"他一边端详着发黄的老照片,一边回忆他父亲在甘肃会宁的一次痛苦经历。

由于自身的工作性质所决定,播音员、主持人的提问是有针对性的。一个播音员、主持人想提高自己的设问能力,首先应该了解自己的嘉宾,要提前查阅他的大量资料,使问题不仅具有明确的目的性,在融合上也恰到好处,这对于在规定时间里进行的访谈时非常重要的。由于播音员、主持人要同各种人物打交道,所以,播音员、主持人应该是"杂家",但又不可能是"万事通"。如果采访对象文化层次比较高,对所从事的工作是行家,播音员、主持人在访谈过程中虚心向对方学习,既有利于自己增长有关知识,也有利于访谈活动的展开;如果采访对象文化水平比较低,对于问题的理解是直线型的,则要下更大的功夫,才能从他们的嘴里挖掘出所需要的材料。

被采访对象同播音员、主持人交谈,向他们就某一事实进行表述时,是处于一个"理解——回忆——回答"的活动之中,首先应该使采访对象要能够理解主持人提出的问题;否则,采访对象就无法进行表述。采访对象只有在知道了采访者问什么,应该怎么回答后,才会尽力从自己的记忆中搜寻和提取材料,并对主持人的提问作出有意义的回答。主持人如果用同一方式发问,就会造成有的采访对象能够应答自如,并抓住问题的重点;而有的采访对象却因为理解不了主持人提问的意思,开口千言,离题万里;还有的采访对象,虽然经过主持人的一再提问、启发,但由于把握不住主持人提问的内涵,始终不知从何谈起。采访对象这种理解的不同与差异,正反映出了采访对象思维能力与思维灵活性上的差异。所以,播音员、主持人的提问方式要因人而异。这也就要求播音员、主持人在采访前做好充足的准备。

(三)主持人要了解提问的方式方法

播音员、主持人在进行采访时,为了核实材料的准确性,除了要向被采访对象正面提问外,还可以采用侧面问、反问及故意错误等方式进行提问,以保证在不同层面上对采访对象所提供的材料进行核实,以使公众能够对于事实产生立体的认识。

1. 正问法

正问法是指播音员、主持人直截了当地向被采访对象提出问题。采访时,不绕圈子,直入正题,向被采访对象说明自己的要求。节目是有时间规定的,播音员、主持人要达到采访的目的,而且要在规定的时间内完成,就必须单刀直入,抓住一两个核心问题,力争在内容上有所突破。采访突发事件时,有关人员因处理事件,繁忙紧张,播音员、主持人必须以精练的问题以求对方能够明确回答。在访谈较熟悉的对象时,也可以采取直接提问的方式。

2. 侧问法

侧问法是指根据被采访对象及采访内容的情况,不正面直接提出问题,而用迂回的方法,先从外围的事物谈起,待双方感情融洽后,再把话题拉回来,提出主要问题。如果条件许可,在正式同被采访对象接触以前,可以先同被采访对象周围的人交谈,在对基本情况有所了解后,再同被采访对象本人深谈,以挖掘出生动、丰富的细节。用这种方式提问,有时可以获得很好的效果,特别是当被采访对象有意回避正向提问的时候,这种方法可以帮助播音员、主持人摆脱困境。

3. 激将法

激将法是指播音员、主持人在访谈活动中,在准确掌握了被采访对象的某些个性特点后,必要时,可以采取旁敲侧击,甚至激将的方法,刺激对方,使他说出事实的真相。这种方式,可以使播音员、主持人从被动的局面中解脱出来,掌握访谈的主动权,在对方为自己辩解的过程中,去获得有价值的新闻材料。在使用这种方法时,播音员、主持人一定要掌握住度,不要刺激了采访对象的心理,那样将适得其反。

4. 引证法

引证法是指当被采访对象一时打不开思路时,播音员、主持人可以用其他事例或已知的内部消息激发被采访对象谈话的兴趣,从而获得事实材料。有的被采访对象一时难以理解采访意图,不知道该如何回答提问,这就需要播音员、主持人举出一两件有关事件,帮助被采访对象明白自己的采访意图,打开思路,回答问题。播音员、主持人还可以将自己对有关事情的感受加以概括,引发采访对象的畅谈。

5. 请求法

请求法是指对于专家学者或者上了年纪的被采访对象,播音员、主持人应该有礼貌地代表广大受众向其表明自己的采访意图。对于那些由于各方面的原因不愿意接受采访的人来说,用请求法提问,效果会更好。

6. 赞叹法

赞叹法是指在同被采访对象交谈时,尽量鼓励被采访对象将问题谈细、谈深、谈透。当对方谈到某些让人为之感动的精彩细节或材料时,可以用赞叹的语气表示肯定和赞同,扩展对方谈话的深度与广度,并进而挖掘出很多精彩的内容。

7. 重复法

重复法是指当被采访对象说到一些关键性材料时,播音员、主持人可以用发问的语气,将被采访对象讲过的某句话重复一遍,以加深印象,核实清楚对方讲话的原意,并在此基础上,把话题进一步引向深入。特别是当对方谈到一些关键的人名、物名、地点以及一些重要的数据时,用重复法可以避免听觉上的失误,也具有强调的意义。在运用这一方法时,应该合理掌握尺度,以免打断对方的思路,影响访谈的顺利进行。

8. 反问法

反问法是指有些问题如果预计正面提问,对方可能不会坦率回答时,播音员、主持人可以用反问法先发制人,切断对方的退路,使被采访对象不得不明确回答,播音员、主持人也可以抓住时机,察明事实真相,深入挖掘出事实材料。但此法容易使被采访对象显得过于被动。

9. 追问法

追问法是指当被采访对象说出重要的新闻线索时,播音员、主持人一定要把握好机会,循着对方谈话的线索,追问下去,直到"水落石出",问出满意的结果为止。但要注意追问不是逼问,更不是审问。在采用这一方法时,一定要注意语气。使用这一方法如果处理不当,不但会使对方不愉快,还可能会"逼"出失实的材料。

10. 设问法

设问作为一种修辞法,是为强调某种结论或看法,有意先提出设想,以引起受众的注意和思索,然后再进行回答。播音员、主持人用这种方式向被采访对象提问时,答案有两种:一是主持人可以用采访到的事实去回答;二是主持人为对方设身处地地着想,提出一些假设性的问题,或明知故问,以启发对方思考,使对方答出主持人已知但却无法肯定的答案。同一般的提问不一样,一般提问是对未知数的提问;而设问是主持人已对某一事实作了调查,并找到了问题的症结所在,但却缺少有说服力的事实和充分的资料。主持人带着客观存在的问题进行访谈,一旦发现具体典型,就可以采用设问法向被采访对象提问,去寻求有说服力的答案。这种方式便于播音员、主持人"跟踪追击",深入访谈,用事实去验证、解释设问中提出的问题。

四、主持人的应变能力

一名主持人,重要的不是有多大的能力去主持节目,而在于能否成功地"主持"自己。很难设想,一个连自己都"主持"不了的人,怎能够为受众带来精彩的节目。主持人的应变能力,在节目中会起到很大的作用。

主持人的主持活动没有一个固定的模式,不是死记硬背能完成的,在节目中他经常会遇到各种各样的"意外",主持人能否很好地解决这些"意外",直接决定着节目能否成功。有经验的主持人都有这样的体会,在节目中"意外"的出现不一定是坏的事情,只要能及时解决,就为节目的出彩奠定了基础。但这一切都要求主持人有很强的应变能力、渊博的知识、很好的心理素质。

(一)应变的内涵

应变,也叫随机应变,即根据情况的变化采取适当的应对行为。它以创造性思维为心理基础,是一个人先天因素和后天因素的综合体现。主持人的应变则是指主持人在节目现场,面对由主观或客观的突发事件和意外情况造成的障碍和干扰,敏锐、及时、准确地作出反应,并采取有效措施迅速、巧妙、果断地加以排除或平息,从而使节目能继续进行或圆满结束。主持人的应变能力就是这种迅速反应能力和处理能力。

节目主持人,不仅要面对千变万化的世界,更要在节目直播室承受现场的种种突发情况,因为直播节目没有改过的机会,所以,主持人的现场应变能力如何,是衡量他和节目成败优劣的关键。"一招不慎,全盘皆输"。一场本可以成功的节目,可能因为主持人在关键时刻没有能够随机应变地处理好"意外"而留下无法弥补的缺憾。以中央电视台"香港回归祖国72小时特别报道"为例。在这场大型直播报道中,有一个细节:港督彭定康在离开港督府时乘轿车绕着港督府转了三圈,然后才离去。现场直播的主持人对这一突发事件茫然不知所措,更不知道历任港督在离任时有个不成文的习惯,都会开车绕港督府三圈,结果出现了无奈的尴尬局面。他解说道:"彭定康的轿车驶出了港督府马上就要离开了……他绕着港督府转了一圈……他又绕了一圈……他还在绕……"如果主持人事先能了解这个背景,就不会出现"没词儿"的尴尬局面。香港回归的报道是成功的,但由于主持人采集、占有资料不充分,缺乏随机应变的能力,因此留下了小小的遗憾[①]。

---

① 李元授、谈晓明、李鹏编著:《知名主持人妙语评点》,华中科技大学出版社2005年版。

"应变是主持人创造性思维在台上的体现。"这是根据主持人现场应变的过程与实质来说的。高水平的现场能力要借助良好的即兴语言来实现，而即兴语言又依赖敏锐的思维。应变的源头——"脑"中的知识和经验，必须靠创造性思维来组织加工，才能在应变中发挥作用。因此，应变是主持人知识和经验的积累通过创造性思维活动在节目现场的外在体现。

衡量主持人的应变能力有两个指标：反应时长和准确性。反应时长是从刺激出现到主持人作出明显反应之间的时间间隔。反应时长与反应能力的强弱成反比，即反应时长越短，反应能力越强。准确性，即主持人对刺激的反应是否准确和恰当，主要看主持人所采取的对策是否合适地解决了现场的问题。准确性与反应能力的强弱成正比。结合反应时长来看，反应时长越短且准确性越高，则主持人的应变能力越强。但是，反应时长短却没能顺利地解决问题，或者解决了问题却放慢了节目的进程（反应时长短但准确性低，或准确性尚可但反应时长长），这些都是低水平的应变。同时，这两个指标也反映出应变不同于主持人通常的创造性思维活动。应变突出限制了主持人创造性思维活动的时间，强调方案的准确性，而主持人在一般情况下的创造性活动是没有严格时间限制的。

应变能力极大突显了主持人创造性思维敏捷灵活的特点。一是应变起点是否敏捷灵活，即能否迅速从不同的角度、方向、方面和方法来解决现场问题，也就是能否快速进行发散思维活动；二是应变过程是否敏捷灵活，即能否在短时间内从分析到综合，从综合到分析，灵活地进行"聚合思维活动"；三是应变的结果是不是及时巧妙地平息了现场，这体现了聚合思维与发散思维的临时组合的统一效果。

应变能力与主持人先天因素中的气质密切相关。多血质主持人一般不会出现主观之变，即使出现也能灵活处理；如果出现诸如停电、受众骚乱等客观之变，他也能敏捷反应，果断处理。胆汁质主持人往往心性浮躁而出现主观之变，当出现客观之变时又容易急躁，不能准确处理。黏液质主持人虽然沉稳能应对主、客观之变，但应对的措施比较常规陈旧。抑郁质主持人容易怯场。特别是当节目现场出现意外情况时，抑郁质主持人会无所适从，错过应变的时间。

应变能力与主持人的经验积累有密切的关系。相关经验积累越丰富，对其应变能力的积极影响越大。

（二）应变能力的提高

尽管气质影响了主持人的应变能力，但我们认为后天的努力还是可以

第六章　播音员、主持人的采编播心理

缩小不同气质主持人应变能力的差距,主要应从以下方面下功夫。

1. 增大"脑"的储备量

追根溯源,主持人的应变不取决于"脑",而是用脑来指挥语言和行为的。主持人的随机应变、急中生智、出口成章,都不是凭空"变"出来的,着急"急"出来的,出口成章首先要脑中有文章。"应变"的根本是对脑中存储的知识和经验进行重新组织加工。我们所看到的一些名牌主持人在节目中游刃有余、力挽狂澜,都是以他们知识经验储备丰富的大脑作为基础的。相反,大脑缺少丰富的知识和经验,只是简单地用"嘴"来主持节目,靠小聪明来应付,一旦真正遇到突发问题就会不知所措,或乱说一通来掩饰窘迫。灵活的思维必须以广博的知识为基础。"活到老,学到老"。无论是新主持人还是这个行业的老前辈,都要在平时加强学习和积累。那些看似不重要的小知识,如传说、诗歌、寓言和谚语等,其实能在关键时刻帮助主持人应对突如其来的挑战,保证节目顺利进行;能帮助主持人提高即兴语言表达能力。

2. 掌握即兴语言表达技巧

即兴语言表达能力是在事先无准备的情况下,主持人就眼前的人和事灵活运用语言,继续发挥的能力。良好的即兴语言表达能力对于主持人的应变非常重要,因为它是敏锐思维的外化形式。语言学家说"语言是思维的外壳",没有扎实的语言功底,即使主持人的头脑转得再快,思维再灵活,也无法有效地施展他的应变能力,更不能保证节目的传播效果。

一般来说,即兴语言表达技巧有以下几种:

实话实说　当在主持节目时出现了差错,应该主动承认,而不是力图反击或遮掩错误,要用自己的坦诚去改变自己在受众心目中留下的不良印象。

幽默化解　主持节目过程中出现意外情况或尴尬局面时,主持人采用幽默风趣的语言,可以消除紧张,缓解矛盾。

将计就计　也就是顺应意外,化不利为合理的应变方式。有位主持人在主持一场迎新晚会时,遇到一位表现欲很强的小伙子,他表演的节目是模仿周总理讲话,但是却没完没了。场下的观众已经厌倦,小伙子却不管不顾,一味地自我表现。为了控制整台节目的进程,而又不强行将他打断而伤其面子,主持人将计就计,走上前去模仿毛主席的语气对他说:"恩来同志,你太辛苦了,人们强烈要求你下去休息。"台下的观众会心地笑起来,随即爆发出热烈掌声。那位小伙子也就顺势被引下场。

及时补充　当观众或嘉宾说话"卡壳"时,主持人要善于引导其思维,用语言及时配合补充。

"热场"与控制 嘉宾和现场观众是节目的两大要素,他们临场发挥的好或坏将对节目的质量产生直接的影响。主持人有责任对他们进行引导,激发他们的参与欲望,使节目向着良好的方向发展。如《实话实说》节目在录制之前,崔永元总爱讲一些笑话。这个过程叫作"热场",就像运动员热身一样,让观众进入状态。控制是指当嘉宾和观众的表现偏离了节目的宗旨时,主持人要即兴说话加以控制,保证节目的顺利进行。

3. 做好播出前的准备

一般来说,任何节目在播出之前都有一个准备的过程,换句话说,主持人的现场应变要"打有准备之战"。虽然节目现场出现的偶然因素叫人难以预料,但有了事先充分的准备,主持人就可以从容不迫地应变和创新。主持人的播出前准备主要有以下几个方面:(1) 预先对嘉宾进行较深入、较全面的了解。在关键时刻,对嘉宾的预先了解往往会成为现场应变的撒手锏。例如,一位主持人在直播前与嘉宾,一个黑人小伙子进行了交谈,了解到他来自巴西,擅长足球和舞蹈。这个节目本来是请黑人小伙子戴上耳机随着音乐学唱中文歌,请其他嘉宾和观众猜他唱的是什么歌。不料音响临时坏了,音乐迟迟放不出来,眼看这个节目无法进行,这位主持人随机应变,改请小伙子跳一段舞蹈。于是,黑人小伙子跳了一段很精彩的舞蹈,受到大家的欢迎。(2) 对本期节目讨论的话题要心中有数,中心内容是什么,各方观点有哪些,讨论到什么程度等都要非常清楚。(3) 对节目进行中的各个环节要了然于胸,怎样开头,怎样起承转合,怎样结尾,出现意外情况该怎样处理等,也要有充分的准备。

预先准备好的节目在录制或播出过程中也可能出现问题。节目中的潜在问题主要包括两个方面:一是客观问题,即技术方面的问题,指节目现场的音响、灯光、话筒和摄像机等设备出现了问题;二是主观问题,即人的问题。著名的主持人水均益在主持采访基辛格节目的直播之前,估计到与基辛格这样的国际"大腕"套近乎、空谈只能令他小看自己。因此,他在采访一开始就向基辛格"发难",让基辛格心理上有所震动,不敢怠慢。然后再推出实质性的、精彩的问题。水均益对基辛格的准确估计和"对症下药",保证了这次直播节目的顺利完成。相反,如果主持人在节目开始之前没有充分估计到"人"的问题,将直接造成应变的艰难,最后只能草草收场。崔永元在主持《实话实说》关于"商业是否会影响艺术"的话题时,由于事先没有考虑到"人"的问题,请到的嘉宾和观众对此话题的看法模糊动摇,尽管他在现场努力应变,企图产生两种对立观点的碰撞,但还是失败了。最后,崔永元很无

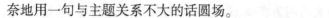

奈地用一句与主题关系不大的话圆场。

4. 加强应变训练

应变训练的提高最终要落实到主持人的实践上。应变的训练是提升应变水平的根本途径。冰心说:"成功的花儿,人们只惊羡它现时的美丽。当初它的芽儿浸透了奋斗的泪水,洒遍了牺牲的血雨。"我们今天为一些名牌主持人处变不惊、机敏灵活而赞叹时,可曾想过他们高超的应变是多年的现场主持锻炼出来的。

应变训练分为直接训练和间接训练。直接训练时应抓住每次现场主持的机会,培养自己敏锐的触觉、快捷的思维和丰富的联想能力,在实践中练习从"纸上"学来的应变技巧。间接训练是指在学习其他主持人成功应变的事例时,有意设想自己就是那位主持人,处在这种情境下,"我"该怎么办?"我"的策略、解决办法、即兴语言是否比那位主持人更合理、更巧妙?毕竟我们不可能拿正式播出的节目去做训练,因此直接的应变训练是很有限的。而间接训练可以将应变练习的机会无限扩大,不仅可以吸收其他主持人的经验,也可以在比较中认识自我应变的水平。

五、主持人的创新能力

(一) 什么是主持人的创新

"创新"是指能为人类社会的文明与进步创造出有价值、前所未有的全新物质产品或精神产品。创新过程就是创造性劳动的过程,没有创造就谈不到创新。

主持人的创新能力是主持人的创造性思维和创造性语言表达在播出中的体现。正常情况自然比突发情况多,所以主持人的创新是一个全方位的创新。由于主持人越来越多地参与到节目策划、节目采编、节目制作的全过程中,主持人的创造性思维也就体现在方方面面,从节目形式到节目内容,从外在的行为到内在的理念,从性格到气质,从语言到思想,从表情到感情,从眼神到手势,从广度到深度,从开场白到结束语等。一句话,主持人的创新就是指主持人在节目生产的整个过程中,适时有效地注入自己的一些新鲜元素,给观众、听众"耳目一新"的享受。

创新能力与现场应变能力是主持人的创造性思维在不同情况中的反映。两者的首要区别在于创新不是特殊情况的应急行为,所以一般不受现场时间的限制,而且主持人的创新不能一蹴而就,要有一个准备、发展阶段。另外,与应变能力相比,主持人的创新能力更展示了创造性思维的新颖性和预见性的特点。主持人的创新成果，无论是节目形式、节目内容、节目方案、主持风格还是节目理念，总是带来新的因素，并且产生有意义的成果。所以，新颖是主持人创新活动的根本指标。良好的预见性能为主持人的创新带来正确的前进方向。美国哥伦比亚广播公司著名节目主持人爱德华·默罗本来是广播新闻的主持人，但他敏锐地预见到电视未来的辉煌，因此他进入当时不被看好的电视台，并创造了许多新式的电视节目，成为最令后人敬仰的世界级主持人。更重要的是，受众的口味和审美情趣总是在变动，主持人必须始终走在他们面前才能保持节目持久的吸引力。因此，这就要求主持人的思维有良好的预见性，能够提前把握受众倾心的主持风格、节目样式、节目内容。

然而，节目创新，说起来容易做起来难。新节目还罢了，对于一些老节目，特别是有了一定知名度的节目，主持人要让其经常有变化，是不现实的，因为它有了固定的特点和风格，而这些东西是不能变的。所以，对于老节目的创新，主持人更多的是要从小处着手，这样受众既有新鲜感，节目又保持了其特有的风格。以黑龙江电视台文艺频道的《闪亮登场》为例。在它的第一个双月冠军赛中，节目的片头和主题歌都没有变，但主持人安排选手们演唱主题歌出场。结果一开场就给观众一个惊喜，把现场的气氛推到了一个高潮。而在双月冠军第四场的开始，主持人又把选手调到了观众席的亲友团当中，每人唱一句之后又汇集到台上，最大限度地调动了观众的积极性，同样取得了不错的效果。在《闪亮登场》的第三场"文艺知识比赛"中，主持人把"请猜问题"环节改成了"请表演"，让选手在舞台上动起来，而让观众看选手的表演猜题目，也让观众们参与到节目中来。事实证明，主持人这点小创新成功摆脱了以往简单答题的枯燥感觉，使整个节目现场的气氛异常热烈。

主持人创新的最后结果必须能提高节目的效果、扩大节目在受众心中的影响。但是主持人须知，"创新求新"也需要有一定的限度，即不能只是为了变而变。变得好是进步，而变得不好是退步，是盲目的创新、失败的创新。一味求变而不考虑效果，那么创新求变也就失去了它的意义。好的效果是主持人创新的目的，而好的效果又建立在正确的创新思路、创新方法的基础上。

中央电视台《电视你我他》的改版历程便是对电视节目该如何创新的最好说明。《电视你我他》创办于1990年，前后一共进行了三次改革。它最初以《下周屏幕》的形式及名称出现。在1992年该节目改为现用名，《下周银屏》只作为其中一个板块,另增设报道电视圈动态、拍摄花絮、人物走访等新闻性、娱乐性内容,时长为15分钟。1992年的扩改版很成功,人们一下子就接受了它,称之为声画并茂的"立体电视报"。20世纪90年代末期,《电视你我他》又开始了节目的革新,将节目设计为演播室访谈为主,并插播外景采访,以弥补节目深度不够的缺陷。但由于主创人员缺乏成熟的创新思路和方法,将改版建立在对访谈节目优点借鉴的基础上,脱离观众,最后以失败告终。有了第二次改版的教训,《电视你我他》第三次改版坚持以观众为本,站在观众角度制作节目。新改版的《电视你我他》以30分钟的时长与观众见面,以"我"(电视工作者)带"你"(电视观众)去看"他"(电视本身)三个字作为有机串联,分别设置有关栏目板块,获得了观众的赞许。虽然该栏目的几次创新都是编导所为,但这个案例对主持人的创新活动也有很大的启发。现在越来越多的主持人身兼数职,除了搞好主持工作还要参与节目的策划、采编、制作。这个例子提醒主持人在制作新节目前要熟练掌握电子媒介传播规律和业务技能,在制作节目时要有较强的针对性,以观众为本,不要搞"拍脑袋"式的创新。

没有创新,就会停滞,最后走向被淘汰。现在的受众与过去的受众相比,已经不可同日而语。一方面他们的文化素质不断提高,对广播电视节目及播音员、主持人的要求也越来越高。另一方面他们对广播电视的了解也越来越深入。因此,受众的口味越来越高,也变得越来越挑剔。一种既定的主持风格、节目形式,过不了多久就成了明日黄花,各种批评、不满会纷纷而来。

一个好的节目主持人,应该在保留自己艺术个性的同时,及时地不断地调整自己的创作,以实现创新的主动意识,在自我客体化过程中充实自我,完善自我。

倪萍说过:"我凭本色主持节目。"但是她的"本色"只是在某种程度上适应了一些受众的审美心态。倪萍主持的《综艺大观》,曾经备受赞誉,但却不能因此获得"永久通行证"。在时间的长河中,成功的主持艺术不应只是消极地保持,而应该致力于构建新的适应框架,要使受众或多或少感到新鲜,不能一劳永逸。要经常尝试创新,只有不断创新才能吸引受众的眼球。

"创造力是明星主持人必备的素质之一。"大凡比较优秀的主持人,都有着非凡的创造力。也正是由于他们坚持不懈的创新,我们今天才拥有了丰富多彩的节目形式和形态各异的主持风格,最终使主持工作成为一种艺术。没有创新,就没有进步,创新是主持人的灵魂。无论是刚刚从事主持工作的新手,还是小有名气的主持人,甚至是大腕主持,都要坚持创新,在创新中突破自己,完善自己。

(二) 主持人创新的四个阶段

创新过程就是创造性劳动的过程,我们认为,主持人的创新是聚合思维和发散思维多次组合后的最终结果,这个过程可分为以下四个阶段。

1. 准备阶段

俗话说,万丈高楼平地起。对于主持人的创新活动来说,准备阶段是十分必要的。准备工作做得充分与否,将直接影响后面三阶段的进程。一般来说,主持人在创新的准备阶段要做三个方面的工作:一是积累足够的有关节目的知识和经验;二是了解目标受众的需求,对节目市场进行深入调查,掌握同类节目的特点、发展趋势以及视听情况;三是对自己的节目形式、节目风格进行总结,提出问题。

2. 酝酿阶段

此阶段也叫沉思阶段。这是操作、加工第一阶段所收集到的信息,探索解决问题的潜伏期。这一个阶段的活动是"创造的短时休息"。经过第一阶段的又一次努力后,主持人此时的思路似乎已经中断,但潜意识继续进行。由于思路的再前进已变得非常艰难,在酝酿期需要主持人付出艰辛的努力,苦苦寻求。然而,大多数主持人闯不过酝酿期,只是在准备阶段徘徊不前。

3. 豁朗阶段

此阶段又叫顿悟阶段。这是节目的新形式、新内容、新方案、新风格产生的明朗阶段。这时期,具有"众里寻他千百度,蓦然回首,那人却在灯火阑珊处"的感觉。由于此时人是处在灵感状态,所以又称灵感期。

4. 验证阶段

这是创新的最后阶段,是对新的节目形式、新的节目内容或新的节目方案进行验证补充,使其适于实践、趋于完善的时期,验证阶段是主持人创新过程中必不可少的阶段,它将决定主持人的新成果是否有意义。不过,由于自身素质、进行创新所处的情境以及目标不同,各个主持人在创新的四个阶段所花的时间不同。具有高素质而又现场发挥的主持人,他们的前两个阶段非常短,几乎是直接进入豁朗阶段。

(三) 开发创新能力的途径

1. 打破定式的束缚

定式"是由先前心理活动所形成的准备状态,决定着同类后继心理活动的趋势"。思维定式是指当人们反复思考同一个或同一类问题时,会习惯地依据自己已有的知识和经验，按照一种固定的思考程序，重复同一思路。在问题解决活动中，思维定式既有积极的一面，也有消极的一面。当两次思维活动属于同类性质时，前一次思维活动所形成的思维定式会对后一次思维活动起正确的引导作用，提高解决问题的效率；消极的一面是它容易使我们在思考时产生惰性，养成一种呆板、机械的习惯，妨碍创新。当新旧问题形似质异时，思维定式往往会使我们步入误区。思维定式对主持人的束缚最为明显地体现在以下两个方面。

第一，多数主持人可以是专才，但难以是通才。诸如，在某类节目中已经取得了成功的主持人，如果让他"串门"其他类的节目，他可能会"水土不服"。一个重要原因在于先前特定节目所形成的思维定式可能束缚他难以在其他类节目上涌出新思维，产生新对策，不能准确到位。一位主持人跨越到其他类别的节目时，首先要打破思维定式的束缚，才能更好地在其他方面进行必要的心理调节。

第二，主持人难以在自身基础上进行突破。即使是得心应手的节目，时间久了，主持风格、思维策略也会模式化。倪萍说过，即使对一个特别爱吃水饺的人来说，如果你天天、顿顿给他端上水饺，他也会吃腻的。观众看我总是老样子，自然我就成了那水饺了。倪萍的妙喻反映出她在突破自己创新风格上的无奈。然而，如果我们能给"水饺"换换馅儿，包进一些精美、富有营养而又花色丰富的"馅"，观众又哪管天天吃"水饺"呢？饺子不换馅儿，主持人不调整、创新，观众的"腻"也是在所难免的。

2. 培养并坚持自己的创新型个性

个性孕育了创新，创新展示了个性。那么，什么是创新型人才呢？所谓创新型人才，第一，要有深厚而扎实的基础知识，精通本专业，并且还要了解相邻学科及必要的横向学科知识，这是在科技竞争日趋激烈的情况下作出创新贡献的基本条件。第二，创新型人才要有极为敏锐的观察力，能够从本源上发现重大问题，准确把握科技发展趋势，及时发现他人没有发现的东西。第三，创新型人才要具有严谨的科学思维能力和对事物作出系统、综合分析与准确判断的能力。第四，创新型人才要具有敢于创新的勇气和善于创新的能力，要敢于面对困难，走别人没有走过的道路，同时又要符合科学思维规律。

3. 锤炼发散思维能力

创造性思维包含聚合思维和发散思维。创新活动的关键是发散思维能力。它要排除思维定式消极作用的干扰。拥有良好的思维品质、较强的发散思维能力,是主持人培养创新能力的基础。

当然,增强主持人创新能力的方法还包括积累足够的知识、培养敏锐的观察力、锻炼记忆力、发掘想象力、掌握辩证唯物主义世界观、与其他工作人员加强合作和从受众中寻找灵感等。方法再有效,也只能起到说明和借鉴的作用,培养创新能力最后还是要落实到主持人的实践中。

思考题

1. 在采、编、播一体化的背景下,主持人如何应对挑战?
2. 如何提高主持人的临场应变能力?

第四编
受众心理篇

引子:传播过程中"缺一不可"

大众传播是一个完整的循环过程,其顺利与否取决于传播者、传播途径、传播内容、受众等多个重要环节的紧密相连与相互制约。在前面几个章节中,我们从传播者的角度,详细阐述了在传播过程中的播音员、主持人的重要地位及其作用。但是,我们也应当考虑到,传播活动的顺利进行同样离不开广大受众群体的支持。如果说在消费领域内顾客是上帝,那么毫不夸张地讲,在传播领域,受众对于某一类节目的需要、兴趣爱好等心理倾向,对于某一个播音员、主持人的情感、态度、认知、评价、舆论等心理反应会对节目的制作与发展以及播音员、主持人的成长起到重要的影响作用,并在很大程度上决定了节目的成败。所以,在接下来的章节中,我们尝试着从接受者的角度来分析受众在整个传播过程中的重要地位,尤其是对于播音主持的重要影响,主要包括三方面的内容:播音主持与受众的心理需要相互牵制;播音主持与受众的情绪情感相互制约;播音主持与受众的群体心理反应紧密相连。

第七章 受众的心理需要

随着受众在大众传播过程中起到越来越重要的影响作用,我们开始更进一步关注受众在节目制作以及节目运作过程中所扮演的重要角色。当代社会经济、文化背景的巨大变化,造成了受众心理需求的多种变化。相比传统的受众群体,当今受众的认知需求更加迫切,每天需要接受的信息量在大幅度增长;审美观念更加开放、多元,欣赏趣味日趋通俗,走向日常生活化;娱乐休闲的思想更加时尚、流行,并且在随着意识的更新而不断突破传统生活娱乐方式的界限。受众紧紧追随社会发展所要求的各种标准,时刻改变着自己,适应着社会。当今受众心理需求的各种变化给大众传播的形式和内容发展指明了方向,同时也在深刻地影响和左右着大众节目的制作和运行。在本章,我们就一起来分析一下当今受众的心理需要特点。

第一节 受众概述

受众,也称作"接受者"或"受者"。简单来讲,受众是接受信息的广大民众,具体包括报纸、杂志、书籍的读者,广播的听众,电影、电视的观众以及网民等,传播媒体的多样性决定了受众类型的多样性。从数量上来讲,受众既可以是大规模信息传播中的群体,也可以是小范围传播中的个体。当今社会,由于电子传媒的发展无孔不入,尤其是广播、电视、网络在人们生活中的广泛普及化,很容易使人们将受众狭义地理解为广播的听众与电视的观众,而这些听众和观众也构成了当今受众群体的主要部分。所以,以下所指的受众主要是从狭义层面上来讲的,即播音主持面对的受众。

其实,不管是广义还是狭义层面上的理解,受众都具有自身与众不同的特征。第一,每一种类型的受众都不是刻意组织起来的,具有自发性与短暂性的特点;第二,受众的人数颇多,形成一个群体,受众个体在选择信息时对受众群体具有一定的依赖性,群体规模越大,个体从众行为和受到的约束力越强;第三,受众的组成成分复杂,层次类别多样,不同的年龄、性别、文化程度、职业、需要、兴趣、动机、居住地区、经济地位等因素导致了受众成分的复杂性与差异性;第四,受众是自由的,他们具有选择某种媒体的权利,具有接受与加工某种信息的自主性,同时由于受到兴趣、需要以及其他不稳定因素的影响,受众群体又是流动多变的;第五,受众与传播者在时间和空间上是分离的,传播者与受众之间的联系是间接的,并非面对面的信息交流,对于传播者来说,受众是匿名的,身份是不确定的;第六,受众的喜好、需要、情绪、情感、态度、认知、期望以及评价影响着传播节目的形式与内容。由此看来,只有在传播过程中充分考虑到受众群体的多样性、复杂性以及受众的心理需求特点,才能真正促进节目的完善,真正达到传播的最佳效果。

一、受众角色

随着现代化大众传媒的迅速发展与广泛普及,媒体以及媒体信息对大众的工作、生活、教育、休闲等方面产生的影响越来越大。所以,许多学者开始关注媒体与受众之间的相互影响关系,并深入探讨了受众在传播过程中所承担的重要角色。总结以往关于受众角色的研究,大致可以将受众分为"被动受众观"与"主动受众观"两种。

被动受众观认为,受众在传播过程中是被动的接受者,缺少积极性与主动性。受众对于信息的接受与理解受限于信息的来源、信息的传播形式。无论受众怎样选择,节目的数量是一定的;无论受众怎样再加工与重建自己的认知策略,其对节目的评价标准是受到以往媒体信息影响的。受众在被动接受信息的过程中,逐渐失去了自主认识与评价事实的能力,失去了对媒体信息与社会事实更深层次的思考,在看似自由选择的表面下掩盖着不自由的痛苦与焦虑,媒体信息的威力就在于它时时刻刻潜移默化地影响着人们的态度、思想与行为。总体来看,被动受众观具有浓重的悲观主义色彩,让人们觉得媒体传播的权威力量无处不在,媒体对信息的解读权是无法替代的,大众传媒为生活在这个大众传媒时代的人们编织了一张无法逃脱的信息网。

主动受众观认为,受众并非完全被动、消极地接受外界传播的一切信息,尤其是面对大众传媒时代洪水般的信息,他们更具有选择的主动性以及接受某种信息的挑剔性。首先,他们能够自主地选择自己感兴趣的媒体信息,行为的目的性与需要性较强;其次,他们可以自由地对传媒信息进行再解读、再加工,重新建构自己对于信息的认知;再次,媒体信息对于受众思维的支配能力是有限度的,其影响效果取决于受众对信息的肯定和接纳程度。而且应该乐观地看到,大众传播时代的信息是受众得以认识与感受外部世界的重要途径,大众传媒是生活和工作中必不可少的一部分,正是受众在传播过程中的主动性与积极性，才促使了大众传播体系的不断发展与完善。

我们认为，受众在大众传播中的角色应该是随着时代的变化而不断变化的，受众的主动地位和被动角色也都是有条件的。"从客观上讲，受者能够认知何种信息，其主动权在传者手里（受者是被动的），然而，当受者处于既有的媒介信息当中，他们在主观上撷取什么，加工什么，内化什么，这个主动权则由受者控制（传者是被动的），所以，受者对媒介信息的认知既主动又被动，是二者的辩证统一。"①过度地强调哪一方面都是不理智的。受众在传播过程中既有其被动的一面，又有其主动的一面，这种双面性是由于传播过程中的众多因素造成的，是客观存在、不可避免的。而且随着不同类型的传播媒体的发展，受众所扮演的角色也是不同的。报纸、杂志与书籍等传统媒体所面对的受众一般较为被动，因为他们对于接受何种信息无法控制；而广播、电视、网络等现代传播媒体的受众则能够不断参与到传播过程中来，具有一定程度的主动性。

谁的权力越来越大？
——受众角色的变化

从电视在中国的出现到今天的普及，观众经历着一个从"被动接收者"到"主动参与者"的角色转变。这种角色的转变，不但体现出了受众在大众传播体系中的主体地位，也体现出了他们对于节目的需求越来越多，期望越来越高，决定节目去留的声音和权利也越来越大。

可望而不可即，一种崇拜者的姿态。20世纪80年代到90年代初期，电视逐渐普及之时，受众对不同类型的节目非常关注。虽然频道较少，节目类型不多，但他们对节目报有强烈的好奇心并予以较高的评价。

---

① 刘京林著：《大众传播心理学》，中国传媒大学出版社2005年版，第154页。

在他们眼里,演员、主持人以及播音员是可望而不可即的人物。当时,《新闻联播》《综艺大观》、春节联欢晚会上出现的播音员、主持人和演员深受广大观众的喜爱,他们的形象深深地留在了广大观众的脑海里。

可评可点,一种评价者的姿态。90年代中期,随着生活方式的多样化、生活节奏的加快,人们的眼界逐渐开阔,心理需求也日趋增加。他们不满足于单一、传统的节目风格与模式,试图接触更多新鲜的东西。此时兴起的《欢乐总动员》、《快乐星期天》、《快乐大本营》等娱乐节目率先突破了传统节目的模式,加重了游戏的成分,语言幽默风趣,气氛轻松自由,给人们的视觉、听觉以及精神带来强烈的震撼。随着这些节目的多样化发展,人们开始对节目提出自己的看法,对明星、演员、主持人等提出了更多的建议。

可来可参与,一种参与者的姿态。90年代末,自主意识增强的人们逐渐意识到,节目获得肯定的主要因素就是让观众对节目感兴趣,让观众动起来。所以,我们看到了《幸运52》、《开心词典》、《实话实说》等陆续出现,观众可以有机会参与到节目中。这种观众参与的新型节目形式极大地调动了人们的热情和兴趣,在带有幽默、竞争、益智、游戏的氛围中,广大观众体会到了自主与自娱的感觉。

可议可决定,一种决定者的姿态。21世纪初的综艺节目几乎抛弃了晚会的主题精神形式,转向了完全娱乐大众。伴随着这种形式的转变,受众的角色也日趋重要。他们不但是主动的参与者,同时也是节目中游戏选手去留的主要决定者。《超级女声》、《加油好男儿》、《功夫之星》、《梦想中国》等数不清的类似节目铺天盖地涌现,受众可以通过短信投票、网上投票的形式决定选手的去留,过足了一把"主人"瘾。

二、受众的一般心理特点

虽然人们普遍认为,大众传播媒体在日常生活中发挥着越来越重要的作用,比如电视、广播、网络延伸了人们的眼睛、耳朵等感知器官,可以进一步帮助人们更为广泛、快速、形象地感知外部世界,了解周围环境中发生的事情,获取信息,满足好奇心,但是我们也注意到,受众独特的心理特点在媒体传播过程中同样占据着非常重要的地位,并对节目的形式、内容以及播音主持风格具有重要的影响作用。

首先,受众心理具有社会性。受众虽不是刻意组织起来的群体,但作为社会人的受众,其心理表现带有浓重的社会性色彩。受众心理本质上是一种社会心理,是人们在社会生活中自发产生并具有相互影响的主体反应,在选择、接受与加工信息的过程中受到社会文化的影响。由于受到媒体宣传的影响,以及媒体信息在社会交往过程中的相互传递与交流,从而引发了受众的暗示、时尚、流行、流言、舆论、从众等社会心理效应。积极、健康的社会心理效应能够促进受众思想的进步、态度的转变以及行为的改善,增强社会凝聚力,稳定社会秩序;反之,消极、负面的社会心理效应能够危害到受众的心理健康,错误地引导其行为,造成社会的动荡不安。

其次,受众心理具有目的性。受众对于选择何种媒体、接受何种信息的行为具有一定程度的随意性,但并不都是随意的,同样具有较强的目的性与需要性。也就是说,受众的信息选择受到其自身期望、兴趣、经验、家庭背景、知识层次、性别、年龄、职业等众多因素的影响,并与其当前的需要紧密地联系在一起。受众群体的复杂性与层次性,造成了受众需要的多样性。比如,政界人物喜欢看新闻类节目,以掌握最新的世界时事动态;医疗人员喜欢看医学类节目,以了解医学界的最新进展;法律工作者喜欢看法制道德类节目,以搜集更多的案例分析。这些都是出于职业需要的目的。儿童喜欢看动画类节目,老年人喜欢看戏曲类节目,中年人喜欢看社会类节目,这是年龄特点的不同造成的。压力大了喜欢轻松类的综艺节目,松散久了喜欢一些具有思考性、深度性的节目,这是由于精神调节的需要。可见,不管是群体层次上的需要,如职业、性别、年龄,还是个体层次的需要,如压力、疲劳、兴趣、爱好,都影响着受众的行为选择,影响着受众感知、接受以及加工媒体信息的整个心理过程。

三、播音主持受众的心理需要

在大众传媒普遍化的今天,受众与播音员、主持人之间的互动、交流越来越频繁,受众在传播过程中正在起到越来越重要的作用,扮演着越来越重要的角色。媒体传播者不但要考虑到传播形式的多样化、节目风格的大众化、传播内容的丰富化,更要充分考虑到受众的各种心理需要以及当前受众的心理需要特点,因为这些心理需要在很大程度上影响着他们对于传播形式和传播内容的选择、接受与评价。作为播音主持的受众群体,他们对于媒体的需要是广泛而又多样的,涉及政治、经济、文化等领域,为的是求知识、求信息、求娱乐、求审美、求与外界的沟通。这些需要属于社会性的较高层次的精神需要和心理成长需要,如果以心理需要的指向作为划分标准,播音主持受众的心理需要基本上可以概括为三类,即指向外部世界的信息需要——求知需要,指向个体内部的情感需要——审美与娱乐需要,以及指向与内外环境的交流——社会化需要。

信息需要是受众最基本的认知需求,即希望通过媒体信息能够及时、全面地了解我们生活的这个世界中所发生的一切。信息是个体在了解、掌握、适应、改造外部现实世界和精神世界时所需要具备的基本条件。首先,人们对于陌生世界是充满好奇心的,喜欢了解自己不熟悉的环境,探索一些未知的事实,以满足自己的求知欲望、开阔视野、丰富经验。其次,人们对于任何事物与事件的把握都是不全面的,只有掌握了有关的信息以后,人们的认识才能够更深入,做到及时改变思想,调整自己的行为。

生活在高速发展的现代社会,人们面临着来自工作、生活、学习以及其他方面的种种威胁与压力,造成精神的紧张焦虑,身心疲惫不堪。每个人所能承受的压力是有一定上限的,如果不能及时缓解这些焦虑和不良情绪就会影响到心理健康。媒体节目具有放松心情、消磨时间、调节情绪的心理娱乐作用,它能够以游戏、宣泄、轻松、幽默、通俗、参与化的方式,使人们的心理压力得到转移与缓解。人们往往能够从轻松的生活方式中获取一种心理乐趣,通过多种多样的娱乐节目释放压抑的情绪,放松紧张的神经,从而能够暂时忘却枯燥、刻板、充满压力的工作,忘却生活中的种种不如意,获得自由呼吸的空间。

完成个人的社会化是从自然人转变成社会人的过程,也是个体不可避免的成长过程。社会人是各种社会关系的总和,受到阶级地位、经济地位、政治地位等因素的影响,同时受到一定社会伦理道德标准的制约。社会化是个体的个性发展与外部环境相协调、健康成长的必要保障。个体必须在成长中逐渐学习社会规范,协调自己的观念与行为以更好地适应社会环境的要求。尤其是当今的青少年,非常希望借助媒体认识到所处社会的道德伦理准则,获取自我评价的客观标准,从而正确地进行自我认识与自我判断,扮演好自己在社会中的各种角色。

受众需要与信息传播是一个相互作用的过程。媒体信息在一定程度上影响着受众的思想行为,而信息内容的选择与传播形式又要受制于受众的各种心理需要。所以,关注受众的心理需要、重视媒体信息对受众心理的影响,作为大众传播过程中相互作用而又不可分割的两个方面,颇受重视。

第二节　受众求知需要与知新性

求知是人的本性。人们在成长的过程中需要不断接受外部环境中的新信息,以了解世界,满足好奇心,减少不确定感;探索未知,获得知识,全面认识事物,做出正确的判断;掌握新的规则和秩序,更好地适应社会。现代社会的生活节奏加快,事物更新的速度也在加快,社会化过程使得人们与生活在其中的社会联系紧密,将人们深深地置于层层信息的包围之中。每个人都需要大量的信息来判断自己所处的环境状况,并据以调整自己的生存与发展方式,从而更好地适应社会环境,保持与世界的联系,即受众指向外部的需要——信息需要。

一、当今大众的求知需要

(一) 求知方式的变化扩大了大众的求知需要

人们的求知方式通常有两种。其一,可以从亲身的感知和实践中学习知识,依靠的是直接经验;其二,可以通过中介来获得信息,即通过语言、图画等人工符号的方式,依赖于媒介传播的间接信息。随着大众传媒的高度发展,间接信息的传播成为获取知识与学习新事物的主要途径,电视、广播等传媒工具逐渐担当起文化、知识、信息传播的重要责任,其主导地位越来越不可代替,在人们的学习和成长过程中发挥着不可估量的重要作用。这些电子传媒工具改变了传统、落后、单一的学习方式,提供了更为现代化、多功能化、快捷的学习工具,能够及时而又方便地传播更多不同种类的信息和知识,极大提高了人们的学习兴趣,进一步激发了人们的求知欲望。求知工具的发展以及求知方式的变化,更快、更好地满足了大众的求知需要与好奇心。

另外,现代化传媒工具也促进了人们求知内容的变化,扩大了人们的信息视野。人们常常通过电视、广播、网络等传媒去了解政治、经济、文化、教育、体育、娱乐、农业等多种资讯,足不出户就能知晓各种各样的新鲜事物,接收到不同的信息和知识,开阔了眼界,拓展了知识面。新闻节目的内容包罗万象,有关于"非典"知识的宣传、我国探月工程的进展、申奥过程的追踪报道,还有日本首相参拜靖国神社、青藏铁路开通等重要事件的介绍。时事类评论节目如《焦点访谈》,能够抓住当今民众最关心的热点问题,找到问题的根源,让观众了解问题背后的真正原因;社会类调查节目如《共同关注》,能够深入百姓,讨论各种社会现象,期望能够引起社会各界的关注以及社会有关部门的重视。社会上越来越多的信息都是通过媒体来报道,真可谓:家事、国事、天下事,媒体网络了一切!

（二）信息社会的发展激发了大众的求知欲望

"信息时代"一词是对当今社会的形象概括,它重点强调了获得信息在经济、政治、文化发展以及个人成长过程中的重要性。媒体节目中传递的信息在满足受众的求知需要方面承担着越来越重要的责任,对人们的生活、工作、教育、休闲等活动产生了重要的影响,同时加强了大众对各种信息需求的迫切性。

第一,信息的多样性和开放性,激发了人们的求知欲望。随着科技的发展、交往范围的扩大以及对世界的深入认识,信息的内容、种类、范围变得更为丰富多彩。信息的多样性开阔了人们的眼界,拓宽了人们的知识面,也激发起人们新的求知欲望与好奇心。在爆炸性的信息面前,人们日益感觉到自己所知甚少,所知与应知之间的差距逐渐变大,要想缩短这个距离最主要的方法就是要通过各种途径,尤其是传播节目不断去了解外部世界,获得新知识、新资讯,学习新事物,及时充实自己的头脑,开阔眼界,防止自己思想闭塞,落后于这个时代。

第二,信息的短暂性与发展性,促使人们不断获得新信息。当今社会的另一个特点是社会生活节奏不断加速,事物更新频率逐渐加快,人与人的关系、人与物的关系、人与地域的关系变得短暂,给人们心理上带来了不断增长的不确定性与短暂性体验。新的事物、信息、资讯、知识不断推陈出新,淘汰、推翻以及更新了人们曾经拥有的观念和认识。信息与事物不断刷新的速度要求人们用新的眼光、新的思维方式、新的知识体系、新的行为方式去迎接不断出现的新现象。生活在这种信息境遇中的人们只有不断掌握新的信息才能更全面地认识事物,从而减少被时代淘汰的感觉。

二、受众的求知需要特点

（一）求知欲望的强烈性

大众对于信息和知识的需要一般处于欲知与应知的两种状态中。欲知状态是受众自己具有一种强烈的感知信息的愿望,希望从媒体中获得自己渴望知道的相关知识。应知状态则是由于某种需要或者利益而使个体处于一种对信息的渴求状态之中。工作、生活以及个体成长的需要,以及大众对于信息需求的强烈欲望,使得他们感到自己应该知道的东西变得越来越多,处于一种强烈的欲知与应知状态中。从1987年开始,每隔5年进行一次全国电视观众抽样调查,迄今为止,已经进行了4次调查。从2002年全国电视观众抽样调查分析报告中发现,电视观众的收视目的排序依次为:了解党和国家的方针、政策;了解国内时事、政治;了解国际时事、政治;增长见识,学习知识、技能;没有特定目标,打发时间而已;了解商品信息;追求精神、艺术和情感上的享受;了解行业动态;消除孤独、寻求精神寄托;排解压力等。观众对中央电视台72个栏目满意度的调查也显示,2001年排名前10位的栏目中,新闻、法制等能够让受众获取知识和信息的节目占据了重要的位置,《新闻联播》、《焦点访谈》、《今日说法》、《东方时空》均获得受众较高的满意度[1]。从以上两项调查中不难发现,传播信息的节目颇受欢迎,受众通过媒体获得知识、求得信息的需要非常迫切。

　　社会的发展变化不断扩大人们的所知、能知与应知的范围,使人们逐渐意识到了知识与信息的重要性,通过媒体获得知识的求知需要也变得日益迫切。受众不但需要政治、经济、文化、教育、法律、体育等领域的信息,还要了解生活用品、休闲娱乐等各方面信息,大众传媒尤其是电视、广播担负起了传递信息的重要责任。各类新闻节目是大众所钟爱的,因为它内容丰富,范围涉及各领域的最新动态,能够较快、较准、较生动、较真实地将信息传播出去,是受众了解外在环境不可或缺的重要渠道。通过事实性的新闻报道,受众能够在第一时间内了解到最新的国内、国际动态,比如神舟六号飞船升空、美国的"9·11"事件、伊拉克战争、黎以冲突,还可以了解到党和国家的各项方针政策,比如建设小康社会、和谐社会的重要决定。通过对法律事件的评点,受众可以了解法律动态,学习法律知识,满足对法律知识的应知与欲知心理。通过对轶闻趣事、异地风土人情的介绍,受众可以开阔眼界,增长见识,获得新鲜的经验。通过对典型事件的宣传、社会问题的追踪、经济发展的调查、文教动态的报道,受众可以获得各种有用的信息资讯。

　　求知不仅是为了与外界环境进行沟通和交流,最主要的是渴望了解事实,减少谬误,获得一种确定感。这种求真的心理是正确认识世界的必要条件,是对各种事情作出准确判断的重要依据。受众希望通过得到真实的信息和事实,以求得正确地引导自己的思想与行为。关于政策、舆论等的新闻报道,可以使受众及时了解党和国家现阶段的发展状况,调整自己的行为以

---

[1] 王兰柱主编:《聚焦收视率》,北京广播学院出版社2002年版,第77页。

适应社会的需求;对于文化、教育、日常生活等方面的民生类新闻报道则可以让受众尽快地了解各种社会动态,比如房改、就业等民众所关心的热点问题;对于一些富有情趣的社会生活新闻则可以丰富受众的经验,提供茶余饭后的谈论话题。

受众强烈的求知欲,以及他们通过媒体获取知识的迫切性,给广大播音员与主持人带来了更大的挑战。受众对播音员、主持人自身综合素质的高低、视野的开阔性、知识积累的深浅、思维方式的创新性与逻辑性等提出了更高的要求。而播音员、主持人的这些个人素质与能力表现,也潜在地影响着受众对信息的需要与兴趣、感知与理解,从而影响着信息传递的成功与否。比如,在德国举办的世界杯足球比赛吸引了众多观众的眼球。每晚播出的《我爱世界杯》是央视第五频道的强档节目,主持人张斌给观众留下了深刻的印象。这不但是由于他喜爱足球的热情、精彩的评球语言,还因为他对足球的热爱,以及他对世界杯足球赛相关知识的深入了解与熟练掌握。正是由于这些原因,他才能够在现场主持过程中做到游刃有余,极大地调动了观众的兴趣和积极性,真正与球迷观众朋友融为一体,赢得了一致的好评。

视窗

看电视也是学习吗?
——满足受众求知需求的重要途径

关于电视对人的影响先后进行过很多争论,既有消极观点也有积极的一面。但无论怎样评论,电视已经成为人们生活中不可缺少的一部分,已经成为公认的事实。更为严格地讲,电视是人们了解外界、获取知识的重要途径之一,它通过与语言文字阅读不一样的方式,更为直接、简便、生动地传递信息与知识。

首先,《新闻联播》、《新闻调查》、《焦点访谈》等新闻类节目对满足人们的求知需要具有重要的作用。新闻信息具有广泛性、辐射性与再现性的特点。同步新闻、现场新闻是常见的新闻传播方式,这些信息涉及政治、经济、人文、自然、科技、教育、法律、体育、娱乐等诸多领域,传递较为及时,并借助于真实的画面,让受众在短时间内可以浏览大量的信息,受众也具有对新闻信息第一时效的新鲜感,能够较快地满足信息需要,尤其是一些社会新闻能够更大地满足受众的好奇心,随时把握社会的发展状态以及大众的心理走向。

其次,法制类节目走上荧屏是近几年来我国电视界的一道新景观。这类节目的收视率也在不断增长,受到广大观众的喜爱。从某种意义上讲,这类节目具有新闻性、普法性、知识性与故事性等特点。以《今日说法》为例,它的主题通常选择当天或者最近发生的事件,以故事性的讲述方式把事情的原委交代清楚,从法理、法制层面上评点和阐释,节目更具有亲和力和易接受性。更重要的是,观众在一个个发生在身边的、日常生活中的事实中获得了一定的法制信息与法律知识。

再次,社科类节目具有较强的人文性和知识性。《百家讲坛》是电视图书的一种新的版本。它本着传授知识、享受智慧的宗旨,在众多节目中脱颖而出,赢得了广大观众的一致好评。其内容相当广泛,涉及政治、经济、历史、文学等多个领域。凡是健康向上的内容均可占有一席之地,节目形式新颖活泼,氛围幽默、轻松,表达通俗易懂,真正让学者走上讲台,走近观众,让观众开阔了眼界,丰富了知识。

所以,从某种意义上讲,看电视也是一种学习方式,也是满足求知欲的一种重要途径。

(二)求新心理的迫切性

求新心理是人们认识和了解世界的必需,是个体心理成长的必需。任何事物都是不断发展的,而人们由于学习和认识能力的不足,总是不能够全面地认识到事物的全部,这在一定程度上决定了人们必须时刻保持着一种求新的意识,不断跟随时代和文化发展的步伐,去了解外界事物、获取新的信息、学习新的知识、更新思维方式,以便更好地融入社会。

社会发展要求人们必须具有一种求新、求变的意识。大众传媒的现代化和多样化，使得整个社会环境处于一种开放的状态，变化成为这个时代永恒的主题。任何事物都在以一种令人瞠目结舌的速度变化着，生活方式、消费休闲、工作方式、行为态度、思想观念、各种社会关系都在发生着变化。生活在这样的变化中就必须学会适应，学会不断改变自己，这是社会发展对每个人更好地适应生存所提出的要求。求新意识也是个体心理成长的必需。只有不满足于现有的一切，只有时刻想做到最好，才能有所创新，这就是一种求新意识，也是一种正常心理。因为随着社会经济、政治以及文化环境的多元化发展，受众接触到的信息不断多样化，并逐渐意识到，不管是生活、工作还是态度、思维和观念都不是一成不变的。受众对很多事情也开始抱有更宽容的态度。媒体形式与信息内容的开放性，适应并满足了受众心理的求新性。大众传媒的发展创造了多元化的信息传播形式，开放性的信息空间满足了受众的求知与求新心理，进一步促使受众对更多事件产生了强烈的好奇心，更喜欢接受不断推出的新事物。

对于事物的喜新厌旧是受众的共同心理，对媒体节目亦如此。凡是形式、内容、风格新颖的节目都会引起受众的关注。节目的新鲜感是满足受众求新、求变心理的重要途径。节目本身的新颖性吸引了众多观众的好奇心，尤其是社会调查、新闻评论、科学探索、法制报道等栏目，故事情节引人入胜，播与评环环相扣，能够调动受众"看下去探个究竟"的积极性。播音员、主持人的思维方式、主持风格、语言特点等也要求创新。播音员、主持人队伍的多样性，即在个性、形象、能力等方面的多元化发展，可以增加受众对于播音员、主持人的新鲜感。一些节目选择使用演员、歌手等非专业人员作为主持人，突破了以往受众对主持人的传统认知，在整个主持风格与形式上都带给受众一种视听感觉与心理上的冲击感，从而引起了受众的兴趣。

第三节 受众审美需要与审美观

审美是人类的一种高级的精神活动。审美需要就是人们向往与欣赏美好事物的一种心理需要，并能够在审美过程中陶冶情操、启发智慧、调节情绪，审美需要是人类区别于动物的一种高级需要，具有浓重的社会文化色彩。审美观是生活在某种社会情境中的人们对什么是美的事物所形成的比较一致的看法与观点，即对于某一种事物美丑与否的一种普遍认同。审美对象的范围较广，类型多样，凡是能够给人们带来美感的、带来身心愉悦以及精神享受的事物、事件、作品、活动形式都可以成为人们的审美对象,并对其进行美丑评价。审美观念是不断发展变化的,随着当今社会的发展以及文化的变迁,人们对于美的观念也发生了很大的改变。

审美作为一种文化实践方式与文化想象方式,源于人类生存的文化活动——对世界的体认与对自我的建构。所以,审美必须与人们现实的生活状况相联系,与人们对生命的思考相关。以往许多人对于美缺乏深入的了解,对于审美的认识过于狭隘,以为只有如绘画、文学、交响乐等纯粹的艺术形式,才能够被列入美与否的评判价值体系中,值得人们去作出审美评判和欣赏,因而从某种意义上把美与人们的日常生活以及日常生活当中的吃穿用住、喜怒哀乐等割裂开来,甚至对立起来,使美成为不食人间烟火的神,使审美成为高深莫测的玄学。其实人们可能忘记了,车尔尼雪夫斯基就曾说过:"美就是生活。"在我们的生活当中充满着各种层次、各种各样的美。今天,当我们面对飞速发展的现代社会、日新月异的多元化需求,面对眼花缭乱的流行歌曲、时装选美、广告消费、通俗电视剧等充满商品化、娱乐化、世俗化的大众文化形态,以及所表现出来的对传统、价值、道德、文化等的颠覆,使人们的审美出现了前所未有的混乱,美失去了笼罩在它身上的美丽光环,失去了评判的标准,美被消解、被颠覆。以至于当我们面对现实进行审美评判时,却左右为难,束手无策,不知道应该如何对它们进行审美价值的判断。尤其是在中国传统的文化制度的长期影响下,人们的审美意识总是受制于道德观念以及伦理规范的制约,审美对象一般比较单一,审美空间比较封闭,审美活动缺乏活力。改革开放之后,随着社会剧变以及外来文化影响而兴起的大众文化形态,其内容与形式紧密联系并反映着社会日常生活的状态,能够让人们体会到大众文化所带来的情趣,使每一个人都能体会到自己与文化、与艺术的亲密接触,从而获得某种满足与快感。从某种意义上讲,这正是美在某一层面上回归生活、回归大众、回归美的本质。遗憾的是,大众文化的通俗性、消费性、娱乐性、商业性以及非理性等特点对传统审美文化绝对性、自律性以及崇高性的挑战与反叛逐渐使得受众的审美心理取向发生着变化,而这种变化是要付出相当的代价的。

一、当今大众文化对审美心理的挑战

改革开放以来,大众文化在中国文化阵地上出现并迅速流行。具体来讲,大众文化是一种时代性的文化现象,以现代科技传媒为载体,以商业运作为原则,以消费为目的,将休闲娱乐、日常生活等内容纳入其生产体系,面向社会大众的一种产业性文化形态,具体表现为消费广告、产品宣传、商业电影、通俗电视剧、流行音乐、大型歌舞晚会、明星崇拜、商业性体育竞赛等令人目不暇接的文化产品和形式,具有明显的商业性、消费性、娱乐性、通俗性、流行性以及后现代思想的非理性等特点。

大众文化产品是由少数人以商业和消费为目的而创造出来的,他们需要把握大众当下的心理需要,通晓大众心态的变化规律,迎合大众的欣赏口味,力求做到形式多样、内容通俗易懂、易于被大众接受,从而争取到较高的票房收入、收视率、发行量等市场份额。大众文化以商业性与消遣性为主,调动大众对于文化产品的消费积极性,引导消费趋向和消费时尚。它迎合了广大人民群众的欣赏品位与心理需求,辅以市场运作,力求文化走商业化、大众化的发展路线。大众文化缺少高雅文化的历史感、厚重感与责任感,而转向最大限度攫取市场利益,尽可能满足大众的休闲、娱乐以及情感需求。大众文化的各种产品能够如此迅速地融入人们的日常生活,并遍及城乡的各个角落,离不开各种传播载体的快速发展。广播、电视、网络等大众传媒使信息渠道畅通无阻,传播速度极其迅速,形成全方位的信息网络和铺天盖地的宣传。大众媒介的多样性、现代化、科技化以及声像传播的即时性、纪实性,也为大众文化的发展和传播提供了广阔的物质平台、坚实的技术支持和自由的伸缩空间。加之后现代文化思潮中体现出来的消解中心、颠覆权威、无序零乱、怎样都行等后现代非理性因素,以及它与大众文化联姻产生的后现代消极文化现象,更注重刺激、娱乐等自我体验,其中掺杂着空虚、无意义等消极心态。

我们不能否认,"作为社会文化世俗化的一种独特表现形式的大众文化,对现代化的积极效应或者说更具体的动员作用主要表现在,世俗化促进了社会价值观对于现世生活层面的关怀,唤起了不同群体对于自身物质利益的追求,激发了社会成员实现自我潜能与价值的动机"①。同时,我们也不能无视大众文化在中国的快速发展带有明显的商业消费性,逐渐消解着高雅的意义,淡忘了生活本身应有的反思性、责任感和使命感。虽然大众文化出现的时间较晚、存在的时间较短,但其形式之普遍、内容之流行及精神之强悍却已经深刻地影响了广大民众传统的生活方式、思维方式、行为习惯以及对人、事、物的看法与态度,改变了大众的价值取向与审美取向。大众文

---

① 余潇枫:《人格跨世纪与发展中国"本土化"人格理论的思考》,载《浙江大学学报》,1996年3期。

化对传统审美文化的挑战和反叛虽然不足以让经典审美文化销声匿迹,但传统的经典审美活动对于当代社会文化现实,尤其是对于大众文化现实与大众生活状态却无力作出审美判断,使得大众文化这种从一开始就重视商品化、娱乐化、生活化的文化形态能够对社会上的种种现象具备解读的权利与能力,具备与大众生活紧密联系的生命力。

二、受众的审美需要特点

(一)审美标准从单一走向多元

大众文化对传统审美文化的反叛主要表现为其形式与内容的多样性颠覆了传统经典审美文化中公认的绝对性的美丑标准。大众文化对于美的看法不尽相同,不同的美丑标准造成了受众审美评价的多样化。大众文化彰显出对于审美主体的重视与尊重,拆除了传统经典美学的绝对自律空间的围墙,使得审美文化从封闭走向开放,审美标准从单一走向多元,能够在审美活动中体现出审美者的主动性,还能够在审美评价体系中容纳差异,宽容异己,承认不同。这是传统审美文化的一次深刻革命与巨大进步。大众在审美活动中表现出了前所未有的自主性,他们可以自由地选择不同的文化活动,可以参与到文化活动中来,可以对于作品提出自己的观点与主张,可以对更多的事物进行主动的评判。这些审美活动所渗透出来的就是对于审美主体的重视,对于审美标准多元化的提倡,对于传统神圣的伦理与道德审美的颠覆。正是这种多元化的审美取向,使受众对任何事物的评判态度变得乐观与宽容,并重新认识了什么是美,什么是多元化的美。但是我们也应该看到,在强调和尊重审美的个性的同时,却极大地模糊或忽略了审美的共性。在强调多元化的同时,却又以多元化掩盖了审美标准的混乱,使美失去了基本的标准。

对美的标准的多元化肯定,在传播体系中表现为节目分类的细化以及播音员、主持人风格的多样化发展。为了适应不同受众的欣赏口味与审美水平,媒体在逐渐增加多样化的节目形式,注重节目内容的多元性,并不断吸纳与包容不同个性的播音员与主持人,从而使得受众对于节目的审美观念也发生了相应的变化。就新闻节目而言,受众不再觉得只有政治、经济等严肃、重大的社会问题才是新闻,百姓寻常事、社会趣闻同样具有值得关注的价值;不再觉得只有正襟危坐才是播新闻,而如同讲故事一般娓娓道来也能够引人入胜;形象端正自然受到欢迎,形象普通却富有气质和魅力的播音员与主持人同样可以被接受。就谈话类节目而言,有人觉得《艺术人生》的成功在于它展示了明星的艺术历程,让明星流露出自己最真实、感人的心声。有人觉得《实话实说》引起轰动的原因在于其内容丰富多样,讨论了颇受社会关注的热点话题,提供给受众很多建设性的意见。就综艺类节目而言,有人觉得《开心辞典》的广受欢迎,是因为它在一种智力游戏中让人们体会到挑战的乐趣,紧张又不乏娱乐,竞争激烈又不乏柔情;而《快乐大本营》却采取了一种与众不同的突破方式,创造了一种真正轻松、幽默而又紧张的氛围,让参与者和受众都体验到了展现自我、心理愉悦的感觉。就播音员、主持人而言,有人觉得罗京稳重、认真、严谨,属于播音中的硬性风格;有人觉得崔永元也不乏魅力,他更朴实、平和、具有亲和力,属于主持中的软性派别。受众审美标准的多元化,一方面表明了其心理需要的多样化,另一方面彰显了其能够容纳异己的开放心态。

视窗

你感觉到了吗?
——审丑新时尚

如今,审美的内容与标准向着多元化方向发展,而且出现了一种新型的审美取向——审丑文化的流行。在千奇百怪的大众文化形式和文化产品中,在多样化的大众媒体的宣传下,在受众难以捉摸的猎奇心态下,受众的审美趣味正在变得更为捉摸不透。

这里的"丑"并非通常理解的不堪入目,而是相对于传统审美中精致、有序、严格、高雅的标准而言,它更注重生活化、通俗化、大众化。审丑文化取向首先表现为节目形式的大众化倾向,表露出当今社会中的生活审美心态。"审丑"是指传播媒介提高自身节目影响力和辐射力的一种策略,以争取全体大众的积极参与。以"海选"为特征的一类节目,其独特的生存空间就是对于"审丑"的主动寻求。这类节目的成功证明,丑不但能传播,审丑还完全可以成为一种时尚。它带来的是大众的热情参与、集体狂欢以及愉悦快感的满足,将参赛的人群范围无限扩大,使得更多的选手得以在镜头前面展现自我,更多的噱头和洋相得以展现在我们的面前。这种精神、心理上的快感来自对实现梦想的极大兴奋,来自一种游戏的冲动以及自我表现的骄傲。节目制作者准确把握了大众的社会心理脉搏,引领了大众审美文化的一种新时尚。

审丑取向还表现为节目主持人的"丑化"倾向。如今的主持人,尤其是娱乐综艺节目的主持人,在风格、形象等方面彻底突破了传统的审美标准,他们甘愿调整自己的身份、品味、情趣,甚至以夸张的表情和动作来调动观众的热情,力求在语言、形象、行为上表现出个性,以求得吸引观众的眼球,让观众觉得有新意,迎合观众求新、求变的心理,能够与观众一起做游戏,赢得了观众的认同。与以往对节目主持人形象良好、语言规范、行为标准、穿着讲究的审美标准不同,这些主持人在观众眼里更加生活化、大众化,更加朴实、平凡、能说能闹,而非有板有眼、严肃有余。他们在博得观众一笑的同时,也在经受着来自观众或肯定、或调侃、或讽刺、或批评的各种评论。

(二)审美意识从理性走向感性

感性审美认同使得受众的审美重点从内部的理性审美,转变为关注外在感性体验的审美。康德曾经区分过两种类型的"愉快"。一种是感性的愉悦,主要经由感官来获得;另一种是智性的愉快,主要通过理解的概念或者理念表现出来。目前的理性美感正在向着感性的快感发展。对于大众传媒节目来讲,感性审美就是力求在视觉、听觉等感觉刺激的直接心理作用下,来调动广大受众的喜、怒、哭、笑等生理反应,以直接诉诸感性体验唤起为特点,注重感性享受。

首先,审美的感性化表现为审美文化的图像化。较之以往的抽象理性审美,当代审美注重的则是图像的大量涌现,借助形象、具体、直观的图像,利用一种简便、通俗的"读图"的方式理解事物,解放了受众的抽象符号思维,使之获得了心理上的享受与满足。当今文化图像充斥在城市生活的各个角落,广告宣传、电影、电视等媒体追求的是视听觉的快感以及表现形式的声像化。尤其电子媒体的发展逐渐将声音、画面等资料有机结合在一起,给受众一种身临其境的感觉。无处不在的图像将逐渐削弱受众对于文字、语言以及抽象符号的认识能力与抽象思维能力，造成了受众抽象符号审美能力的缺失。在以视听满足等感性体验为主旨的审美境遇中，在解放抽象审美能力的审美追求下，受众已经将理性反思对人生价值与意义的建构抛在了脑后。

其次，审美的感性化表现为注重情感体验。随着物质生活的丰富，各种需要的不断增多以及欲望的普遍高涨，一种具有实用性、大众化以及感性化的文化氛围正在不断形成。休闲、旅游、服装、美容、健身、流行歌曲、影视剧、选美等不断涌现，受众审美的感性化体验趋势日益明显。只要打开电视机，文化的感性化气息就会扑面而来。新时期大众审美的通俗化、生活化转向，把受众从长期枯燥、单一、封闭的生活模式中解放出来。人们不需要特意去压抑和克制自己的情绪和感情，而是把自己潜在的灵性、激情、想象、无意识等本质力量显现出来，寻找情绪的宣泄，追求快乐的自我体验。大众审美文化的感性化转向打破了传统的社会理性审美意识，使审美成为单一的感官体验。

（三）审美领域从艺术走向娱乐

艺术商业化，生活娱乐化，这是目前在大众文化影响下，整个社会审美文化的走向。艺术已经在当今商业化的大众文化影响下，一方面变成了商业的一种，在通俗化的同时，被彻底地庸俗化；另一方面又被束之高阁，成为无人问津、孤芳自赏的一隅。它终究没能够抵挡住商业利益的巨大冲击，而保持自己脱离商品化的清高与自持；人们也终于没有能够抵挡住通俗文化带来的巨大诱惑，而置高雅文化于不顾。在大众文化时代，审美领域的娱乐化主要表现为对于自我的享受以及愉悦的体验。

最近三十年，伴随着社会经济、政治和文化生活的巨大变化，我国民众的生活方式、生活态度、审美情趣以及思想观念都发生了很大改变。而受众对于一种文化形式和文化内容的评价和肯定，除了看文艺作品所具备的艺术价值以外，更重要的是文化内容和文化精神是否体现了大众生活的心理需求，是否反映了大众的生活状况，是否适应了大众的生活心态。所以，在多样性大众文化的热闹表面下，彰显了如今受众所具有的审美文化心态，那就是对于生活简单化、通俗化、娱乐化的追求，向往和期待一种轻松、多彩、休闲的文化生活，钟爱选择和参与一些流行的娱乐文化活动。另外，随着电视迅速的普及，普通百姓成为电视的主流受众。大众化的娱乐节目能够让他们在工作之余获得心理上的轻松感、愉悦感，以及一些茶余饭后的闲聊话题。

所以,娱乐节目在中国的迅速兴起并流行,以及向着商业化的方向迅速发展,是有一定的社会基础的。从90年代初期的主题综艺类节目,发展到后来形式多样的各类挑战、博弈、模仿等娱乐节目,不断适应与引导受众的娱乐心理需求。以央视的综艺节目为例,相继推出了《正大综艺》、《演艺竞技场》、《梦想剧场》、《联合对抗》、《欢乐中国行》、《星光大道》、《非常6+1》、《梦想中国》、《同一首歌》和《开心辞典》等多项强档节目。各地方台的娱乐节目更是花样迭出,《快乐大本营》、《欢乐总动员》、《超级访问》、《超级女声》、《综艺满天星》、《男生女生》、《太可乐了》等。就广播娱乐节目而言,也相继出现了《可乐加冰》、《中国流行排行榜》等。娱乐节目的主持人也受到受众娱乐需要的挑战,主持风格朝着更加个性化的方向发展。娱乐节目要想突出其娱乐性、消遣性与趣味性的特点,就要对节目主持人提出新的要求,即要具有个性、幽默感、活力以及煽动性。不过,一味地追求娱乐效果,必然会使节目缺少艺术的精神向度与文化品位,淡化理性的美感以及独创性、教育性与欣赏性。

(四)审美心态从严肃走向通俗

如今受众的审美需要正在趋于生活化,他们对于社会、文化等领域的看法和评价在朝着更为贴近生活本真状态的方向发展。就对广播、电视媒体的审美过程来讲,受众更注重节目形式、主持人形象以及节目内容的生活化、通俗化,力求挣脱传统的严肃性和束缚,更好地做到在交流中接受信息,在愉悦中得到启发,在趣味中了解世界,在思考中回味生活。

节目形式本身正在趋于多样化。过去只有一个频道的中央电视台,现在已经迅速发展出综合、经济、综艺、体育、电影、电视剧、科教、戏曲、法制、新闻、音乐等十几个频道。这些频道的开通,能够做到更深刻、更全面地去关注某一个生活领域,节目关注的话题更多地与大众日常生活息息相关,适应了受众审美心理需求的多元化以及受众欣赏口味的挑剔性。单就新闻类节目来说,就有《新闻联播》、《新闻30分》、《整点新闻》、《新闻会客厅》、《国际时讯》等多种形式,能够在不同时间、以不同的方式传播不同的信息。这种节目形式之所以受到受众的一致好评,主要在于节目形式的多样化以及考虑到了不同人群对于不同新闻的求知需求。

播音主持风格的生活化。节目的播音与主持风格正在向着朴素、平和的生活化的方向发展,语言平实、通俗、干净利落、自然清新,适当的时候还不乏幽默;播音、主持过程更像是听一位邻居讲述发生在我们身边的逸闻趣事,让受众在一种轻松的氛围中接受信息、了解社会。就像《实话实说》的主持人崔永元所说的:"我希望大家看到的这个《实话实说》的主持人,就是这样,不是个完人,身上有很多毛病,也有很多可爱之处。他一看我,就想到他的一个兄弟,想到插队时的一个战友,想到当兵时同班的一个战士,想起邻居大妈的一个儿子。"这种主持风格的改变说明了受众对于节目从内容到形式通俗化的认同。

节目内容的生活化趋向,话题日趋开放。与传统的严肃性的信息主要集中关注一些政治性、经济性的话题不同,现在节目的话题涉及更多新鲜、生活化、趣味性、多元化的事件,更多地注重反映民众的生活状态。这些信息从不同的侧面关注受众的生活状态,关注受众生活中发生的种种趣事以及热点话题,突出内容的故事性、情节性,内容更具开放性与包容性。电视节目是否成功,关键在于主播能否让观众忘记遥控器的存在。

第四节 受众娱乐需求与休闲

一、娱乐休闲需要的必要性

娱乐休闲需要是指人们追求心理轻松、身心愉悦、快乐体验的一种需要。娱乐休闲需要的产生一般具有生物因素以及社会因素两方面原因。

有些心理学理论认为,娱乐休闲需要是个体的一种生物性需要。精神分析理论的代表人物弗洛伊德认为,个体的我是本我、自我与超我三种形式的统一。本我受到潜意识力量的支配,受本我支配的行为是以寻求快乐为目的;自我受到现实原则的支配,自我支配的行为受到现实条件的制约;超我受到道德规则的约束,而使行为更符合社会的要求。个体行为的发生本质上都是为了寻求快乐,但是由于受到现实条件与道德规则的束缚,求乐的行为会有所收敛,有所压制。由此可见,精神分析理论认为,趋乐避苦、向往快乐是人类的本性。进化论心理学理论认为,人类与动物一样都喜欢相互嬉戏、追逐,参加喧闹欢快的游戏,从而激发快乐的情绪,获得快乐的感觉。只是随着社会的发展,人们对快乐本质的理解以及寻求快乐的途径发生了很大的变化,不再是动物之间相互嬉闹的游戏,不再仅仅凭借本能的需要而满足自己的求乐欲望,而是力求使娱乐活动变得更加丰富多彩、形式各异、文明有序,并要受制于时间、地点以及场景等许多因素和条件。可见,人类的娱乐需要虽然是一种本能,却在后来的发展演变中被深深地打上了浓厚的社会性烙印。

从当今的社会环境来讲,娱乐休闲是人们很重要的一种需要,是一种释放压力的方式和途径,是在物质生活丰裕的前提下人们对于精神轻松的一种需求。工作与休闲是现代快节奏生活的双翼。面对来自社会各方面的压力,面对不断更新的事物,面对不确定的各种因素,人们容易产生情绪上的压抑、焦虑、紧张与孤独。精神的紧张状态是不能持久的。生活需要多样化的调剂品,以消除疲劳、急躁等感觉,消除精神的紧张状态,达到轻松愉快、放松自己的心情的目的。释放压力、宣泄紧张情绪的途径有多种,包括旅游、读书、看电视、聊天、参加娱乐活动、欣赏娱乐节目等。综艺节目、电影、演唱会等大众娱乐节目重视营造精神轻松、身心愉悦的气氛,内容简单、元素多元、形式多样,适应了受众通过娱乐缓解压力的需要,在一种轻松的氛围中让身心得到解脱,忘却各方面的压力,进而让人们在工作之余放松精神,成为受众在现代紧张生活中的重要调剂品。由此可见,现在的一些综艺、戏剧、选秀类娱乐节目受到观众的喜欢也就不足为怪了。

大众文化的兴起与流行也促进了人们对于娱乐消遣的追求。在商业和市场运作机制的支配下,大众文化匆匆地在日常生活中来往。娱乐节目层出不穷;商品广告无孔不入;通俗性的电视节目轮番更新;流行歌曲包装兜售……这些大众文化现象具有短暂勃发的生命力,同时又以极强的威力影响和改造着我们的生活。

二、受众的娱乐需求特点

随着社会的不断发展,旅游、健身等逐渐成为我们新的休闲方式。但看电视仍然是我国民众的主要休闲方式,娱乐身心是观众看电视的主要目的之一。最具有消遣性并且最能够满足大众娱乐需求的是综艺娱乐类节目和影视剧类节目。随着受众娱乐休闲心理需求的不断发展,他们对于综艺娱乐类节目的需要也日渐增加。仅以电视综艺娱乐节目为例,我们分析一下当今播音主持受众的娱乐需求心理特点。

1. 自娱自乐型。受众一般倾向于选择参与性、互动性、自娱自乐性、集体狂欢性较强的娱乐节目。这种特点的节目能够最大限度地调动受众的积极性和热情,使之能够体会到参与游戏的快乐和自娱自乐的快感。近年来,以《超级女声》为代表的选秀类节目,激起了受众强烈的参与意识以及自娱自乐的心理需求,进而在全国陆续出现了《星光大道》、《梦想中国》、《功夫之星》、《我型我show》、《加油好男儿》、《绝对唱响》等节目,掀起了一轮又一轮的比拼热潮,赢得了大批观众的参与。

2. 益智挑战型。以《开心词典》、《幸运52》为代表。这类节目的宗旨是答题与获奖相结合,不乏竞争性与游戏性色彩,极大地调动了参与者的兴趣。《开心词典》以静制动,《幸运52》则充分激发人们的热情,将参与者、观众、奖品紧密联系在一起,开创了一种新型的娱乐节目形式。

3. 颠覆突破型。以《快乐大本营》为代表的一类娱乐节目,突破了传统的主持风格,不再拘泥于主题的限制,按部就班地演练,而是即兴发挥、现场表演,以娱乐搞笑为主。主持人能够与观众打成一片,让观众看到主持人极具个性、突破性的主持风格。《欢乐总动员》一类走秀节目,打破了真人明星亲自表演的形式,而是让参与者站在舞台上,尽可能地模仿明星表演,掀起了一股模仿秀的旋风,观众在观看这种形似明星的表演中,体会到一种新鲜感和愉悦的乐趣。

4. 窥探揭秘型。以我国台湾地区的《康熙来了》和祖国大陆的《超级访问》为代表。节目在进行过程中,就一些受众感兴趣的问题,对明星进行台前幕后的访谈,揭开那些不为人知的明星个人秘密,表露他们身为普通人的一面。这类节目再现了明星的成长奋斗历程、个人情感生活以及他们日常生活中的各种习惯和花边琐事,极大地满足了观众想了解明星隐私的好奇心。

视窗

何以赢得观众?
——娱乐节目的成功秘诀

近几年,我国的娱乐节目迅速发展并流行。2004年,由湖南电视台娱乐频道制作的娱乐选秀节目《超级女声》推向全国后,迅速吸引了众人的关注。随后,全国版的超级女声把"战火"又烧向了武汉、成都、南京、沈阳、广州、杭州等地。一时间,《超级女声》成为各大媒体报端以及众人口中谈论的热门话题。2005年可以毫不夸张地说是一个"超女年"。如此类型的节目首次亮相,在全国范围内立刻掀起了一股收视

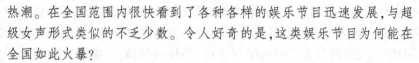

> 热潮。在全国范围内很快看到了各种各样的娱乐节目迅速发展,与超级女声形式类似的不乏少数。令人好奇的是,这类娱乐节目为何能在全国如此火暴?
>
> 　　大众化:全民娱乐,你来,我来,他也可以来,不设门槛的全民性游戏。
>
> 　　偶像化:大众自己选择与创造自己的平民偶像。
>
> 　　个性化:参与者全面展现自我,表现自己的个性。
>
> 　　炒作性:台前幕后的种种猜测,不确定感的刺激性。
>
> 　　可以说,这类节目的走红一方面是因为其节目形式的新意,另一方面就是因为它们紧紧抓住了当今大众的心理需要,尤其是娱乐需要。观看者觉得这一类节目能够起到娱乐、休闲的作用,而且自身能够参与到其中来,可以根据自己的喜好,行使自己的权利,决定选手的去留。参与者觉得这种节目的限制条件较少,入口比较宽,喜欢就参加,还能够表现自我,展现个性,实现梦想。

三、娱乐类节目中存在的问题

　　如今的人们越来越关注生活的享受、自我的体验以及精神的自由。"九十年代中国人的精神生活是越来越粗鄙化了,除了金钱和时尚,别的都没有兴趣,不读诗歌,不习惯沉思,稍微抽象一点的东西就看不明白,甚至迎面遇上美妙的事物,都毫无感觉——这种精神和心理状态,在今天的社会中非常普遍。"[①]这种心态造成了娱乐节目中存在着一些不良的倾向。

　　首先,媒体娱乐大众的恶俗化现象愈演愈烈。制造绯闻、竭力煽情成为媒体赢利的利器,这种恶俗化倾向带来的后果严重,危害极大。单纯地为搞笑而搞笑,嬉戏、调侃、灰色幽默、荤段子等类似的情况屡次出现,审美趣味低俗,内容浅薄,给青少年的成长造成不良的影响,引起受众的不满。这类低俗性的娱乐节目仅仅追求快乐的本能满足,以及情绪的宣泄,忽略了更高层次的体验与需要。低俗性趋向成为当今娱乐节目面临的困境。而且,许多娱乐节目不断挑战社会道德的底线。台湾著名娱乐访谈节目《康熙来

---

① 韩少功、蒋子丹主编:《失控与无名的文化现实》,云南人民出版社2003年版,第45页。

了》,由于过分低俗、无端搞笑而遭到受众的批评与指责,就很好地说明了这一点。对于娱乐节目而言,要能够做到娱乐而不低俗、游戏而不闹腾是非常不容易的。媒体绝对不能低估受众对娱乐节目的欣赏水平,不能单纯为娱乐而娱乐,还要具有自己的风格与特色,品位与格调;不能一味地迎合部分受众低俗的欣赏口味,追求收视率,而应当时刻坚守自己的职业道德与社会责任,保证节目内容的可观赏性与文化性。

其次,有些电视台为了赢得观众、收视率以及巨大的商业利益,节目的克隆现象比较明显,创意不足,新意较少。且不论抄袭国外的节目,就是国内某些节目之间也是频频相互模仿。看到哪一个节目能够引起观众的兴趣,能够带来巨大的经济利益,就会有类似的节目尾随而至,模仿、照搬。某些节目的初期阶段引起了全国观众的热情回应和支持,紧接着几年来就会陆续出现类似的节目,形式雷同,毫无新鲜感,最终引起了受众对这一类节目的厌恶与腻烦心理。这种所谓的时尚娱乐节目,存续的时间比较短,甚至是昙花一现。例如,凤凰卫视曾播出电视速配节目《非常男女》,取得了较好收视率。一时间,此类节目在全国蜂拥而起,《玫瑰之约》、《相约星期六》、《约会星期天》等,几乎占据了那一段时间周末晚间的电视荧屏。如今这些节目早已无影无踪。

再次,某些综艺娱乐休闲类节目的主持人需要进一步提高自身的素质。我们也看到,随着综艺娱乐节目类型多样化以及主持风格多元化的发展,逐渐让综艺娱乐节目的主持人走入了一种观念和行为的误区。过去有人总认为,一味地疯狂搞笑,打扮得奇形怪状,表情行为夸张,语言前卫才能赢得观众的认可,其实这样反而招致了广大观众的不满。所以,娱乐休闲的轻松氛围并非来自主持人的外在表现,也不是来自主持人毫无深度和思考性的语言举止,而是来自一种适度范围内的轻松心理反应。

第五节 受众的社会化需求

社会化是从自然人变成社会人的过程,是逐渐学习社会规则、融入社会环境、适应社会生活的长期过程。在特定的社会与文化环境中,个体形成适应该社会与文化的人格,掌握该社会所公认的行为方式,叫作社会化[①]。社会化过程漫长而又复杂,表现在社会化进程的阶段性、影响因素的多元性、

[①] 时蓉华著:《现代社会心理学》,华东师范大学出版社1989年版,第73页。

社会化内容的复杂性、社会化过程的长期性以及社会化系统的开放性等方面。个体的社会化过程要贯穿于人的一生,不断迎接社会与文化的改造。

一、大众媒体与人的社会化

时代在发展,观念在更新,不同年龄阶段的人们接受不同的文化熏陶,不断更新自己的社会化内容,调整自己的社会化进程。在传统社会向现代社会的过渡过程中,个体社会化的诸多方面都发生了变化。社会化的背景从孤立走向开放,社会化的内容从简单走向复杂,社会化的途径从单一走向多元。尤其是当今大众传媒的快速发展,使我们更加重视大众传媒对社会化环境的影响以及它在个体社会化过程中的作用。

大众传播是一种普遍的、活跃的社会活动,是借助媒体向人们传递信息的过程。社会生活瞬息万变,社会化过程贯穿于人们的一生,个体要不断学习,以适应社会发展的需要。为了跟上时代的步伐,融入时代并与时代交流,人们每天都会有意地从报纸、杂志、广播、电视、网络等媒体上接受大量的信息,这些信息对人们形成新的价值观念、学习社会规范、掌握生存技能等都有着直接或者间接的影响。传播形式的灵活性、内容的多样性、新颖性对人们的思想与行为产生了潜移默化的影响,大众传媒与传媒环境对个体的社会化过程具有重要的作用。

由于进入日常生活的信息符号膨胀,人们逐渐产生了对媒介及媒介信息的依赖感。传媒构筑的文化空间和公共领域是每一个人都无法逃脱的。从这个意义上讲,媒介就是受众感官的延伸,没有感官也就无从感受外部世界,无法获取外界信息。也就是说,没有媒介我们就无法了解今天的世界和我们所处的这个时代。伴随着文化传播形式的多样化,传播内容在逐渐左右着大众的日常生活话题。媒体的伟大与可怕就在于它的水滴石穿,有意无意地塑造受众的趣味、喜好、欣赏习惯、文化生活模式乃至深层心理文化结构的功能。"任何流行的情景喜剧、脱口秀、新闻节目或广告上的任何话题,无论死亡、同性恋、人工流产、脱衣舞、变性手术、政治丑闻、乱伦、强奸或高耸式的胸罩,第二天都能在学校、饭桌上或约会时被谈论到。这不仅因为现在每个人都知道这个话题,而且因为每个人都知道人人都知道这一话题,而且每个人都知道大家都知道人人都知道。实际上,如果不谈论或写这样的东西就会看起来有些怪。"①

二、青少年的成长社会化需要

随着文化环境的不断开放,大众传媒革命式地进入日常生活领域,人们的生活方式发生了新的变化,社会规范、文化价值、思想观念以及传统的教育方式都发生明显的改变,导致青少年的成长环境发生了悄然的质变。随着年龄的增长,社会文化对青少年的影响日益增强,相比之下,学校和家庭对他们的影响则相形见绌,他们被深深地置于社会文化中。大众传媒的发展所形成的传媒文化成为青少年社会化的主要信息来源和主要途径。有时候,我们已经很难分清在生活和学习中到底有多少信息来自媒体,又有多少信息来自学校和家庭。社会环境是青少年社会化的主要场所和真正现实,对青少年的成长起着重要的教化作用。

青少年的主要社会化过程是在社会中完成的。社会化过程的完成是通过人与人之间的交流来实现的。人的交往具有两种途径,即面对面的直接交流与借助于书信、传媒或其他媒介的具有中介的交流。现代社会中,由于传媒的普及,人与传媒的关系变得日益紧密,尤其对青少年来讲,大众传媒已经成为他们日常生活的重要部分,成为他们社会化过程的重要中介,并为他们成长为合格的社会公民提供了重要的信息和行为标准。

第一,媒体节目提供给青少年社会化过程中所必需的多样化的外界信息。相比学校专门提供系统性、专门性、针对性的知识职能来讲,广播、电视等大众媒体提供给青少年的主要是信息,这些信息涉及的范围比较广泛,丰富多样,具有较强的非系统性、新颖性以及动态性特点,增长了青少年一代的见识,开阔了他们的眼界,丰富了他们的经验,使青少年能够更容易、更轻松地融入社会环境。

第二,节目中的播音员与主持人所宣传的社会理念,提供给青少年社会化合适的社会角色标准。随着青少年逐渐成长,他们的社会角色意识逐渐增强,并开始意识到自己扮演着多种社会角色。加之与社会环境交融的进一步深入,受到此类媒体节目的影响,他们开始思考自己应该如何扮演好这些角色,自己怎样做才是合适于角色的行为。青少年通过接受大众传媒的信息,通过了解播音员与主持人在这些社会公益类的节目中作为良好社会

---

① 〔美〕约书亚·梅洛维茨著:《消失的地域:电子媒介对社会行为的影响》,肖志军译,清华大学出版社2002年版,第86页。

规范的代言人所宣扬的公德精神来审视自己的行为。由此,青少年知道了什么是社会认可的角色标准,社会对每一种不同社会角色的期望是怎样的,从而不断加深对于各种社会角色的认识,调整和规范自己的角色行为。例如,《今日说法》曾经有一期节目讲述的是儿子将身患重病的母亲抛弃在医院的事情,儿子的这种不道德行为在社会上引起了强烈的反响,并遭到了社会各界的谴责。人们认为,无论怎样困难,母亲生病就应该得到儿子的照顾。青少年认识到作为子女应该对家长尽孝道,这是社会上每一个人应尽的义务,否则就要受到社会与良心的谴责。

第三,节目中播音员与主持人所表达的伦理公德精神,可以加强青少年的思想道德素养。青少年要想更好地融入社会,不但需要社会认可的行为标准,还需要不断加强自己的思想道德素养,实现自己的社会价值。大众传媒在青少年的思想道德教育方面可谓影响颇大。广播、电视媒体上关于各种先进人物、先进事迹的宣传,为青少年的成长树立了良好的社会化榜样。1998年我国遭受严重的洪水灾害,通过各种媒体的报道,引起了广大民众的关注,社会各界纷纷伸出援助之手,尽到自己的微薄之力。身处这一环境中的青少年深受感染,他们也主动参与捐款捐物,表现出自己的爱心,借助这一契机,主动地将自己融入社会大家庭,体现出一种社会主人的意识,实现自己作为社会成员的价值。《感动中国》节目的制作和播出已近四年,主人公的故事深深地震撼着每一个人的心灵。看过之后,每一个人都忍不住深刻反思自己曾经的闲散、浮躁、对他人的不屑一顾以及对情感的淡漠。那些感动中国的平凡人物曾经走过的奋斗历程,以及他们所具有的博大胸怀、美好心灵、坚强意志、强烈的社会责任意识,早已经成为当今这个变化飞速的时代一抹最亮丽、最耀眼的色彩,成为当今青少年成长与做人的重要榜样,从而净化了他们的灵魂,提升了他们的思想道德境界。播音员与主持人在这些节目中,所承担的不仅仅是播音与主持任务,更重要的是,作为社会正义精神的代言人,作为社会主流文化的倡导者,需要引导人们的精神主流,需要与人们产生心理上的共鸣感,需要代表整个社会发出对于人性、崇高、正义的呼唤。

第四,重视媒体与主持人的责任感。即使大众传媒的发展给青少年的社会化创设了开放性、多样化的成长环境,传递着多元化的信息,提供了各种社会化的脚本与图式,改变了青少年的认知需要、审美标准以及休闲娱乐的选择,调整了青少年的社会化进程和内容,但我们也决不能忽视大众传媒文化给青少年的社会化过程和人格发展带来的负面影响。20世纪60年代,美国著名的心理学家班杜拉就通过实验证明了电视对儿童产生的重要影响。他认为,电视给儿童成长提供了学习的信息与模仿的榜样,尤其是一些暴力、色情等不良行为更容易被儿童所效仿,这项研究带给社会很大的启示。反观如今的孩子,一出生就生活在纷繁复杂的文化环境中,传媒文化中的诸多理念对他们精神世界的冲击和影响相当大。当今文化中传播的众多消极思想远比正规教育的作用和影响来得强烈,来得迅捷,负面的社会文化现象在不断侵蚀着道德价值的底线,成为青少年社会化过程中的重要障碍。那些迎合了青少年强烈的好奇心、好模仿以及冲动性心理的大众媒体活动总是能够触发他们容易冲动的神经,煽动他们追逐、模仿的狂热,造成青少年文化选择与接受的迷茫、困惑以及焦虑,使他们的行为缺乏稳定的标准,跟随流行的从众心态严重。

　　作为广播、电视媒体代表的播音员与主持人也具有相当重要的社会责任。从大众媒介的社会功能上看,应当说播音员与主持人是最重要的,从大众媒介的传播效果和影响力来看,播音员与主持人又是最直接的。播音员与主持人作为公众人物,他们的个性、语言、形象、文化素养、道德、品位等方面可能会对青少年的成长起到重要的影响作用。对于播音员、主持人来讲,传递信息、引导娱乐等方面是自己重要的责任,传播文化,帮助青少年树立正确的人生观、价值观、道德观等是更重要的责任。播音员、主持人也应当塑造和树立自己良好的公众性形象,做到朴实、平和、大方,以自身的人格魅力为青少年的成长树立良好的榜样。正如鞠萍曾说的,她从来不穿得花里胡哨,或者过分地打扮自己,平时很注意自己的言行,因为她面对的是一群纯真的孩子,自己的言行举止会影响到儿童的成长,这是主持人所应该具有的一种社会责任感。

> 视窗
>
> ### 大众传媒对青少年社会化的影响
> ——明星与主持人
>
> 　　20世纪80年代以后出生的青少年,其崇拜对象中有相当大的一部分人是各类大众媒体报道推出的。大众媒介是大众在日常生活中了

解世界的主要工具和渠道。现在的孩子从小就能够接触到媒体中介绍的各类人物，大量的媒体信息瓦解了以往家庭、学校和社会的信息垄断地位。总体上看，在青少年的偶像调查中，明星偶像的提名频次明显跃居榜首，单在明星偶像提名中，歌、影等娱乐明星占有相当大的比例，如周杰伦、成龙、刘德华、潘玮柏、蔡依林、超级女声等，体育明星也占有一定的比例，如姚明、刘翔、乔丹、贝克汉姆、罗纳尔多等。青少年崇拜对象前十位的排名中，媒体明星人数比例达到了40%—50%左右。当今青少年的偶像文化出现一些新的变化，更多地表现出多元性、开放性、多变性、娱乐性等特点。

除了明星在青少年中的重要影响之外，播音员与主持人也逐渐成为青少年心中值得崇拜的偶像。中央电视台每年都在全国范围内举行一次"我最喜爱的节目主持人"评选活动，评判标准广泛涉及主持人的形象、能力、人格魅力等方面，主要的评判者就是观众。其中，李咏、王小丫、白岩松、敬一丹等人多次榜上有名，深受观众喜爱。他们或者是新闻类节目的主播，或者是评论类节目的主持，或者是综艺类与谈话类节目的当家，以他们独有的或明快、稳重、大方、平和，或清新、有朝气，或深刻、睿智的特点征服了观众，以其自身所具有的魅力深刻影响着观众。尤其是对于青少年而言，从他们身上可以明显地看到不同的播音员、主持人的思想、语言、品格、行为、衣着等风格对他们的影响。

可见，大众媒体对青少年的成长起到了举足轻重的作用，而作为媒体公众人物的明星与播音员、主持人是青少年成长的榜样，其奋斗历程、人生态度、言语行为都会潜移默化地影响青少年的社会化过程。所以，在大众传媒普及化的今天，要时刻意识到作为媒体人的社会责任感，以期为正在成长的青少年一代提供健康向上的成长空间。

三、成年人的继续社会化需要

大众传媒的飞速发展是中国社会的一场文化传媒革命，它不断瓦解着以往家庭、学校以及社会对个体社会化信息的垄断地位，创造了更为开放的成长环境，提供了多样的社会化途径，并改变着社会化的进程和内容。

在传媒飞速发展、信息爆炸的今天,成年人面临着重要的继续社会化过程。20世纪80年代是文化启蒙、冒险、思考、开放、欣赏和矛盾的年代。尤其是广大群众刚刚从盲目、封闭、守旧和传统的束缚中挣脱出来,从"文化大革命"的政治意识崇拜中独立出来,对于新鲜文化的接触是一个冒险、刺激而又痛苦的挣扎过程。虽然大众对此时刚刚出现的媒体文化(主要指港台的流行歌曲、服装打扮以及一些零碎的价值观念)表现出双手欢迎的姿态,其实随之出现的是内心更多的冲突、矛盾以及与传统价值体系认同断裂的焦虑,使他们具有一种压力感和不确定感。而且,随着社会的不断发展,知识技能、秩序规则不断涌现与更新,成人原有的知识技能、经验逐渐过时,当他们遭遇新的生存与工作环境时,必然会在心里产生被社会遗弃、淘汰的心里感觉,以及巨大的心理压力。尤其是当今许多新潮的处事态度与价值观念的出现,使得经历过二十多年媒体文化和流行文化发展历程的人们,觉得自己仿佛成了这个社会众多时尚主流之外的看客。这对个体的社会适应和心理成长来说无疑是一种巨大的心理冲击和震撼。他们思考着该如何顺利地适应社会的巨变,融入这个社会,如何不落后于文化的主流,防止自己成为社会化过程中的边际人。

大众传媒在成人的继续社会化过程中起到重要的引导作用。通过收看、收听新闻类的节目,成年人能够较快掌握当今社会的发展状况,了解新的社会规则与秩序,紧跟时代的发展潮流。成年人也可以参与讨论当今比较流行的一些看法,比如再就业、青少年教育、家庭问题等,以改变、调整自己原有的态度和观点,减少心理冲突。对于前些年开始出现的"下岗"现象,很多身处其中的成年人感到突然、感到不可理解,一时不能够接受失业的现状,出现了种种心理问题。为了让成年人更快地了解和适应这一社会发展现实,更好地调整心态,各级各类广播与电视节目相继推出了各种关于下岗问题的政策解读及各项措施介绍,包括国家对于下岗工人的补助政策,如何接受再就业的培训、寻找再就业的渠道等,还报道了大量典型的、成功的再就业事件。《半边天》栏目曾经专门作过关于下岗女工再就业的报道,采访了一些从艰难的事业困境中走出来、战胜自己、创业成功的典型人物。从女性的角度出发,感情细腻、真实,能够让成年人从观念上开始发生转变,并采取积极的行动,取得了良好的再社会化效果。

通过本章的几节内容,我们从受众的心理需要角度出发分析了受众的需要系统,集中讨论了受众成长过程中所必需的认知需要、审美需要、娱乐需要和社会化需要,以及这些需要在当今社会环境中所呈现出来的新特点,探讨了大众传播应该如何在满足受众的这些心理需要的前提下,正确地引导、提升受众的各种心理需要，提出了播音员与主持人在满足受众需要的过程中所应该承担的重要责任，以期为大众传播体系的完善提供进一步的理论依据。但我们也应当明确以下两点：

首先，受众的各种心理需要是相互联系的完整体系。他们对于某种广播与电视节目的选择和欣赏并不是只要求满足某一种需要，而是与满足多种需要联系在一起，即受众对于节目的需求是从多方面展开的，节目形式、内容、风格等要力求在满足一种主要心理需求的同时兼顾到其他心理需求。一种媒体节目的制作应该考虑到让受众在求知中获得乐趣，在轻松中体会生活，在愉悦中学会思考。了解和掌握受众的心理需要是一门学问，把握受众的心理需要趋向也是一门艺术。如何在满足需要的同时又能把节目办得有声有色、丰富多彩，这对大众传播者来讲是一种挑战。

其次，受众的需要和期望紧密地联系在一起。受众具有什么样的需要一般就会对广播与电视节目产生相应水平的心理期望。如果大众传播的形式和内容能够满足受众的不同需要，达到受众的期望水平，就能得到肯定，从而促进大众传播的良性发展。受众的心理需要与期望水平因人而异，不同群体对节目的需求和期望受到其知识背景、理解方式等因素的制约，每一档节目要想真正满足受众的心理需要、达到受众的期望水平是非常困难的。而且随着受众在当今传播过程中具有越来越重要的地位，他们对节目的需要、期望与评价在一定程度上也影响着节目的命运兴衰。

视窗

感　动　中　国
——中国电视节目主持人"25 年 25 人"[①]

1980 年的 7 月 12 日，一档叫作《观察与思考》的栏目在中央电视台播出，就是在这个节目中，中国的电视荧屏上第一次打出了"主持人"

---

① http://www.ce.cn/culture/memory；http://www.yqboke.cn/user1/zhao8613/archives/2006/4417.html.

这个称谓。从那天起,有一群被赋予了这三个字头衔的人被推到了台前。

"纪念中国电视节目主持人25年系列活动"在上海举行。"2006中国电视主持人盛典——走过25年"主题晚会揭晓了这次纪念活动最重要的25年25人评选最终结果,中央台诸位名嘴均榜上有名。最终揭晓的结果是:赵忠祥、沈力、宋世雄三位老主持人获得特别贡献大奖。敬一丹、水均益、王志、曹可凡、亚妮、王小丫、袁鸣、朱军、陈铎、元元、鞠萍、张斌、撒贝宁、徐滔、叶惠贤、董卿、汪涵、李咏、倪萍、崔永元、张越、杨澜、白岩松、韩咏秋、李兵等中央台以及地方台主持人获奖。其中,中央台节目主持人占了获奖总数的大约四分之三。

入选"25年25人"的标准主要有以下几条:各类电视节目中"第一个吃螃蟹的人",并且有代表性、有影响力的主持人;各时期在电视界起到引领作用的主持人;曾经入选六届全国金话筒奖、两届金鹰奖优秀主持人,以及2004年度最佳电视主持人。在评奖过程中评委会适度向前期作出突出贡献的老牌电视主持人倾斜。

以下是著名播音员、主持人敬一丹的获奖感言:

我想我们这一代做电视,真是赶上了,赶上了是一种幸运。我非常感谢我的老师,这25年我们见证了中国电视的发展历程,在25年中,我赶上了19年,现在我在算,未来的几年我会怎么走呢?今天在这里,我觉得好像这里是个"加油站",谢谢大家。

思考题

1. 在当代社会文化背景下,受众的心理需要发生了哪些变化?
2. 作为播音员与主持人,如何在节目制作中把握当今受众的心理需求动向?
3. 假如你是某电视台娱乐节目的制作人或者主持人,怎样才能针对当代受众的审美、娱乐以及社会化需求,制作出受到观众喜欢的节目?

第八章　受众的认知和情绪心理

受众是传播系统中的重要环节,是左右传播效果的关键,决定着传播内容、传播媒介以及播音员、主持人的发展前途。因此,播音员、主持人不仅应该及时了解受众的心理需要,尽量满足受众的需求,激发受众的兴趣,还应该结合受众的认知和情绪心理对受众心理进行整体的认识,提供尽量多的背景知识,提高受众的认同度,疏导受众的认知偏差,唤起受众积极愉快的情绪体验,增强信息传播的效果。

受众的认知心理,是指受众对播音员、主持人所传达的信息及其相关因素的知晓、评价与判断,包括感觉、知觉、思维、记忆、想象等心理活动。受众的认知在很大程度上影响着受众的行为,表现为受众是否愿意接受播音员、主持人所传达的信息、如何解释与评价这些信息等。受众的认知具有社会性,容易受家人、朋友、同事的影响,但相对来说个体性较强。受众往往通过个人的阅历、经验、价值判断、知识背景等认知结构对播音员、主持人所提供的信息进行认知,不同家庭背景、经历、职业、教育程度的受众对同一家媒介、同一个节目、同一位播音员或主持人,都会产生不同的认知,由于其中难免出现认知偏差,所以要求播音员、主持人能够积极疏导与矫正受众的认知偏差,从而提高节目的视听率,优化信息的传播效果。

受众的情绪心理,是指受众在与播音员、主持人所传达的信息及其相关因素的接触中所产生的喜欢或不喜欢、满意或不满意等方面的体验。受众的情绪影响着受众的认知,甚至直接影响到传播行为。研究表明,情绪可以构成独立的动机系统,直接对行为发生作用。高高在上、板着面孔教训人的播音员、主持人,一般都会引起受众的厌恶甚至反感,因为一味地灌输、宣传、命令的信息最不容易被受众接受;只有那些充满了平民意识、真心为受众着想、真诚为受众服务的播音员、主持人才能得到受众的普遍认同与喜爱。一般来讲,受众对播音员、主持人的认同度越高,预期的传播效果就越好;受众对播音员、主持人的认同度越低,预期的传播效果就越差[1]。因此,播音员、主持人应掌握一定的技能技巧来唤起受众的愉快情绪,并有效调控其不良情绪。

---

[1] 刘京林:《新闻心理学原理》,中国广播电视出版社2004年版,第126页。

第一节 受众的感知觉和知晓度、收视率

任何传播活动,尤其是大众传播活动都具有一定的目的性,即播音员、主持人带有说服性动机的传播行为会引起受众在心理、态度和行为方面的变化,而且这种传播行为必须首先作用于人的心理,以心理为中介,才能产生效果[①]。由于传播活动通过信息作用于受众的心理有深浅的程度之分,传播效果以及衡量它的尺度与指标就相应显示出层次性。

第一层为浅层次的传播效果,又称环境认知效果,它仅仅作用于受众的感知层面,衡量、检测受众对传播内容感知程度的主要指标是知晓度,以知晓度为总指标的分指标系列有:收视率、收听率、注目率、点击率、接触率、到达率、关注率、接触时间及时段分布、细听率、对传播内容的回忆率或复述率等。对于那些只需作用于受众感知觉的浅层信息,如一般公告式的体育赛事、文化娱乐、水情旱情、车船班次、气象通报等,只要受众听了或看了,感知到这些消息就行,一般不要求他们动脑筋深层次地思考消息的原因。本节就第一层传播效果的三个关键词:感知觉、知晓度与收视率分别加以论述。

一、受众的感知觉

任何情绪体验的形成都以感知觉为前提,受众的感知觉是指受众对直接作用于感觉器官的外界事物的属性的反应,它为后续的思维活动提供原始的感性信息。受众通过感知播音员、主持人传达的信息,可以获得生动的直观形象,促进其思维、理解、情绪、想象心理的和谐活动,实现良好的传播效果。但是,受众在感知广播节目和电视节目时,会激活不同的感受器,这就决定了受众对播音员与主持人的技能技巧有不同的要求和期待。

(一) 听众对广播节目的感知以及对播音员、主持人提出的要求

广播节目是有声无形的,只能通过播音员、主持人的声音传递信息、塑造形象和烘托气氛。受众在收听过程中,只能通过听觉器官完成对语音的辨析、对语意的理解和对情感的感知。因此,受众收听广播节目的过程,实际上就是对广播声音的言语感知过程,要经过以下的神经通路:耳朵→大脑的听觉通路→大脑颞叶皮层区→大脑皮层上的联合区。听觉感受器里最主要的组成部分是处于内耳耳蜗里的柯蒂氏器上的毛细胞,当声波(广播声

---

① 周丛笑:《传播受众心理浅析》,载《大众传媒》2002年第1期。

音)经毛细胞的作用发生一系列物理和化学变化后,就会把声波的机械能转换成神经冲动。这种神经冲动经过听觉传入神经,到达大脑皮层颞叶上的听觉中枢,经初步分析后又传递到皮层联合区进行整体认知,在此产生听觉①,从而使听众获得了对广播节目内容的了解。

与电视节目可以通过画面更生动地展示信息不同,广播播音员、主持人只能凭借声音的魅力吸引听众的耳朵,唤起听众强烈的情绪情感。因此,为了便于听众对声音信息的感知,播音员、主持人应做到以下三点:

1. 播音时的语言必须具有很强的感知性,使受众如同真正看到、嗅到、尝到、触到一样。例如,说"冷"就要有冷的感觉,说"热"就要有热的气息,说"闹"就要有闹的现场感,说"静"就要有静的凝固性。否则,在以听觉为唯一感知器官的条件下,语言就会丧失生命力。在一般情况下,受众在收听广播时,很可能同时做着其他活动,由于听觉的感受力本身就不如视觉的感受力,所以一旦收听环境中存在着某种干扰,感知性不强的语言根本就无法实现广播宣传的目的。

2. 努力创造出丰富多彩的声音形象,让听众获得美妙的形象感受。例如,对于不同文体的稿件应恰当地使用多样的语言形式:叙述型的文体要求语言能绘声绘色、逼真地表现出原貌;议论型的文体要求语言能含蓄地表达感情,明确地展现态度,语气坚定有力,音色高亢激昂;抒情型的文体则要求语言紧随文章情感,充分展示情感律变,句句情感充沛,字字融情含意,节奏变化多样。

3. 重视播音过程中的"二度创造"。播音主持不是见字出声、张嘴说话,而是通过播音员、主持人对稿件和节目内容的深刻理解,对思想和情感的具体感受,对态度和分寸的精细把握,对形式和风格的切实认识等,然后用有声语言表现出来的过程。这中间既包含着创作主体的思想、情感和主动积极的态度,同时也包含着对人生、社会的具体感悟。具体表达要以生活语言为基础,用朴实、大方、自然的口头语言把信息传达给听众,使听众听起来不会感到语言的呆板或是矫揉造作,而是觉得清晰、流畅、易于接受。把稿子上的文字"音声化",而不是把自己的口语文字化。

(二)观众对电视节目的感知以及对播音员、主持人提出的要求

电视节目既能看又能听,同时运用声音和图像两种信号传递信息。观众在收看过程中,视、听两种器官都能感知信息。例如,听的过程中含混的,

---

① 孟昭兰:《普通心理学》,北京大学出版社1994年版,第109页。

可以在看的过程中理解;看的过程中不明白的,可以在听的过程中澄清。但是,在观众感知信息的过程中,视觉总是捷足先登成为第一特性,视觉感知要经过以下神经通路:眼睛→大脑的视觉通路→大脑枕叶皮层→大脑皮层上的联合区。视网膜是视觉器官里最主要的组成部分,由光细胞组成,负责把光(这里指电视图像所反射的来自光源的光线)转化为神经脉冲。这种神经脉冲再沿着视觉传入神经,到达大脑枕叶皮层上的视觉区,并在这里对视觉信号进行初步分析,然后再传到大脑皮层上的联合区对视觉信息进行整合处理,产生完整、丰富的视觉[1],从而完成观众对电视图像内在意义的认知和理解。观众同时也通过听觉器官来感知电视的声音信息,其神经通路和广播节目的声音传播相同。

　　观众在观看电视时,其视觉和听觉通道同时被激活。在这种声像兼备的情况下,为了充分发挥电视节目的优势,使观众对信息的感知更全面、轻松,播音员、主持人应该做到以下三点:

　　1. 在画面的牵引下,主持人能用有声语言准确、鲜明、生动地把节目内容、意义、背景及与其他事物的联系向观众解释清楚,做到声画结合。例如,有时画面上是形的描绘,解说词应是神的衬托;画面上是情的宣泄,解说词应是理的阐述;画面上是虚的表现,解说词应是实的倾诉;画面上是粗犷豪放的,解说词应是细腻的赞叹;画面上是平凡拙朴的客体影像,解说词应是惊奇巧丽的主观联想。这样,观众就不需要通过想象去联系语言情景来听辨话语,简化甚至取缔了联想的转化过程,缩短了感知信息的时间,实质上就是扩大了受众在单位时间内获得的信息量[2]。

　　2. 播音时应服从画面的需要。例如,播音重音的确定,就要在依据文字稿件的同时兼顾画面的内容,因为观众在接受有声语言的同时,就已经看到了生动真实的画面,并相应地感知到了一些基本信息。因此,对于画面无法显示的内容,应该作为重音来处理,而对于那些画面与同期声已经显示了的内容,不必再予以强调,这也是对观众的视觉功能的必要的尊重。再如,播音员在播音时应把握好节奏,停、连的处理要依据画面的内容及画面的"叙述长度"来定,很好地与画面的"剪切点"相吻合,不能"声画错位",破坏整组信息节奏和画面的完整统一。从感知的性质来说,观众对于有节奏的感知会感到舒适愉快、易于接受,而对于混乱无序的运动变化则感到无所适

---

[1] 孟昭兰:《普通心理学》,北京大学出版社1994年版,第96页。
[2] 景然:《广播、电视新闻播音差异之辨析》,载《现代传播》2002年第2期。

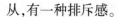

从,有一种排斥感。

3. 播音时适当调整声音气息,使声音和气息配合着画面、音响共同构成的感知环境具有更强的吸引力和感染力。例如,著名电视节目主持人赵忠祥在《动物世界》的解说过程中,总会适时地让声音微弱下来,甚至气息声都可以听得见,使得主持人对动物生存环境和生活习性的介绍与动物在静谧的大自然中发出的各种叫声,甚至呼吸声响,融为一个可以强烈感知的动物世界,栩栩如生、活灵活现、引人入胜,给广大观众留下深刻的印象。

二、受众的知晓度

(一) 什么是知晓度

一般在衡量和检测受众对传播内容的感知程度时,最常使用的指标便是知晓度。知晓度即受众对信息传播的了解程度,是传播效果的基础。它代表了信息受到的绝对关注程度,即有多少受众知道这条信息,用公式表示就是:

知晓度 = 知道该节目的人数/被调查的总人数 × 100%

比如,我们要调查中央电视台《实话实说》节目的传播效果,那么我们在使用问卷调查法检测受众对这一谈话节目的知晓度时,可以设计如下问题:

1. 您看过中央电视台的《实话实说》栏目吗?(这是检测传媒的到达率)

    A. 看过   B. 没有看过

2. 您知道中央电视台《实话实说》的节目主持人是谁吗?

    A. 知道   B. 不知道

3. 您经常收看中央电视台的《实话实说》栏目吗?

    A. 每期必看   B. 有时看   C. 很少看

4. 您一般怎样收看中央电视台的《实话实说》栏目?

    A. 从头到尾细看

    B. 只喜欢欣赏主持人的精彩表现

    C. 粗略地看

……

调查完毕,分别统计每个问题的结果,如第二题中选择"知道"的受众占多大的比例,选择"不知道"的又占多大比例,最后综合评价各个问题的结果,即可算出受众对该节目的知晓度。

（二）高知晓度事件——受众最关注的社会热点

英国传播学家丹尼斯·麦奎尔把传媒节目的重要性解释为知晓度。他把对一些受众无关紧要而对少数受众非常重要的事件称为低知晓度事件；把普遍公认的对一般受众比较重要的事件称为中等知晓度事件；把极端紧迫、重要、涉及范围广、影响程度大并具有高度戏剧性的事件称为高知晓度事件。"一般来说，关系着国家命运、民族兴衰的重大事件如党的路线、方针、政策的制定和执行，受众关心的社会热点，敏感热门话题，重要新闻人物的活动等现实信息，都属于高知晓度事件，具有重要的新闻价值。"①

从事新闻工作的播音员、主持人都有这样的共识：高知晓度事件常常是最重要的社会热点。例如，对于美国"9·11"恐怖袭击这样的消息，受众非常关注，因为它既是突发事件，又不同寻常，影响重大。这种新闻报道施之于受众，那么对受众来说该新闻就成了他们必须收看的信息，否则第二天如果还有人不知道世贸大楼被袭击就会立即遭人笑话，因为他被排除在了人们的共有信息圈之外。因此可以说，高知晓度事件构成人们生活的一部分，足以同时开启受众的人际传播渠道和大众传播渠道。丹尼斯认为，对于高知晓度事件，受众的知情欲望特别强烈，他们对这类事件的知晓度和关注度几乎等同于对自身生存和发展的关切程度。如果这种信息没有得到迅速、及时的发布和公开，受众就无法在世界的统一体中找到关注点和参照系，最终可能造成信息失衡和缺位。因此，对于高知晓度的新闻信息，播音员、主持人不仅要报道，而且还要以最快的速度进行报道，因为新闻报道的魅力就在于它极端重要、极快传播、极大地引起关注和反响。

> **视窗**
>
> **新闻现场：CCTV 新闻频道是如何处理高知晓度事件的**
>
> CCTV 新闻频道于 2003 年 5 月开始试播，大多数高知晓度事件都可以在这个宽阔的平台上及时看到，凡具有重大影响的要闻和突发事件

---

① 王永利：《电视新闻概论》，北京广播学院出版社 1990 年版，第 84 页。

可以点滴不漏,我国乃至全世界的一切信息动态也都可以随时纳入CCTV新闻频道的播出体系当中。新闻频道的播音员、主持人在高知晓度事件的传播上发挥了极大的作用,如抗击"非典"直播、"神舟六号"特别新闻和特别报道、伊拉克前总统萨达姆被捕、美国"勇气"号和"机遇"号探测器登陆火星的全程直播等,都是在极短的时间里克服诸多困难完成的对重大事件的直播报道,紧紧地抓住了观众的视线或眼球。正如新闻频道的品牌形象词"第一时间、第一现场、第一需要"一样,CCTV新闻频道的播音员、主持人从观众的认知心理和观看需求,从事件本身的性质和意义上进行了两者的对接和交叉,在对主要新闻信息传递的由快到深的全程流通上,遵循新闻规律,回归新闻本质,因此培养了一大批忠实热忱的观众,逐步趋向成熟。

不过新闻频道的主持人在突发的高知晓度事件上的行动素质仍有待提高。例如,对于2004年9月3日发生在俄罗斯北部北奥塞梯共和国别斯兰中学的车臣恐怖分子劫持人质这一事件的国际报道,在学生人质被绑架事件发生两天后,俄罗斯有关部门的解救战斗在13:10左右打响,BBC(英国广播公司)、CNN(美国有线新闻联播公司)和Eur. News(欧洲新闻电视台)随即从当地时间13:20开始直播,中国香港地区的凤凰卫视也于当地时间13:25,即香港时间17:25开始直播,凤凰卫视的节目主持人卢宇光成了当时现场唯一一家华人媒体的记者,而中国内地的新闻频道此时却没有类似的突出表现。同样,在10月份发生的两名中国工程师在巴基斯坦遭遇恐怖分子绑架事件上,央视新闻频道的主持人也没有显示出相对于地方台,如东方卫视《城际连线》的特别报道更为迅捷准确的优势。由此看来,新闻频道应转变传播理念,提高自身对突发事件的预测能力,做好突发事件的应急播出预案,一旦这类事件发生,就能很快地做出反应,挑选出最能胜任的直播主持人,打破频道的栏目设置,利用大编辑部的手段统一调配频道资源,强势地报道重大新闻,用直播的方式来报道新闻和连续式的新闻专题。只有这样,才有可能与广大观众建立良好的纽带关系。

(采自章彦:《必视性才是重要的——兼谈CCTV新闻频道的传播理念》,中国传媒大学新闻传播学院,见 http://www.hljdaily.com.cn/gb/content/2005-02/25/content_267094.htm)

三、受众的收视率

收视率调查(TV rating survey)是西方电视业发达国家已实施多年的、与广告经营机制联系密切的、具有潜在利用价值的一项商业活动。近几年，随着我国经济的繁荣、电视业的发展、概率统计学的完善，收视率正日益受到全国各大电视媒体的重视，他们迫切希望了解：有多少观众、是哪些观众在什么时间看电视、都看了什么频道的什么节目、看了多长时间等，以便及时调整节目编排，最大限度地吸引受众，提高收视率。由于收视率调查是以受众为研究对象的量化统计，因此可以说收视率从一个侧面反映了受众的心理需要。

（一）什么是收视率

收视率是特定电视覆盖区域内观众收看某一节目的数量标志，是描绘电视节目拥有观众数量多少的一种相对指标，用公式表示就是：

$$收视率 = 收看某一节目的人数/观众总人数 \times 100\%$$

收视率是电视媒介行业里面的通用货币，当前中国多家电视台都使用收视率数据作为节目效果评估依据和日常考核管理指标。因此，收视率就像企业的产品销量一样确立起了它的评判威信，并在很大程度上决定着电视台创收水平的高低以及无数电视产品和电视频道的兴衰荣枯。那么，电视台是如何统计收视率的呢？从目前来看，要经过以下四个步骤：

第一步，抽样：收视率数据涉及某个地区所有拥有电视机的受众，人数庞大。但是受时间和经费的限制，电视媒体不可能通过全面普查来了解该地区每个人的收视情况。因此，一般都是采用科学的抽样方法，从目标人群中抽取一定比例的样本，来推测全体受众的情况。科学的抽样是影响最后数据有效性的关键。

第二步，实施：建立固定的被调查人群，长期对他们追踪访问，或者每次调查都更换新样本，研究不同的受众，并记录他们的收视行为。获得收视率数据的方法有四种：

（1）人员测量仪：一种可以记录受众收看时间的专门仪器，可以定时反馈给数据中心。

（2）日记卡：由受访者自己填写特定格式的表格，记录其收视行为。

（3）面访：通过上门或者拦截访问了解受众的收视行为。

（4）电话访问：由访员给目标受众打电话了解其收视行为。

第三步，汇总、分析：把所有收集起来的数据录入电脑做分析。

第四步,总结结果、得出结论:根据专门的传播学知识解释这些数据,并且为各电视栏目和频道提供建议,为节目的设置、广告的竞争和媒介的管理出谋划策。

(二)播音员、主持人应理性面对收视率,科学评价收视率的优势与不足

对电视媒介来说,收视率是评价节目是否"叫座"的主要指标,很多省台都是根据收视率进行浮动的预算管理,而央视更是根据收视率确立了末位淘汰制,在面临多种利益纠葛时,可以凭借这把坚硬结实的利器快刀斩乱麻。于是,许多播音员、主持人会分外重视收视率这个衡量传播效果的指标,并不惜代价地尝试多种手段来提高节目的收视率,殊不知只凭收视率调查来判断节目的优劣其实是不可靠的。因为,收视率只能说明在某时某地的受众对于某节目收看的数量,并不能完全反映某个节目质量的高低,所谓"叫座不叫好"、"叫好不叫座"就反映了这个问题。因此,播音员、主持人应该理性面对收视率,科学评价收视率的优势和不足。

1. 收视率的优势——为节目提供指南

收视率虽然只是表象参数,但经过精细解读,电视媒体不仅可以了解节目的一般收视情况,还可以对"节目的个性化程度"、"观众的个性化需求"等状况进行较深入的了解。例如,央视科教频道的《讲述》栏目,其收视率从表面上看不尽如人意,但如果仔细分析其不同性别、年龄和文化层次观众的到达率(不计重复观众的收视率)及所占比例,同时参照该时段所有频道相应观众层次的平均收视率及所占比例,就可以发现该栏目的多种特征。在南昌地区,《讲述》与同时段所有频道的情况相比,男性和女性观众里中老年人(45岁以上)以及大专以上文化水平的观众占绝对优势,这部分观众所占比例是所有频道平均比例的2至3倍,这就清晰地描绘出《讲述》的个性定位:适合有一定生活资历的高知群体收看。除了性别、年龄和文化层次外,还可以依据婚姻状况、职业、工作机构类别等对节目进行观众构成分析,使节目的个性特征愈加清晰地凸现——这些观众构成数据是多景深多维度的,可以为节目的特色定位提供不同的标准和尺度[①]。由此可见,收视率为节目的科学设计提供了可靠的指南,播音员、主持人应认真挖掘收视率所蕴含的深层含义,分析收视群体的心理特征,尽量满足他们的个性化需求,引导电视节目不断实现个性化的发展。

---

① 曾学远:《收视率标准之辩》,《中国记者》2005年第12期。

2. 收视率的不足——缺乏对节目质量的评估

收视率虽然可以反映电视观众爱看什么类节目,但却体现不出他们对所看节目的满意程度。例如,受众看了电视节目却没有专心致志,或者看了节目却不满意,以致开了电视却没有看,只是听了等。美国尼尔森调查公司在对一个样本户调查时,用户说,她开电视通常是给自己的宠物狗看。可见,收视率调查只能反映用户的电视机是否在收看节目或者是在收看哪个频道的节目,并无法反映受众的收视状况和收视效果,因此也就无法真正体现节目的质量,这也许是现有调查方式的固有局限[①]。

为了弥补这个不足,美英两国于20世纪中叶就已先后推出电视节目满意度(又称节目欣赏指数)调查。但是,由于观众在节目满意度调查中对节目的评价是主观的、软性的、多样的,甚至常常难以用语言精确完整地表述,再加上这种调查不能像收视率一样反映电视节目所拥有的观众数量,所以时至今日一直难成气候。现在国内的电视媒体普遍采用的评估办法是成立小范围的领导专家小组,对电视节目评审打分,以保证节目的舆论导向和专业水准。专家评审的结果在节目考核中占一定的权重,如中央电视台的节目考核体系中领导与专家的评审占30％权重,上海东方电视台的社会评价占20％权重,山东电视台的专家评价占30％权重。因此,播音员、主持人在利用受众收视率的优势之余,还应对收视率的不足有清楚的认识,要想真正赢得受众的满意与认可,只能全面地完善自身素质,提升节目的质量。

第二节 受众的思维与理解度、价值判断

传播效果的第二层称为价值形成和维护效果,不仅作用于受众的感知觉,还进一步影响受众的思维和情感,衡量它的主要指标是理解度,以理解度为总指标的分指标系列有:对传播内容的思路、观点、构成及各构成之间的逻辑关系和因果关系的清楚度,对传播内容的主旨、本意、特色的把握度,对传播内容及其所含系列概念与相似内容所含相似系列概念的区别度或混淆度等。播音员、主持人在报道新闻和传达信息时,常包含着对某一事物的是与非、善与恶、美与丑、进步与落后的价值判断,并努力使受众认同这种判断,客观上起着形成与维护社会规范和价值体系的作用。受众在接受这类信息时,就会用大脑去思考、判断,从而形成相应的价值取向,实现中层次的

[①] 许耕源:《收视率不是衡量节目质量的唯一标准》,载《视听天地》2001年第5期。

传播效果①。例如,各大网络新闻媒体曾经纷纷报道的研究生虐猫事件,在受众中就产生了强烈反响,通过这一事件的传播,受众及整个社会对如何加强高学历人才的心理素质教育和公德教育产生了高度重视。本节重点论述第二层传播效果的三个方面:思维、理解度和价值判断。

一、受众的思维

(一) 思维定式——受众倾向于"戴有色眼镜"认知播音员、主持人及其节目内容

对于播音员、主持人所传递的信息,受众要进行感知、记忆、思维和想象等心理活动,这是一个由表及里、由现象到本质的认识过程。其中,思维是最关键、最核心的部分,它是指受众凭借已有的知识经验或者播音员、主持人的解说,理解或把握那些没有直接感知过的或根本不可能感知到的新事物,以推测事物过去的进程,认识事物现实的本质,预测事物未来的发展。间接性和概括性是思维过程的重要特征②。随着思维活动的展开,受众会逐渐形成思维定式,即先前思维活动所形成的准备状态决定着后继同类思维活动的趋势。在受众接受播音员、主持人所传递信息的过程中,思维定式一旦形成就会保持相对的稳定性,持续影响着受众态度的形成和改变,主要表现在以下两个方面。

1. 同化评定

同化评定是指受众以自己原有的对某种对象的思维定式来认知新对象,当新对象类似原有对象时,受众会将其认知为相接近。

在信息的传播活动中,当受众原有思维定式与播音员、主持人传达的信息内容基本相符时,受众就会表现出与播音员、主持人差别极小的立场;当信息内容与受众的思维定式在大方向上一致时,即使受众立场与播音员、主持人立场有差别,受众也会向播音员、主持人方向靠近。在这两种情况下,受众对信息内容进行同化评定,将自己的态度、观点评定为与播音员、主持人相一致或接近的态度或观点,有利于传播效果的实现。例如,2001 年美国"9·11"事件发生后,播音员、主持人在一系列的相关报道中所表现出来的反恐怖主义立场十分鲜明突出,这使得受众形成了思维定式,并且随着接触越来越多的相关信息,这种态度不断得到加强。因此,日后一旦受众听闻恐

---

① 周丛笑:《传播受众心理浅析》,载《大众传媒》2002 年第 1 期。
② 孟昭兰:《普通心理学》,北京大学出版社 1994 年版,第 311—313 页。

怖事件的发生,就会产生反感、厌恶的情绪体验,并自觉自发地以自己的方式去宣扬反恐思想,抵制恐怖活动。

2. 对比评定

对比评定是指受众从自己原有的对某种对象的思维定式出发来认知新对象,当新的认知对象有别于原有对象时,受众会将其认知为更加不同①。

在信息的传播活动中,当受众原有思维定式与播音员、主持人传达的信息内容不一致时,由于受众自身思维定式的稳固性,受众不仅不会认同播音员、主持人的观点和立场,还会形成比过去更为牢固的反对态度。在这种情况下,受众对信息内容进行对比评定,将与自己相距较远的态度、观点评定为更远的态度或观点,无法实现播音员、主持人的预期目的。例如,某电视节目举办"吸烟有害健康"的公益宣传活动,在节目中播音员、主持人总是试图通过向吸烟者介绍大量相关信息,以改变他们的态度,达到宣传戒烟的目的,但是由于作为受众的吸烟者在现实中形成的思维定式,使得主持人所宣扬的观点与他们的态度不一致,因而很少有吸烟者注意到这一宣传活动,也就无法使他们接受播音员、主持人的观点和立场。

(二)播音员、主持人应积极采取措施破除受众的思维定式

当传播内容作用于受众的时候,思维定式会自动跳出来"自以为是"地解释传播本意,这不仅会影响受众对传播内容的选择,还会影响受众对新事物的接受,导致受众在理解传播信息时产生误差。例如,媒体上说板蓝根冲剂对预防"甲肝"有很好的效果,有些受众就固执地认为只要随身携带板蓝根冲剂就不会传染上"甲肝",从而放弃了其他更为重要的预防措施,结果影响了"甲肝"的预防工作。由此可见,在传播活动中,受众的思维定式对信息传播效果有着直接影响,并容易使之发生异化。因此,播音员、主持人作为大众媒体的代言人,应该采取措施破除受众的思维定式②。

首先,播音员、主持人可以在每次的节目中不断地给受众输入大量的客观信息,以"无形的意见"增加传播的可信度,打破其原有思维定式各部分之间的平衡,使他们对其产生否定的情感体验,形成对信息意义的新认知。例如,几年前中国刚刚开始推行公费医疗制度改革,对公费医疗采取了一定的限制措施,这与老百姓的传统思维定式产生了巨大的反差,受众很难接受。于是,播音员、主持人通过广播、电视节目不断宣传这一新政策,为受众描绘

---

① 刘京林主编:《新闻心理学原理》,中国广播电视出版社2004年版,第152—153页。
② 赵岭梅:《受众认知心理现象与新闻传播效果异化》,载《学术交流》2005年第7期。

美好前景,报道这一政策的受益者情况,于是逐渐改变了人们的原有观念。如今人们看病时自己花一部分钱,已成为生活中很普通、很正常的一件事。再如,报道房改方案时,受众一时还不容易接受,这时播音员、主持人可以尝试先让房改试点的居民现身说法,给未进行房改又心存疑虑者一点思想上、心理上的准备,一旦"改"到他们"头"上,也就容易接受了。

其次,播音员、主持人还可以通过先接近受众的立场,继而以自己的观点影响他们的方式,使受众逐渐改变原有思维定式和态度,形成新认知。例如,《东方时空》中的"生活空间"栏目为了"讲述老百姓自己的故事",主持人总会深入受众的生活,以平视的目光与受众进行沟通,眼神真挚、真诚,语言生活化、平实、质朴,交流起来平和、亲近,很容易突破受众的心理防线和思维定式,使得受众能够开诚布公、坦诚相见,认真配合主持人的采访,最终也使该栏目真正实现了反映百姓疾苦与欢乐、真实展现人生的真谛的目的,赢得了无数受众的喜爱。

值得注意的是,有时候播音员、主持人与受众之间观点、态度的差异太大,受众原有思维定式与传播的信息内容难以沟通,播音员、主持人以上述两种方法进行的传播活动都不能改变受众原有思维定式和态度,无法在两者之间建立沟通时,为了避免传受双方矛盾的加剧,播音员、主持人可以暂时"中断"相关内容的报道,待过一段时间受众冷静下来以后,再进行相关的传播活动,采用水滴石穿的形式,逐渐改变受众态度[①]。

二、受众的理解度

(一)什么是理解度

在传播的信息中,除信息本身外,还包含了播音员、主持人的价值判断和主观倾向等,但受众接收信息时可能仅仅接收到信息的外壳而并未接触到信息的内核。在这种情况下,传播效果只能说是停留在认知效果的浅层次上,所以要引入"理解度"这个概念来测评受众是否真正将信息"接受"、"吃透",它表明受众在接收大众传媒的传播内容时的解码情况。因此,理解度是比知晓度更高一层的衡量标准,在于揭示受众在知晓的基础上对传播信息是否有更深程度的理解,这表现为受众对播音员、主持人所宣传内容的赞许、同意等态度,用公式表示就是:

[①] 刘京林主编:《新闻心理学原理》,中国广播电视出版社2004年版,第152—153页。

理解度 = $\sum$ 知晓节目品质的受众人数 / 被调查的总人数 × 100%

比如，我们在调查中央电视台《实话实说》节目的传播效果时，如果不只想了解受众对这一谈话节目的知晓度，还要了解受众对这一谈话节目的理解度，那么，还得加上这些问题：

……

5. 现在各个电视台的谈话类节目非常多，为什么您会选择收看《实话实说》？

6. 您希望从《实话实说》里看到有关哪一方面的谈话？

7. 《实话实说》带给过您什么感悟或收获吗？

8. 您觉得《实话实说》的每期节目里，主持人的表现如何，有没有充分调动现场气氛，使嘉宾做出精彩的发言呢？

9. 收看《实话实说》时，您是为其谈话内容所吸引，还是为主持人的幽默机智所吸引呢？

……

所谓"理解"的评价标准有很多，为了使我们的分析更接近于科学与准确，在理解度的受众调查中，我们从"受众对《实话实说》的评价"和"对主持人的表现是否认可"两方面展开研究。因为能够对《实话实说》评头论足，一定是受众在知晓该谈话节目后才有的一种主动行为，是理解的第一步；对主持人的表现是否认可更是与理解直接相关的选择性接受行为，选择认可主持人表现的受众越多，可以证明受众对主持人在节目里传达的信息也越容易理解和接受。

（二）受众理解度的三个层次——知事、知情、知理

受众对传播内容的理解，就是运用已有的知识、经验，通过自己的思维活动认识信息的过程。但是由于受众的心理发展水平、文化程度和人生经历不同，对于同一种传播内容，往往会在理解的内涵上表现出不同的层次，从而使理解度呈现三个层次：

一是表层的，即仅理解传播内容的表面意义，表现为对播音员、主持人所报道的人物、事件、现象有实在的了解，如果需要可以大体复述其事，这可以说达到了"知事"的层面。

二是内层的，即不仅理解播音员、主持人所报道的内容，而且能够体会、理解内容里所表现出的情感、情绪、情味等。如果需要，不仅可以述其事，而且可以传其情。这种理解度比前一种又进了一层，达到了"知情"的层面。

三是深层的,即不仅理解播音员、主持人所报道的内容是什么、表现了什么,而且能更进一步理解内容深层所蕴含的意图和哲理。如果需要,不仅可以叙其事、传其情,而且可以析其理。这种理解度又向前推进了一层,达到了"知理"的层面。

知事者得事趣,知情者得情趣,知理者得理趣。当然,由于理解度层面的区分并非绝对,而是经常相互融合的,所以受众所获得的趣味自然也就难以截然区分。但理解度的层次不同,事、情、理三者在理解的内涵中所占比重就不相同。

知事层面的理解度需要受众理解传播符号的含义,对传播内容有一定的经验,包括直接经验和间接经验,由于是表层的理解,受众之间的理解比较确定、差别不会太大;知情层面的理解度,则需要受众能辨别传播符号的情感色彩,并与传播内容所表现的情感有共同的情感基础,由于这跟受众的个人心理有关,受众之间的理解不可能完全一致;知理层面的理解度,则不仅需要受众理解传播内容本身,而且能将传播内容置于时代、社会、形势的背景中来分析,从现象中看到本质,从个别中看到一般,从偶然中看到必然,由于这涉及的面太广泛,并受个人世界观、价值观的制约,受众之间的理解可能更不完全相同。

对传播内容的理解度层次,不仅取决于受众的心理发展水平、文化程度和人生经验,而且也取决于传播内容本身的特征。如果播音员、主持人所报道的消息以陈述事实为主,那么它会主要诉之于受众的知事理解,受众之间的理解分歧会比较小;如果播音员、主持人的节目以传情为重要目的,特别是综艺访谈节目,那么受众对节目理解主要就是知情理解,不同受众在理解度上会有很大的不同;至于理解一个电视节目的主旨、哲理,则更可能众说纷纭。就一个栏目来说,内涵越丰富、深刻,受众对它进行的理解就越需要深化。对于一些品牌栏目,如《实话实说》、《东方时空》、《焦点访谈》、《今日说法》、《法治在线》等,受众经常有这样的体会:每看一次,理解一次,都可以获得一种新的感受和认识,我们可以对它不断进行挖掘、理解,优秀节目的生命力、吸引力往往表现于此①。

三、受众的价值判断

受众每天都能从广播电视节目中获取大量信息,而播音员、主持人作为

---

① 郑兴东:《受众心理与传媒引导》,新华出版社1999年版,第155—157页。

信息的传播者,在传播过程中不可避免地会流露出自己对某一事物的价值判断和主观倾向。但是,毕竟播音员、主持人和受众有着不同的目的、需求、立场和认识水平,因而受众在接受信息时,会通过自己的思考和理解去做出价值判断。

(一) 什么是价值判断

受众的价值判断,是指受众对新闻信息中所反映的事物、现象有所肯定或否定的一种思维方式,是一种最直接、最集中、最有效的认识形式和理解过程。

价值判断的特点是主观性、观念性和开放性,每位受众都会从不同的角度查看新闻信息的意义和价值。不同的受众对不同的信息进行价值判断,会带有强烈的主体性和针对性,至于他们会认可什么、否定什么、着重哪方面,往往取决于自身的价值观。即使是对同一信息,不同的受众也可以做出不同的价值判断,所谓"仁者见仁、智者见智",任何事情都不一定只有唯一正确的答案。

受众在接受信息的过程中,总是要先了解这事是什么、什么原因造成的、结果怎么样、影响如何等情况,然后再做出价值判断。价值判断主要是解决是非善恶问题。此外,价值判断还包括应有、超然性的"应该"观念,体现出对真、善、美的价值追求,从而激励人们以现实为起点去克服缺陷,追求完善。

(二) 受众进行价值判断的标准有哪些

受众在对新闻信息做出价值判断时,有两个参照系统:一个是受众自身所拥有的咨询系统和参考框架,这种价值参考系统体现和容纳着群体内部通行的价值体系和规范体系,即我们民族历代衍生传承的思想、意志、观念、道德和行为规范;另一个是外界提供的参照标准,这是受众通过不同的媒介渠道获得信息并内化而成的一个价值判断的尺度。那么,受众究竟是依据哪些具体的标准来评判新闻信息的价值,并对其形成肯定或否定的态度的呢? 以下归纳总结了六种标准供播音员、主持人参考:

1. 真实性

这是受众判断新闻信息是否具有价值的最基本标准,没有真实性的新闻信息是没有任何价值可言的。此外,这里所指的真实性还指新闻信息的价值应该是"真值",即该新闻所报道的信息对受众来说具有确实的价值,不存在负的新闻价值。

央视新闻频道的《法治在线》在一期名为《第一现场:飞车抢包》的节目

中,使用了一位旁观者拍摄的 DV 镜头,为受众提供了真实的"第一现场",给受众留下了深刻的印象和强烈的震撼。这段镜头共记录了五次抢劫的全过程,其中有一段 40 秒的长镜头非常罕见,记录了一位妇女因为不肯放弃自己的提包被抢匪在地上拖行二十余米后惨遭毒打的过程。这样真实生动的画面信息,比之不温不火的采访画面,显然更能提供真实可靠的信息,更能凸显新闻的价值,更能满足受众的求真心理。因此播音员、主持人应力求使自己的节目内容真实、生动、可信,以符合受众真实性的价值判断标准。

2. 时间性

受众需要新闻媒介为他们提供迅速而又及时的报道,因为社会生活的变动速度飞快,信息稍纵即逝,"今天的新闻就是明天的历史"。对受众而言,时间越近,新闻信息的价值就越高;时间越远,新闻信息的价值就相对偏低,甚至失去价值。因此,提倡播音员、主持人采取直播的传播形式,以满足受众的求快心理。新闻直播有三个层次:一是新闻节目的直播,这种直播大多只是播音员、主持人的串联直播,但可以将"刚刚收到的消息"随时插入播出;二是在新闻直播过程中,把正在发生的事件随时切入节目中直播出去,实现现场事件的发生与电视新闻传播的同步进行,这是真正意义上的直播;三是打破原有节目编排,辟出专门时段,直播重大新闻事件,这些事件可以是预知的,也可以是突发性的。直播的传播形式比录播更受受众的欢迎,更能为受众所选择,就是因为它符合了受众的时间性的价值判断标准。

3. 重要性(或叫影响力)

这是指新闻信息对受众现实生活的影响力,是受众判断新闻价值大小的主要标准。对受众而言,新闻所报道的信息对人们的影响程度越深,价值就越大。例如,那些关系到国家命运、民族兴衰、人民利益的重大、迫切的事情,受众普遍会非常关心,这方面信息的价值自然也就很大。相反,对于那些鸡毛蒜皮的小事,受众一般很少注意,因而这方面信息的价值就很小。对此,美国密苏里新闻学院的学者给出了三个判断信息影响力大小的因素:① 对多少受众有影响(含二次传播);② 对受众有多少直接影响(受众的工资明年会增加吗?);③ 是否会立即产生影响(如果工人罢工,其结果即使有一些影响,也不会立即影响大多数人)[①]。因此,播音员、主持人应时刻注意其节目内容是否对受众的现实生活构成一定的影响,并适时调整节目内容的编排。

---

① 〔美〕密苏里新闻学院写作组:《新闻写作教程》,新华出版社 1986 年版,第 6 页。

4. 接近性

这是指新闻所报道的信息与受众在某些方面的相近性,它可以是地理上的接近,也可以是经验上的、心理上的、感情上的、年龄上的、职业上的、道德上的、风俗习惯上的接近等。凡是具有接近性的信息,受众就关心,就判断它为有价值。其中以地理上的接近最为明显,因为受众总是对自己周围的人和事最关心。例如,中国足球队首次进军世界杯、北京获得2008年奥运会举办权、APEC上海会议,这些事情对于遥远的外国受众,也许算不上什么大不了的新闻,但对于中国的受众来说,可谓牵肠挂肚、万众瞩目。2002年全国受众调查结果显示,受众认为新闻节目应该改进的地方,排在第一位的是"增加对老百姓身边事的报道力度"(77.3%)。民生新闻正好契合了受众"关心身边事"的接近性的价值判断标准,它采用平民视角,站在百姓的立场,去播报平民百姓喜闻乐见的新闻,评说百姓关心的事情,并为百姓排忧解难,其最大特点就是突出了"贴近性"。例如,江苏省广播电视总台城市频道自2002年1月1日开播《南京零距离》至今,已连续出现了6档民生新闻,而且能实现共赢,均进入了南京地区的广播电视节目收听收视率调查的前50名。

5. 权威性

这是指传播者在报道一件事、公布一个数字或是提出一个观点时,由于其学识、身份或地位不同,那么他所提出的信息的影响力和可信度就不一样。受众会根据传播者对特定问题是否具有发言权和发言资格来对信息的真伪和价值作出判断。例如,关于在中国实行"社会主义市场经济"的理论,如果是由邓小平提出(高度权威性),或是由一位著名经济学家提出(中度权威性),或是由一个普通老百姓提出(低度权威性),对于那些坚持社会主义国家必须实行计划经济的受众来说,差异是很大的。提出者的权威性越高(如该理论是邓小平提出的),受众就越倾向于判断其信息的价值含量高,因而放弃抵制提出者而采取改变自己态度的可能性就越大;反之,提出者的权威性越低(如一般老百姓提出该理论),则受众就很难认可其信息的价值,因而倾向于对提出者采取抵制态度。同理,纽约州长和美国总统说了同一句话,尽管州长的话说得更精彩,但受众感兴趣的无疑只能是总统的话,因为总统的话更具权威性,更有价值。因此,播音员、主持人应注意广播电视节目中信息的传播者和发布者必须符合权威性这个价值判断标准,只有这样才能提高节目的公信力。例如,央视第12频道有一档《心理访谈》的栏目,赢得了无数受众的喜爱与信任,就是因为它符合了受众"权威性"这个价值判断的标准。该栏目具有较强的专业性,经常邀请众多高水平的心理学家,让心理学家和当事人面对面是栏目的一大法宝。据制片人梁红介绍,"要上《心理访谈》节目的心理学专家,必须具备国家统一的资格认定:大学里的专家,他一定要具备心理学教授资格;如果来自医院,则必须有'心理学资深医师资格'或是'全国心理咨询师培训资格'"。近期主持节目的心理学专家杨凤池和李子勋,不仅心地善良、品德高尚,而且具有广博的学识底蕴、丰富的临床心理学经验、细腻实用的解结技巧,因而受众愿意在他们面前敞开心扉,把《心理访谈》当作解脱痛苦、开始新生活的起点,重获信心和力量。这无不是因为《心理访谈》的专业权威性在影响受众的价值判断。

6. 趣味性

这是指能够引起受众兴趣的新闻信息,即趣闻。受众喜欢接收有趣味的信息,并将这类信息判断为有价值。受众较为关注的趣闻有以下几种:① 金钱、财产的得失,商品调价,工资提高,经济危机。② 性。即使不能在公开场合讨论,但却是人们经常想起的事,如美女照片、浪漫的爱情、幸福的婚姻等。③ 灾难和悲剧。特别是当你觉得"这事可能将临到我头上"的时候,由于感到自己是幸存者而释然,但一想到这种飞来横祸会带来死亡就会感到畏惧。④ 幽默。有意或无意的幽默对单调无味的日常生活可能是一副珍贵的调节剂,轻松诙谐的播音员、主持人、稀奇古怪的奇闻轶事、笑话和漫画都是有益的。⑤ 娱乐。在枯燥乏味的世界中,我们可能喜爱看电视、喜欢听广播,通过浏览文艺、娱乐界的消息,期待着下一次的享受①。因此,播音员、主持人应适当地在节目中添加一些趣闻,以增加节目的可观赏性,满足受众趣味性这个价值判断标准。但是,播音员、主持人也要注意不能为了吸引受众的眼球就一味地迎合受众的求趣心理(尤其是一些低级趣味),从而降低自己的品位。

第三节 受众认知心理的疏导与矫正

受众在接受信息的过程中,始终会伴随一系列认知心理活动,对信息的加工和整合产生重要影响,其中就包括认知偏差。所谓认知偏差,是指受众根据一定的表面现象或虚假信息对播音员、主持人及其所主持的节目做出判断,从而出现与实际情况有出入的推测。这种带有规律性的偏差在许多

---

① 刘建明:《当代新闻学原理》,清华大学出版社2003年版,第188页。

情况下是难于克服的,在不知不觉中就会产生。受众常见的认知偏差有首因效应、近因效应、晕轮效应、投射效应、社会刻板印象等。认知偏差在受众接受信息的过程中产生了较为复杂的影响,因此,播音员、主持人应充分认识和了解各种认知偏差对传播活动的消极影响,并采取有效的措施疏导与矫正受众的认知偏差,从而达到优化传播效果的目的。

一、受众常见的认知偏差及其对传播效果的影响

(一) 首因效应

美国心理学家卢钦斯(A. Ladins)曾于1957年做过一个经典的心理学实验,他以两段文字为实验材料,第一段文字将男孩吉姆描写成热情外向的人,另一段文字则把他描写成冷淡内向的人。例如,第一段中说吉姆与朋友一起去上学,走在洒满阳光的马路上,与店铺里的熟人说话,与新结识的女孩子打招呼等;第二段中则说吉姆放学后一个人步行回家,走在马路的背阴一侧,并没有与新近结识的女孩子打招呼等。在实验中,卢钦斯把两段文字加以组合:第一组,描写吉姆热情外向的文字先出现,冷淡内向的文字后出现;第二组,描写吉姆冷淡内向的文字先出现,热情外向的文字后出现;第三组,只显示描写吉姆热情外向的文字;第四组,只显示描写吉姆冷淡内向的文字。卢钦斯让四组被试分别阅读一组文字材料,然后回答一个问题:"吉姆是一个什么样的人?"结果发现,第一组被试中有78%的人认为吉姆是友好的,第二组中只有18%的被试认为吉姆是友好的,第三组中认为吉姆是友好的被试有95%,第四组只有3%的被试认为吉姆是友好的。研究结果证明,信息呈现的顺序会对人们的社会认知产生影响,先呈现的信息比后呈现的信息有更大的影响作用,因此先阅读的那段材料对吉姆的评价起着决定的作用,这种心理现象被称为首因效应。

在传播活动中,首因效应表现为受众往往只关注对播音员、主持人形成的最初印象,对其后来的表现却视而不见,或只凭在第一印象中获取的少量信息,就力图对播音员、主持人的其他特征和表现加以推测与判断。当第一眼觉得播音员、主持人某方面不顺眼时,那么往往对他/她后面主持的节目也无动于衷,甚至对他/她的优点也有种莫名其妙的反感。反之,第一眼看上去很吸引人、很有魅力的主持人,受众对他/她后面的节目就会很期待[1]。简单地说,首因效应即受众对播音员、主持人形成的第一印象,既包括受众

---

[1] 申凡:《走出采访中的认知误区》,载《新闻知识》2002年第10期。

亲眼看见所获得的印象（如播音员、主持人的表情、体态、服装、年龄、谈吐等），也包括通过其他渠道（如报纸、杂志、网络上的专题报道）间接获得的印象。

在传播活动中，首因效应所形成的第一印象常常影响着受众对播音员、主持人及其后继的一系列活动的评价和看法，但第一印象并不都是准确的、与现实相符合的，因而是有偏差的。例如，外向的播音员、主持人常常热情外露，内向的播音员、主持人却不见得都把热情表达出来，此外，播音员、主持人的表现还会因情绪波动、环境条件、身体状态等状况而受影响，这就会使受众的第一印象出现不正确的地方。当然，我们并不能完全否定第一印象在认知上的作用，问题在于受众不能太看重第一印象，以至于在认知习惯上固执地坚持第一印象，排斥后来的新信息，形成"先入为主"的思想方法，这就不对了。在接受过程中，允许自己脑子里出现第一印象，但不用第一印象干扰和排斥对后面信息的接收与认知，不搞"一眼定乾坤"。还有，当发现播音员、主持人谈的情况与自己原来的认识有矛盾时，应当坚持以事实修正认识的原则。对于播音员和主持人而言，应该努力塑造良好的第一印象，注意自身形象，衣服要整洁，服饰搭配要和谐得体，此外，还要注意言谈举止，锻炼和提高播音主持技巧。

（二）近因效应

在卢钦斯的实验中，他还进一步研究发现，如果在两段文字之间插入某些其他活动，如做数学题、听故事等，则大部分被试会根据活动以后得到的信息对男孩吉姆进行判断，也就是说，最近获得的信息对他们的社会知觉起到了更大的影响作用，这种心理现象叫作近因效应，即在多种刺激先后出现的时候，印象的形成主要取决于后来出现的刺激，表现在传播活动中即播音员、主持人最新、最近的印象会对受众的认知产生重要的影响，掩盖受众以往对他形成的印象，因此也称为"新颖效应"[①]。

首因效应和近因效应都是使受众的认知发生偏差的心理因素，只不过受众获得的信息对其认知产生作用的条件不同罢了。假如要求受众连续感知关于播音员、主持人的两种信息时，受众总是倾向于前一种信息，并形成深刻的印象，这是首因效应；假如受众先知道主持人的第一种信息，隔较长时间后才了解第二种信息，则这第二种信息是更新的，会给受众留下较深刻

---

① 巫春华：《认知偏见对思想教育的障碍》，载《武汉理工大学学报》（社会科学版）2005年第6期。

的印象,这即是近因效应。一般来说,在受众还不太了解播音员、主持人时,首因效应起较大的作用,而当受众已经非常熟悉播音员、主持人时,近因效应则会发生更大的作用。

有研究发现近因效应一般不如首因效应那么明显和普遍。在受众对播音员、主持人形成印象的过程中,当不断出现引人注意的新信息或者原来的印象已经淡忘时,新近获得的信息作用就会比较大,容易发生近因效应。受众的个性特点也会影响近因效应或首因效应的发生:心理上开放、灵活的受众容易受近因效应的影响;而心理上保持高度一致、具有稳定性倾向的受众,则更容易受首因效应的影响。

因此,播音员、主持人在传播过程中,应注意使用近因效应整饰自身的形象。例如,某些播音员、主持人如果由于特殊情况没能在受众心目中形成良好的第一印象时,可以不断修正、改进自己的仪表形象、言谈举止和播音主持技能,持之以恒地这样做可能会出乎意料地博得受众的好感,并将以往形成的不佳印象抹消、化解。

(三) 晕轮效应

美国心理学家戴恩、伯恩斯坦等人在1972年曾经做过一项实验,在实验中给被试一些人物相片,这些相片被分为有魅力、无魅力和一般魅力三种,要求被试评定几项与外表无关的特征,如婚姻、职业状况、社会和职业上的幸福等。结果,几乎在所有特征上,有魅力的人都得到最高的评价,仅仅因为长得漂亮就被认为具有所有积极肯定的品质,这就是晕轮效应[1]。传播活动中的晕轮效应是指受众在对播音员、主持人做评价的时候,常喜欢从或好或坏的局部印象出发,扩散形成全部好或全部坏的整体印象,就像月晕(或光环)一样,从一个中心点逐渐向外扩散成为一个越来越大的圆圈,所以有时也称为月晕效应或光环效应。晕轮效应既可能如实地反映播音员、主持人的特征,也可能使受众形成的有关播音员、主持人的印象与其本来面目相差很大。因此,晕轮效应是一种以偏概全、爱屋及乌的认知心理现象,是受众的主观推断泛化、扩张、定型的结果。

晕轮效应有一定的负面影响。当受众对播音员、主持人的某种特征形成好或坏的印象之后,以后往往还倾向于以此推论他/她在其他方面的特征,这使得受众很难分辨播音员、主持人的好与坏、真与伪,正所谓"旁观者清,当局者迷",所以受众要善于倾听和接受他人的意见,防止晕轮效应的负

---

[1] J. L. Freedman 等:《社会心理学》,黑龙江人民出版社1984年版,第99—100页。

作用。同时,播音员、主持人也要学会利用晕轮效应的影响,增加自身的吸引力,在主持节目时,力求把优势先展现给受众,一旦这种优势被夸大,其他方面的缺点就会隐退到光环的背后被遮挡住,从而使主持人获得以肯定为主的积极评价。

（四）刻板效应

我们在认识和评价他人时,并不是把个体作为孤立的对象来认识,而往往是把他看作某一类人中的一员,认为他具有该类人的所有品质。例如,商人常被认为是奸诈的,有"无奸不商"之说;教授常常被认为是温文尔雅、白发苍苍的;江南一带的人往往被认为是聪明伶俐、随机应变的;北方人则被认为是性情豪爽、胆大正直的……当我们把人笼统地划分为固定、概括的类型来加以认识时,刻板效应就形成了。所谓的刻板效应是指受众总是按照一定的标准将播音员、主持人进行分类,把他们归属于一些预设好的群体范围之中,认为他们具有该群体的所有特征①。

刻板效应的影响分为积极和消极两方面。从积极的方面看,刻板效应中往往包含了一些真实的成分,或多或少地反映了播音员、主持人的情况,受众常据此来推测播音员、主持人的其他典型特征,因此简化了认知过程;从消极的方面看,这种过分的简化会隐没播音员、主持人身上独特的东西。个体虽然属于某个群体,但其特征并不一定与群体特征完全一致,并且个体的特征是在不断发生变化的,在这种情况下,刻板效应就会使受众犯过度概括的错误,即错误地把群体的所有特点都赋予群体中的每个成员,即使那些特点中仅有几个(如果有的话)是真正适用的。

（五）投射效应

心理学研究发现,人们在日常生活中常常不自觉地将自己的心理特征(如个性、好恶、欲望、观念、情绪等)归到别人身上,认为别人也具有同样的特征,特别是在对方和自己的年龄、职业相同时更是如此,如:自己喜欢说谎,就认为别人也总是在骗自己;喜欢嫉妒的人常常把别人的行为动机归因于嫉妒,如果别人对自己稍有不恭,便觉得是对方在嫉妒自己……心理学称这种现象为投射效应,或虚假一致偏差。为什么会产生这种现象呢？社会心理学有一种解释认为,就认知活动而言,人是一个"吝啬者",总想以最少的精力获得最大的收获,即在认知上用最少的努力来对周围的人和事形成

---

① 巫春华:《认知偏见对思想教育的障碍》,《武汉理工大学学报》(社会科学版)2005年第6期。

最快的印象，而投射效应恰恰可以帮助人们更快地认识周围的事物，熟悉外界环境，有利于尽快地做出下一步的选择，但随之产生的问题就是可能产生"先入为主"、"以偏概全"的假象。

　　传播活动中的投射效应是指受众在接受新闻信息时，把自身的经验、情感投射到对象上的一种心理现象。它既可以帮助受众理解传播内容，使受众的信息解读成为一种创新的过程，也可以使传播内容经过受众主观因素的折射而产生畸变，造成认知偏差，引发消极的情感和行为倾向。例如，一则《做好事招来的横祸》的新闻报道：某日晚，广东省雷州市政协委员刘秋海与司机等三人驾车途中发现一名满脸是血的女青年躺在一辆翻倒的摩托车旁边，于是下车将该女子（陈某某）送到北海市人民医院，留下600元钱后离开。事隔一个多月后，当刘秋海再次到北海办事时，北海交警支队接到陈某某亲戚的报案后，便认为刘秋海就是撞倒陈某某的人，致使刘遭到了围攻、殴打。事件报道后，既使受众对忘恩负义者的丑恶行径和交警执法的粗暴感到气愤，又在投射效应的作用下不自觉地对刘秋海产生某种同情感，也萌生了"幸亏我没遇上这种倒霉事"的暗自庆幸和以后"好人做不得"的消极自我忠告或相互忠告，这就明显地与播音员、主持人的传播意图相违背了①。因此，我们每一个人（包括受众和播音员、主持人）都应该正确地认识自己和他人，做到严于律己，客观待人，尽量避免以自己的标准去评判他人，从而克服投射效应的消极作用。

　　上面介绍了受众常见的五种认知偏差，此外还有宽大效应、浸渍效应等，尽管这些效应在受众对播音员、主持人的认知中也有积极意义，但由于它们都有主观、推断、片面（表面）感知、先入为主等消极的一面，所以播音员、主持人应该采取一定的措施来疏导和矫正受众的这些认知偏差。

二、播音员、主持人应积极采取措施疏导与矫正受众的认知偏差

　　传播学理论认为，任何成功的传播都依赖于受众对信息的感知、处理与解读能力，任何主观意图很好的信息文本发挥导向作用的首要条件都是能够激活受众的认知结构，因为受众总是从自己的客观需求和认知结构出发，对播音员、主持人所传播的信息进行选择性编码、选择性理解和选择性记忆，从而获得自己认可的结论。为此，播音员、主持人可以从以下三个方面激活受众的认知结构，帮助受众克服认知偏差。

---

① 赵岭梅：《受众认知心理现象与新闻传播效果异化》，载《学术交流》2005年第7期。

(一) 增加受众的知识储备

受众的认知结构由元成分、操作成分和知识获得成分组成。认知结构中的信息提取及转化任务主要是由知识获得成分完成的,它能够给元成分提供反馈性信息,调整和改进加工程序,进而推动受众认知水平的提高和认知能力的增强。因此,播音员、主持人只有不断提高新闻的信息流量和知识含量以增加受众的知识储备,才能使受众对新闻信息的获得、提取和转化顺利进行,才能克服认知偏差的产生。

(二) 激活受众的感觉通道

从理论上说,当受众面对新闻信息时,认知结构中的知识获得成分就会在元成分的控制和调节下,从记忆库中提取相关的知识储备对新闻信息进行识别和理解,同时也会打开刺激和感觉通道。然而,受众的感觉通道并不是总能随时随地同时被打开的,有时感觉通道会因"搁置"太久而无法被打开,这样受众就不能检索信息并将其提取到意识中来,于是知识获得成分提取知识储备的工作就处于无效状态。此时就需要播音员、主持人的帮助,通过提供一定的线索或相应的新闻背景,或激发受众的动机,来激活受众的感觉通道,使受众对新闻的认知得以顺利完成,不至于造成各种认识上的偏差。

(三) 帮助受众构建认知策略

受众在处理信息时,倾向于从证据中得出结论并将结论储存起来,而不是将证据本身储存起来。这种简单的认知策略往往会使受众在接受新闻信息的过程中形成一种"睡眠者效应",即随着时间的推移,受众只能记得新闻的结论,而对新闻的来源和真假漠不关心,甚至对新闻产生误读,导致出现认知偏差。因此,要求播音员、主持人一方面在新闻传播中不断增加硬新闻,减少软新闻,通过大流量的信息为受众构建科学的认知策略提供重要的参照体系,另一方面要充分发挥新闻传播的舆论导向作用和议题设置功能,对受众进行潜移默化的引导,积极地帮助受众构建合理的认知系统和策略,防备认知偏差的产生[1]。

综上所述,受众的认知偏差在信息传播过程中是客观存在的,它给传播效果造成的负面影响也是显而易见的。但是,只要播音员、主持人能够正确地认识它,有意识地去疏导、矫正、调整它,并不断提高自身的综合素质,改善播音技能技巧,就一定能将这些消极影响减少到最小程度,从而促进传播

---

[1] 赵岭梅:《受众认知心理现象与新闻传播效果异化》,载《学术交流》2005年第7期。

活动顺利展开。

第四节 受众接受过程中的情绪类型及调控

新闻信息的传播是一个知情交融的过程,受众在对信息进行认知的同时,往往还会伴有强烈的情绪体验。受众的情绪是指在信息传播活动中,受众对播音员、主持人所报道的新闻事件、新闻人物所产生的一种内在体验和意识倾向,它反映了客观事物与主观个体需要之间的某种关系:凡能满足受众需要的信息,会引起肯定性质的情绪体验,如快乐、满意、兴趣等;而不能满足受众渴求的信息或与受众的意向相违背的信息,则会引起否定性质的情绪体验,如恐惧、愤怒、厌恶等。这些情绪体验可能强度很低(例如,吸烟者对于有关吸烟有害健康的宣传活动,很少会完全赞同),可能与节目的主旨意图相反(例如,综艺节目本来是想让受众得到轻松愉快的心情,但受众却对其呆板的模式套路不领情,感到无聊、厌烦),从而违背了传播活动的初衷。因此,现在的大众媒介日益重视受众的情绪体验,希望通过精心制作的节目来唤起受众良性、健康的情绪体验,通过精心培养的播音员、主持人来调控受众不适当的情绪体验,达到优化信息传播效果的目的,这也正是现代信息传播艺术的重要体现。本节列举几种受众在接受新闻信息的过程中经常产生的情绪体验以及播音员、主持人对其进行调控的方法。

一、受众接受过程中产生的肯定性质的情绪体验及调控

(一)快乐

游戏是人类的天性,有一种说法就认为"艺术是自人类的游戏中产生的"。在现代社会快节奏的生活中,游戏更是每个人舒解压力的方式,然而由于种种原因,在生活中想要从游戏中得到完全的快乐是很难的,这时播音员、主持人通过广播电视节目提供一些有趣的、使人轻松愉快的新闻信息或适当地在节目中加入一些幽默元素,就成为一般受众获得轻松愉快心情的最佳选择。例如,在一次"世界小姐"的总决赛中,美国著名节目主持人雅伦曾和一位日本选手有如下对答:

雅伦:请问你上大学时主修什么课程?
日本选手:美国文学。
雅伦:那么美国文学和日本文学有什么不同?

日本选手：嗯，我看没有太大区别，要说不同那就是日本已有一千多年的历史，而美国只有两百年历史。

　　雅伦：如果可以打个比方的话，美国只能是一部"短篇小说"（大笑），请问在美国最吸引你的地方在哪里？

　　日本选手：嗯……大概是美国的旧货市场最令人神往，因为在日本根本无法看到。

　　雅伦：但您是否注意到，这里旧货最多也只有两百年历史。（大笑）①

　　在这里，主持人雅伦机智幽默地完成了对日本选手的访问，不仅让受众掌握了选手的基本信息，也让选手缓解了在总决赛中产生的紧张情绪，使比赛显得生动有趣之余，也能令观众产生快乐的情绪体验。

　　再如，湖南卫视的《快乐大本营》节目以其老少皆宜的风格，吸引着广大受众，开播第一年就收到数千封电视观众的来信，人们称之为"快乐现象"，也有舆论称之为"快乐旋风"。这样的成绩与其主持人是密不可分的，如果没有何炅、李湘、谢娜那机智幽默、古灵精怪、插科打诨、活力四射和平易近人的主持风格，节目的精彩程度必将大打折扣，因为观众们守候在电视机前，等的就是他们带来的这份充满爆炸力的活力感和真正的快乐。

　　（二）满意

　　受众是一个情况非常复杂的群体，这个群体中不同的人对传播的内容有着并不完全相同的期待，因而广播电视节目显得有些众口难调。但不管怎么说，比较接近或一致的期待是客观存在的。这些期待大致可以概括为：渴望了解欲知而未知的国内外大事；渴望了解新鲜的、有价值的新闻事实；渴望了解与自己有关的、对于自身更好地生存和进一步发展有所帮助的各类信息；渴望了解针对社会热点问题的有深度的报道；渴望从报道内容中获得各种有益的启发。如果其中的一种渴望和期待得到了满足，那么受众就会感到有所收获；如果多种渴望和期待得到了满足，那么受众就会感到非常满意，甚至由衷赞叹。

　　此外，受众对于大众传媒所采用的传播方式也有所期待。能令受众产生满意体验的传播方式有：快捷的方式——传播新闻信息，注重时效性，速度很快；平等的方式——对受众体现足够的尊重，把受众当作知心朋友，对

---

① 《主持人如何做好人物专访节目》，见 http://www.byzc.com/html/zcttq/2006-7/20/23_31_27_277_2.html。

他们讲述他们所关心但却不知道的事情;交流的方式——受众有参与的机会,能自由地发表意见;赏心悦目的方式——具有可看性或可听性。

(三) 同情

一般受众在认识某种事物时都喜欢对比,一比较就立见高低良莠,受众在这时最容易产生的情绪就是同情。新闻信息中就有许多能激发起受众同情心的报道,特别是一些关于自然灾害、贫困生等的报道,媒体把报道的基调建立在同情弱者的基础上,也是为了满足受众的这种心态。

(四) 好奇

受众生活在一个规律的但又比较单调一致的社会环境中,他们迫切希望了解另一个截然不同的社会环境,因而传播内容中那些新奇、异样、刺激的信息,总会引发受众的好奇心,使受众表现出向往、注视、接近、探索等活动,而且信息愈新奇、愈复杂,受众个体对之就愈好奇。19 世纪 70 年代的美国《纽约太阳报》编辑主任约翰·加特说:"狗咬人不是新闻,人咬狗才是新闻。"这一形象的比喻恰如其分地说明了人在信息传播过程中的一种猎奇心理。凡是背离了社会常态的现象、背离了社会习俗的道德标准及背离了社会规范的行为,都具有反常性,背离的程度越大其反常性就越强烈,越能引起受众的好奇感。不过好奇心也分高级和低级,对于有利于社会发展和人类进步的东西,充满好奇往往会造就一代伟人;但若是仅仅对一些阴暗、污秽、无用的东西表示好奇,那反而会造成负面的影响。现在有些媒体为了市场、利润而一味地迎合一部分受众的低级好奇心,报纸上尽是"星、性、腥"的报道,大大降低了媒体的权威性与公信力,忽视了信息传播的社会责任,走向猎奇的极端,这反而是得不偿失的,也是我们所坚决反对的。

二、受众接受过程中产生的否定性质的情绪体验及调控

(一) 抵触

受众在接受过程中可能会对信息产生抵触的情绪体验,这应该算是最具普遍性的否定性质的情绪体验了,它主要表现为受众对传播内容或传播者的不满、怀疑、反感、抵触乃至否定和排斥,导致传播受阻甚至产生负效应。

致使受众产生厌烦心理的原因是多方面的,传播内容的不实、传播方法的不当都会引起抵触情绪。有些新闻报道,明明说的都是事实,但往往由于话说得太满而引起受众的反感。那么能不能在报道的时候留点儿余地呢?还有很多受众对媒体狂轰滥炸式的集中报道感到无所适从甚至十分反感,

认为报道太泛滥反而显得不可信,这正是印证了"过犹不及"、"物极必反"的道理。那么能不能好好地把握一下传播的"度"呢?不少受众对新闻传播者把事实和关于事实的结论一起塞给他们感到厌烦,你越是强调这个结论,他就越表示不屑。针对这种情况,传播者能不能将自己的观点蕴含于对新闻事实的客观报道之中,只进行一些巧妙的暗示呢?诸多受众对于传播者的报喜不报忧颇有异议,正因为如此,他们对传播者所做的成就报道在心理接受上往往就打了折扣。有鉴于此,传播者能不能以事实取信于受众,在报"喜"的同时,也对"忧"做一些报道呢?① 这些都是因为受众在接受新闻信息时,愿意在充分了解事实的基础上,独立判断,得出自己的结论,而不愿意边看报道边听教诲;他们愿意了解新闻信息的来源,以分析其可靠程度,而不愿意播音员、主持人大包大揽地把自己的所见所闻当作所有新闻的来源,强迫受众相信;对有争议的问题,他们愿意了解双方的情况和意见,以便自己去辨别是非,而不愿意只看到一方的情况和播音员、主持人的结论。心理学认为,智力正常的人都有一定的"智慧批判性",即判别事物正误、是非、优劣和内心自省的能力。文化水平越高、受教育越多、社会经验越丰富的人,其"智慧批判性"也越强。如果新闻报道只摆出一副开导、教育的架势,就是对受众的"智慧批判性"的蔑视,会有损受众的自我心理,使之对此类信息产生厌恶感以至疏远②。

(二) 恐惧

在传播活动中,播音员、主持人总是会用带有较强情绪色彩的新闻信息,唤起受众的恐惧体验,使之感到有压力,从而为了避免危险的出现而改变态度,因而"如果……那么就会……"的句式经常会在新闻报道或新闻评论中出现。例如,"如果不建设三峡工程,就难以缓解华中、华东能源供应的紧张矛盾,川江航运条件也难以有更大的改善"。"如果森林被继续乱砍滥伐,那么人类就难以生存"。"如果不解决少年儿童的失学问题,那么我国的文盲将会大大增加"。以上句子在"那么"后面所传递的假定信息往往是同灾难相联系的,所以通过想象很容易使受众产生害怕、紧张、担忧的情绪体验,这些威胁性的信息是受众改变态度、接受劝导、付诸行动、及早预防可能出现的后果的一种动力③。例如,大众传媒提醒受众注意交通安全,就会用

---

① 吴明华、杨夏:《从心理学视角看新闻的有效传播》,见 http://www.cnhubei.com/200411/ca603596.htm。
② 康师武:《电视新闻与受众心理》,载《新闻前哨》2004 年第 1 期。
③ 刘京林:《新闻心理学概论》,北京广播学院出版社 1999 年版,第 277 页。

车祸造成的后果告诫受众；要受众远离毒品，则会以吸毒对健康、财产、家庭和社会所造成的危害对受众进行劝说；要受众爱护森林、保护植被，就会揭示荒漠化、水灾给人类带来的灾难；要受众明白建设和谐社会、发展经济、增强国力的意义，就会让受众回想旧中国被列强欺压掠夺的屈辱和痛苦。

在和平建设、经济发展时期，危机感教育是我国大众传媒的一项极富有教育意义的传播内容，它并不是要唤起受众对某一具体事物、现象的恐惧，而是对一个企业、一个地区、一个民族乃至整个国家的前途的恐惧心理。中国古训说"生于忧患，死于安乐"，大众传媒希望通过危机感传播激发受众艰苦奋斗、发愤图强，防止盲目乐观、好逸恶劳和贪图享受。但要注意的是，危机传播中所涉及的信息不同于时政信息和国家安全信息，它涉及每个人最切身的利益以及公众享有的对危机的知情权，这就要求新闻传播者在任何时候都要保证信息交流的畅通、及时、公开、透明，并向公众公布其欲知、应知而未知的信息；危机传播中所涉及的信息也不同于一般的社会新闻或娱乐新闻，可成为人们饭后茶余的谈资，人命关天，"责任重于泰山"，必须准确、客观、全面、有较强的时效性和指导性，真正发挥媒体环境监视的功能。因为一旦危机传播处理不当，就会导致"小道消息"当道，流言、谣言猖獗或者以偏概全、夸大其词，过分渲染灾难性事故的恐怖和血腥，造成人心浮动，引发受众强烈的恐惧情绪。

那么播音员、主持人在传递信息时究竟应该如何把握恐惧度呢？心理学家通过实验发现：恐惧的程度与态度的变化量呈倒 U 形曲线关系，恐惧程度太大或太小都不利于改变受众的态度，中等程度的恐惧则对于态度的改变最为有效。唤起的恐惧过小，难以引起受众的警醒，达不到改变态度的目的；唤起的恐惧过强，受众可能产生两种消极反应：一是不愿把自己的态度可能导致的结果想得如此可怕，二是过于害怕、失去对策。这两种反应都会促使受众回避、拒绝唤起恐惧的信息，甚至对唤起恐惧的信息产生逆反心理，而不利于态度的改变[①]。在这种情况下，播音员、主持人就应该在节目中给予受众一些理智的指导信息，使受众知道应该怎么做，这样自然会取得最佳的传播效果。例如，1998 年的洪水泛滥引起全国人民的高度重视，这时，央视《焦点访谈》栏目的主持人请了许多水利专家、气象专家和医疗专家做客该节目，希望通过传播各位专家的科学知识，引导受众认清威胁来源的真正原因，鼓励受众采取有效行动来克服恐惧和焦虑的情绪。早在 20 世纪 50

---

① 郑兴东：《受众心理与传媒引导》，新华出版社 1999 年版，第 279 页。

年代，毛泽东同志就曾对自然灾害等突发性事件的报道作出过批示："要如实公开报道。全国灾情，照样公开报道，唤起人民抗争。"所谓如实报道，就是对灾情不夸大，不缩小，这样才能使受众正确认识灾情，使党和政府作出正确决策，不致判断失误。再如，2003年春天北京大面积爆发"非典型性肺炎"的初期，人心惶惶，面对威胁人类生命的恶性传染病，国内的大部分媒体都能客观冷静地面对危机，注意把握受众的集体情感。虽然身处谣言四起的环境中，新闻媒体从业人员仍然能从科学的认识出发，控制好自己和家人，乃至亲朋好友的恐慌情绪，不惜生命代价奔赴一线采访，用真实、生动的新闻信息告诉广大受众，什么是冠状病毒，"非典"跟一般肺炎的差别在哪儿，这种冷静理智的处理方式取得了很好的传播效果。在社会出现极大不稳定的关键时刻，大众媒介能引导受众理智地认清真相，不被无知吓倒，体现了新时期的传媒工作者应有的人文关怀和理性色彩[①]。

（三）单调

以某省台的《周末夜话》栏目为例，它曾做过一期关于婚姻问题的话题讨论节目，按理说这个话题很生活化，也很让人感兴趣，但开场不久便有人不爱看了，觉得单调乏味。在节目中，主持人把话题递给嘉宾后，既没有及时切入具体的问题予以引导，又没有提示嘉宾结合个人经历和体会谈。结果嘉宾不知从何说起，只好泛泛而谈，主持人又很少有实质上的对应交流或适时概括，嘉宾便自顾自说。当嘉宾谈完后主持人简单地以"哦，您是这么看"为对应，再把话题转给另一嘉宾。这种缺少回应的大段落叙述使谈话显得冗长乏味，使节目失去了节奏，不仅不吸引人，也无法把话题深化，难怪观众会觉得单调、沉闷。

我们再来对比一下《实话实说》节目中的主持人崔永元是如何控制现场气氛，引导嘉宾做出精彩发言的。在一期关于怀旧话题的节目中，当一位嘉宾接过话茬谈自己参加20周年知青聚会时，主持人是这样与他交流的：

您带的是什么念想？（答：粮证）
为什么要带上它呢？（答：当时吃饭都靠它……）
啊？！您带的是别的同学的粮证，不是自己的。（答：不是……）
那，是男同学还是女同学？（答：这……是女同学。众笑）
您插队的东西是不是都留下了？（答：没……）

[①] 刘京林主编：《新闻心理学原理》，中国广播电视出版社2004年版，第167页。

那您专门留下这粮证,肯定有想法?(答:这,这,是有。众笑)

可以讲给大家听听吗?(答:好,讲就讲吧!……)

当时是一种非常美好的感觉?(答:您说得太对了!)

那么,您拿这个粮证除了想给同学看,我想主要的还是给她看?(答:没错)

看完后她没对您说些什么吗?(答:说了,忘了。众笑)

您太激动了。(答:是太激动了!……)

  主持人和嘉宾引人入胜的对话营造了轻松愉快的情绪氛围,避免了嘉宾独自叙述的乏味和不易到位,为我们描述了一段纯洁美好的朦胧感情,使受众不再觉得单调,整个节目也因此而大放光彩①。

  最后,我们应该注意的是情绪具有个体差异性,表现在对于同一条信息,由于受众主观方面的因素不同,会导致在不同受众身上产生不同的情绪体验,甚至会引发同一个人身上不同状况下的完全各异的情绪体验。例如,同样一篇抗洪救灾的报道,对于大多数受众来说,会引起关注感和振奋感;对于在救灾中牺牲的烈士家属来说,则更多的是悲伤和痛苦②。因此,播音员、主持人在传播信息时,应充分地考虑每位受众的立场、观点、需要和情感,只有这样才能使节目由表及里、由己达人。

> 视窗
>
> **播音主持现场:播音员、主持人在节目中如何进入话题**
>
>   播音员、主持人在节目开始时大都会以话题的方式切入,因此可称作话题主持。话题进入的方式就是一个话题应该如何开始、怎样展开,就如同写文章要写好开头一样,但文章是写给人看的,而话题是说给人听的。播音员、主持人从编辑手中接过节目的文稿之后,就要根据节目的要求、受众的心理以及主持人的个性形象对稿件进行话题的设计

---

① 刘京林、罗观星:《传播、媒介与心理》,北京广播学院出版社1999年版,第233—234页。
② 刘京林主编:《新闻心理学原理》,中国广播电视出版社2004年版,第158页。

与加工,力求使节目的内容自然、生动、有感染力,使节目的传播达到整体的优化。归纳起来,有以下四种常见的话题进入方式可供播音员、主持人参考:

第一种话题进入方式是报题式。这是一种从有稿播音演变而来的话题进入方式,也是一种最为简单的话题进入方式。例如,"听众朋友,今天《生活服务窗》栏目的第一个话题是跟朋友们谈一谈如何挑选地板砖……"这种报题式开头的优点是开门见山、直触主题、较为简洁,适用于内容比较简单或者内容编排得较满又较为紧凑的节目。它的不足是:较为单调、对有些话题就显得缺少铺垫,生动情趣也显不足,并且或多或少还有有稿播音的痕迹。因此,在同一档节目中应尽量避免多次使用这种话题进入方式,否则,不利于唤起受众的收视或收听欲望。

第二种话题进入方式是呈上式。这种话题进入方式一般用于两个话题之间,可以说也是两个话题上下互相衔接的一种技巧。如:"听众朋友,刚才毛毛给您谈了如何自我调治腋斑病,接下来呢,我再和您说说如何通过练习鼻部保健操来预防感冒和呼吸道感染这个话题……"这种呈上式的话题进入方式衔接紧凑,适用于一个栏目中内容较为短小、不太复杂的两个话题之间,显得转换自然,也便于受众把握节目的层次结构,同时也具有开门见山、直触主题的特点。它的不足之处也与报题式进入方式相似,对于一些内容较长、较为复杂的话题不太适用。

第三种话题进入的方式是渐进式。这种进入方式对话题有一种铺垫作用,如果有些稿件内容较长且较复杂,不容易立刻引起受众的兴趣,这时再采用开门见山的方式进入话题,效果一定不佳,因此需要播音员、主持人设计一个渐进式开头,作适当铺垫。比如有这样一篇编辑编好的稿件"下面为听众朋友介绍某某同志的一篇文章:《中国人要变一变草关》,什么时候在中国被专家们评为曙光产业的草坪业也能成为一项新兴的产业……"如果主持人就是这样原封不动地开始话题,那么肯定不会引起受众的收听兴趣,而且也不符合主持人谈话式播音的要求。我们可以看看北京经济台《都市生活》的节目主持人是如何设计渐进式开头的,"听众朋友,在我们很多中国人的观念中,草往往是不被重视的。比如朋友们都比较熟悉的《小草》歌里就这样唱道:没有花香,没有树高,我是一棵无人知道的小草;还有一首流行歌里也这样唱道:有妈的孩子像块宝,没妈的孩子像根草;我们的成语里还有一个成语叫作'斩草除根'。听众朋友,不管是轻视也好、鄙视也好或者是仇视也好,总之,在我们大多数中国人的眼中,草总是很容易被忽视。那么在今天,这种忽视草、不重视草以至不愿意种草的观念也要变一变了。下面呢,我们就来谈一谈这个话题……"这种渐渐把内容引入话题的方式使话题的进入自然、轻巧又富于情趣,容易引起受众的收听兴趣,而且有些不太复杂的内容采用这种渐进式开头容易拉近主持人与受众的距离,使受众感到亲切、热诚。实践证明:具有铺垫作用的渐进式开头是较为有效的、使用频率较高的一种话题进入方式。

第四种话题进入方式是举例式。举例式也是一种较为有效的、较为常用的话题进入方式,它往往是从主持人自己的或是身边人的实例以及受众较为熟悉的事情说起,从而展开话题。比如有这样一篇稿件《消费品热销势头开始降温》,原来的开头是这样的:"听众朋友,随着中央各项宏观调控措施的到位,进入七月份以来,我国消费品市场的增长势头开始减缓,当前消费品市场出现了以下特点:第一个特点是……"这种话题的开头儿在节目中就显得不太合适,受众在收听时没有心理准备,同时这种新闻导语式的开头也不适于主持人谈话式的语言表达。某电台在直播此话题时,主持人作了一番改动,采用了一个举例式开头,主持人甲:"哎,高山,前几天我的一个朋友对我说'想换一台洗衣机',我就问他'你现在的这个洗衣机买了没两年哪?'我的朋友说'现在这个物价涨得这么快,存钱也不值,还不如买点大件的东西保值合算。'"主持人乙:"哎,我说东燕,赶紧跟你那位朋友说这洗衣机先别买,花那么多钱放在那儿不用,这不是盲目消费吗!再说也是一种浪费啊。其实你的朋友不知道,随着中央最近各项宏观调控措施的逐步到位,七月份以来,消费热开始降温了,居民消费心理已经开始趋于平稳。所以你的这位朋友啊,这种购物保值的心理可以说已经没有必要了。根据有关专家分析,当前消费品市场出现了这样几个特点⋯⋯"像这样用一个能够反映大多数受众利益和心理的例子展开话题,能够一下子抓住受众的注意力,引起受众的共鸣,并且产生较为迫切的收听欲望。但是,在使用举例式进入话题的方式时,要注意以下几点:第一,主持人所举的例子一定是确有其事的实例,不能通过编造来哄骗受众;第二,所举例子要典型,并且能够紧扣话题,说明问题;第三,尽量避免用"据说、听说"之类的用语,以免给受众一种道听途说的不真实感觉;第四,在话题的结尾最好能再回到这个实例上来,互相呼应效果会更好一些。

(采自:http://www.boyinzhuchi.com/Article/zcys/xckz/200605/Article_20060-529152026.html)

思考题

1. 当前我国多家电视台都使用收视率作为节目效果的评估依据,试思考收视率是否是可靠的衡量指标,如果不是,它存在什么弊端,应如何改进?

2. 如果受众因为思维定式对节目产生了消极的评价,那么播音员、主持人应该采取何种措施来破除受众的思维定式?

3. 在传播活动中,受众依据哪些具体的标准来评判新闻信息的价值,并对其形成肯定或否定的态度?

4. 受众在接受信息的过程中会产生哪些认知偏差?它们会对传播活动产生什么消极影响?播音员、主持人应采取何种有效措施来疏导与矫正受众的认知偏差以达到优化传播效果的目的?

第九章 受众的群体心理

在前两章中,我们探讨了受众的需要心理、认知和情绪心理等方面的内容,这都是从受众的个体层面来讲的。实际上,还可以把受众看作是一个群体,正所谓"物以类聚,人以群分"。人们在群体生活中得到社会化,最终成为社会人。每一个个体从出生到死亡,都生活在群体之中,群体影响着人们的行为、观念,群体成员之间也会相互影响。人们在群体中的表现与自己独自一人时的表现大不相同,并形成了一些有规律的、特殊的现象。受众作为一个特殊的群体,还具有一些不同的特点和表现。如果播音员、主持人能够较好地掌握受众群体心理的特点并加以应用的话,可以强化传播效果、提高传播水平。在这一章里,将详细介绍有关群体和受众群体心理方面的内容。

第一节 受众群体心理概述

一、受众群体

受众群体是指接受媒介宣传的广大人民群众。他们属于社会群体,在社会群体中有自己独立的社会地位、社会角色,并具有社会群体的主要心理特点。但是,由于这些心理特点都是直接或间接地因媒介信息而引起的,所以受众群体还具有不同于一般群体的特殊性[1]。受众群体的心理特征有从众心理、心理承受力、受暗示心理和逆反心理等。

二、受众群体的心理特征

(一)从众心理

从众是由于真实的或想象的群体压力而导致行为或态度的变化。也就是说,它是个体因多数人的影响而产生的与多数人一致的行为或态度。所谓"随波逐流"、"人云亦云"就是从众心理最好的例证。

20世纪50年代,社会心理学家阿希(Asch,1951)做了一个经典的从众

---

[1] 刘京林:《新闻心理学概论》,北京广播学院出版社1999年版,第237页。

实验研究。实验材料是18套卡片,每套两张,分别是标准线段和比较线段。每套卡片呈现一次。在这个实验中,7个人组成一个小组,其中6名是阿希的助手,只有一个人是真正的被实验者。他总是被排在倒数第二位,所以他面临着来自其他几个人的压力。他们的任务是对线条的长短进行区分,要求每个小组成员回答比较线段a、b、c中哪一根与标准线段长度相等。卡片共呈现18次,其中,第1—6次中前面的5个人与被试期待的回答一样:b与标准线一样长。从第7次开始,尽管答案还是那么明显,但是第一个人给出了错误答案,如:说a与标准线一样长。当第二个人给出同样的答案后,被试可能突然坐直身子,再次检查那条线的长度。第三、第四、第五人也给出了同样的错误答案,被试开始怀疑到底是自己错了还是他们错了。当轮到被试的时候,他会怎样报告呢?

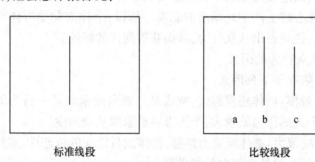

图9.1　阿希从众实验的材料(Asch,1951)

阿希通过多次实验,发现大约有25%—33%的被试坚持自己的判断,没有发生从众行为;大约15%的被试在回答次数中平均有75%的从众行为,也就是说后来的12次回答中有9次表现出从众行为;所有被试平均从众行为是34%。

这个实验说明我们总是倾向于跟随大多数人的想法或态度,以证明我们并不是孤立的,而是存在于一个群体之中。从众是一种比较普遍存在的心理现象,它表现为对优势观念、行为方式的采纳。这既可以出现在临时的特定情境中,也可以出现在长期、稳定的情境中。

1. 从众的原因分析

社会学家认为,从众行为是由于在群体一致性的压力下,个体寻求的一种试图解除自身与群体之间冲突、增强安全感的手段。从众现象产生的原因是群体压力。当个人的观念与行为受到群体的引导或施压时,则他的观念和行为会向与多数人一致的方向变化。群体的压力可以分为信息压力和规范压力。信息压力的作用和影响要比规范压力持久。

信息压力——从众行为时常在信息不详、情况不明、把握不大或陌生的环境中发生。当个体从事某项活动时，没有客观的权威性标准可供比较，往往以他人的意见或行为作为自身行为的参考依据，因为人们总是倾向于把大多数人共同以为正确的事物作为判断的标准。当个人想法与所处社会中其他人相同时，就会产生"没有错"的安全感。所以，个人表现出与大多数人一致的行为，也可能是受到信息的影响。

规范压力——个体行为形形色色，但总会受到一定群体规范行为的影响。群体规范是要求其成员共同遵从的行为准则，决定了群体成员的行为是否会得到大家的欢迎。表现出符合群体规范行为的成员很可能得到群体的接纳和喜欢，而违反规范的个体将感受到群体一致性的压力，受到群体的拒绝和排斥，在心理上产生对偏离的恐惧。所以，个体为免受群体其他成员的非议和孤立，往往做出从众行为，从而获得同伴的好评。

2. 影响从众行为的因素

从众行为依存于下列因素：

（1）群体规模：群体规模越大，赞成某一观点或采取某一行为的人数越多，则群体对个人的压力就越大，个人很容易采取从众态度。

（2）群体凝聚力：群体凝聚力越强，群体成员之间的依恋性、意见的一致性以及对群体规范的从众倾向就越强烈。

（3）个人在群体中的地位：人们往往愿意听从权威者的意见，而忽视一般成员的观点。

（4）个性特征和性别差异：个人的智力、自信心、自尊心以及社会赞誉等个性心理特征与从众行为密切相关。智力低下者、有较高社会赞誉需要的人容易表现出从众倾向。从平均水平看，男性比女性更不容易受到影响，但是这种差异很小。

（5）群体中有无同盟者：当观察到另一个人也在抗拒群体规范的压力时，个体做出类似行为的勇气也会增加。

（6）个体发表意见的先后：当被试先说出自己的最初判断后，再听其他成员的意见，最后再做一次判断，会使从众的比率降低。

（7）文化差异：来自崇尚个人主义文化背景的被试不太容易从众，而来自集体主义文化背景的被试更容易从众。

3. 受众的从众心理给播音主持带来的启示

（1）播音员、主持人要保持正确的新闻舆论导向

受众的从众心理主要是由于新闻舆论造成的强大攻势而引起的。受众个体在强大的新闻舆论或由这种舆论而引起的人际压力下，会自觉或不自觉地在社会知觉、社会判断、态度以及行为上表现出与新闻舆论相一致的现象。当相当数量的受众个体都表现出对新闻舆论的遵从时，这种从众心理就有可能形成一种势不可当的受众群体心理①。

新闻舆论是造成受众从众心理的主要社会刺激。动用新闻舆论工具所形成的新闻舆论具有传播速度快、影响范围广、威力比较大等特点。由新闻舆论所引起的受众群体的从众心理和行为对社会影响究竟是好是坏，要作具体分析，不能一概而论。从众心理的影响首先取决于舆论的正确性。正确的、为人民利益着想的新闻舆论，可以形成巨大的群体力量，并能强化群体的凝聚力。因此，在社会建设中，依靠这种力量可以团结更多的群众。而由错误舆论所形成的受众群体的从众心理，对正常的社会秩序具有巨大的破坏性力量。事实证明，社会的动乱，成千上万的不明真相的群众上街游行，甚至出现打、砸、抢等过激行为，往往与新闻媒介的错误导向有关。

（2）播音员、主持人要加强在节目中的引导作用

由于受众具有从众心理，所以播音员、主持人在节目中的正确合理引导至关重要。播音员、主持人要具备强烈的社会责任感和职业道德，有正确的世界观、人生观和价值取向，始终把国家利益、公众利益放在首位，恪守"良知"二字，珍惜自己的形象和声誉，做到自尊、自爱、自律、自责。在节目中，要引导受众树立正确的人生观、价值观、事业观、前途观。有的播音员、主持人盲目地追逐"热点"，对不健康文化的传播起到了推波助澜的作用，致使广大青少年盲目"追星"，甚至不学习、不劳动，只等着有朝一日"一夜成名"。还有的播音员、主持人在报道名人的时候，没有正面去报道宣传，不是着眼于名人的成就是如何取得的，不去围绕名人对事业的追求探索去挖掘信息，而是一味地追究名人的生活琐事，大暴隐私和内幕，误导了青少年的世界观、价值观。所以，播音员、主持人在主持节目时，不能靠赞许名人或其他报道对象的"酷"、"帅"、地位、享受等方面的内容来引导受众，而应注重对他们成长历程的介绍，要弘扬社会公德、家庭美德，将他们的好习惯、正确的价值观、良好的行为作为报道的重点，使受众的从众行为朝着积极的方向发展。

---

① 刘京林：《新闻心理学概论》，北京广播学院出版社 1999 年版，第 241 页。

(2) 播音员、主持人要合理利用受众的从众心理

受众群体中从众的影响力是巨大的,当传播者充分意识到这一点,并有效地利用其中的规律时,会达到惊人的传播效果。《超级女声》栏目就是一个绝好的例子。2005年的夏天,它成为全国电视娱乐节目极具典型的代表:15万人参赛,至少54万人参与票决,超过2000万观众每周热切关注;收视率突破10%,稳居全国同时段所有节目第一名;报道媒体超过百家……

任何一种风行一时的社会行为,首先都是起始于个体的行为,然而再逐步发展成为一种群体性行为。实际上,《超级女声》首先是在部分青少年中传播,后来经过媒体渲染性的报道,又经常听周围人谈论,于是更多的青少年开始关注此事,并通过他们来影响他们的父母,最后才向社会普通人群扩散。当参赛者的参赛行为在得到社会的肯定和赞赏并且有人获得确实的回报之后,就会有更多的人加入进来,这时候就变成一种集体性的从众行为。

在对受众的从众行为的发起上,《超级女声》栏目的许多做法值得我们进行研究、思考、借鉴。为了吸引中学生这个主体消费人群,赞助商们在学校周围布满了"超女"灯箱广告、宣传画,并设计了许多印有"超女"图像、字样的服饰、文具等投放市场;为了引起广大老百姓的关注,他们启动了公交车身广告、站牌广告,让"超女"充盈人们的视野;为了让喜欢上网冲浪的年轻人加入追随"超女"的行列,他们在各大网站投放了大量广告,并开辟了专门的论坛。这种全方位、立体式的手段,尤其是对新兴媒介(如网络、短信等)的运用,是造就"超女"奇迹的重要因素。从更大的范围来看,这种以互联网和其他新兴大众传媒为手段的动员模式已经成为一种普遍的社会动员模式,不仅对社会生活,而且对各个国家的政治、经济等都产生着越来越大的影响。当然也有媒体、受众对超级女声栏目的有些做法存在质疑、不满甚至坚决反对,但是其中也有值得我们学习的地方。这需要我们透过现象看本质,并进行理性的分析和思考才能达到"取其精华、弃其糟粕"的目的。

(二) 受众的心理承受力

受众的心理承受力是指受众在媒体报道与其主观态度不相一致的问题时,或受众对自己没有认识、不理解的问题,能否接受的主观感觉。它表现为受众对新闻传播媒介刺激的理解、应激、调适和平衡等方面的能力。

受众的心理承受力有两个特点。一是主观性,是指对同一新闻信息,受众的心理承受能力有个体差异。张三不能承受的新闻报道,李四则可能乐于接受。二是时间性,是指对同一受众主体,此时不接受的新闻,彼时却欣然接受。

1. 影响受众心理承受力的因素

由于新闻传播媒介的刺激和受众主体的内部条件总是处于动态的变化之中。因此，受众的心理承受力具有一定的伸缩性，但是这种伸缩性不是无限的，而是有"度"的限制的。新闻媒体要把握好"度"、掌握好分寸，做到恰到好处，否则，受众会因为心理负荷过重，无法承受而导致逆反心理。

排除人们主观上的心理准备因素，受众的心理承受力的伸缩性取决于新闻刺激量的强度、作用时间的长短以及时机上的控制。

新闻刺激量的强度取决于新闻信息量的强度。信息量不足，不能引起公众对问题或事物的足够关注与重视；但信息过多过密，又会导致公众的心理逆反与思维错觉。所以，新闻传媒的报道要有节制，不宜机械地、无时间间隔地进行传播。即使是针对热点、焦点问题，也不能没完没了地报道。否则，受众会因引导的强度过大，刺激时间过长而引起逆反心理和思维紊乱。如1998年美国总统克林顿丑闻的报道在当时充斥于美国主要的广播、电视和印刷媒体。单就报纸来说，在美国现有的约1400家日报中，有上百家日报发表社论，明确要求克林顿辞职。有的电视台甚至中断了正常节目的播出，而转播与克林顿有关的内容。但事后，经过民意调查发现，克林顿不但没有被迫下台，反而是支持率略有上升。这就是因为新闻传媒过分的"无时间间隔轰炸"引起了受众的逆反心理。但是，重要的内容，如果宣传量过小，几乎没有声势，则引不起受众的注意，就谈不上什么承受力问题，也起不到宣传的效果。如果新闻舆论引导力度过小，就会因为无法抵消传播过程中的自然弱化而被淹没，不会引起受众的心理反应，其舆论引导的效果就是零效果。例如：1998年的张子强案件，除了香港凤凰卫视作了一个专题节目外，内地的媒体对其的报道都很简短。由于没有形成一定的舆论，所以未引起受众对打击黑社会性质恶势力的足够重视，直至黑社会性质的恶势力在内地逐渐猖狂起来。这样的新闻舆论引导就因为力度不够，没有引起受众的注意，所以没有起到良好的社会警示效果。

新闻报道在时机上的控制是指新闻报道的适宜性。某一类新闻什么时间报道，用什么方式报道，同类新闻在时间上哪个放前、哪个放后，既要根据国内外形势的变化，又要慎重考虑广大受众在各个阶段的心理承受力。事实上，当出现重大突发事件时，只有及时报道，及时告诉受众事实真相，才能最大限度地缓解受众的心理压力。反之，真相越不明，受众心理承受力就越脆弱。"大道不传小道传"，事实的真相在人际传播中被歪曲了，引起人们不必要的猜测、疑虑和恐慌。如果进行公开的报道，逐步揭开真相，并适宜地进行解释性宣传,受众不仅相信报道的真实,而且也能接受宣传意见,增强心理承受力。最能说明问题的是媒体对于"非典"的早期传播。在受众最需要新闻事实和舆论引导的关键时期,主流媒体或失语,或蜻蜓点水;在这种情况下,网络信息和人际传播却空前畅通,一时间流言四起,一些网站上甚至出现了禽流感、炭疽等报道,并越来越骇人听闻。由于正面信息的严重不足导致了人们判断的混乱和行为的失常,最终陷入对板蓝根、白醋、萝卜、口罩等的大规模抢购之中,造成了广泛的社会混乱。相反,后来电视、报纸等媒体通过发布疫情公报、预防措施、治疗方法,包括治愈后患者的现身说法等大量报道,使人们对"非典"有了清醒的认识,消除了恐慌。1998年7月,长江、嫩江相继发生了百年不遇的特大洪水,洪灾一发生,从中央到地方各种新闻媒体自始至终报道灾情的动向,多侧面、多角度地分析水灾起因、发展趋势和广大军民英勇奋战在抗洪第一线的英雄事迹。这一公开报道不仅没有造成群众恐慌,相反增强了社会凝聚力。人们在救灾中表现出了空前的爱国热诚和社会责任感。

2. 播音员、主持人如何提高受众的心理承受力

近年来的突发事件种类较多,规模较大,定格在我们记忆中的是一幕幕惊心动魄的场景:1998年抗洪、1999年中国驻南斯拉夫大使馆遭北约轰炸、"9·11"恐怖袭击、伊拉克战争、煤矿瓦斯爆炸、"非典"……这些突发事件带给人们的冲击力、影响力非常大。为了提高受众的心理承受力,播音员、主持人应当注意以下几个方面。

(1) 播音员、主持人应处理好快速反应与准确判断之间的关系

随着改革开放的深入,人们的心理承受能力和对信息的辨别力明显增强。尊重新闻规律,尤其在重大突发事件面前,媒体可以选择最佳报道时机但不能保持沉默。对新闻信息的完全封锁和控制在今天媒介技术高度发达的时代,已几乎不可能。主流媒介的失语和空位,反而会给其他声音以可乘之机。在急遽变化的社会中,人们对生活和世界的把握越来越小,需要各种信息来消除自己的不确定性的因素,消除未知带来的恐惧。当人们无法从主流媒体获得信息时,往往寻求人际、区域或网络等其他传播方式。当真实信息、正面舆论与歪曲信息、误导舆论错综复杂地交织在一起时,先入为主的信息会严重影响人们的判断。因此,把握率先传播的主动权,及时准确地将信息传播出去,对人们关注的焦点和热点问题及时做出解释,是成功引导舆论的关键。在各种媒体竞争空前激烈的背景下,时效是第一要素。这就要求媒体在突发事件后,尽可能在"第一时间"发布新闻,不使新闻成为"明

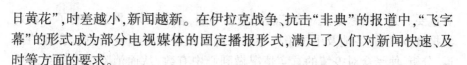

日黄花",时差越小,新闻越新。在伊拉克战争、抗击"非典"的报道中,"飞字幕"的形式成为部分电视媒体的固定播报形式,满足了人们对新闻快速、及时等方面的要求。

但是,抢时效不等于没有判断地抢发。媒体对突发事件应准确分析判断,顾全大局、严格遵守纪律,从对党、对人民、对社会负责的角度,判断事件的性质、影响。媒体还要谨慎选择报道时机、口径、范围规模,做到有计划有针对性地从正面组织报道,起到稳定人心、稳定社会的作用。

(2) 播音员、主持人要处理好客观真实与道德要求之间的关系

新闻的生命在于真实,对事件进行原原本本的实录与直播,追求现场感是广大媒体的责任。但追求客观真实并不是忽视人的价值、生命与尊严。比如某次空难后,当打捞员捧出黑匣子时周围人群热烈鼓掌的照片、镜头在报纸、电视出现后,引起受众一片争议,因为这是一场造成一百多名同胞丧生的空难,当时许多人的尸骨还没有找到。

媒体在追求真实的同时,也应当考虑到肩负的社会责任感,不能为了追求视觉冲击力而渲染血腥和暴力。这一点我们可以借鉴国外的一些做法。如美国有一家电视台,在"9·11"事件中独家拍摄到了一个女孩从楼上跳楼的悲惨场面。在向公众播放时,电视中只播到了女孩出现在窗口呼救的镜头,然后电视黑屏几秒钟,以一朵玫瑰花代替了女孩在空中坠落的场景;在俄国武装暴力分子劫持幼儿园的新闻播报中,俄国电视台也没有播放他们拍到的歹徒追杀孩子的血腥恐怖实况,而将整个过程做成了卡通动画片,以避免进一步刺激公众本已受伤的心灵。这些都值得我们的传媒借鉴和学习。

(3) 播音员、主持人应加强对受众的心理疏导

在突发性灾难事件中,由于不可知因素较多,同时灾难的破坏性较大,人们的心理往往非常脆弱,充满恐惧、惶惑和不安。在这种时候,传媒的报道要特别注意加强心理疏导,对受众进行安抚,消除受众的不良心理倾向,积极引导受众的情绪向健康、乐观、理智的方向发展,从而有利于抵抗突然来临的灾害。在和禽流感的斗争中,我国政府和传媒在满足受众的信息需求的同时,充分考虑到受众的心理承受能力,对受众采取心理引导、心理抚慰等方式,努力变消极心态为积极心态,积累了丰富的经验①。

首先,向受众提供真实信息。专家指出,防止禽流感,"信息"比"药物"

---

① http://news.sina.com.cn/z/ozbfqlg/,2006年11月22日。

更重要。为了消除受众对禽流感的恐惧心理,各大媒体、网站进行了一系列的报道,对世界各地及中国境内各省市的禽流感的最新疫情进行客观的报道、分析,使受众对疫情的真实情况做到心中有数,从而消除草木皆兵的恐慌心理,矫正受众心理偏差。

其次,向受众提供有效的防治方法。播音员、主持人针对禽流感传染性特别强、易对民众造成恐慌心理的情况,邀请权威的医学专家、教授进行分析、讲解,并用动画、图片、宣传海报等形式将有关知识形象地展示给受众,同时详细介绍预防禽流感的传播途径、防治常识,以及各国理智应对禽流感的情况、各地抗击禽流感的心得和经验等,并及时纠正一些错误观念,让受众明白:只要方法得当,禽流感是完全可以预防的。

再次,对受众进行心理抚慰。受众对禽流感的恐惧,不仅来自死亡这一严重后果,还在于对患病过程痛苦、传染过程不确定的恐惧。面对这种情况,播音员、主持人和记者勇敢地深入疫区对患者、医护人员进行采访,详细介绍治疗方案和过程,还请治愈者谈切身感受,讲述患者从恐惧不安到坦然轻松的心态,从而消除了人为造成的恐惧心理。

总之,新闻报道一定要考虑受众的心理承受力,但不能因怕受众一时接受不了就放弃报道。因为通过信息的传播,可以提高受众的认识,同时这也是一个增强受众心理承受力的过程。另外,新闻媒体在考虑受众心理承受力时,一定要着眼于大多数人。因为任何报道一般来说受众在认识上、理解上都有差异,这种差异也可以反映到受众接受某种新闻的承受力上,尤其是评论、社会中的观点和对变革中新事物的报道,往往不能使所有人都接受。所以,要以大多数人的心理承受力为准。

(三)受暗示心理

受暗示心理是指受众不自觉地、心甘情愿地接受新闻宣传影响的一种受众群体(包括受众个体)心理。暗示是新闻报道影响受众的一个重要途径。

1. 影响暗示效果的因素

受众群体所接受的暗示信息主要来自新闻媒介。由于受众个体差异的存在,所以不同的人对同一媒介暗示会有不同的理解。影响暗示效果大小的因素包括以下几个方面。

(1)受众的年龄与性别:年幼的儿童容易受暗示,因为他们知识经验少,缺乏思考力,容易轻信他人。越是富有暗示性的问题,儿童越容易接受暗示。暗示的效果还表现出性别差异。美国学者勃朗认为:由于女性富有感情,当情绪高涨时更容易受外界影响,所以女性比男性更易接受暗示。罗斯则指出:若女性在社会待遇、社会活动、社会地位等方面与男性相同,则暗示效果的性别差异就会小得多。

(2) 受众的心理状态与人格倾向:人们在疲倦时易受暗示,而精神振作时则不然;对于毫无经验的事物易受暗示,而对于具有充分知识的事物则不然;意志坚强和情感冷漠的人均不易受暗示。受众的人格倾向性也影响受暗示的效果。缺乏主见、随波逐流的人容易接受暗示者的影响;独立性强的人往往具有反暗示性,特别是当知道(意识到或猜测)他人企图施以暗示影响的时候,更不会接受暗示。

(3) 当时的情境:奥尔波特指出,人们往往屈服于多数人的意志。"当群众站起时,我们亦自然站起;当群众拍手时,我们亦随之拍手;群众表示反对时,我们亦不持异议。"

(4) 暗示者的影响力:罗斯认为,凡是最有影响力的人,就是最有力量的人。罗斯指出九种影响力与所属的阶层和阶级,后人又加了一种,定为十种人最有影响力,暗示作用大(见表9.1)①。

表9.1 有影响力的十种人

影响力	数量	年龄	体格	神圣	思想	地位	金钱	灵感	学问	门第
所属阶层	群众	老者	壮士	教士	哲学家	官员	资本家	先知	专家学者	贵族世家

(5) 暗示刺激的特点:一种刺激经过多次反复,更易发生效果。刺激的反复持久若能从多方面出发,则其暗示效果更大。另外,特殊性和新奇性的暗示刺激都较易产生暗示作用。

2. 受暗示心理在播音主持中的应用

(1) 播音员、主持人要注意公众形象

播音员、主持人在社会上具有一定的影响力,一言一行都备受关注、议论或模仿,其言论、评价会直接影响受众的观点、态度。有的播音员、主持人在工作或大众场合中言谈举止过于随意,或将自己的喜好流露在节目中,引起受众的反感和厌恶,对其本人和他所在的媒体都将产生不良影响。所以播音员、主持人要言行谨慎,避免误导受众,引起不必要的麻烦。

(2) 播音员、主持人要注意对儿童、青少年的影响

通过分析影响暗示效果的因素可以看出,儿童、青少年受暗示心理较

---

① 转引自时蓉华:《现代社会心理学》,华东师范大学出版社1989年版,第440页。

强,年龄越小,受广播、电视的影响越大。所以,他们可能被播音员、主持人的言行举止所吸引,并不加分辨地进行模仿。当播音员、主持人的言行得当,并且态度积极向上时,对儿童、青少年的思想道德有很强的教育、导向和启迪作用;而当播音员、主持人出现不适宜的、过激的言行时,也会被儿童、青少年直接加以复制,从而对他们的思想道德、身心健康发展产生不利影响。因此,播音员、主持人对儿童、青少年道德建设的导向问题,决不能掉以轻心。

(3) 播音员、主持人要合理应用直接暗示和间接暗示

在节目中,播音员、主持人对受众的暗示主要集中在直接暗示和间接暗示上。直接暗示是由暗示者把某一事物的意义直接提供给受暗示者,传递的信息很清楚,不加掩饰。直接暗示一般采取直陈式的说明,如直接宣传党的方针政策的内容,也可以称之为宣传,带有更多说服、教育的内涵。它们对于受众的导向是直截了当、不容置疑的。播音员、主持人要坚持正面宣传为主,表扬先进、褒奖典型,这有利于社会的安定、人心的稳定。

间接暗示是暗示的主要手段,由暗示者凭借其他事物或行为为其中介,将某一事物的意义间接提供给受众,使他们迅速而无意识地加以接受。由于受众并未意识到自己的观念是由暗示形成的,一般不会使接受者产生心理抗拒或逆反心理,因此间接暗示对受众的控制作用往往大于直接暗示。其应用多见于一些"客观报道",此类节目要求实事求是,不得造成直接或间接指挥受众的印象,其倾向的流露隐蔽、自然。这类节目从字面上看不到播音员、主持人的态度,但是受众可以从节目内容的选择、语言的使用、编排的方法等方面受到暗示,并心领神会。这些节目没有明显强制受众接受的意向,因而受众在接受时,不容易产生逆反心理,容易认为是自己得出的见解,接受起来十分自然。一般地讲,受众接受此类暗示是心甘情愿的、无意识的,但这并不等于说播音员、主持人对受众的暗示是无意识的。恰恰相反,播音员、主持人为让受众接受暗示可以说是处心积虑、费尽心机。成功的、具有说服力的节目内容,其事实本身就是对受众最有力的暗示。如中央电视台的《焦点访谈》正是以"用事实说话"作为栏目理念,成为中国广播电视新闻栏目中的名牌栏目、精品栏目。

(四) 逆反心理

受众的逆反心理是指受众在接触媒体所传播的信息时抱着一种抵触的、反感的,甚至是从反面接受的心理态度。受众的逆反心理虽含有认知成分,但情感成分是其核心。受众逆反心理的主要表现形式有强化原有态度、

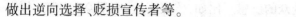

做出逆向选择、贬损宣传者等。

从影响新闻宣传社会效益的角度看,受众群体的逆反心理更应引起传者的重视。因为在传播过程中受众的逆反心理,不仅是一般地表现为对从业者或报道内容不喜欢、不同意,而且对从业者或报道内容心存抗拒,对某些媒体或整个媒介都产生怀疑、抵触心理,甚至"对着干"。由于逆反心理的存在,往往会左右人们的思想,使人们放弃衡量事物的客观尺度,沿着偏激的思维方向考虑问题,以至于把正确的也看成是错误的。逆反心理如果形成,就会产生一定的惰性。当有关逆反对象的报道再次出现,受众先前形成的逆反心理又会再次被引发,产生接受与理解的排斥与偏移,甚至不再理会类似传媒与类似报道。

1. 逆反心理的分类

(1) 超限逆反和评定逆反

逆反心理按照发生的原因可以分为超限逆反和评定逆反。

一个人的认识过程要经过一定的时间,因此在传播中常使用反复的方法增强效果。但是如果机械地、连续地使用,也就是总是使用同样的刺激物,强度过大,时间过长,就容易引起人们的厌烦、抵触情绪,也即形成了超限逆反。著名作家马克·吐温讲过一个笑话。有一次某人在教堂听牧师演讲。最初,他觉得牧师讲得很好,令人感动,就准备在募捐的时候掏出自己所有的钱。过了一段时间后,牧师还没有讲完,他就有些不耐烦了,决定只捐一些零钱。又过了一段时间,牧师还没有讲完,于是他决定一分钱也不捐。到牧师终于结束了冗长的演讲,开始募捐的时候,他由于气愤,不仅没有捐钱,相反,他还从盘子里偷了两元钱。这就是一种典型的超限逆反。

评定逆反是由受众立场与传媒立场的差距引起的。心理学研究表明,受众会把与自己相近的立场评为更相近的立场,把与自己较远的立场评为更远的立场。传播者与受众对于某一事物的评定差距过大则会诱发评定逆反。例如,受众对某人的印象还不错,如果媒体对他进行过头的批评可能使受众同情该人甚至为其所犯的错误开脱,其效果适得其反。

(2) 评价逆反、情感逆反和行为逆反

逆反心理按照表现形式可以分为评价逆反、情感逆反和行为逆反。

评价逆反是指受众对传媒所报道内容的事实判断或价值判断,与传媒所持的结论正好相反。例如,传媒对真实的新闻所进行的报道,受众却当作虚假的新闻加以否定、排斥;传媒宣扬的正面形象,受众却偏持反面的评价;等等。情感逆反是指传媒在报道内容中所蕴含或表现的情绪、情感,不仅未被受众所接受,反而激起受众的反感。比如,传媒喜欢的,受众却厌恶;传媒褒扬的,受众却贬斥。行为逆反是指传媒希望受众采取某一种行为,受众却反其道而行之。比如,传媒劝说受众不要阅读某种书刊,而宣传报道的结果却是刺激受众千方百计地去阅读此书刊。

评价、情感、行为是相互联系的,评价可以激发情感,导致行为,而情感和行为也可引发评价。因此,以上三种逆反心理很难截然分开,只是表现的侧重点有所不同。

2. 受众逆反心理产生的原因

受众逆反心理的形成,既有传媒本身的因素,也有受众个体心理的原因,这二者是相互作用的。一般说来,受众逆反心理的形成是大众传媒传播不当所造成的,应该尽力加以避免。首先分析一下来自传者方面的原因。

(1) 传播内容方面的因素

首先是传播内容的不真实。播音员、主持人在传播全过程中做到实事求是,以事实为依据,不增添任何主观成分,这是新闻传播的基本要求。传播内容要做到真实可靠,必须是事实真实,完全准确无误,新闻要素真实可靠,细节真实有据,新闻资料来源可靠,并能通过事实报道来揭示事实发生的原因与本质。目前造成传播内容不真实的原因有:传播内容的提供者造成的失实、传播内容采制者造成的失实和传播内容把关者造成的失实。在媒体的制作过程中,采访不深入,编稿不核实,或者知识贫乏,责任心差,或只顾追求名利而凭空捏造,特别是对已经发生而又没有拍到的新闻进行"情景再现"式的摆拍的情况,屡有发生,从而造成传播内容不真实;另外,个别传播内容把关者、监督者责任心不强,把关不严,从而使不真实的内容传播出去,造成恶劣影响。

其次是传播内容不全面。传播内容的全面性是指播音员、主持人在节目中提供各方面事实、情况和意见,而不是片面报道、隐匿事实。只有全面提供事实与情况,才能保证新闻传播的真实与客观公正,全面性是新闻传播真实性、客观性与公正性的前提。对一种社会现象的报道,要提供全方位的材料,传播整体资讯,使受众独立得出结论。对有争议问题的报道,要充分顾及报道各方的意见、情况。目前传播内容不全面主要表现为:报道事实时,只顾及一面而忽略另一面;评论事实时,只讲其中一面而忽视另一面;分析报道社会现象时,只注意一种倾向而掩盖另一种倾向。

除了传播内容不真实、不全面之外,还有传播内容的失当、失策、失误等因素也会引起受众的逆反心理,在这里就不一一列举了。

(2) 传播方式方面的因素

首先是过度报道容易引起受众的逆反心理。过度报道是指媒体为了使信息能引起受众的最大注意,从内容到形式采取高刺激强度的手法,进行"无休止"的重复报道。主要体现在对信息的夸大、歪曲,对同一内容重复地报道,强度过大等几个方面。媒体对报道效果的不切实际的追求,是导致过度报道的心理根源。有些新闻工作者总是希望自己的报道能引起受众的最大注意,因而就采取一种高刺激强度的手法进行报道。过度报道也与过高估计传媒功能和过低估计受众的主观能动性有关。

其次是传媒常采用的一种"反面文章正面做"的传播方式。比如对于一些灾难、事故,不是主要去报道灾难、事故的实际情况和原因以及给社会或当事人所造成的不幸和损失,而往往把主要篇幅用来报道灾难、事故发生后,组织或个人与之抗争的英勇行为。应该说此种传播方式并非是完全不可取的,正面宣扬人物的英勇行为,可能使受众获得精神上、道德上的启迪和鼓舞,产生积极的传播效果。但是经常采用此种传播方式,受众可能不仅会因不了解关于灾难、事故本身的实际状况而感到不满,而且可以由此诱发逆反心理的产生,使其对于正面的英勇抗争报道也抱消极的视听态度。更有甚者,可能形成受众"正面文章反面看"的逆反心态,这对于受众接受正面报道无疑是一种巨大的心理障碍。

下面再来分析一下来自受者方面的原因,主要是受众在兴趣、爱好、价值观、人生观、性格、气质、思想等方面的个体心理差异,造成了不同的受众群体或个体对某些新闻报道产生的逆反心理。具体的影响因素有:

(1) 自由感受到威胁。根据杰克·布雷姆的对抗理论,当自由感受到威胁时,我们会力求恢复它。一些劝导性的宣传,如果过于露骨或者咄咄逼人,则可能被受众视为侵犯了个人的自由,从而会激起对该宣传的抵触。

(2) 对传媒或从业者的反感。受众有一种心理倾向,即对传播内容的评价与对传播者的评价保持平衡,如不喜欢甚至厌恶传播者,就会持否定态度。如果传播者在传播态度或者在所传播的内容中,缺乏公正、平等、客观的态度,说理简单化,不仅会削弱传播的说服力和感染力,而且会诱发受众的逆反心理,对报道的内容不愿看、不愿听,甚至朝着报道内容所引导的相反方向去思考和行动。

(3) 对传媒的怀疑、不信任。如果某传媒在某次作了虚假或片面的报道,受众在明白真相之后,就会削弱对传媒的信任,进而就会产生怀疑。受众受到的欺骗和愚弄越多,程度越深,这种怀疑和不信任就越严重,以至于对相关的报道,甚至对所有的报道都认为是不可信的。

(4)独立意向。有的人独立意向特别强,无论什么事情都不肯轻信他人。这样的人,往往根据自己的认识、兴趣、爱好来选择大众传媒。符合自己兴趣、爱好的,就肯定它、接受它;反之,就否定它、排斥它。当他们发现某种传媒有失实或片面报道时,就会有强烈反感,从而对其他传媒也不信任了。

(5)态度极端。为什么同一种传播内容、同一种报道方式,有的人可以接受,而有的人却非常反感?这与人的个性心理有关。有的人个性平和、包容,很多事情都能接纳;而有的人个性强硬、态度极端,对有些他不认可的事情反应非常强烈。

(6)受众的好奇心太强,有时也会导致逆反心理。当大众传媒对某一事物越是表示否定时,受众对之了解的愿望反而会越加强烈。如某一作品本来不被人所注意,在大众传媒对其进行批判后,此作品反而会一时成为人们注意的对象。这种似乎反常的"禁果效应"往往是源于好奇心的逆反心理而产生的。大众传媒对于具有新闻价值的事件保持传播沉默时,受众对它的注意程度反而会增加,这就赋予了这个事件一种神秘色彩和某种诱惑力,使受众产生探究它、注意它的欲望。

(7)受众不了解情况,对新闻事实产生误解,或者受知识水平、思维能力限制,在理解上发生偏差,从而产生逆反心理。这是对新闻观点进行不恰当的否定,是由受众自身因素造成的。

3. 播音员、主持人如何应对受众的逆反心理

要避免受众逆反心理的产生,必须从提高播音员、主持人的专业素质、改进传播方式、提高传播水平等几方面着手,做好以下几点:

第一,传播内容力求真实、全面。首先要加强播音员、主持人的职业道德建设、队伍建设,在认识上有所提高。另外,要加强法制建设,加快新闻立法,把新闻管理工作纳入法制框架,并建立严密的反失实制度或问责制度。播音员、主持人要对社会生活总体具有正确的认识,对播出内容要正反两面严格把关,并进行道德评价,尽量事先对新闻传播效果作出预测。在报道成绩与宣传先进典型人物时要实事求是,既要肯定优点,表扬先进,同时也不能回避和掩盖问题。

第二,要防止过度报道。新闻报道中对一些引人注目的事件进行重复报道,可以达到突出重点、保证广泛传播的效果,这是很有必要的。但如果报道过度,使受众形成了超限逆反心理,就会使传播结果适得其反。播音

员、主持人应当注意掌握适度原则、变化原则和创新原则以避免这种情况的发生。(1)适度原则包括质与量的适度。在质的方面要求传播内容应实事求是,留有余地,讲究分寸。在量的方面应有节制、有节奏,要适当调整信息的刺激量以及时间和强度,使之与受众的感受能力相适应,以使受众在接受信息刺激后,形成正常的心理体验和行为反应。(2)变化原则是指对同一主题或态度,播音员、主持人应尽可能从各个角度、各个层面,以各种形式去展现,在变化中求同一,加强传播效果。(3)创新原则。在正面报道中,同类题材大量重复酿造的"信息洪水"及空洞说教容易引起受众的反感;反面题材报道过于密集,会误导受众和社会舆论,滋生消极思想,不利于社会安定。因此,播音员、主持人在选题上应有所创新,注意典型性、准确性、生动性相结合。

第三,给受众必要的选择空间。其实,为受众提供选择空间与传媒引导并不对立。给予受众必要的选择空间,是防止受众产生逆反心理的有效途径。给受众以必要的选择空间,不仅指新闻的信息量,而且还包括信息来源、信息内容、信息的处理方式等都要求丰富多样。这样就可以有效地避免受众逆反心理的产生。

第四,多采用"讨论"的形式。讨论、对话的方式往往容易获得较好的劝服效果。媒体在传播有争议的信息时,应尽量保持中立的立场,让争议的几方发言,让他们都说出自己的观点,然后引导受众从中选择自己所信服和支持的观点。

第五,要讲究循序渐进。播音员、主持人需要了解受众对传媒立场的接受与排斥的范围有多大。如果差距过大,媒体应当循序渐进,有层次地进行引导,使受众逐渐调节,以期接近媒体立场。

当然,提高受众知识水平,增强对信息的理解接受能力,也是消除逆反心理的重要因素。

第二节 受众的群体心理效应

所谓心理效应,是指传播活动中的一些心理现象对传播过程和传播效果的影响。常见的群体心理效应有权威效应、睡眠者效应以及顺从、认同和内化效应。

一、权威效应

(一) 权威效应的含义

一位著名心理学家在给某大学的学生讲课时,向学生介绍了一位从外校请来的德语教师,说这位教师是从德国来的著名化学家。然后,这位"化学家"拿出一个装了蒸馏水的瓶子,说这是他新发现的一种化学物质,会发出一种恶臭的气体,他想测试一下该气体在空气中散布的速度。他要求当他开启瓶盖后,学生一闻到该气味就立即举手。瓶盖打开几秒钟之后,前排多数学生举起了手,一分钟后,有75%的学生都"承认"自己"闻"到了气味。对于本来没有气味的蒸馏水,为什么多数学生都认为有气味而举手呢?这是因为有一种普遍存在的社会心理现象:"权威效应"。

权威是指个人或组织在人们心目中使人信服的力量和威望。权威效应,就是指如果传播者地位高、具有专业素养、受人敬重,则其传播内容就容易引起别人重视,并相信其正确性。也即"人微言轻、人贵言重"。人们有"亲其师,信其道"的习惯,宣传者自身的威望直接影响其宣传效果。

(二) 权威效应形成的原因

形成权威效应的原因之一是人们普遍存在的慕名心理。人们佩服那些地位高、有名望、有才华的人,愿意认同他们的观点,似乎这样能与他们沾上边、提高自己的身价。原因之二是人们有"赞许心理",即人们总认为权威人物的要求往往和社会规范相一致,按照权威人物的要求去做,会得到各方面的赞许和奖励。原因之三是一般地位较高的传播者或级别较高的媒体所传递的信息往往是某个党派或某种社会势力的代表。为了与主流意见保持一致,人们更倾向于服从他们的观点。原因之四是因为权威意见具有可参考性,尤其是当受众面对纷繁复杂、难以判断的情况时,权威性高的人或机构的看法常被他们作为自己的主要参考意见。人们总认为权威人物往往是正确的楷模,服从他们会使自己具备安全感,增加不会出错的"保险系数"。需要注意的是,传者的权威性和其所传播内容的正确性并不总是一致的。当权威性和谬误相结合时,造成的危害和恶劣影响是巨大的。

在某些特殊情况下(如当前的形势不适合于对某些事件做过分宣传),传者应当有意识地降低自身的权威性,在传播方式上做淡化处理。常用的方法有:让地位、名望不是很高的人充当信息源;将报道的篇幅进行压缩、简洁化,并放在不引人注目的位置播出;让级别较低的新闻媒介进行传播;等等。

(三) 播音员、主持人权威性的建立

播音员、主持人要想在受众群体中获得权威,依赖于三个方面,即专业性、可信性和年龄。

1. 专业性因素

专业性因素主要涉及播音员、主持人是否具有专业功底,有没有过专业训练,经验是否丰富,技巧是否娴熟等。专家型的播音员和主持人,其威信往往较高。时代要求播音员、主持人具有独到的见解和一针见血的评论能力,要把所主持栏目中所涉及的专业知识吸纳、融合,再很好地传达出去。中央电视台新闻频道《国际观察》栏目主持人水均益出身于英国语言与文学专业,曾作为新华社驻中东分社记者,积极参与了海湾战争的报道,是国内主流媒体首批赴战地采访的记者之一。同时,他对中东问题有深刻研究和独特见解。在伊拉克危机、波黑战争、阿富汗反恐战争期间,他多次亲赴战地采访报道,积累了许多战地采访经验。在人物采访方面,其采访对象大多是具有世界级影响的人物,如安南、普京、克林顿、布莱尔、金大中、穆沙拉夫、阿罗约、托莱多、阿拉法特、卡尔扎伊、基辛格、比尔·盖茨等,水均益也因此成为国内专访国际政要、世界商界巨贾和知名人士的"专业户"。正是由于在国际新闻报道和人物专访方面的渊博知识和丰富经验,才使水均益成为央视国际新闻采访报道方面的权威。但是,主持人不可能做到"万事通",即使是具有某方面专长的复合型主持人,也不如该领域的专家更有权威。如《今日说法》栏目的主持人均具有深厚的法律功底,但在每期节目中,主持人都会邀请法律专业的教授或研究机构的专家、法律部门的权威人士做嘉宾主持,点评分析案例。这样就增加了节目的权威性,使其成为中国法律类栏目中收视率较高的名牌栏目。如果主持人不具备相应的专业知识,就会使自己和节目陷入困境。

2. 可信性因素

可信性是指在受众心目中传者可以被信赖的程度。可信性强调播音员、主持人的内在品质,如道德情操、敬业精神、人格魅力、外表仪态以及播讲时的身心状态、精神面貌、幽默程度等。名播音员、主持人的可贵之处,不仅在于他们有深邃的观察力、敏捷的文思、生动的表现力,更在于他们在广大受众心目中的声誉。首先,高可信度的播音员、主持人可促使受众的收听、收视心理迅速活跃化,进入兴奋开放的接受状态,并产生强烈的期待,疏通了新闻传播的通道。其次,当新闻事件千头万绪、关系错杂、是非难辨,观点、价值和意义隐匿不见时,若高可信度的播音员、主持人对符合社会群体

利益的观点表示支持和赞同,则能赋予这种观点事实和逻辑上的可靠性,从而产生明显的劝服效果。较高的可信性是长期与观众磨合的结果,需要播音员、主持人不断提高自身素质、加强道德修养。可信性和专业性要相辅相成,融为一体,才能提高传播效果。

3. 年龄

在一定情况下,年龄也可以表现为一种权威。俗话说"嘴上无毛,办事不牢","老将出马,一个顶俩","姜还是老的辣"等,都表达了这个意思。年龄的大小,意味着人生经验、阅历的多少。年龄不同,看待事物的深度和角度也有所不同。国外成功的新闻类电视节目主持人,其年龄都比较大。如美国三大广播公司中六个最著名的新闻节目主持人拉瑟(CBS)、克朗凯特(CBS)、亨特利(NBC)、布林克利(NBC)、布罗考(NBC)、詹宁斯(ABC),除了布罗考是36岁起担任主持人之外,其他人都是40岁以后才开始担任主持人的,平均起始年龄为43岁。我国播音员、主持人的年龄总体上偏于年轻。中央电视台节目主持人白岩松曾说过:"记得曾有人问过我:如果你有一个自认为理想的主持人境界,而现在没有达到它,障碍何在?我答'年龄'。""渴望年老"的心态,对于渴望成熟、渴望受众信任的播音员、主持人来说,是一种真心的流露①。

二、睡眠者效应

(一) 睡眠者效应的含义

随着时间的推移,信息内容比信息源更能给受众留下深刻印象,也更容易改变受众的态度,这称为"睡眠者效应"。

心理学家认为,信息传递者本身的人格因素会作为信息的一部分影响受众,进而影响受众对传播信息的认同。信息传播者的可信性是重要因素之一。高可信者的传播效果与低可信者的传播效果有较大差异。当被试初次接受信息时,会由于对信息源的否定而影响了对信息内容的评价。但是,一段时间以后,被试忘记了信息源,这时态度主要受信息内容的影响,评价也会比较客观公正。这就好像人们在睡眼惺忪的时候,只受表面形象的影响,没能认出"真货",当经过一段时间以后,头脑清醒了,终于认识到"真货"的价值一样,所以叫"睡眠者效应"②。

---

① 郑兴东:《受众心理与传媒引导》,新华出版社1999年版,第252页。
② 刘京林:《新闻心理学概论》,北京广播学院出版社1999年版,第271页。

发生睡眠者效应的原因目前还不清楚,可能是由于时间的流逝,信息来源的可信度逐渐与信息内容相分离。也就是说,人们只记得信息的内容,但忘了是谁说的。还有一种解释是"消退差异"假设,认为让信息质量下降的线索(如来源的可信度低)对态度的影响比信息本身的影响消退得更快。

(二) 睡眠者效应的启示

由睡眠者效应可知,宣传者身份的权威性、可信性最终都比不上宣传内容本身的真实性、可靠性。从根本上说,真正影响受众的是信息内容而不是宣传者的身份。受众对信息源的情绪情感色彩会暂时地影响受众对信息内容的正确认知。但是,随着时间流逝,这种情绪情感会慢慢淡化,这时受众就会理智地分析信息内容,最终接受其中正确的成分,从而引起态度的转变。这种转变具有实质性的、长期的效果。

在信息的实际传播过程中,媒介以传播内容取胜的例子并不少见。传播内容带给受众的是社会现实和社会价值取向的反映。在实践中,播音员、主持人已经把注意力主要集中在普通人身上,关注个体的命运、情感、心态,这体现了传播者的价值观。虽然播音员、主持人在告诉受众应持什么态度、观点看待事物时并非总是成功的,但他们却能非常成功地告诉受众应该思考什么问题。播音员、主持人通过传播内容不断地影响受众的态度,受众所挑选的传播内容在某种程度上体现了传播者的价值倾向。因此,媒体、播音员、主持人在面对传播内容时,应该保持强烈的社会责任感和使命感,在传播时既不夸大,也不缩小。同时,不仅要反映每一个独立内容的真实,还要反映出社会本质的真实、全局的真实。尊重事实,意味着尊重事实的属性,要通过发现事实来把握社会的脉搏,要用事实说话。这是每个媒体的最终目的、最高目标。

三、顺从、认同和内化效应

(一) 顺从、认同和内化的概念分析

媒体传播的一个主要目的是通过信息的传播来改变受众的态度。态度是指个体对人及物所持有的一种持久而一致的情感、信念及行为倾向的复合体。态度的形成是一种复杂的社会学习过程,是在外界环境影响下完成的,是个体社会化的重要方面。社会心理学家凯尔曼认为任何一种态度的形成(或改变),都需经过三个阶段:顺从、认同和内化。

1. 顺从

顺从是指个体为了获得奖酬或避免惩罚,按照社会需要、群体规范或他人意志而采取的表面服从行为。受众群体中的顺从是指作为受众群体中的个体接受信息时采取与大多数人相一致的心理和行为的倾向。顺从的主要表现是外显行为上一致,而在内心深处并没有认同传播的内容,其动机是趋利避害。大众传播活动通常是在"一对多"的场合下进行的,个体往往因为害怕被孤立,或者怕被别人讥笑、批评,或者为了获得他人的好感,而被迫或潜移默化地服从多数人的意见,与群体达成一致。这种态度改变持续时间较短,对个体的影响也较小。他们很清楚环境对自己的压力,当这种压力消除时,他们就会轻而易举地改变自己的行为。如:遵守有关限速驾车的法规是一种简单的行为,政府通过交警来执法。如果事先警告人们某一段公路上有交警在进行检查,人们的车速就不会超过规定的时速,这就是顺从。很明显,人们是为了避免罚款才遵守这一法规的。如果撤掉交警,很多人就会提高车速。

2. 认同

认同是指人们不是被迫而是自愿地接受他人的观点、信念,使自己的态度与他人要求相一致。受众群体中的认同是指受众与大众传播内容保持一致,这种一致并非只是表现在外显行为上,而是在心理上与传播内容产生了一种不可分的整体感觉。

认同与顺从相比,具有较高的心理层次。个体的认同并不是受趋利避害动机的驱使,而是受传播内容的吸引,被传播内容所感动,因而愿意与传播内容保持一致,或者希望自己成为与传播者一样的人。个体能逐渐相信自己所采取的观点和准则,虽然他对这些观点和准则的信仰还不够坚定。比如,传媒发表某人对某事的看法,受众对此人一向尊敬、钦佩他的学识,因此,就对他的看法表示认同,愿意在态度上与他保持一致。在遵守有关限速驾车的法规的例子中,如果撤掉交警,很多人就会提高车速,但是有些人可能会继续按规定的速度行驶,因为其父母或敬重的人总是遵守这一法规或总是强调遵守交通规则的重要性,这就是认同。

3. 内化

内化是由法国社会学派杜尔克海姆等人最早提出的,指社会意识向个体意识的转化,即意识形态诸要素移至个体意识之内。这是人们真正从内心深处相信并接受他人观点而彻底转变自己的态度,是一种把社会准则逐渐变为个体价值一部分的过程。我们在这里讲的内化,是指受众把传播内容纳入自己的思想体系中,把传播的观点和情感作为自己观点和情感的一部分。

内化与认同不完全相同。第一,认同多出自情感上的原因,内化则更多出于理智上的考虑。第二,认同往往与传播者有更密切的联系,因此,受众如果对传播者的态度改变了,对传播内容的态度也会随之改变;而内化是新态度已经成为受众态度结构中的一部分,即使受众对传播者的态度改变了,新态度也不会受其影响。因此,内化与认同相比,更深地扎根于心理结构中,是对社会影响最持久、最根深蒂固的反应。内化了的信念会成为个体行动的准则,并且非常难以改变。如在上例中,还有一部分人不管有没有交警都会遵守限速规定,因为他们认为限速是正确的,有助于防止交通事故、保证自己的安全,也相信中速行驶是理智的、有道德的行为,这就是内化[①]。

(二) 顺从、认同和内化包含的主要成分

顺从的重要成分是压力——顺从行为会得到一定的奖励,而不顺从行为则会受到惩罚。认同中含有认知成分,也含有情感成分。认知成分是指受众通过对传播内容进行分析、比较而产生认同。情感成分是指受众在情感上受到感染或触动,从而对传播内容产生同感、同情或喜爱。其中情感成分往往占主导地位。认同的关键成分是吸引——被认同者对认同者的吸引。认同比较稳定和持久。只要具有吸引力的那个传播者的观点没有改变,个体对他的喜爱没有消失,并且这些观点没有面临与之相反的、更令人信服的观点的挑战,个体还会坚信这些观点。但是,有时一些因素(如:想使自己正确的愿望)可以降低或抵消认同所带来的社会影响效果。内化的重要组成部分是可信度。当受众听到的见解是一位可信度很高的人说的,他既是专家又值得信赖,受众就倾向于接受他的观点。

(三) 顺从、认同和内化效应的启示

媒体潜移默化的影响取决于受众有效的接受和认同。以受众态度改变的心理层次而论,大众传媒期望自己的传播能内化为受众自身心理结构的一部分。但是,不能因此轻视受众态度改变的顺从与认同。因为受众具有不同的反应,要求有整齐划一的传播效果是不现实的;受众对传播内容的顺从和认同,也是传播效果的重要组成部分。下面以受众的认同为例作简要介绍。

受众认同与否可谓受众思想、心理、意识领域前的一道"门闸":获得了

[①] 〔美〕埃利奥特·阿伦森著:《社会性动物》,郑日昌等译,新华出版社2002年版,第34页。

受众的认同,广播、电视节目才能获得进入受众心理、意识的"准入证",才能对受众态度产生影响。所以说,认同是广播、电视欣赏接受阶段的一种心理铺垫,其表现为受众在潜意识或意识里接受、赞同节目所承载的意识形态、所表现的行为模式、所反映的价值观念、所显现的审美风格等。几乎每位传播者都希望自己的节目能得到受众的认同并进而产生影响。要做到这一点,要在传播内容、传播态度、传播策略上下一番工夫。第一,在传播内容上,广播、电视节目要符合现时的主流意识形态,要与社会上绝大多数人的价值观念保持一致。例如当今中国,反腐倡廉、爱国主义、建设和谐社会等是主流,符合这些意识形态的广播电视节目就会赢得大多数受众的认同。像《焦点访谈》、《实话实说》、《新闻调查》等栏目的热播就证明了这一点。第二,在传播态度上,要给受众以"观赏自尊"。受众要求在传播活动中得到尊重、被平等对待。因此传播者一定要端正传播态度,在节目的构成和叙事上要表现出一定的智慧、机智和创新,不能太简单、直白、落俗套。要以平易近人的心态做节目,避免说教、发号施令。第三,在传播策略上,要拉近传媒与大众的距离,注重调动受众参与的积极性,加强二者的角色互换,以缩小广播、电视与受众的距离[①]。

顺从、认同与内化之间也并非是截然分开的,它们在某些方面会发生交叉,在某些情况下会相互转化。当受众对传播内容抱有顺从与认同的态度时,就可能愿意进一步接近相关内容,为传播内容的内化创造了条件。受众在顺从与认同中如果不断体验到态度改变的积极意义,更有可能使态度的改变向内化转化。转变受众态度的具体方法有说服性宣传、请受众参与活动、利用群体的影响(群体规定)、角色扮演等,在这里就不一一说明了。

第三节 受众的群体心理现象

一、流行

流行是指在一定时期内大众标准化的社会规范在社会上或一个群体中普遍流行并被多数人仿效的行为模式。流行涉及人们生活的各个领域,包括物质生活(如衣、食、住、行等)和精神生活(如文化态度、风度礼仪、娱乐活动等)。

[①] 杨维滨、王晖:《浅论电视传播中的受众认同》,载《新闻传播》2005年第6期,第88页。

(一) 流行的特点

1. 新奇性：无论是服饰、用具还是其他行为方式，称得上流行的都是新奇的。纵观历史上流行形式的兴衰、更替过程，新方式总是由少数先导者首先创造、运用而兴起的，都是别出心裁、不落俗套的。

2. 从众性：流行过程实际上是一种模仿过程。而这种模仿往往不是为了某种实用性目的，而是因为个体感受到不参与流行会显得与群体不协调的压力，所以才加入流行的行列。

3. 时效性：流行往往突然地扩散、蔓延，又在较短的时间内消失，被其他事物所取代。由于广播、电视等媒体的普及，使人们及时了解到国内外最新潮的事物，从而加速了流行的兴衰、更迭。也有的流行方式在传播过程中慢慢地固定下来，演变成社会习惯，长期、稳固地存在于人们的日常生活中。

4. 周期性：今天流行的事物，几个月之后可能就变成陈旧的东西；现在不流行的东西，一段时间后往往又热起来。

5. 两极性：流行总是从一个极端跳到另一个极端。以服饰为例：裙子长到极端必然变回短，短到极端必然回到长；鞋面尖到极端就会变回圆，圆到极端又变回尖。

(二) 流行的演变过程

流行不是一种单一的社会现象，它具有不同的层次和表现形态。根据流行的范围大小、时间长短、追求者的热情程度，可以分为时髦、时尚与时狂三种过程。

1. 时髦——时尚的初始形态

时髦俗称"阵热"，指一部分人短时期内所采取的某种新的、引人注目的生活方式。它首先表现在少数人身上，常常以极度的新奇示异于人。时髦的特点是历时短暂，参与者的身心投入程度不高，往往是热衷一时，随即放弃，转而追求另一种时髦，来得快去得也快。如1983年霹雳舞打入德国，只用了三个月就征服了那里的青少年，到1984年2月有近40万人跳起了这种舞蹈。但是不到一年的时间，霹雳舞热潮就衰退一净了。时髦一般不会对参与者的生活发生什么特别的影响，是一种明显具有消遣性的群体行为方式。

2. 时尚——稳定的生活风格

时尚是一种相对持久而且较为成型的生活或行为方式。它一般具有较为丰富的文化内涵，参与者的身心投入程度介于时髦和时狂之间。时尚主要体现在生活风格上，涉及服饰、语言、休闲娱乐方式、生活态度和社会交往等诸多层面,并具有一整套的文化项目与之相对应。白领阶层的生活方式,西方的嬉皮士风格等都属于各类时尚。

3. 时狂——时尚的极端形式

时狂是时尚的激化形式,是人们追求时尚达到狂热而不理智的状态,参与者的身心投入达到了亢奋的地步。这可能出于个人对社会潮流的盲目追求,也可能是对社会潮流带来的强大心理压力的屈从。时狂往往是不合理的、激进的,具有很强的社会影响力。它可以改变社会生活的秩序,潜伏着社会动乱的危险。1634年发生于荷兰的"郁金香热"是时狂的典型个案[①]。当时,荷兰人突然对郁金香产生了浓烈的兴趣,使郁金香的身价剧增,社会各阶层纷纷投资生产郁金香及其根球,甚至卖房卖地来进行郁金香的买卖,有许多投机者因此发了大财。当这股狂潮达到顶峰时,郁金香根球的价格等于同等重量黄金的价格。但是,当人们听到传闻说郁金香并无特殊价值时,其价格暴跌,一大批无法卖掉手中用重金购进的花和根球的花主们一夜之间变成了穷光蛋。与此相类似的是20世纪70年代末流行于中国北方城市的"君子兰"热,这几年盛行的股票热、彩票热以及追星现象等都是一种时狂。

(三) 流行的传播

流行一般有三种传播渠道:(1) 自上而下的纵向引导,也就是"上行下效",即由社会上层政治、经济界领袖人物倡导而形成风气。这种情况在传统社会十分常见,如《韩非子》一书中记载,春秋战国时期,"齐桓公好紫服,一国尽紫服"。在传统社会中,流行的先导者往往是地位高的人。现代社会中,名人(如影星、歌星、体育明星等)往往容易对流行的出现产生影响。(2) 社会各阶层或群体的横向扩散,即由某一群体兴起,借助于社会作用广泛普及到其他阶层,形成风气。如呼啦圈本来是儿童的玩具,后来成为广大女性健身的器械。(3) 自下而上的纵向扩散,即由社会上的普通群众开始,然后向上推广。如牛仔裤最初是社会下层人民劳动时的服装,而现在连许多教授都穿着牛仔裤讲课。

(四) 流行形成的原因分析

1. 流行形成的社会原因

(1) 社会文化的制约

在传统社会中,等级制度森严,人们思想保守,流行不易形成。而在民

[①] 周晓虹:《现代社会心理学》,上海人民出版社1997年版,第419页。

主社会里,人们对新鲜事物抱有宽容的态度,并对追求新奇事物的人予以奖励和尊重,流行较易形成。流行最容易形成于两种社会形态交错的时候,或者社会与经济生活发生变革的时期,以及大量接受外来文化影响的时期。这期间,人们希望借助于某种流行项目将自己与其他人区分开来,并借此提高自己的社会地位。

(2) 大众传播媒介的作用

首先,大众传播媒介提供了流行的信息基础,促进了流行的产生和形成。社会流行的前提是人们获知有新方式存在,而大众传播媒介正是提供此类信息的重要渠道。现在,人们足不出户就能及时了解世界各地最流行的服装款式、最时髦的娱乐项目,并从中选择适合自己的新方式。

其次,大众传播媒介加速了流行的普及,并扩大了流行的规模。因为媒介在向受众提供信息的同时,还对其进行评论、解释,并告诉人们该项目在社会上的实际采用情况。这会引导人们对流行的态度,并促进流行项目的普及。经过大众传媒的反复报道、渲染,流行的范围很快扩大,甚至可能风靡于全社会。流行还与商业运作相联系,使许多流行项目有计划地、人为地普及。

再次,大众传播媒介还影响了流行的周期,加速了流行的新陈代谢。大众传媒可能对正在流行的项目进行批评,使人们抛弃现在流行的行为方式。此外,媒体总是发布最新的流行信息,使人们不断关注最新的流行方式,并对正在流行的方式产生不满,转而采用最新的方式。这就迫使已有的流行项目让位于新的项目,从而加速了流行项目的更新。

(3) 物质基础与经济条件

流行的实现必须建立在一定的物质基础与经济条件之上,如服装、歌曲、娱乐项目的流行,必须有新的、具体的物质去代替旧的物质。同时,追求流行的人也要具有一定的经济条件,缺衣少食、生活贫困的人是无法追求流行的。所以,都市的流行会先于农村,繁华的大都市必然会先于偏远城市。

2. 流行形成的心理原因

流行并不具有社会强制力。它与风俗不同,违反风俗往往会遭到社会的反对,而不追随流行并不会受到人们的指责。人们追求流行是基于心理上的种种需要。

(1) 求新欲望

人们都有一种寻求新鲜刺激、追求变化的倾向。若生活一成不变,就会显得死气沉沉、没有活力,继而产生厌烦情绪,甚至不堪忍受,想要摆脱陈旧的生活模式。流行的新奇性、短暂性恰好满足了人们的求新欲望。

(2) 从众与模仿

在群体中,人们普遍有与他人相同的心理需要。人们在追求与模仿流行事物时,就会产生一种安全感:既然那么多人都这样做,那一定是正确的,自己与他们一样,当然也不会错。人们通过模仿达到追求流行的目的。这种模仿是自觉的、无意识的仿效,而不是通过外界命令强制发生的。人们的模仿可能会原模原样地照搬,如20世纪80年代流行健美裤,人们不管高矮胖瘦,都以穿这种裤子为美;也可能会改变其原形,如在《后汉书》中记载,"城中好高髻,四方高一尺;城中好广眉,四方且半额;城中好大袖,四方全匹帛。"

(3) 自我防御与自我显示

有些人社会地位不高,因此有自卑心理,他们希望自己在追逐流行的过程中,能够获得某种尊严和补偿。这是一种自我防御。对于引领潮流的人来说,他们追求时尚是为了树异于人。为了标新立异,他们会千方百计地在各个方面表现出自己与别人的差别,体现出自己的个性。在传统社会,上层阶级用服饰、色彩、宅第、排场来显示自己与下层阶级的区别。在现代社会,富裕阶层也往往会用炫耀甚至挥霍的手法来显示自己的独一无二。他们的行为是一种自我显示。

(4) 流行中的个别差异

并非所有人都追求流行,而是存在着个别差异,主要表现在年龄和性别差异上。一般而言,女性比男性更追求流行;青年人比老年人更追求流行。在性格上,脾气容易变化的人、喜欢华丽的人,对流行特别敏感。此外,虚荣心、好奇心、好胜心强的人倾向于追求流行。

(五) 播音员、主持人在流行中的作用

1. 作为流行的先驱者

播音员、主持人一般外表漂亮、形象前卫,往往作为流行时尚的先锋人物出现。出于工作需要,他们常常改变形象造型,服装、首饰也是最流行、最时髦的。这会引起受众的惊奇、羡慕,并争相加以模仿。尤其是儿童、青少年,由于他们好奇心强,易受新鲜事物的影响,所以更容易模仿播音员、主持人的服饰、形象,进而形成流行趋势。播音员、主持人的语言、生活方式、行为风格、价值观也会在受众中间形成一股潮流,最终形成时尚。另外,播音员、主持人对流行事物的采纳和评价,也会推动该事物的流行速度和范围。

2. 流行方向的引导者

流行具有许多积极的功能，包括表达社会感情、形成社会风气、增加社会同质程度、传播新的价值观念、促进生活方式的变革、促进社会控制等。然而，流行代表着社会生活中最前沿的部分，但是不可能代表社会生活的全部。并且，流行容易激发个人不切实际的欲望，容易加重生活的失衡感或失落感。流行讲究新奇、奢侈，往往会给社会财富带来很大的浪费。流行还会刺激起人们的攀比心理，使一部分人不顾自己的主客观条件，一味地赶时髦，继而引起一系列的社会问题。所以，播音员、主持人应在节目中引导受众分清优劣，避免浮夸、攀比、虚荣之风，从而担当起流行方向的引导者这一重任。

二、舆论

在我国，舆论的概念是先有"舆"，再有"舆人"，然后有"舆人之论"，也即"舆论"。"舆"的本义是车子或轿子，赶车、抬轿之人称为"舆人"，是身份、地位不高的普通群众。舆论即众人、公众的意见、议论。在林崇德等人编著的《心理学大辞典》中，对舆论的定义是：公众对社会事件公开、一致的意见①。

人们生活在社会环境中，总是遵循一定的舆论方向观察和分析问题，并根据周围的舆论环境来协调各方面的关系、调整自己的思想、决定下一步的行动。因此，从一定意义上说，舆论就是社会的晴雨表。舆论往往是社会变动的先兆，代表着人心的向背，对社会政治稳定发展具有重大影响。

（一）舆论的特征

1. 舆论是多数人赞成与支持的

一种意见既然能被称为舆论，就必定为一般人所赞同，或者说它能够获得公众的支持，否则便不称其为舆论。如社会上对当前医疗改革问题、教育问题等的看法，是多数人所赞成的，即使不是人人表态，也是有相同感受、内心默认的，也可以说代表了社会的舆论。

2. 舆论总是涉及社会的安宁与幸福的问题

舆论是针对社会上出现的某些热点现象而引发的种种议论，这些现象或有悖于伦理道德、社会规范，或有利于社会的稳定与和谐。如针对见义勇为、环保问题等提出的各种舆论就关系到社会的安宁和人们的幸福。

---

① 林崇德、杨治良、黄希庭：《心理学大辞典》，上海教育出版社2003年版，第1597页。

3. 舆论是含有一定理性成分的意见

舆论是经过人们长时间的讨论与反复酝酿之后形成的。在讨论过程中,那些比较正确的、建立在事实基础上的意见逐渐被大家接受,最后形成舆论。所以,舆论不是公众纯粹情绪化的表现。

4. 舆论是有效的

舆论对社会具有较强的影响力,主要表现在两个方面:促进某一活动的进行;对某一活动的发展产生阻碍作用。

5. 舆论一般不是政府的意见

政府意见常常以公告、宣言、政策等形式出现,而舆论则是广大人民群众的呼声。

6. 舆论的正确性与合理性具有相对性

社会群体具有复杂性和多样性,而舆论代表了某一群体中成员的共同意见,所以不同的群体对同一事件可能持有不同的舆论,往往是仁者见仁、智者见智。并且,不同的阶层、党派、民族,由于根本利益、立场、视角、观点、方法不同,其舆论也不可能完全相同。因此,从一定意义上说,舆论的正确性与合理性具有相对性。

(二) 社会舆论与新闻舆论

社会舆论是指社会一定群体内相当数量的成员对社会事物所发表的带有倾向性的议论、意见和看法。社会舆论可以是公众自发形成的,也可以是政府部门或某一社会团体、社会组织有意识、有目的地通过大众媒介广为宣传而形成的。社会舆论有正向和负向之分。正向的社会舆论是与人民群众的根本利益相一致的意见,具有积极的社会控制作用;负向的社会舆论是片面、极端、虚妄、与民意相反的意见,具有消极的社会控制作用。

所谓新闻舆论,是通过新闻媒介所传播的新闻信息而形成的舆论。新闻舆论是社会舆论中的一个极其重要的构成部分。一方面,新闻传播媒介是社会舆论传播的载体,能够为社会舆论的产生、形成和发展提供必要的依据和条件。另一方面,反映社会舆论是新闻报道的重要职责。

在我国,新闻媒介处于社会舆论的中心位置,其影响范围大,传播速度快,对社会舆论具有举足轻重的影响。主要表现为两种情况:(1) 由新闻媒介直接形成新闻舆论,然后直接影响社会舆论;(2) 自在形态的社会舆论反映到新闻媒介中,从而形成新闻舆论,自在形态的社会舆论转化成自为形态的社会舆论。由此我们可以看出,新闻舆论是借助大众传媒的力量形成的,它可以极大地影响(推动、加强,抑或削弱、抵消)社会舆论。所以,要对新闻舆论进行科学的、合乎规律的引导,使它更为有效地作用于社会舆论,从而有利于形成良好的社会舆论环境。

(三) 舆论的结构分析

舆论有三个基本要素。一是作为舆论对象的人或事件;二是作为舆论主体的公众;三是作为舆论现象本身的意见。

1. 舆论的主体

作为舆论主体的公众与普通人群不同,其内聚力来自思想的沟通和平等的交流。他们的特点是:(1) 有共同话题。正是有了共同的话题,才将公众激活,并联结到一起。广播、电视、网络等现代传媒为在大范围内调动和组织公众提供了条件,一个国际性的话题,往往能够吸引十几亿甚至几十亿的公众。(2) 参与议论过程。在此过程中,共有三部分人存在,即传播者、接受并传播者、接受者。传播者、接受并传播者参与了舆论的形成,是舆论的主体。接受者只是接纳了信息,而没有发表意见,从而中止了传播、议论过程,是沉默的多数。播音主持受众大多属于此类。但是接受者对于议论过程来说不是可有可无的,没有了他们,传播者也就不存在了。当具备一定的条件时,他们就会开口说话,形成一股不可轻视的力量。(3) 自发性与松散性。舆论的发起和传播是以话题为转移的,并没有严密的组织与体系,舆论的流动也没有确定的路线和预设的界限,公众行为具有自发性和松散性。(4) 有一定的层次性。公众按不同的标准(如性别、年龄、职业、文化水平等)可以分为不同的层次。不同层次的人对舆论的看法不尽相同。

2. 舆论的客体

舆论的客体是指与人们的现实利益密切相关、能够引起大家的共同兴趣、需要公众认真对待的社会事情。它有两个显著特点:一是对社会有重要意义;二是比较新异,对人们有强烈的刺激性和吸引力。舆论的客体主要有以下四种形态:(1) 社会事件。一些重大社会事件往往使社会生活和社会节奏受到某种冲击或震动,从而成为舆论的导火线。如中国加入WTO、美国攻打伊拉克、国有企业改革等。(2) 社会问题。当社会生活中的矛盾发展到一定程度,阻碍社会发展、妨碍正常的社会生活时,就成为社会问题。如社会治安情况恶化、物价上涨、环境污染、升学与就业问题突出等。由于社会问题具有普遍性和持久性,所形成的舆论影响范围更广、规模更大、持续时间也更长。(3) 社会冲突。在社会矛盾激化时,可能会产生社会冲突,如战争、暴乱、骚乱等。这必然会伴随相应的舆论风云。(4) 社会运动。这是人们为了更好地解决社会问题、社会冲突,推进社会发展而提出的任务,以动员和组织广大社会力量进行大规模的社会改造,如五四运动、整风运动等。这必然会引起舆论的关注,并会增加其影响,扩大其声势。

3. 意见

意见一词来源于希腊语 doxa 或 doxeo,意思是猜想、表面的看法、显现。意见与知识、真理、科学既不等同也不对立,而是相互渗透、相互转化的。舆论是一种意见形态,从舆论的表现形式来看,最终被称为舆论的意见是一种固定的、唯一的意见,尽管其形成经过了碰撞、融合、妥协的过程。

美国舆论学者艾尔贝格分析了意见与态度的关系,认为意见是态度的语言表达,而任何一种意见,都包含了三种成分:一是认识成分,如事实陈述,价值评价,思维观点,信仰和信念等,统称为见解;二是情感成分,如肯定或否定的价值取舍,喜怒哀乐的情绪选择等,称为偏好;三是意志成分,如动机、意图、愿望、要求等,称为意向。而舆论所表达的意见也含有这三种成分。

(四)舆论的形成过程及其模式

舆论形成过程分为三个阶段:第一,问题的发生;第二,引起议论;第三,意见的归纳与综合。

从社会心理学角度来看,舆论形成的模式主要是人际舆论模式。人际舆论发生在人们中间,依靠口头与书面语言传播信息,对人们的影响最直接有力,是社会生活中最普通的现象。人际舆论的形成过程受人际交往和人际传播的影响。"一传十、十传百"、"消息不胫而走"等正是这种舆论形成过程的生动写照。从微观上看,人们在小范围内私下议论,到了另一个场合,又把这些意见与他人重新交流。从宏观上看,以舆论对象为中心呈放射状向四周依次扩散,波及的范围越来越广。人际关系非常复杂,既有亲缘关系、地缘关系、业缘关系、朋友关系,也有偶然间形成的关系,因此人际传播线路也显得错综复杂。一件事情一旦被传播开来,人数就会以几何级数增长,也往往容易失真。按照麦克卢汉的理论,随着传播媒介的发展,广播延伸了人的耳朵,电视延伸了人的耳朵和眼睛,成为舆论表达的重要手段。

(五)舆论的功能

舆论被称为驾驭民心的艺术,自古就为统治者所重视。在诸多社会群体中,政治阶层最经常、最善于使用舆论,而新闻媒介是引导、控制舆论的最佳载体。特别是在现代社会中,新闻媒介成为舆论的激发器、承载者,对社会舆论的形成和扩张具有深刻的影响力。西方新闻传播界将新闻媒介称为除了行政、立法、司法之外的"第四种权力"。正是因为舆论具有如此大的作用,任何一个政府都非常重视对舆论的引导和控制,用各种宣传机构反映群众的呼声,并传达政府的希望和要求,以达到"下情上达"、"上情下达"的目的。舆论的功能主要表现在以下三个方面。

1. 制约与监督功能

舆论对个人、群体乃至政府都能发挥一定的制约与监督作用。舆论对社会的监督是多方面的,既有经济活动,又有政府行为、政策法规,还涉及思想道德、科学文化、社会风气等内容。舆论既可以制约个人的行为,也可以调节群体的社会心理与行为。大多数人自愿遵守的社会生活规范(风俗、习惯、传统等)就是通过舆论来维护的。广播、电视中的许多节目具有舆论监督作用,如中央电视台的《焦点访谈》《新闻调查》,中央人民广播电台的《新闻纵横》,上海电视台的《新闻透视》,江苏电视台的《大写真》,河北电视台的《新闻广角》,成都电视台的《今晚8:00》等,对各种不良现象予以曝光,并自始至终地关注事态发展,从而起到了良好的监督作用,受到广大人民群众的好评。以《焦点访谈》为例,栏目组创造性地提出了"政府重视、群众关心、普遍存在"的选题标准三原则,坚持"以事实说话",做到以理服人,讲究监督方式,把握监督时机,注重监督效果,化解矛盾而不激化矛盾,梳理情绪而不诱发情绪,在配合国家的中心工作、正确引导社会热点、及时反映群众心声、帮助各级政府改进工作、打击各种歪风邪气、维护社会政治稳定等方面发挥了积极的作用,走出了一条具有中国特色的舆论监督之路,成为中国社会生活中"下情上达"、"上情下达"的重要窗口,被新闻界公认为是中国"舆论监督的领军旗帜"[①]。1998年,时任国务院总理的朱镕基同志在给《焦点访谈》栏目组的赠言中写道"舆论监督,群众喉舌,政府鉴镜,改革尖兵",充分肯定了《焦点访谈》在舆论监督中的作用。

需要注意的是,新闻媒体开展舆论监督,要从改进工作、惩恶扬善、化解矛盾、增强团结、促进社会和谐发展的目的出发,选准典型,求真务实,把握时机,讲究策略,做到有理有利有节。开展舆论监督,必须坚持以下几项原则。一是舆论监督要在党的领导下进行,从人民利益出发,把监督的目标同党的中心工作结合起来。二是实事求是原则。实事求是是舆论监督的生命力所在,舆论监督所报道和涉及的事情是真实的才能帮助公众正确地了解真相,才有助于相关部门采取有效措施纠正错误、解决问题、改进工作。三是以大局为重原则。要维护社会的团结稳定,以鼓励和正面宣传为主,把握

[①] 张莉、张君昌:《中国电视十佳新闻栏目》,新华出版社2004年版,第64页。

好舆论监督的"度"。四是公平公正原则。就是要出以公心,主持正义,不偏不倚,立场坚定。五是合法性原则。必须在法律范围内行事。

2. 鼓动功能

进步的舆论往往成为革命运动的先导,只有舆论先行,才能发生伟大的革命运动。如五四运动之前,李大钊等人关于马克思主义的言论在中国形成一种舆论,从思想上推动了革命的进程。同样,要进行反动活动,也会制造反动舆论。如希特勒运用各种媒体(包括报纸、电影、广播等)来宣传其持久而教条的观念;德国人必须采取行动以保持民族的纯洁性,并为增加他们的生存空间而抗争。他还通过大量的宣传海报、大规模的群众集会等壮观场面来唤起德国大众的盲目爱国主义感情。他们对犹太人的偏见被广为流传,如把犹太人比作"害虫、寄生虫、血吸虫"、"泛滥成群的老鼠,应该被消灭"等。这种消极、歪曲的舆论渐渐渗入德国人的日常生活,最终酿成了600万犹太人被屠杀的惨剧。

3. 指导功能

舆论可以提供信息,对人们的行为具有指导作用。不管是办事方式还是思想观念,通过舆论的介绍与宣传,其说服力、吸引力增强,人们就会按照舆论行事。如电视节目中对农村滥建豪华坟墓、寺庙的批判有助于提高农民的思想认识,有利于形成"以崇尚科学为荣、以愚昧无知为耻"的舆论导向。舆论引导是一个长期的过程,需要广大播音员、主持人长期不懈的努力。

(六)加强播音员、主持人在舆论引导中的作用

在我国,新闻媒体的中心工作之一就是宣传党和政府重大决策,报道党和政府中心工作,全面准确地反映群众实践和群众心声,正确把握舆论导向。这些工作本身就决定了媒体在宣传、报道中应具有较强的思想性、指导性、可视(听)性,对受众的政治、思想和文化生活等方面起到启迪和引导作用。播音员、主持人是广播电视的形象代表,是新闻媒体的发言人,在传播先进文化、正确舆论方面负有重大责任。播音员、主持人应当从以下两方面入手来加强在舆论引导中的作用。

1. 播音员、主持人须加强政治、文化、道德修养

播音员、主持人必须具备良好的政治素质,总体上包括:鲜明坚定的政治立场,成熟的政治观念与思想,熟练地运用政治理论和方法分析解决问题的能力等。此外,播音员、主持人要打好知识功底,努力掌握与自己工作有关的知识,同时还要博览群书,做到"博与精"的统一。播音员、主持人的道

德修养包括社会公德与新闻职业道德两个方面,不仅要自觉遵守新闻职业道德和一般社会公德,还要遵守社会通行的法律法规与新闻法、新闻工作纪律。

2. 播音员、主持人须讲究舆论引导的艺术性

正确引导社会舆论一要正确,二要艺术,这样才能产生好的传播效果。新闻媒体不仅要保证舆论导向正确,而且要讲究宣传艺术,只有这样才能让广大人民群众喜闻乐见、入耳入脑,才能使舆论在人民群众中焕发出巨大的力量,使舆论导向发挥强有力的作用。

增强舆论引导的艺术性有以下几种方法:

(1) 提高可信性。舆论传播能否站住脚、经得起实践的检验,首先要看其可信性如何;能否为广大受众信服和接受,发挥最佳的社会效果,也必须要看其可信性。增强舆论引导的可信性,要做到真切、客观、朴实。播音员、主持人要努力弄清造成舆论不可信的症结所在,坚决地加以杜绝,并且探索增强舆论引导可信性的规则、方法和方式,努力在舆论引导上实现科学性与艺术性的高度统一,使传播的舆论得到广大受众的高度信赖,最终使舆论发挥其应有的效用。

(2) 增强权威性。在本章第二节中,我们已经详细介绍了权威效应对传播效果的影响。同样,在舆论传播中,播音员、主持人的权威性的大小、有无,极大地决定着舆论引导的有效性和影响力。

(3) 增强贴近性。贴近性是指舆论作品要贴近受众,为受众所乐于接受。这是取得广泛传播效果的必备条件。要提高舆论传播的贴近性,舆论工作者和媒体就必须贴近群众、贴近生活、贴近实际。

(4) 更新引导方式。由于新闻观念的变革,舆论引导方式发生很大变化,由过去的灌输式、指导式转变为服务式、谈心式、平等交流式。只有这样才能使广大群众乐于接受,最终使舆论宣传真正达到入耳、入脑、入心的目的。

(5) 注意舆论引导的全面性。对政治方面的引导是首要的,但是不能忽视经济、文化、生活等方面的引导。媒体不仅要对重大时政新闻进行正确的舆论引导,也要对经济、科技、文化、社会生活等领域的舆论加以正确的引导。

总之,提高舆论引导艺术,就必须从受众的心理特点出发,正确认识并有效把握舆论引导的规律,只有这样才能最大限度地发挥舆论的实际效用。

思考题

    1. 针对受众群体的心理特征,你认为播音员、主持人应当如何提高传播效果?

    2. 结合本章内容,请你谈一谈播音员、主持人应当如何建立自己的公众形象?

    3. 你所知道的受众群体心理现象还有哪些?对你有何启示?

第五编
传者、受者互动篇

引子:传者中心与受者中心

无论中外,"传者中心"的思想观念都由来已久,根深蒂固。开始于第一次世界大战的传播效果研究,从早期的"魔弹论"和"有限效果论"开始,虽然对大众媒介传播效果大小的认识存在天壤之别,却都是着眼于"大众传播对受传者产生了什么影响",即认为受众是一个被漠视的概念和群体,默默承受着传播者的信息入侵。直到20世纪60年代到70年代初的"适度效果论"出现之后,传播效果研究才开始逐渐摆脱了"传者中心论"的统治,着眼于"受传者要大众传播做什么"进行研究,并以"受者中心论"为主导提出了"使用和满足"研究、"议程设置理论"、"沉默的螺旋理论"等。"受者中心论"突出了受众在传播中的主导地位,尽管传播者对传播内容拥有控制权,但受众对内容拥有选择性;尽管舆论有导向性,但受众对舆论有自主性;尽管传播者对受众会产生影响,但受众通过反馈对传播内容会进行制约,这不仅影响着、左右着当前的传播效果,而且影响着、左右着以后的传播行为①。它为传播学的受众研究提供了一个全新的视角,挑战了传统的"传者中心论"的主导地位,体现了新型受众研究理论中"受众本位"和"人文关怀"的人本主义思想。

---

① 贺宇、于红梅:《传者中心论到受者中心论——从〈东方时空〉看电视新闻受众观念的变化》,载《理论观察》2002年第3期。

第十章　人际互动与仿人际互动

广播电视媒体的关键要素就是传播者与受众，离开了传播者和受众就谈不上媒体的社会效应。但是在传受关系中，传播者与受众具有明显的不平等性。传播者掌握着更多的信息，拥有更多的甚至绝对的话语权，他们熟悉受众的心理，了解受众的需要。但是社会效应的形成需要广大受众对传播者、对传播者传递的信息的认同和响应。于是"受者中心论"逐渐取代了"传者中心"的思想，即在广播电视节目中，传播者更多的要考虑受众的心理反应、心理需要，甚至更多地让受众参与其中。在这个过程中，人际互动成为广播电视节目的主角，在传播者与受众的关系中，几乎所有的传播者都在向受众倾斜，遵循以真为魂、以人为本的原则，把受众放在中心的位置上，既不会"低头看稿抬头笑"，使表情与内容脱节，也不会一味追求客观、板着面孔播报新闻而给人一种距离感，既不会故作高雅、故弄玄虚，也不会为了收视率去迎合受众中的低格调，而是以朋友的身份与受众进行真挚、坦诚、融洽、平等的交流，与受众互动。

第一节　人际互动及其影响因素

一、人际互动概述

要说"人际互动"，就要从"社会互动"的概念谈起。所谓社会互动，是指社会上个人与个人、个人与群体、群体与群体之间通过信息的传播而发生的相互依赖性的社会交往活动。依照这一观点，社会互动的互动主体可划分为：（1）人际互动，即个人与个人之间的互动；（2）群际互动，即个人与群体、群体与群体之间的互动。在播音和主持活动中，多是个人与个人之间和个人与群体之间的互动。这种传者与受者的互动关系主要有以下特点：

1. 相互依赖性。伴随着广播电视媒介的产生，首先形成的就是传受关系。在传受关系中最显著的特点是传者与受者是相互依赖的。没有作为传播者的播音员、主持人就无所谓受众；没有受众，播音员、主持人也就失去了存在的意义。

2. 相互制约性。传播者与受众是相互制约的。传播者制约着受众所能接收到的信息,如《新闻联播》向大众传递的是最新的国内国际新闻信息,如果受众只想了解娱乐信息,很显然《新闻联播》少有提供;受众的信息需求和信息反馈也制约着传播者的信息传递行为,如果传播者对受众的信息需求和信息反馈情况不了解而一味地、盲目地向受众传递信息,那么很快他/她将失去受众,同时他/她也失去了传播者的价值。

3. 参与与交流。在传播者与受众的互动关系中,传播者与受众要参与其中,要有对话存在,不然就无法形成互动关系。这种对话包括传播者与受众之间的对话,如播音员、主持人、嘉宾和受众之间的对话,也包括受众与受众之间的对话,如场上观众与场下的观众之间的互动。伴随着技术的发展,对话的方式也越来越多,既有场内的直接对话,也有场外的间接对话。间接对话又有电话互动、短信互动和网络互动等多种形式。

4. 需求性。传播者与受众之间的互动关系是通过他们各自的需求联系在一起的,即为了满足自身和对方的需求而建立的相互依赖的关系,但二者在需求的性质上不完全相同。传播者通过向受众传递信息,期望让更多的受众了解他/她、认同他/她、响应他/她,然后达到预期的社会效果,受众则试图通过传播者获取知识或是放松娱乐等。

5. 自我约束性。在日常的人际交往特别是朋友之间的交往中,双方比较随意,较少进行自我约束,言谈举止很少经过深思熟虑。但在传播者与受众的互动关系中,传播者的自我约束比一般的人际交往要严格得多,因为传播者作为大众传播中的一种社会角色承受着更高的社会期待和更多的社会责任,因此传播者在进行大众传播时,一般总是谨慎小心。

从传播者与受众之间的互动关系来看,受众不仅是传播者的传播对象,而且是传播者的服务对象。没有受众,广播电视就没有生命力,传播者就失去了存在的意义;没有传播者,受众对知识、娱乐等的需求满足形式就不如现在丰富多彩。因此传播者与受众是相互依存、相辅相成、相得益彰的统一体。

传播者与受者之间的互动关系属于社会互动关系的范畴。美国的琼斯和西鲍特根据社会互动是否相倚,把互动分为四类:假相倚、非对称相倚、反应性相倚、彼此相倚。我们可以借用这一对社会互动的分类来分析传播者与受众互动所形成的传受关系。

1. 假相倚:表现为传受双方形式上在互动,实际上彼此独立,互不依赖,双方主要是根据自己的计划做出反应,各行其是,很少根据对方的要求做出

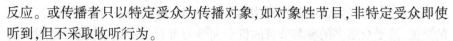

反应。或传播者只以特定受众为传播对象,如对象性节目,非特定受众即使听到,但不采取收听行为。

2. 非对称相倚:这是一种单向性互动。一般有两种类型,一种情况为受众对传播者提出要求而传播者不呼不应;另一种情况是传播者自以为是根据受众的需求在进行传播却没有得到受众的回应。比如在极个别的情况下,播音员或主持人总想揣摩受众的心理而以一种自以为十分幽默的方式播报以博取受众欢心,在幽默过后自己捧腹大笑而受众却毫无反应,这种情况即典型的非对称相倚。

3. 反应性相倚:是指原先并无互动计划,由于一方的反应刺激了对方,才使对方作出反应,是双向性互动。一是传者及时根据受众需求调整传播形式与内容,使之对传播信息感兴趣,二是受众按照传播者提示对传出的信息进行关注,双方都得到了满足。在学习类节目中常会出现反应性相倚,如英语学习、计算机学习等,传播者要根据现场学习者的学习情况及时进行调整,而学习者也会按照传播者的指示进行学习演练。

4. 彼此相倚:是指双方有计划有目的地建立互动的关系,每一方都对另一方的行为做出反应①。这也是一种双向性互动,但与反应性相倚不同的是传播者是有计划、有目的地进行传播,而受众的接收也是有目的、有计划的。很多竞争性的娱乐节目都是如此,传播者都是按照事先的计划安排引导参赛选手进行闯关,而受众也是在为自己支持的选手出谋划策、呐喊助威,这时传播者和受众的行为都是有计划有目的的。

传播者与受众要建立和谐的传受关系,使传媒对受众的引导富有成效,应该尽量避免互动的假相倚、非对称相倚,而要使互动成为反应性相倚或者彼此相倚②。这就对传播者提出了更高的要求,传播者在传播活动开始之前就要掌握绝大多数受众的心理需求,做好传播策划,而在传播过程中就要面对大多数的受众并与他们建立起双向互动,而不要只针对一小部分受众而忽视其他,但也不能奢望与所有受众都建立起双向互动,因为每一个受众的心理需求都不同,要统一所有受众的心理需求也是不现实的。

二、人际互动的理论

近几十年的研究发现,传播效果与人际互动息息相关,要想有好的传播

---

① 郑兴东:《受众心理与传媒引导》,新华出版社1999年版,第217页。
② 同上书,第219页。

效果就要有良好的人际互动,就要以受众为本,增强播音员、主持人与受众的交流,给受众更多的参与节目的机会和参与节目的时间,在这个过程中播音员、主持人发挥着重要的作用。这一研究结果的发现经历了几十年的历史演变,付出了几代人的心血。

（一）魔弹理论

行为主义者华生认为人类的所有行动都只是对外部环境刺激的条件反射。行为主义者还认为较高层次的心理活动过程(有意识的思考)并不能控制人类的行动,意识只能在外部刺激触发了行为之后才使行为合理化。

弗洛伊德学说也与行为主义持相同的怀疑态度,弗洛伊德不相信人类能够通过意识或理性对自己的行为进行有效的控制。他认为人格中包含本我、自我和超我,自我是人格中的理性部分,本我是人格中自私自利、按快乐原则行事的部分,而超我是内化了的道德文化规则。自我处在充满原始本能的本我和过度约束的超我之间,常常被打败。

早期媒介理论家在行为主义和弗洛伊德学说的基础上把媒介看作能立即引起受众反应的外部刺激,面对这些刺激,受众只能接受。在此基础上形成了魔弹理论:媒体被假定为像魔术子弹一样,可以穿透人们的心智,并即刻创造强烈情绪和特定概念的联结,借由控制这些魔术子弹,宣传者认为他们可以制约人们对国家产生一些良好的精神,例如忠诚和崇敬,或是一些不好的感受,如对敌人的恐惧和憎恶。无论人们的社会阶级或教育水准有多高,宣传的魔弹都能够摧毁他们的防备,改变他们的想法和行为。理性的心智只是一种表象,根本无力抵抗强而有力的信息。这些信息会渗透到受众的潜意识中,改变他们的想法和感觉。

该理论是关于大众传播的最早的系统化的理论,它充分关注媒介的强大作用,但是该理论过低估计了受众衡量信息的能力,同时也过高估计了媒介的传播效果,忽略了媒介与受众之间的互动。

（二）有限效果论

由于早期的行为主义者对行为所作出的解释过于简单化和机械化,所以在这之后,新行为主义者不再完全忽视有机体内部的过程,并开始强调对刺激与反应之间中间变量(S-O-R)的研究。以这种模式为基础,20世纪四五十年代,曾受到心理学中早已发展的经验主义研究方法训练的拉扎斯菲尔德和霍夫兰采用实验和调查等客观的方法来测量媒介的影响力。他们发现媒介并不像以前的理论所预示的那样有力量。大众传播媒介虽然在信息传递上非常有效,但是却未能改变人们的态度①。在调查、实验的基础上,形成了一批新行为主义受众理论,如个体差异论、社会分类论、社会关系论、多级传播论、中介因素论、舆论领袖论等。这些理论认为,受众由于受到禀赋、后天环境、所属群体和社会关系等一系列中间变量的影响,因此他们对于媒介所发出的信息不会照单全收,而是会有一个选择的过程。在效果理论方面,出现了有限效果理论,该理论也可以叫作"最低效果法则",这一说法由纽约大学教授霍普·克拉伯(约瑟夫·克拉伯之妻)首先提出,是对早期"大众传媒威力论"(魔弹论)的否定。其主要观点为:

1. 传播活动是传受互动的过程,受众是具有不同特点的个体,不是应声而倒的靶子。大众媒介的效果因媒介性质及其在社会中的地位而大受影响。

2. 大众媒介在社会中的角色是有限的:媒介会强化现有的社会趋势,但是几乎很少发动社会变革。大众传播最明显的倾向不是引起受众态度的改变,而是对他们既有态度的强化。研究一再表明,很少有证据能证明媒介拥有强大的影响力,甚至强化现状的证据也时常缺乏。媒介的影响力普遍不如其他一些因素,如社会地位或教育情况等。

3. 大众媒介在个人生活中的角色是有限的,但是它对某些类型的人来说有功能上的缺陷。媒介提供了一个方便且廉价的娱乐和信息来源,但无论是娱乐还是信息都没有对大多数人的日常生活构成长期的或重要的影响,几乎所有信息都被忽视了或被迅速遗忘。娱乐则主要为受众提供从工作中暂时分心的对象,让人们得以放松并获得享受,以便恢复精力重新投入工作。一些看似受到媒介不良影响的人其实是因为他们本来就面临着严重的人格问题或社会调整问题,而不是因为媒介的影响才使他们发生变化,即如果媒介不存在,他们也会感到深深的困扰。

4. 媒介在社会中扮演着有限的但无论如何也是有用的功能性角色。媒介不是影响受众的直接和唯一因素。大众媒介透过许多中介,在其他多种格局影响下发生作用,对受众的影响是有限度的。任何具有潜在危害性的效果一旦出现,就能够被社会所觉察和预防。

有限效果理论在纠正了魔弹理论过分夸大媒介作用的同时,也看到了媒介与社会、媒介与受众之间的互动作用,但是它也存在着明显的缺陷:

首先,调查研究和实验都存在严重的方法论上的局限,但没有得到足够

---

① E. M. 罗杰斯著:《传播学史:一种传记式的方法》,上海译文出版社2002年版,第396页。

的认识和承认。数据调查不能度量人们实际上在日常生活中使用媒介的方式,而仅仅能记录人们如何报告他们对媒介的使用。例如,受过更多教育的人倾向于低估媒介对其决定的影响,反之受教育较少者则容易高估它①。在测量人们对具体媒介内容的使用方面,数据调查是非常昂贵和棘手的方法。其次,早期经验主义社会研究方法论的局限性,致使研究结果从头至尾低估了大众媒介对社会和对个体的影响。他们只看到数据调查和实验的结果,而不愿意通过这些结果推断可能存在的效果,这样就容易忽略或摒弃一些能够被用来解释或证明重要的媒介效果的证据。再次,传播依旧被看成是一个劝服的过程,受众虽不再是中弹即倒的靶子,但仍处于消极被动的地位。最后,早期经验主义社会研究主要关注媒介的短期效果,即媒介是否具有即时的、强大的、直接的效果,而忽略了其他类型的影响。

(三) 适度效果论

20 世纪 50 年代,认知心理学向当时盛行的行为主义心理学提出了挑战。与行为主义心理学强调外部环境而排斥内部因素的立场相反,认知心理学强调人脑中已有的知识结构对人的行为和当前的认识活动具有决定作用。其目的是要解释作为主体的人是怎样进行信息加工的②。因此,认识论范式突出的是人的主体性和能动性。在这种范式的影响下,受众不再是被动的信息接受者而是大众传播内容积极的解读者,以受众为中心的各种理论呼之欲出。而适度效果理论就是在这种背景下由美国学者赛弗林、W. 坦卡德在《传播学的起源、研究和应用》一书中首先提出来的。这一理论反映了 70 年代有关大众传播的社会效果研究的特点,它摆脱了"传者中心论"的局限,开始以受众为中心进行研究,并着力于研究大众传播的长效作用,该理论包括以下系列研究:信息寻求论、创新扩散论、使用与满足论、议程设置论、文化规范论、第三效果论、社会学习论。其中最具代表性的是使用与满足理论、议程设置论和社会学习理论。

1. 使用与满足理论

伊莱休·卡茨(E. Katz)早在 1959 年就曾指出,过去的研究集中在大众传播"给了人们什么?"现在的研究则应转向对"人们用媒介做什么?"的探

---

① 斯坦利·巴兰、丹尼斯·戴维斯:《大众传播理论:基础、争鸣与未来》,曹书乐译,清华大学出版社 2004 年版,第 136 页。
② 杨鑫辉主编:《新编心理学史》,暨南大学出版社 2003 年版,第 349 页。

讨①。使用与满足理论就是站在受众的立场上,通过分析受众对媒介的使用动机和获得需求满足来考察大众传播给人类带来的心理和行为上的效用。其理论基础是马斯洛的人本主义心理学②,即认为人类行为的心理驱力是人的需要。同传统理论重点研究信息如何作用于受众的思路不同,它强调受众的作用,突出受众的地位。该理论认为受众通过对媒介的积极使用,从而制约着媒介传播的过程,并指出使用媒介完全基于个人的需求和愿望。其主要观点有:人们接触和使用媒介的目的都是为了满足自己的需要,这种需求和社会因素、个人的心理因素有关;人们接触和使用媒介有两个条件:一是接触媒介的可能性,二是媒介印象即受众对媒介是否满足其需求的评价,这种媒介印象或评价是在过去接触和使用媒介的经验基础上形成的;受众选择特定的媒介并开始接受媒介传播的内容;接触并使用媒介后的结果有两种:一种是满足需求,另一种是未满足;无论满足与否,都将影响到以后的媒介选择使用行为,人们根据满足结果来修正既有的媒介印象,不同程度上改变着对媒介的期待。

使用与满足理论认为受众在很大程度上掌握着选择和使用媒介的控制权,受众具有能动性,推翻了受众被动论。它引导我们更加关注受众,把满足受众的需求作为衡量传播效果的基本标准,同时它指出大众传播对受众的基本效用,矫正了"有限效果论"。但是该理论也是有局限的:它过于强调受众的个人和心理因素,忽略了社会条件和所处环境的制约;受众的能动性是仅限于"有选择的接触"范围内的,是有限的;该理论脱离了传媒生产过程和社会系统来单纯考察受众的媒介接触行为,不能全面揭示传媒与受众之间的社会关系。

2. 议程设置论

议程设置论从认知角度强调了效果的存在。在传播学中,议程设置的理念实际涉及的问题是,传播如何围绕特定的目的设置议题,使之达到影响社会、影响公众舆论的效果,它是传者和受者之间一种相互牵动、相互作用的双向关系③。议程设置是大众传播媒介影响社会的重要方式,其具体观点有:大众媒介往往不能决定人们对某一事件或意见的具体看法,但是可以通过提供信息和安排相关的议题来有效地左右人们关注某些事实和意见,以

---

① 沃纳·塞弗林、小詹姆斯·W. 坦卡德:《传播学的起源、研究与应用》,陈韵昭译,福建人民出版社1985年版,第262页。
② 方建移、张芹:《传媒心理学》,浙江大学出版社2004年版,第21页。
③ 周庆山:《传播学概论》,北京大学出版社2004年版,第201页。

及他们对议论的先后顺序,新闻媒介提供给公众的是他们的议程;大众传媒对事物和意见的强调程度与受众的重视程度成正比,该理论强调:受众会因媒介提供议题而改变对事物重要性的认识,对媒介认为重要的事件首先采取行动;媒介议程与公众议程对问题重要性的认识不是简单的吻合,这与其接触传媒的多少有关,常接触大众传媒的人的个人议程和大众媒介的议程具有更多的一致性;该理论不仅关注媒介强调哪些议题,而且关注这些议题是如何表达的,该理论认为对受众的态度和行为的影响因素除了媒介所强调的议题外,还包括其他因素如议题的表达方式。

议程设置理论从考察大众传播在人们环境认知过程中的作用入手,重新揭示了大众传媒的有力影响,为效果研究摆脱"有限论"的束缚起了重要的作用。它对我们详细考察传媒的舆论导向过程具有一定的启发意义,同时重新提出了大众传播过程背后的控制问题,为人们认识传播与社会提供了一个新的角度。但是它只强调了传播媒介设置或形成社会议题的一面,而没有涉及反映社会议题的一面。尽管议程设置功能是强大的,但是不能把它的效果绝对化。

3. 社会学习理论

行为主义发展到60年代初,出现了区别于早期行为主义和新行为主义的新的新行为主义,新的新行为主义的主要特征是:(1) 使用以往被传统行为主义所摒弃和拒绝的心理学概念,探索认知、思维、意识在行为调节中的作用;(2) 强调行为和认知的结合;(3) 强调自我调节的作用;(4) 强调心理过程的积极性与主动性;(5) 坚持客观主义的态度。新的新行为主义的代表理论有班杜拉的社会学习理论或观察学习理论、罗特的社会行为学习理论和米契尔的认知社会学习理论等①。其中对传播学影响较大的是班杜拉的观察学习理论。

班杜拉的社会学习理论在传播研究中一般应用在分析电视暴力可能产生的效果方面,此外还包括媒介内容分析和实验研究。班杜拉等人主张把依靠直接经验的学习(传统的学习理论)和依靠间接经验的学习(观察学习)综合起来以说明人类的学习,强调人的思想、感情和行为不仅受直接经验的影响,而且也受间接经验的影响。学习理论认为人们从观看电影和电视娱乐节目中学习新的侵犯行为的方法。其中一个主要的担忧是电视暴力可能带来的影响。1982年,美国全国精神健康研究所的研究认为,观看电视暴力

---

① 叶浩生主编:《西方心理学的历史与体系》,人民教育出版社1998年版,第255—259页。

并不会让所有的儿童都会变得有侵犯倾向,但是在电视暴力与侵犯行为之间存在积极相关。美国最近的研究已将着眼点转向暴力在电视上呈现的方式。研究者发现电视中的暴力行为大多是不受惩罚的,是无痛苦的,不会产生长期的消极后果。因此研究者建议,电视制片人应发挥创造性,更多表现暴力行为受到惩罚,更多表现暴力行为带来消极后果,更多表现不同于暴力方式的其他解决问题的方法①。

(四)强大效果论

20世纪70年代以后的强大效果论不是枪弹论的恢复,而是在适度效果论基础上发展起来的。与早期的媒介威力论不相同,它从受众出发探讨媒介间接、潜在、长期的影响,同时将传播过程置于整个社会政治经济环境中进行多元化的宏观分析。大众传媒对舆论的强大效果是在大众传播累积性、普遍性与和谐性有机结合的基础上产生的。其中最具代表性的理论是沉默的螺旋理论。

1973年,在德国大选及一系列舆论调查之后,伊丽莎白·诺尔纽曼发表了《重归大众传媒的强力观》一文,宣称大众传播在影响大众意见方面仍能产生强大的效果。诺尔纽曼认为,在以电视高度普及为特点的现代信息社会,传播媒介对人们的环境认知活动产生影响的因素有三个:(1)多数传媒的报道内容具有高度的类似性(产生"共鸣效果");(2)同类信息的传达活动在实践上具有持续性和重复性(产生"累积效果");(3)媒介信息的抵达范围具有空前的广泛性(产生"遍在效果")。在这种情况下,过去的"有限效果"理论所强调的受众对信息的"选择性接触"机制实际上已经很难再起作用②。此外,诺尔纽曼还发现,大多数人在用自己的态度做出选择时会有一种趋同心态,当个人的意见与其所属群体或周围环境的观念发生背离时,个人会产生孤独和恐惧感。于是,便会放弃自己的看法,逐渐变得沉默,最后转变支持方向,与优势群体、优势意见一致。这些个体即使不转变态度也会因为觉得舆论与自己意见逐渐远去而对该议题保持沉默。在这个过程中,表达优势意见或不愿表达异常意见的人数日益增加,而对异议意见的人际支持逐渐减少,逐渐合并形成了某种观点在公开场所占统治地位,其他观点因其追随者的沉默不语而在公共意识中消失的现象。这一过程被称为"沉默的螺旋",即不断把一种优势意见强化抬高、确立为一种主要意见,形

---

① 周庆山:《传播学概论》,北京大学出版社2004年版,第202—203页。
② 同上书,第205页。

成一种螺旋式上升的过程。在沉默的螺旋中,大众传播媒介扮演了很重要的角色,因为它是人们寻找以获得舆论传播的来源。由于媒介效果的共鸣性、普遍性和累积性,大众传播媒介能够引导受众认识到何种意见是主导意见,对何种意见的人际支持正在增强,对何种意见的公开支持不会遭到周围人的孤立。

沉默的螺旋理论把大多数传播学者从对大众传播媒介的"有限效果模式"的热衷带到了对"强大效果论"的坚信的时代。该理论具有宏观层面和微观层面的解释能力,解释了舆论的转移,提出关于新闻媒介的角色的重要问题,注意到受众间个体与群体的关系,更看到优势意见是在媒介与受众的互动过程中形成的。但该理论对媒介影响力和受众持过于悲观的态度,忽视了可能存在于人口和文化差异上的原因,低估了社区力量对沉默作用的抵消[1]。

从以上理论的发展脉络我们不难看出,在不同的历史发展阶段,研究者对大众传播效果以及传者与受众在传播过程中的互动关系的认识是极不相同的。造成这种差异的原因一方面来自传播媒介的发展(如从报纸到广播的出现,然后到电视的出现,再到互联网的出现等);另一方面来自当时的社会、历史条件的局限;再一方面来自研究者的研究方法和研究立场的影响。由于以上原因,关于大众传播效果和人际互动关系的研究至今尚未达成统一的认识,更未形成一个成熟的足以解释大众传播效果和人际互动关系的理论。但令我们欣慰的是,传播学中已经出现了很多试图解释甚至能够解释大众传播某一特别方面的理论,将这些理论有机地结合起来形成一个整体的大众传播效果理论,经过实践的检验,去伪存真后促进传播学理论的进一步发展。

三、影响人际互动的因素

2002年,由香港中文大学新闻与传播学院陈韬文及苏钥机负责的调查发现,对比香港市民在1997年和2001年的社会地位评估,新闻工作者是唯一地位显著下降的职业。新闻工作者在1997年的排名仅在工程师和医生之后,但2001年却被护士、中学教师和警察所超越。调查还发现,新闻工作者的自我形象评价更为低下。在1996年,新闻工作者的地位已较医生、工程

---

[1] 斯坦利·巴兰、丹尼斯·戴维斯:《大众传播理论:基础、争鸣与未来》,曹书乐译,清华大学出版社2004年版,第314页。

师、中学教师和护士落后,仅高于警察、的士司机和建筑工人。但2001年,新闻工作者的社会地位更被警察所超越。负责调查的陈韬文及苏钥机表示,这个结果是香港新闻媒介生态恶化所致,包括煽情色腥新闻当道,新闻操守低落,关于新闻界的负面报道较多。另一原因是新闻人才流失,专业知识缺乏长足的进步,赶不上社会发展的要求,而新闻界也未能建立有效的自律机制①。

从对材料的分析我们可以看出,1996年新闻工作者的地位已经偏低,但由于1997年香港回归牵动着大众的心,而新闻工作者也不遗余力地跟踪报道,这拉近了新闻工作者与受众的距离,在这一年新闻工作者的地位明显提升。此后,由于新闻媒介生态逐渐恶化,到2001年新闻工作者的地位已很低。从分析结果可以看出,作为新闻工作者的播音员、主持人的地位取决于他/她与受众的互动关系,如果互动不良,就不会得到受众的认可。那么是什么因素导致播音员、主持人与受众互动不良?我们将从受众和传播者两个方面来分析。

(一)受众因素

1. 受众的认知偏差

受众的认知偏差会严重影响受众对信息的接受程度,影响受众对播音员、主持人的信息反馈,影响播音员、主持人与受众之间的互动关系,更直接影响传播效果。导致受众产生认知偏差的原因有很多。从受众来讲,受众的思维定式、知识体系、社会地位以及社会阅历等都会影响到受众对信息的接受,可能导致其对传播者传播意图的理解失误;从传播者的角度来讲,传播者在传播过程中对信息的阐述不清、条理不明、逻辑混乱,导致信息本身产生歧义,这也会妨碍受众对信息的理解,使受众的认知产生偏差。关于受众的认知偏差在第八章"受众的认知与情绪心理"中已有较为详细地讲述,在此不再赘述。

2. 受众的个体差异

行为主义认为,人的心理结构虽然有遗传的因素,但主要还是后天形成的。每个人的成长环境和社会经历都不尽相同,他们的心理结构也就各有差异。行为主义的"学习"理论认为,人们有着各自的心理结构,心理结构指的是人们的心理过程以及个性心理。其中前者又可分为认知过程、情感过

---

① 人民网:《媒介生态恶化 香港记者连续五年社会地位下降》,http://unn.com.cn,2002年01月03日10:06。

程和意志过程,也就是我们常说的知、情、意;后者则是指个人在社会化过程中受到家庭、学校、社会等社会环境的影响并形成自身独特的兴趣、习惯、动机、气质、性格等个性倾向性和心理特征。人们的心理结构之所以各不相同,是因为他们在"学习"也就是社会化的过程中获得的观念、价值观、人生观不同。而这些心理结构上的不同又决定了他们的态度倾向和实际行动的不同,这便是个体差异。不仅个体之间存在差异,由个体构成的群体也存在差异。受众可以根据年龄、性别、种族、文化程度、宗教信仰等人口学因素上的相似而组成不同的社会群体。这些群体有着相似的心理结构,在人生观、价值观等方面也有着较为一致的看法。因此,具体到大众传播学上,并不存在整齐划一的受众。在大众传播提供的信息面前,每个人会因为心理、性格的差异而对信息做出不同的选择和理解,随之而来的态度和行为的改变也会因人而异。同样,不同的群体在传媒的选择、内容的接触和对信息的反应上也会有所不同。一个播音员、主持人要照顾到所有的受众是相当困难的,要与所有的受众进行互动则几乎是不可能的。因此,受众的差异、播音员、主持人对受众差异的认识以及播音员、主持人对传播对象针对性的认识也是影响人际互动的因素。

3. 受众的社会关系

受众的社会关系也会影响受众对媒介的选择和对媒介的评价。社会关系主要包括人际网络、群体规范和意见领袖等,具体到受众的社会关系则主要有他们所处的工作单位、社会组织以及各种非正式的群体等。拉扎斯菲尔德、贝雷尔森和卡茨等人的研究结果显示,受众的社会关系对受众有着巨大的影响,在受众的媒介接触中,社会关系经常既能加强也能削弱媒介的影响。群体压力理论认为,群体压力能够影响受众对媒介内容的接受。人们一般都会选择加入与己意见一致的团体,团体对这些意见的认同会加强个人关于该意见的信心。媒介的信息一旦不合团体的利益和规范时,便会受到团体的抵制。在这种情况下,团体成员往往会对这一媒介产生怀疑,固守并加强对原有信念的坚持。这时,媒介的力量被削弱将是必然的。如果媒体内容与团体规范的冲突并不是特别严重,团体则会对媒介意见另作解释,由于与其原有意见较为接近,所以团体成员也倾向于接受这种解释,但是媒介的作用也会被减弱。媒介要想改变人们固有的意见是非常困难的,因此媒介要想和受众进行良性互动,就要使传播内容与传播对象的原有信念一致,这样才会产生共鸣,否则会受到传播对象的抵触。

(二)传播者因素

1. 播音员、主持人的能力因素

(1)播音员、主持人的语言能力

畅达的语言表达能力是播音员、主持人业务素养的直接表现,也是其看家的本领。播音员、主持人必须具备透过文字语言表面感悟文字语言深层意蕴的能力,对所播和所说的内容都能做到有感而发,情动于衷、声情并茂地表达,既要像口语一样生动活泼、挥洒自如,又应该像文字作品那样严谨精炼,讲究结构和布局,应该更规范,目的性更强,更具美感。另外还要突出个人风格,使主持人语言成为充分个性化的语言,从而充分展示节目主持人的个性魅力[1]。

但播音员、主持人对信息的阐述产生歧义容易导致受众的认知偏差。这种认知偏差主要是由角色虚拟和心理期待导致的。

① 由角色虚拟而产生的受众认知偏差主要来自两个方面的内容:

一是典型人物报道。在这类报道中,过于渲染典型人物的困难和磨难会使受众认为他们的事迹虽然感人,但真正做起来却非常难,从而产生畏惧。二是一些批评性或揭露性报道。比如这样的报道:见义勇为的英雄身受重伤,而被救者却以怨报德,翻脸不认账。此类报道原意是为了揭露、抨击、批判那些丑陋的社会现象,引起社会的反思。但是受众在听或看完这些报道后,很容易通过角色虚拟得出"多一事不如少一事"的自我忠告。这与传播者的意图是相悖的。

② 因心理期待引起的认知偏差

受众对传播者或新闻报道内容的某种期待没有得到满足容易引起认知偏差,尤其是在一些重大性的突发事件或者产生重大伤害的自然灾害面前,受众更加希望媒介能够及时、详细地报道事件的相关情况,紧密关注事态的进展。但如果在受众最需要释疑解惑时,媒介却疏忽了这一需求,显示出沉默,那么受众会因为巨大的心理期待没有得到满足产生强烈的认知偏差,这种偏差有时对媒介正常的运行机制,甚至对社会都有严重的负面作用。

因此,播音员、主持人进行播报时用语要严谨周密、条理分明,对事件的报道要客观公正,既不可随意夸大也不能避而不报,以免引起受众的认知偏差。

---

[1] 李敬一主编:《节目主持概论》,华中科技大学出版社2004年版,第55页。

> 视窗

社会百态
——工行"节"后忙

北京电视台《第七日》主持人元元在一期题为《工行"节"后忙》的节目中巧妙地由"马"字引出当日话题,一段妙趣横生的话足见其出众的语言功底:

各位好!

过年的时候见面都说吉利话,全都带个"马"字,今天要说的这件事正好全能用上。首先是"马到成功",春节假期还没完,就从美国盐湖城传来喜讯,速滑运动员杨扬为中国队赢得了冬奥会上的第一块金牌,实现了我们在冬奥会上零的突破。其次,就是"一马当先",在上周日北京举行的国际公路接力赛上,中国队获得女子组冠军。夺冠选手大多是马俊仁率领的马家军,教练是老将出马,队员自然快马加鞭。马年刚到,体育界就有接二连三的好成绩,中国体育今年热度依然不会减。

节后还有人马不停蹄,从前说不过十五不出门,而今年民工初四初五就往回赶,北京因为正在筹办2008年的奥运会,自然就少不了招兵买马,外来打工人员恐怕不愁找不到工作。

节后工商银行的门口排起了大队人马,有句话叫歇人不歇马,可工商行过节人马全歇。有人家里没电了要买电,有人兜里没钱了要取钱,都是急事。可从初一到初六,天天在工商行门口撞锁。一直到初七才开门,这一开门可了不得了,屋里屋外全是人。银行的同志说,北京人观念太跟不上趟了,免费办一张缴费卡,通过电话能交十几种费,自己方便,银行也能放假。我承认我们接受新生事物有点慢,可使用这种狠招恶治,也有点太绝。但愿明年春节的时候,大家都会用卡了。[①]

---

① 吴郁主编:《主持人思维与语言能力训练路径》,中国广播电视出版社2005年版,第6—7页。

第十章 人际互动与仿人际互动

(2) 播音员、主持人的思维能力

播音员、主持人要具有敏锐的思维能力,敏锐的思维能力是指具有信息敏感性、能透过信息敏锐地判断出其政治思想意义,能通过事件本身,迅速地捕捉住它在全局中的地位、影响力,抓住要点,宣讲政策精神。

(3) 播音员、主持人的平衡能力

主持人的平衡能力表现为对自己的控制和对节目的控制。对自己控制就是要控制自己的情绪,不要因为节目内外的影响而引起情绪的大起大落,更不能将不良情绪带到节目中来。对节目的控制表现在播音员、主持人在围绕节目主题调动嘉宾和受众时应客观地表达思想和观点,要有计划有目的地围绕节目主题进行,而不能因为部分受众的特殊需要或自身情绪的激动等因素导致跑题。

如,白岩松在主持《东方时空》时有一期专访连战的节目,专题为"中国人民抗日战争暨世界反法西斯战争胜利60周年",在这一期节目中,白岩松就将敏锐的思维能力和稳定的平衡能力表现得淋漓尽致。

东方时空
——中国人民抗日战争暨世界反法西斯战争胜利60周年(节选)

白岩松:今年正好是抗战胜利六十周年这样一个纪念年。因为前一段时间我去台湾的时候也看到,在国民党的总部,搞了整个抗战的纪念展览;包括您也办了很多的活动,包括座谈会啊等等。您为什么要举办这么多的活动来纪念这样的一个年份?

连战:这是非常重要的一个日子。"七·七抗战"可以说是一种自发的、全民的奋起,对日的一种抵抗,这是头一次。我相信在我们的历史上面,是一个全民的奋斗史。所以我认为,这对于台湾今天尤其具有历史的意义。今天,中国国民党虽然是一个在野党,我们的人力、物力,各方面的条件实在是有很大的局限;而今天,台湾的"执政当局",又可以说是非常明显地有意来回避台湾地区跟中国这种历史的关联,历史的这种联结。所以在这样子的一个时刻,中国国民党有这样的一个历史责任,要来凸显这个历史的事实。虽然规模不够大,但是我觉得,我的心意是尽了,而这个心意是应该必须要做的事情。

……

进入 8 月,中国国民党还举行了抗战胜利 60 周年的座谈会、摄影展、书画展等一系列的纪念活动。同时,台湾民众也用着不同的方式来纪念抗战胜利 60 周年和台湾光复这一特殊的日子。正巧在这个月,中国国民党名誉主席连战,也度过了他的 69 岁生日。

白岩松:连主席,首先虽然过去了好几天了,但是要祝您生日快乐,健康长寿,心情愉快!

连战:谢谢你,白先生。

……

白岩松:连主席,其实一提到您 8 月 27 号这个生日,中国经常会说,儿子过生日的时候,是应该想起母亲的这个日子。那么当看到您的履历的时候就能知道,您是台湾的台南人,但是为什么六十九年前,1936 年的 8 月 27 号您出生在西安呢?

连战:这个故事讲来话长了。我们连家到我已经是第九代的台南人,但是因为甲午战争之后,台湾割让给日本,我的祖父——他是一个富有强烈民族主义的人——不甘愿在台湾当日本人的奴隶,所以就先把我的父亲送回大陆,然后他自己没有多久之后,也回到大陆去。当时他送我父亲回到大陆的时候,是跟当时的一个国民党的元老——叫张溥泉先生(通信),他在这封信里边跟他讲得很清楚,他说:"子胥在吴,寄子齐国。鲁连蹈海,义不帝秦。况以轩黄之华胄,而为他族之贱奴,椎心泣血,其何能?"就是说堂堂正正的炎黄子孙而为日本人的奴隶这样子的一个情况,就是好像在流血一样,在锥心一样,怎么能够忍耐。所以把我祖父唯一的儿子,也就是我的父亲送到张溥泉先生的旁边追随他。那么后来因为要打仗,所以就从北京到了西安,我就是这样子的原因所以在西安出生。

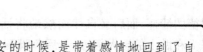

白岩松：您大陆行的时候，去西安的时候，是带着感情地回到了自己的学校，然后去拜见自己祖母的墓地，然后包括去看您生活过好几年的城市。是否经常回忆起来当初在战争状况下给您留下的很多记忆？

……

白岩松：最近大家也陆续慢慢地知道，在您大陆行的时候，胡锦涛总书记在很亲近地请您吃晚饭的时候，在临别的时候送了您一个很特别的礼物，也跟您祖父有关。您是否可以把这个礼物背后的故事给我们的观众介绍一下？

连战：我非常地感谢胡锦涛总书记。他非常地周到，能够给我这样子一个富有历史性意义的礼品。这个礼品就是在一个木头的箱子里面，他叫我打开，我打开以后，我看到的就是我祖父在民国大概是二年、三年的时候，申请恢复中国国籍的所有的文件。这个不容易的地方是，多少年了，差不多要一百年了，这些文件还那么样子地保存得那么好，胡先生还这么样子地用心，大陆的朋友还这么样子地用心，能够把它找出来。我是没有话来形容我内心的这种感谢跟感动。

……

白岩松：连主席，最后，记得您在抗战胜利六十周年座谈会上，你讲过这样的三句话：面对历史可以宽恕，但不能忘记，更不能篡改。那我们今天是否可以拿您对这三句话的解释，来当作今天我们节目的结束。

连战：非常的好。我非常地感谢。假如是能够用这样的话，大家来勉励，我们对于我们过去的敌人可以宽恕，但是我们绝对不能够忘记。那么当然最重要的就是说，我们对于过去的历史，我们要给它一个正面的一个认识，我相信唯有正确地面对过去的历史，才能够有一个正确的面对未来的态度。

白岩松在抗战胜利六十周年的特殊日子里专访连战，开门见山地通过国民党的纪念活动引出本期话题即中国人民抗日战争暨世界反法西斯战争胜利六十周年。紧接着话头一转，作为对连战的专访，从他的身世谈起，谈到他的大陆情，谈到他与大陆的血脉相通，谈到他与大陆人民同根同祖同心同德的情怀,而后又自然而然地将话题引到海峡两岸为抗日所付出的巨大努力和做出的巨大牺牲,最后落脚到当今时事,借用连战的话表明海峡两岸对日本篡改历史教科书和日本首相参拜靖国神社的态度;面对历史可以宽恕,但不能忘记,更不能篡改;唯有正确地面对过去的历史,才能够有一个正确的面对未来的态度。

(4) 播音员、主持人的随机应变能力

播音员、主持人在与受众的互动中,常常会遇到受众的提问,此外还经常会遇到一些突发事件。面对这些情况,播音员、主持人除了要有稳定的情绪和心态外,还要具有灵活的随机应变能力,能及时有效地解决问题、排除困难,使节目能够顺利地进行。这种应变能力突出地表现在播音员、主持人与嘉宾和受众的互动中。

譬如,崔永元在主持《实话实说》时,有一期节目是"演戏的孩子",嘉宾有蒋小涵、金铭、宫傲和关凌。节目中崔永元采访这几个受人追捧的童星,想了解他们与同学的关系以及他们是如何应对出名后的现实变化的。下面是一段崔永元与宫傲的对话:

崔永元:宫傲,讲讲你是怎么和那些小伙伴交流的?
宫傲:我觉得我就是一普通人,我想跟他们玩,就没别的了。
崔永元:你觉得你自己是普通人,我可不这么认为。你觉得你自己出名了以后,有没有变化?
宫傲:那个吧,那个吧——没有。
崔永元:走在街上有没有人认出你来?
宫傲:有。
崔永元:有没有人要跟你一起照相?
宫傲:有。
崔永元:有没有人要让你签名?
宫傲:有。
崔永元:这个时候你怎么办?
宫傲:啊?…………(音乐、笑声)

主持人想了解这些童星出名后的变化,但是面对主持人的提问,嘉宾中年龄最小的宫傲在犹豫片刻之后否认自己的变化,像很多成年人的回答一样,他说自己是普通人,在出名之后没有变化。这样的回答固然拉近了和观众的距离,也更能博取观众的喜爱,但却让主持人无法继续他的采访,无法达到采访的目的。面对这样突如其来的问题,崔永元机智灵活地从具体情境入手,向宫傲提问他生活中的具体事件。面对这样的提问和众所周知的事件,宫傲显然不能否认。但回答的结果使其"普通人"的说法和"出名后没变化"的说法不攻自破。主持人也因此能够自然而顺利地进行他的采访。崔永元的谈话感性随和,能让人不尴尬地道出真实答案,这是其背后理性深层支撑的结果,也是其灵活的随机应变能力的彰显。

2. 传播者的其他因素

(1) 播音员、主持人的年龄因素

不可否认,年龄因素对播音员、主持人有着巨大的影响,李瑞英在接受记者采访时说:"一个好的播音员会在播音时加入自己的理解、感情、把握。所以,对于播音员而言,随着年龄的增长、文化修养的提升、阅历的增多,他/她的播音就更会有自己的独到之处。"总的来说,在允许的年龄范围内,播音员、主持人的年龄越大,其阅历越丰富,对节目的理解越深入,其播音主持的风格也越稳健,容易与受众产生共鸣。但是,从不同类型的节目与不同年龄阶段的播音员、主持人的匹配来说,娱乐类节目倾向于由年轻人主持,因为年轻人头脑反应快,学习和模仿能力强,并且与娱乐类节目的受众年龄相仿,容易产生亲密感。但是像《夕阳红》这类针对老年朋友的节目则是年龄稍长且沉稳的主持人更适合。因此,播音员、主持人的年龄对人际互动有着很大的影响,要视不同的节目挑选不同年龄阶段的播音员、主持人。

(2) 播音员、主持人的性别因素

由于目前大多数节目都是由一男一女或两男一女共同主持,并取得了很好的效果,所以人们对播音员、主持人的性别因素在人际互动中的影响考虑较少。但我们还是要明确一点,对一个节目的播音员、主持人的挑选要取决于收听或收看该节目的受众人群的类别特征。如《半边天》是专门帮助女性认识自己的独立品格和存在价值,并通过促进妇女的发展来推动整个社会的发展。该节目的受众绝大部分是女性朋友,因此应挑选一位女主持人。

除了年龄、性别因素,播音员、主持人的形象等因素在人际互动中也起到至关重要的作用,这将在后面的章节中着重讲述。

第二节 仿人际互动及其影响因素

一、仿人际互动概述

一个传统的观点认为播音员、主持人更多使用了人际传播的元素来做大众传播。在演播室内,播音员、主持人和现场观众以及嘉宾进行的是人际互动。而在场外,播音员、主持人通过电视机荧屏和广播与大量受众做人际互动的方式被称为仿人际互动,也称为拟人际互动。仿人际互动有如下特点:

(一)技术性

在仿人际互动中,广播电视作为以电子技术传播信息的传播工具,更是直接体现了作为科学中重要元素的技术与信息的融通:信息依靠电子技术传播,电子技术通过传播具体的内容发挥作用。电子技术与其他技术一样,具有双重性。一方面,它的日新月异为广播电视传播提供了越来越大的便利,使广播电视的影响力越来越大;另一方面,如果一味迷恋技术、依赖技术而忽视了思想的开拓和对人的关怀,就会丢弃人文精神,正如法兰克福学派所竭力批判的:以广播电视为代表的文化工业以"标准化"和"伪个人化"的方式破坏了艺术与文化的自主性。大众文化的"大众性"并不意味着文化大众的主人翁地位,相反,"大众性从来不被大众直接所决定","大众性包含着无限制的把人们调节成娱乐工业所期望成为的那类人"[1]。正是标准化、大量生产的文化工业产品过滤了不合时尚的观点,复制了现存的社会关系,而且以休闲娱乐麻痹大众意识,满足虚假的需要。面对标准化的文化产品,受众放弃了作为主体的思维语言,乃至主体的思想。大众文化剥夺了作为主体的这些主观能动性因素,取而代之的是感性化、同质化和简易化倾向[2]。因此,如何利用电视技术从形式上更好地为受众服务,而不是左右受众的思想,剥夺受众的主动性,成为电视人文精神的独特话题。

(二)参与性

随着广播电视的发展,受众的要求越来越高。他们渴望到屏幕上一显身手。广播和电视中的谈话节目提供了这样一个场所,让大家在屏幕上各

---

[1] 霍克海默:《批判理论》,重庆出版社1989年版,第274—275页。
[2] 陈龙:《在媒介与大众之间:电视文化论》,学林出版社2001年版,第29页。

抒己见,充分交流。这种交流,与日常的交流十分相似,可以称作拟人际交流。这种传播方式更富于人性,更能体现广播电视传播的人文关怀。对于直接上屏幕参与谈话的观众来说,他们在屏幕上侃侃而谈,个个精神焕发,他们的个性、智慧、兴趣、见识得到充分展示,满足了人的表现欲。尤其是在相互的交流和碰撞中,激发起人心灵深处的思想和情感,使人迸发出强大的生命活力,整个节目焕发出人性的光辉。而对于屏幕前的受众来说,他们看到上屏幕的不是高不可攀的大人物,而是与他们一样的普通人,就会感到亲切,于是,他们把屏幕上的观众当作自己的代表,对他们有一种认同感。屏幕上观众的发言会带动他们进行思考,他们不知不觉地卷进屏幕上的讨论,好像自己也是其中的一员,他们的思维、情感也被调动起来,于是,屏幕前的受众也因间接参与节目而获得心理上的满足。而且,因谈话节目"完整保留现场的人际互动氛围,对谈话中语言、性格、心态、氛围进行全方位展示"[1],形成信息场。在这种全方位的场的传播中,由于"信息的完整和势态的延伸,而让人获得诸多超越于言语之外的感知"[2],因而得到全方位的满足,他们的参与感也更加强烈。

(三)交流性

如果说,最初听广播看电视,受众只是被动的接受者,那么,随着时代的发展和受众视听心理的成熟,受众越来越希望通过听广播看电视达到交流的目的。于是,人的作用更加突出。播音员、主持人以个体的形象出现,使传播富有人际交流的特点,形成受众与信息、受众与播音员、主持人之间的交流和互动,增加了传播的亲和力,更能体现出人文关怀。这种交流和互动,大体上有三种形式:一种是播音员、主持人以未知者形象探索未知世界,不断向受众讲述所见所闻,设置悬念,激发受众探索的兴趣,增强了节目的吸引力;一种是富有个性的评论,有独特见解,鲜明生动,激起受众求知的欲望,调动受众思考的积极性;最富有交流感的节目是现场采访,报道者往往站在受众的角度对被采访者提出问题,一问一答之间,受众融入现场采访氛围,形成信息与受众的互动,满足了受众进行交流的愿望[3]。

(四)间接性

在仿人际互动中,播音员、主持人与受众之间的互动是间接的,即只有

---

[1] 朱羽君、殷乐:《大众话语空间:电视谈话节目——电视节目形态研究之二》,载《现代传播》2001年2期。
[2] 同上。
[3] 姜依文:《电视传播的人文精神》,载《现代传播》2002年第1期。

播音员、主持人通过电视或广播向受众进行信息传播,而受众却难以进行及时的信息反馈。在节目中,播音员、主持人几乎拥有绝对的话语权和主动权,他们在信息传播过程中完全是按照事先的节目计划和安排进行,由于不能及时得到受众的信息反馈,因而不能根据受众的需要和信息反馈及时地做出调整。现在广播电视媒体也都注意到仿人际互动的缺陷所在,因而千方百计加以弥补。如在节目中进行短信互动或电话互动,这在一定程度上弥补了仿人际互动的缺陷,但短信互动和电话互动只是将受众信息进行汇总反馈,与点对点、面对面的及时有效的互动还存在很大的差距,因为短信互动和电话互动丢失了很多有关受众的信息,比如受众的行为反应、情绪状态反应等,它只是将受众反馈信息的内容传达给播音员、主持人。除了短信互动和电话互动外,在节目中,播音员、主持人从受众的角度出发对现场进行采访或探索,或者以受众的身份向现场嘉宾提问。在这种形式下,受众感到自己的心理需要得到充分的关注,他们不但对播音员、主持人产生认同感,而且还会产生身临其境的感觉。这种仿人际互动的方式更加人性化,更能体现广播电视传播的人文精神和人文关怀。

二、人际互动与仿人际互动的异同

(一) 人际互动与仿人际互动形成的条件

日常生活当中,人们的社会交往需要的实现要求同时具备个人条件(如外向程度、社会化程度等)和环境条件(有交往对象、社会文化环境、交往环境等)。人际交往的正常途径是与人面对面地交流,但也可以通过功能性的替换途径(简称替换途径)来实现,如听广播,看电视。性格外向且社会化程度高的人,其个人条件和环境条件通常都较好,因而这类人通常通过正常途径来实现社会交往的需要;而性格内向且社会化程度低的人常常依赖替换途径满足社会交往的需要。采用哪种人际交往方式取决于他/她的个人条件及其所处的环境条件的满足程度。这可以用表 10.1 来表示:

表 10.1 以特定方式满足人际交往需求的可能性

个人条件	环境条件	
	满足	不满足
满足	A	B
不满足	C	D

在表 10.1 中，B、C、D 都依赖替换途径来满足需求，而 A 则既可以通过正常途径，也可以通过替换途径来满足，如果处在收视情境下的人际交流和互动既满足个人条件又满足环境条件，那就是人际互动。从上表中我们可以对传受之间的人际交流状况进行分析并对其性质做出区分。在 B、C 情况下，只有一个条件不具备，因此传受之间的人际交流是补偿性的，一旦两方面条件都具备，B、C 条件下人们仍然可以进行正常的人际交流。对于 D 情况而言，传受之间的人际交流纯粹是替代性的，因为这种情况下两方面条件均不具备，只能依赖拟人际互动来实现人际交流的需要。另外，受众是带着不同目的来介入传受之间的人际互动的。对于 B 而言，个人条件好而环境条件不好，拟人际互动是现实生活的一种补偿，如福利院中的老人。对于 C 而言，个人条件不好而环境条件好，传受之间的人际交流就是对现实生活的一种逃避，如性格内向的人。对于 D 而言，两方面条件均不好，传受之间的人际交流就是对现实生活的一种替代，如性格怪僻以致被社会冷落的人。当然，以上所言均是相对的，而不是绝对的。参照表 10-2，我们同样可以对受众介入人际互动的程度用图表的形式做一区分。

表 10.2　受众介入人际互动的程度分类

位置认同	互动	
	否	是
否	A 漠然	B 拟人际互动
是	C 不存在此情况	D 着迷

首先解释一下位置认同，位置认同就是指受众想象自己和演播室里的播音员、主持人共处于同一空间。很明显，A 是指受众在节目播出中完全心不在焉；B 是指受众已经介入了与播音员、主持人的互动中，但很清楚自己不过是广播电视前的一个普通受众，这种情况最普遍；状况 C 根本不存在；状况 D 则是受众已完全介入了与播音员、主持人的互动，达到了忘我的境界，如狂热球迷看世界杯足球赛。

(二) 人际互动与仿人际互动的异同

从对传受之间人际互动程度的区分，不难看出人际互动与仿人际互动的异同。在人际互动与仿人际互动中，都有信息的传递，都有播音员、主持人与受众的参与和交流。但人际互动与仿人际互动的区别也是很明显的。人际互动是点对点、面对面的直接的互动，播音员、主持人向受众直接进行信息传播,受众通过对信息的接收、选择和处理,能及时地向播音员、主持人做出信息反馈,播音员、主持人根据受众的信息反馈情况及时地进行调整。而在仿人际互动中,播音员、主持人几乎拥有绝对的话语权和主动权,他们通过广播电视与受众进行间接的交流,向受众传播信息,而受众的反馈信息却不能及时有效地传递给播音员、主持人。

但是,随着现代信息技术的发展和第四媒体——网络的兴起,网络集广播、电视、报纸的功能于一身,成为文字、声音和视频图像交流的平台,这使得处于仿人际互动中的受众正在实现着与播音员、主持人的及时交流,更进一步增强了受众在仿人际互动中的现场感。因此,人际互动与仿人际互动之间的界限也越来越不明显。

三、影响仿人际互动的因素

影响人际互动的受众因素和传播者因素同样也影响到仿人际互动。但是除此之外,影响仿人际互动的因素还有播音员、主持人的"对象感"和媒介因素。

(一) 播音员、主持人的"对象感"

对象感是指播音员、主持人必须设想和感觉到对象的存在和对象的反应,必须从感觉上意识到受众的心理要求、愿望、情绪等,并由此调动自己的思想感情,使之处于运动状态。

对象感是播音员、主持人成功主持节目的基本前提。斯坦尼斯拉夫斯基说过:"没有对象,这些话就不可能说得使自己和听的人都相信有说出的实际必要。"[①]就是说,播音员、主持人在主持节目时(包括前期节目策划、创意和后期制作的整个过程),心里应始终有受众。如果没有对象感,节目就失去了目的,语言就失去了目的,节目就不能吸引人、感动人、说服人,也就达不到宣传的目的。因此,播音员、主持人在整个节目制作过程中必须设想和感觉到对象的存在,进而理解对象的心理,掌握对象的反应。只有获得对象感才能有一种"为您服务"的热情,好像面对面地与每一位受众进行情感交流,才能有亲切感,节目才能吸引受众。

要获取对象感首先就要对对象进行设想。对象的设想包括量和质两个方面,质的方面又是最根本的。所谓量的方面,是指性别、年龄、职业、人数

---

① 〔苏〕玛·沙·弗列齐沙诺娃编:《斯坦尼斯拉夫斯基体系精华》,中国电影出版社 1990 年版,第 452—453 页。

等有关对象的一般情况;所谓质的方面,是指环境、气氛、心理、素养等,有关对象的个性情况。因此,播音员、主持人在设想对象的过程中,必须从栏目、稿件、受众人群、接受方式等多方面进行全方位的设想,深入到几乎每一个细节,只有这样才能把握住全局,有的放矢。

(二) 广播、电视和网络因素

由于仿人际互动是播音员、主持人通过电视机屏幕和广播与大量的受众进行的互动,因此,在影响仿人际互动的因素中媒介就是不可避免的因素。

广播是以音频的形式与听众进行互动,在互动中受众只能闻其声而不得见其面,因此播音员、主持人声音的穿透力、亲和力和感染力对听众在节目中感情的投注和心理的反应有着极其重要的影响。播音员、主持人的声音朴实、自然才能使自己播报的内容听起来真实可信。播音员、主持人发声的美有助于传情达意的美,决不能为了刻意地追求某种固定的"美"而脱离传情达意的美,这会让人听起来装腔作势、矫揉造作。对播音员、主持人的声音要求可以归纳为以下几点:准确规范,清晰流畅;圆润集中,朴实明朗;刚柔并济,虚实结合;色彩丰富,变化自如。

电视是以音频和视频并举的方式与观众进行互动,在互动中既能闻其声又能见其面,因此除了对播音员、主持人的声音要求外,更被受众看重的是播音员、主持人的行为举止、衣着修饰和面部表情。因此,节目中播音员、主持人要衣着得体而不失体,表情要自然而不做作,举止要高雅而不低俗,给观众留下一个良好而深刻的印象。

网络作为集报纸、广播和电视功能于一身的第四代新兴媒体,在短时间内已表现出强大的生命力。它实现了文字、图像、音频、视频的有机结合,在互联网上,受众可以自由地选择自己喜爱的节目,而不用局限于时间、频道、波段等的限制,这给了受众充分的选择自由。与此同时,互联网还实现了播音员、主持人与受众之间的即时互动,真正实现了即时的双向互动。更为重要的是,信息已不再是由传播者事先收集、采编形成,而是在传播的过程中形成。在互联网中,受众已不再是单纯的信息接收者。受众在接收信息的同时也可以发布信息,成为信息的传播者。

从以上分析中可以看出,在不同的媒介中,仿人际互动的主客体有着不同的地位和权利。随着信息技术的发展,受众被动的地位逐渐得到改善,其主动权逐渐增强,尤其是在互联网中,受众不但实现了与播音员、主持人的即时双向互动,而且也改变了相对于播音员、主持人的不平等地位。因此,不同的媒介,仿人际互动的方式不同,其效果也不一样。

第三节　播音员、主持人在人际互动与仿人际互动中的作用

一、受众心理行为对播音员、主持人的影响

任何传播活动,尤其是大众传播活动都具有一定的目的性,都会产生一定的传播效果。而传播效果的产生和大小与受众的心理状况和接受程度紧密相关。受众是传播系统中一个非常重要、非常活跃的因素,它是传播的作用人群,是传播效果实现的关键。任何传播活动只有被受众所接受并在受众中产生一定的效果,传播过程才算完整。而受众作为社会群体的人,是具有一定的心理和生理机制的。因此,传播活动首先必须作用于人的心理,以心理为中介,才能产生效果。可见受众心理对播音员、主持人的传播活动起到一个相当重要的制约作用。

（一）受众的视听时间决定播音主持的黄金时间

现代社会中受众的日常行为发生了变化。过去受众的作息时间是有规律的,而且大致相同。比方过去晚十点以后就已经入睡或准备休息。现在则逐渐被打乱,产生了多种作息时间的群体,现在很大一部分群体将休息时间延后到了晚上十二点甚至凌晨。休息时间、工作时间、外出时间,都处于非常无序的状态,而且很明显的是机动时间和户外时间增加了很多。人们的工作时间大多是在白天,只有一少部分人是在夜间工作,因此,就大多数人来说,闲暇时间是在夜晚,尤其是在 19:00—23:00,这就自然成了播放的黄金时间。而充分把握和利用夜晚尤其是黄金时间自然就成为广播电视发展的重要因素。对于每周的双休日来说,受众的闲暇时间远比平时充裕得多,因此每周的双休日无疑又成为传媒争取受众,提高传播效益的大好时光。

（二）受众的消费行为和心态引导播音主持的形式和类型

受众的消费行为和心态随着我国的经济发展和人民生活水平的提高发生了潜移默化的变化,尤其是新一代的青少年,作为今后的消费主体,他们的消费行为和消费理念的变化对播音主持来说影响更是重要。

1. 崇尚物质和精神享受

城市里的"月光族"(工资月月花光的人)越来越多,他们会鄙视那种不

会享受生活,身上没有名牌的人。他们的生活不是为了炫耀而是为了享受,他们不会为了显示自己优越的生活和富裕的家境而挥霍无度,但却会为倾心已久的消费品,诸如一张刚刚发行的周杰伦的新唱片,一辆风格粗犷的格威特越野山地车,一款别致新颖的诺基亚手机而毫不吝惜。在他们眼里,这不仅仅是一种消费,更重要的是代表了一种生活方式,一种自我的价值取向。与此相关的电视广告和带有这种消费理念、引导潮流的休闲娱乐节目能够投其所好,因而相当受欢迎。

2. 消费的准则是个人的偏好和对自我个性的展现

选择产品或品牌的准则不再是"好"或"不好",而是基于"喜欢"或"不喜欢","我选择,我喜欢"在现代消费者心中成为至理名言。做我喜欢的,不受束缚是现代消费群体所追求的生活状态。触角灵敏的电视制作人、播音员、主持人会投其所好,在节目的创作和播出过程中就会迎合现代消费群体的心态,说他们爱听的话。

3. 固守自己的喜爱,同时又不断地求新求变

消费者都有自己钟爱的品牌产品,但是又想不断尝试每一款新产品。体现在广播电视节目上,他们每人都有自己喜爱的节目和播音员、主持人,但是不断出现的新面孔、新嗓音和新节目又不断吸引他们的注意力。另外,现代消费群体的"跟风"消费特征也十分明显。跟风消费最大的特点就是"风"吹来的时候轰轰烈烈,而这阵"风"过去了,一切又都恢复平静了。比如,2005年"超女"风靡全国,这阵风刮遍了大江南北,成千上万的粉丝为自己心中偶像摇旗呐喊,但到了2006年这股风有所减弱,南风转北风,央视的"梦想中国"更显强势。

(三)受众的触媒习惯发生变化导致媒介功能的扩展

以北京受众的媒介接触情况为例,1998年至2003年,其电视收视时间和报纸阅读时间逐年增长,至2003年达到顶峰,2004年增幅略有回落,2005年维持平衡。出现这种情况有两方面的原因:其一,电视和报纸的总体数量在2004年、2005年两年内有所增长,但受众并未因此而增加接触时间。就获取内容来说,以互联网为代表的电子媒体拥有更大的信息量且方便检索。其二,受众生活方式的改变导致在家以外的时间大大增多,而以受众传媒为代表的新媒体迅速崛起,正好弥补了传统媒体覆盖不到的渠道,增加了受众户外接触媒介的机会。

除以上受众行为习惯的变化对播音员、主持人产生的影响外,受众的心理也对播音员、主持人产生影响。有相当多的广播电视节目投入很大而收

效却不尽如人意;有些广播电视节目看似简单、粗略,也未必在主流媒体的黄金时段播放,却收到了意想不到的良好效果。主要原因在于,受众并不是被动接受广播电视信息并做出预期反应的客体。相反,他们是信息处理的主体,根据自己的兴趣和需要对广播电视信息主动地进行选择和加工。因此,对受众心理机制的把握是否精确,将决定广播电视节目的创意、制作和传播成功与否。

除了以上因素对播音员、主持人产生影响,受众的需要和受众的逆反心理对播音员、主持人的影响也不可小觑。受众的需要引导播音员、主持人调整创作内容和形式。如受众有求知需要、审美需要、社会化需要以及调剂生活的需要,在如今竞聘上岗的重压之下,如果播音员、主持人不能满足受众的一个或几个需要就会被淘汰出局。因此,播音员、主持人的创作内容和形式要根据受众的需要做出相应的调整。受众的逆反心理促使播音员、主持人素质的全面提升。近几年来,受众的逆反心理现象在传媒中屡屡出现,直接影响着播音员、主持人与受众之间的人际互动,也影响着传播效果,这应引起传媒的特别重视。要避免受众的逆反心理,播音员、主持人就应该提升自身的政治素质,恪守职业道德,提升业务素质,增强学识修养,完善自我形象。

播音员、主持人要想做到所报道的信息既真且新又奇,能最大限度地引起受众的关注,同时又能满足受众的需要,避免受众产生逆反心理,还对推动社会进步有价值,这的确是一件不太容易的事,这需要传媒工作者的勤奋、智慧和一颗实事求是、求真务实的心。

二、播音员、主持人在人际互动中的作用

受众是分散的、复杂的、隐匿的、无组织的、不拥有任何传播资源的,因此在传播关系中是弱势者。而传播者由于掌握了大众媒介,掌握大部分传播信息,处于相对垄断地位,在对待受众上容易产生优越感。正是由于播音员、主持人在人际互动中的垄断地位和主导作用,更应对播音员、主持人的素质严格把关。

(一) 播音员、主持人的政治素养在人际互动中的作用

广播电视是党和政府的"喉舌",是反映人民群众意愿的。因此,播音员、主持人的政治素养在人际互动中起着至关重要的作用。因为新闻与政治有着天然的联系,在新闻活动中,没有政治素养或者政治素养欠缺都会给新闻工作带来损害。政治素养体现在新闻活动中表现为高度的政治敏感,

在新闻传播中表现出良好的政治洞察力和预见性。如果播音员、主持人由于政治素养欠缺,对现实的政治气候把握不准确,使传播信息偏离了党的方针、政策,那么通过信息传播和人际互动只会混淆受众的视听,强化受众对不良信息的接纳和理解,这不但容易造成受众对媒介的不信任,严重的还可能危害国家团结稳定的大局。因此,播音员、主持人的政治素养在人际互动中的作用应备受关注。首先播音员、主持人要有马列主义理论修养,即必须树立马克思主义世界观、新闻观,用辩证唯物主义和历史唯物主义的思想方法观察、分析和解决问题;其次体现在对党的方针、政策的理解和贯彻,对现实政治气候的准确把握和正确判断上。从事新闻节目的播音员、主持人尤其应达到上述要求。

(二)播音员、主持人的职业道德在人际互动中的作用

播音员、主持人作为公众人物,他们的职业道德、职业操守在人际互动的过程中为广大的受众关注、学习和模仿,所以播音员、主持人更应为受众做出表率。播音员、主持人在节目播出过程中,不仅要注重与受众互动的形式和效果,更要注重与受众互动的内容,与受众互动的内容不仅包括传递的信息,还包括播音员、主持人的行为举止等形象特征。通过与受众的互动,让受众不仅学到知识,还要学会做人,这就是播音员、主持人的职业道德在人际互动中的作用。

中国广播电视播音员主持人职业道德准则

广播电视是当今最具影响力的大众传媒之一,是党、政府和人民的喉舌。为加强广播电视队伍建设,倡导良好的职业精神和职业道德,规范广播电视播音员、主持人的职业行为,特制定本准则。

一、责任

第一条 广播电视播音员、主持人所从事的事业,担负着传播先进文化,弘扬民族精神,维护国家利益,促进经济社会发展,推动人类文明的崇高使命和社会责任。

第二条　热爱祖国和人民,珍视国家和人民赋予的权利,全心全意为人民服务,为社会主义服务,为党和国家工作的大局服务。

第三条　忠诚党的新闻事业,坚持党性原则,坚定执行党的路线、方针、政策。

第四条　自觉遵守宪法和法律、法规。

第五条　保守国家秘密。

第六条　真实报道新闻,正确引导舆论,努力传播知识,热情提供服务,不断满足广大人民群众的精神和文化需要。

二、品格

第七条　广播电视播音员、主持人应恪守敬业奉献、诚实公正、团结协作、遵纪守法的职业道德,谦虚谨慎,追求德艺双馨。

第八条　坚持播出内容与播出形式的高品质、高品位,不迎合低级趣味,拒绝有害于民族文化、社会公德的庸俗报道。

第九条　努力营造有利于未成年人健康成长的文化环境。不动员未成年人参与可能损害他们性格和感情的节目;对有可能被未成年人模仿而导致不良后果的播出内容和播出形式要加以防范。

第十条　采访意外事件,应顾及受害人及亲属的感受,在提问和录音、录像时应避免对其心理造成伤害。

第十一条　尊重公民和法人的名誉权、荣誉权,尊重个人隐私权、肖像权。不揭人隐私,避免损害他人名誉的报道。

第十二条　尊重和保护未成年人、妇女、老人和残疾人的合法权益。报道违法犯罪的未成年人和性侵犯的受害者时,录音、图像应经过特殊处理,使之不可辨认;不公布其真实姓名,不描述犯罪过程。

第十三条　同行之间互相尊重,互相学习,互相支持,开展正当的业务竞争。

三、形象

第十四条　广播电视播音员、主持人直接代表广播电台、电视台的形象,言谈举止有着广泛的社会影响和示范效应,应自觉树立良好形象,维护媒体公信力。

第十五条　树立良好的声屏形象,尊重大众审美情趣和欣赏习惯。服饰、发型、化妆、声音、举止等要与节目(栏目)定位相协调,大方、得体,避免媚俗。

第十六条　形象设计要符合中华民族的文化传统,不盲目模仿境外和外国人的形象,不用外国人的名字作艺名。

第十七条　少儿节目主持人的服饰、发型、化妆、声音、举止要充分考虑到对未成年人的影响,展示积极健康向上的形象和精神风貌。

第十八条　严格约束日常行为。在工作和生活中要保持良好仪表和文明举止;自尊自爱,不参加任何有损于媒体形象、自身形象的组织和活动;要有公众人物的自觉意识,接受社会、公众和媒体较常人更为严格的监督。

第十九条　确立正确的公众人物观念。尊重观众、听众,热情礼貌地对待观众、听众;不以个人知名度和社会影响寻求利益,谋求优惠、照顾和方便;在涉及个人的纠纷中,不以强调个人工作身份和个人知名度影响、干扰和破坏法律、法规的实施。

第二十条　努力提高政治素养、文化内涵、语言能力、心理素质,保持外在形象和内在素质的和谐统一。

四、语言

第二十一条　广播电视播音员、主持人要积极推广、普及普通话,规范使用通用语言文字,维护祖国语言和文字的纯洁,发挥示范作用。

第二十二条　除特殊需要,一律使用普通话。不模仿有地域特点的发音和表达方式,不使用对规范语言有损害的口音、语调、粗俗语言、俚语、行话,不在普通话中夹杂不必要的外文。

第二十三条　用词造句要遵守现代汉语的语法规则,语序合理,修辞恰当,层次清楚。避免滥用方言词语、文言词语、简称略语或生造词语。

第二十四条　表达要通俗易懂、准确生动、富有内涵、朴素大方。避免艰涩、易生歧义的语言和煽情、夸张的表达。

第二十五条　不追求低俗的主持风格和极端个人化的主持方式。

> 第二十六条　与受众和嘉宾平等交流、沟通,做到相互尊重、理解、通达、友善,赢得公众信赖。
>
> **五、廉洁**
>
> 第二十七条　广播电视播音员、主持人应该清正廉洁,自觉抵制拜金主义、享乐主义、个人主义的侵蚀,反对任何形式的"有偿新闻"。
>
> 第二十八条　不利用工作、身份之便,直接或间接地为本人、亲属及其他人谋取私利。
>
> 第二十九条　不以任何名义索要、接受和借用采访对象的任何钱物,采访活动中不提出与工作无关的个人要求。
>
> 第三十条　严格区分新闻报道与广告。不以新闻报道形式为企业或产品做变相广告或形象宣传。
>
> 第三十一条　不从事广告和其他经营活动。不将自己的名字、声音、形象用于任何带有商业目的的文章、图片及音像制品中。
>
> 第三十二条　不私自从事未经本单位批准的节目主持、录音、录像、配音工作及以个人赢利为目的的社会活动。
>
> 第三十三条　自觉遵守有关廉政的规章制度和财经纪律,自觉接受人民群众的监督。
>
> **六、附则**
>
> 第三十四条　全国各广播电视制作、播出机构的播音员、主持人遵守本准则。
>
> 第三十五条　违犯本准则的播音员、主持人,将在行业内通报批评;触犯党纪政纪的,给予党纪政纪处分;触犯法律的,移送司法机关处理。

(三)播音员、主持人的业务素质在人际互动中的作用

播音员、主持人的业务素质,是播音主持技巧得到完美体现的前提和保障,是一个节目主持人深厚的学识修养、流畅的语言表达和稳定的心理素质表现出的应变能力的综合反映[①]。播音员、主持人流畅的语言表达能力、敏锐的思考能力、稳定的平衡能力和灵活的应变能力在人际互动中都起着重

---

① 李敬一主编:《节目主持概论》,华中科技大学出版社 2004 年版,第 51 页。

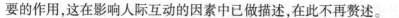

要的作用,这在影响人际互动的因素中已做描述,在此不再赘述。

(四)播音员、主持人的学识修养在人际互动中的作用

深厚的学识修养是播音员、主持人美好形象塑造的前提条件。一个学识广博、深厚、涵养、气质俱佳的播音员、主持人容易获得受众的好感,他们在节目中的上乘表现,会吸引广大受众,并且形成个人独特的知识型、学者型主持人的风格①。但目前的广播电视节目中出现了不同类型、不同风格,甚至不同素质的播音员、主持人,他们为了迎合受众的趣味,博取受众的关注,采用十分独特的造型和十分独特的播报方式,甚至个别少儿节目也存在这样的问题。而他们迎合的不是很高雅的审美情趣,而是迎合了一些低级趣味。他们错误地估计了受众的审美情趣,也低估了受众的审美水平。虽然他们会很快失去受众的关注,但是他们低俗的主持风格和极端个人化的主持方式却对社会风气产生了错误的引导,对未成年人产生了不良的影响。因此,播音员、主持人在人际互动中应多一些高雅,避免低俗,多一些学识修养,少一些附庸风雅,真正成为受众的表率,得到受众的爱戴。

(五)播音员、主持人的形象在人际互动中的作用

播音员、主持人的形象是其外在表现和内在素质统一形成的总体特征。它对受众的心理影响,从影响的方式来看,是一种暗示,即是以间接、含蓄的方式对受众发出信息,从而对受众的心理和行为产生影响。播音员、主持人的形象包括内在的性格、气质和人格魅力等,还包括外在的服饰、化妆和体态语,这些都与所传递的信息是联系在一起的。受众往往是根据他/她心目中的播音员、主持人形象来判断信息的内容。比如,同一条信息,如果出于不同的播音员、主持人,人们对它的接受程度是不一样的。在第九章"受众的群体心理效应"中讲到"睡眠者效果"理论,即认为一种意见,如果是一个受众不信任的人提出的,效果会很差。过了一段时间,当受众已经忘记了信息的来源而只记住意见本身时,传播效果就会反弹,有所提高。如果再提醒受众这个意见的来源时,效果又会随之降低②。这是因为播音员、主持人的形象对受众的信息判断起到至关重要的作用。而播音员、主持人的外在形象向来是精益求精,而内在素质如性格、气质等又都是难以改变的,因此人们对信息的真伪和价值的判断首先是根据播音员、主持人本身的可信性。因此,可信性就成为播音员、主持人形象中的核心因素。可信性包含两个要

---

① 李敬一主编:《节目主持概论》,华中科技大学出版社2004年版,第53页。
② 郑兴东:《受众心理与传媒引导》,新华出版社1999年版,第248页。

素;第一是传播者的信誉,包括是否诚实、客观、公正等品格条件;第二是专业权威性,即传播者对特定问题是否具有发言权和发言资格。这两者构成了可信性的基础。播音员、主持人作为公众人物,无论是在工作还是生活中,都要加强自身的专业修养,树立良好、可信的公众形象。

三、播音员、主持人在仿人际互动中的作用

(一) 播音员、主持人正确把握受众心态

在仿人际互动中,播音员、主持人起着主导作用,他们拥有话语权和主动权。因此,播音员、主持人的政治素养、职业道德、业务素养、学识修养和形象在仿人际互动中同样起着作用。但除此之外,播音员、主持人对受众心态的正确把握,即播音员、主持人的换位思考能力在仿人际互动中发挥的作用也不能小觑。

换位思考就是站在对方的立场上设身处地为对方着想。刘京林认为:播音员、主持人面对的是镜头和话筒,他们与观众和听众的交流,实际上是间接的,他们需要靠想象、联想等心理活动与受众进行心理沟通。由于观众、听众一般不在眼前,为了产生对象感、交流感,必须通过换位思考去理解观众的需求,这样他/她才能够进行正常的播音和主持。所以换位思考是播音和主持工作中一种非常重要的心理活动,没有这种心理活动,播音员和主持人就不能唤起谈话欲,传播活动就容易终止[①]。播音员、主持人在节目策划、创意、制作和播出的整个过程中要始终坚持换位思考,即站在受众的角度真切地思考、感受、体验受众的心理需求,然后思考受众在听完节目或看完节目后会有什么样的心理反应,是否满足了受众的需求,只有这样才能在仿人际互动中获得对象感和交流感。

播音员、主持人面对摄像机或话筒,播出或主持节目时首先要做的是调整心理状态,找出最佳对象感的心理反应,在对象感的想象中应强调具体化、真实性。必须能够真切地想象出自己面前有具体而真实的受众,并且打心里认为自己是受众的挚友,受众是最喜欢聆听你推心置腹的讲话,你要用最易于被受众接受的通俗易懂、深入浅出的口吻,亲切自然的语气告诉受众你所讲的内容。这些内容是受众不了解却又很想知道的。在你讲述的过程中,凭借曾经有过的经历,仿佛真的看到这些朋友的表情和心理反应,不断

[①] 人民网:《刘京林:学术音符是真、奇、巧》,http://www.people.com.cn/GB/14677/21965/22072/2329873.html,2004年2月10日,09:57。

地调整说话的技巧,用这种双向交流的方法达到与实际生活的最大相似,把自己与节目融为一体。央视《为您服务》栏目主持人张悦为什么在仅有十分钟的节目中,能给人带来愉快和满足?张悦认为:"这是因为当我坐在演播室里,面对深邃无底的镜头时,我首先想起了师长的宽厚、朋友的理解和亲人的鼓励……摄像机的镜头就变成了他们的化身,成为我可以倾听的朋友,我们互相倾听,彼此尊重,如最好的知己。"可见张悦的亲切是因为她始终想着自己处于最亲切的师长、朋友、亲人之中,所以她的谦和平等的语态、亲切温和的语调就多了一份真实的对象感。

(二)播音员、主持人合理引导受众需要

对于受众的需要,播音员、主持人可以持有不同的态度:漠视、迎合和引导。引导不完全排斥漠视和迎合,但引导不仅仅是漠视和迎合,而是从发展的观点来看待受众的需要,使其更合理、更完善、更充实。因此,引导是传播者对受众需要采取的最为积极的态度①。对受众需要的引导方式有:

1. 抑制不合理的需要。人们的需要,有合理的,也有不合理的。在现实中无法满足的需要或者满足以后会损害社会公共利益、长远利益的需要,就是不合理的需要。播音员、主持人对受众的不合理需要决不能姑息纵容,更不能试图去满足,而是要对这种需要加以抑制。

2. 引导受众建立合理的需要结构。有的受众只是把信息作为满足娱乐需要的工具;有的受众只关注信息中与自己有关的部分,而将其他部分抛之脑后。这样的需要结构都是不合理的。播音员、主持人应该引导受众认识到信息不但能满足娱乐需要还能从中获取知识;我们不能只关注有关自己的信息,还要关注有关社会、有关国家、有关他人的信息,只有这样接收信息才是有价值有意义的。

3. 引导受众追求高级需要。按照马斯洛的需要层次理论,越是高级需要,满足该需要的内部趋力越弱。高级需要作为驱使人实现自身价值的需要比低级需要更有意义,但是由于社会的限制、个人躲避失败的内部倾向以及缺乏实现高级需要的外部条件,人们总是不愿面对自己的高级需要。因此,播音员、主持人应通过向受众展示普通人在追求高级需要的过程中所取得的成绩,引导广大受众追求高级需要。

(三)播音员、主持人给受众提供更多的参与机会

心理实验证明,告诉人们一个观点和亲身参与形成一种观点,其效果是

---

① 郑兴东:《受众心理与传媒引导》,新华出版社 1999 年版,第 223 页。

不一样的。后者要比前者更容易为人所接受。德国心理学家勒温提出的"参与改变理论"就论证了这一现象①。目前国内外很多节目,如健美操、烹饪等,所采用的形式都是由主持人在摄像机前展示,并将操作过程随着动作流程一字一句地讲解出来,引导电视机前的受众模仿学习、参与节目。这种节目深受观众欢迎。但是播音员、主持人给受众参与节目的机会决不能仅限于传播的表现,在节目的决策、制作和反馈中都要有受众的参与,只有这样才能真正地使制作的节目符合受众的胃口,吸引受众,锁住受众,也只有这样才能体现出"以受众为本"的传媒理念。

目前节目种类繁多,各媒体挖空心思地想找出与众不同的途径,但即使如此,节目的同质化现象也相当严重。面对这种情况,只能从提升播音员、主持人的素质做起,从建立良好的人际互动与仿人际互动关系做起,让受众充分领略到参与节目的乐趣,感受到尊重需要的满足。但是,良好的人际互动与仿人际互动关系的建立不仅需要播音员、主持人的智慧、技巧的支撑,更需要播音员、主持人正确的认识和良好的心理素质的孕育。这是摆在播音员、主持人面前的重大课题。

思考题

1. 影响人际互动的传播者因素有哪些?
2. 假如你是《实话实说》节目的主持人,你将如何做好与现场观众的人际互动?
3. 某电视台准备推出一个关于家庭教育的谈话类节目,现要面向社会招聘该节目的主持人。假如你是招聘现场的评委,你会挑选什么样的人来担任该节目的主持人?
4. 假如你主持的栏目正在筹划一期以"农村新气象"为主题的节目,那么从该节目的前期准备到准备筹划下一期节目为止,你将如何做好与观众的仿人际互动?

---

① 郑兴东:《受众心理与传媒引导》,新华出版社1999年版,第232页。

第十一章　网络互动与跨文化互动

　　自因特网诞生以来，在短短几十年的时间里，互联网由军用到学术研究，再到商业领域，然后进入寻常百姓家，深入人们日常生活的方方面面，以不可阻挡的势头迅猛发展。"赛博空间"（Cyberspace）一词是加拿大科幻小说家威廉·吉布森（W. Gibson）首先使用的，他在一部科幻小说中描绘了一个计算机网络化把全地球的人、机器、信息源都连接起来的新时代，昭示了一种社会生活和交往的新型空间。时至今日，互联网的迅速发展真正为人们营造了一个崭新的虚拟空间、精神生活空间和文化空间——赛博空间。在赛博空间内人们形成了一种新型的交流方式，它改变了人们以往接受、处理和发送信息的方式，也改变了信息存在的方式，重新调整了传者与受者之间的关系等。这些改变尤其对传播行业产生了巨大的影响：计算机网络化使得信息高速流动、公用共享成为可能，由此将地球变成了一个小小的村落，人们的全球意识增强，受众的跨文化互动的需求越来越迫切；网络媒体使信息和知识的交流具有交互性、非中心化、自组织等特点，传者与受者互动性增强；网络文化促使人类观念及生活方式出现了重大变革等。媒体的崛起正在改变传播从业人员的工作方式。面对这些变化，作为传播领域的媒介与受众沟通的中介，播音员和主持人应该深入了解网络媒体的特点，充分利用网络互动准确把握新形势下的受众心理，理性分析传播行业跨文化互动的发展趋势，以便正确地调整自身，迎接挑战！

第一节　走进网络互动

一、网络互动概述

　　网络互动是社会互动的一个组成部分。在上一章中我们已经提到，社会互动是指社会上个人与个人、个人与群体、群体与群体之间通过信息的传播而发生的相互依赖性的社会交往活动。在现实生活中，我们需要与他人进行交往，或者作为行为的发起者，或者对他人的行为做出反应，这些行为都属于社会互动。网络互动是指借助于网络媒介进行的社会互动。本章所指的网络互动专指播音员、主持人通过网络与受众进行的互动。网络为人类创设了一个虚拟的精神世界,提供了互动的特殊空间,这个空间天然地带上了网络传播的跨时空性、匿名性、虚拟性等特点。正是这种特殊性,决定了网络互动具有不同于其他的社会互动的新特点:

1. 间接性及虚拟性。网络互动是人们以计算机和互联网为媒介进行的互动,所有的互动主体都是以符号的形式出现的,这一现实使得网络互动具有间接性及虚拟性。比尔·盖茨在《未来之路》中引用了一幅画:一只正在操作网络的狗对身边的另一只狗说:"在 Internet 上没人知道你是一只狗"。在网络中,个体是以符号来表征自己的,其思维可以脱离于身体之外,个体可以任由思维游弋于网络。在这种状态下,人与人之间的互动变得更为感性,更为单纯、简单,因此,网络互动与现实生活中人与人之间面对面的互动存在很大差别。

2. 广泛性及全球性。网络互动突破了民族、国家和地域的界限与限制,将整个世界紧密地联系在一起。在网络上,与我们互动的人可以具有不同的文化背景、国度和肤色,但只要我们有着共同的话题,就能进行互动交流。

3. 心理自由性及平等性。网络互动突破了传统互动的拘谨、约束和隔阂。互联网络以其无中心散布式的结构使得平等自由的思想交流成为可能。每个网民皆以平等的身份出现,几乎完全摆脱了在现实社会生活中不得不承受的由各种社会地位和角色扮演所施加的限制和约束。在网络空间中,由于行动者具有可选择的虚拟身份,这就使人们在虚拟身份下的任何行动不需要在现实中承担行为的后果。这为人们迅速快捷地展示个人兴趣爱好、职业和情感状况提供了条件。

4. 即时性。网络技术发展之前,传统媒体与读者、听众及观众的互动主要通过读者来信、热线电话以及与节目现场观众交流的方式来实现。这些方式存在时效性差、互动面窄、费时费力等缺点。通过网络互动,受众在节目播出现场便可以即时发表自己的观点。

二、网络互动的现状

(一)网络互动的基础——网络媒体的发展

现代社会,科学技术的飞速发展,改变了我们的现实生活,塑造着我们的时代,也为我们昭示了未来。在推进社会发展的过程中,互联网更是发挥着核心作用,它的出现引发了人类信息传播活动的一场划时代的变革。公认的观点将传统的媒体分为:以纸为媒介的报纸为第一媒体;以电波为媒介的广播是第二媒体;以图像为媒介的电视是第三媒体。伴随着计算机网络技术的发展,互联网很快发展成为继报刊、广播和电视之后的新兴媒体。互联网集报纸、广播、电视三家之长,实现文本、图片、音频、视频等素材的有机结合,并使受众全球化,是传播领域一次革命性的飞跃。1998年5月,前联合国秘书长安南在联合国新闻委员会年会上的讲话中说道:"在加强传统的文字和声像传播手段的同时,应利用最先进的第四媒体——互联网。"从此,"第四媒体"在传播学领域中被广泛使用,也称"网络媒体"。网络媒体是指借助国际互联网这个信息传播平台,以电脑、电视机以及移动电话等为终端,以文字、声音、图像等形式来传播信息的一种数字化、多媒体的传播媒介,是现代信息革命的产物[①]。网络媒体具备其他传统媒体所不具备的特征,这些特征使之成为一种具有强大生命力的传播媒体,给我们的生活带来了重大而深远的影响。相对于报纸、广播和电视等传统媒体而言,网络媒体具有以下鲜明的特征:

1. 信息量大,覆盖范围广,资源可共享。信息经过了数字化的处理,高密度存储在客户服务器上,互联网连接了覆盖全球的数以亿计的电脑终端,凡是与网络相连的用户计算机均可以分享网络上的信息资源。因此,互联网是迄今为止容量最大的传播介质,网络系统的开放性和共享性使其信息容量几近于无限。互联网的这个特点使得世界变成了一个信息交流系统的整体,全球变成了真正意义上的"地球村",跨文化交流不再遥不可及。

2. 传播与更新速度快。报纸需要打字、排版、制作胶片、印刷,广播、电视需要录制、剪辑、配音等程序,与之相比,网络新闻制作和传播则可以直接在电脑上一次性完成。网络媒体可以用光的速度交换信息,瞬间便可把信息发送到所有用户手中,不受印刷、运输、发行等因素的限制,可以随事件的发生、发展随时发布最新的消息。另外,网络的拷贝功能使得信息的复制变得准确而又完整。因此,信息的发布和接受只要点击一下鼠标。网络的这个特点在重大新闻的报道过程中显现出来的优势尤为明显。

3. 信息检索功能。网络的信息搜索功能极大地提高了人们使用信息的效率。信息搜索常用方法有两种:使用搜索引擎,搜索引擎是指互联网上专门提供查询服务的网站。这些网站通过复杂的网络搜索系统,将互联网上大量网站的页面收集到一起,经过分类处理并保存起来,从而能够对用户提

[①] 雷跃捷、金梦玉、吴风:《互联网媒体的概念、传播特性现状及其发展前景》,载《现代传播》2001年第1期。

出的各种查询做出响应,提供用户所需的信息。使用搜索软件,搜索软件的最大特点就是可以同时启动互联网上的多个搜索引擎进行搜索,能得到更多、更详细的信息。

4. 多媒体功能。网络媒体打破了传统媒体的界限,网络上的信息可以以文字、声音、图像和视频等多种形式呈现,可以说网络媒体是报纸、广播和电视三种媒体的综合体,在网络上我们可以获得:报纸上新闻的完整报道、电视上才能看到的新闻事件的活动图像和杂志上关于重大事件的深度分析。多媒体技术的应用,使通过网络传达的信息刺激了人们的视觉、听觉、触觉等,增强了传播效果。例如,新浪网对"9·11"恐怖事件的报道,有文字报道、现场录像、图片报道等,使文字、图片、动态影像、声音等媒体传达方式同时集合在网上,加深了人们对事件的认识。

5. 传者与受者互动增强:交互性是网络媒体最明显的特征。网络不同于电视、广播的信息单向传播,而是一种双向的信息交流活动,受者不仅是信息资源的消费者,同时也是信息资源的生产者和提供者。网络的互动表现在两个方面:首先受众可以自由选择信息,较少受时间和空间的限制。同时,借助于网络,传者也可以快速、低成本地收集受众的反馈信息,从而提高传播效果。例如节目播放同时,受众可以通过网络与主持人进行现场交流,就节目内容发表自己的意见。总之,人们不再满足于作为受众和消费者的被动地位,而是开始积极地参与创造自己的网上生活。

(二) 网络互动的优势——网络媒体与传统媒体的交融

在传播领域,网络媒体和传统媒体并存,多种媒体并行不悖,将会长期存在下去。一方面,传统媒体要满足受众要求参与的心理,提高受众对传统媒介节目的认可度,必须加强与网络媒体的交融。长久以来,缺乏合适的互动方式是受众丧失话语权的重要原因。互联网技术的成熟使得互动成为网络媒体的核心和灵魂。将网络的最大优势即传者与受者互动功能为我所用,唯有如此传统媒体才不致在未来的竞争中落败。另一方面,网络媒体要获得长足的发展,需要充分利用传统媒体的优势来发展壮大自己。与三大传统媒体相比,网络媒体的显著缺点是:网络管理制度不够完善,其呈现的内容大多没有经过审核,信息的可信度低,缺乏权威性;网络抛弃了传统媒体的线性结构,采取了超文本链接的方式,形成了一种立体开放的模式,这种模式使得同一主题的内容丰富并便于搜索,但同时受众容易在信息的海洋中迷失方向,耗费大量时间漫游于既定目标之外的世界;最后,网络技术还不够先进,明显的表现是网络的音像材料不够清晰,网络容易堵塞等问

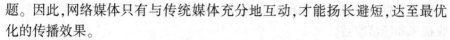

题。因此,网络媒体只有与传统媒体充分地互动,才能扬长避短,达至最优化的传播效果。

下面我们看一下传统三大媒体以及网络媒体与受众网络互动的情况。以节目播出为例,我们将传统媒体与受众的网络互动分为节目呈现前、呈现中、呈现后三个阶段。

1. 节目呈现前的网络互动:节目的一个辅助策划平台和节目呈现的前奏

辅助策划功能主要体现为集思广益,倾听受众关于节目的意见。虽说众口难调,但在节目呈现前通过网络互动与网民或传统媒体的受众进行交流,通过对节目受众进行多方位调查的方法来确定节目选题,这确实可以将节目选题的范围缩小,避免了闭门造车的流弊。例如,在2006年"两会"期间,中央电视台《经济半小时》设置了"小丫跑两会"专题,央视国际网络也开辟了"小丫跑两会"的网页,其间运用问卷调查群众最关注的问题,主持人王小丫及记者们带着大众关心的问题对代表、委员进行了有针对性的采访。

节目播出的前奏主要包括对节目的背景资料进行铺垫、节目网上报名、网上预选等内容,此类网络互动有助于提高节目的质量。报纸苦于版面限制,广播、电视受制于时段固定,不得不对许多背景材料忍痛割爱,常使受众感到意犹未尽却又无从弥补。将节目背景资料放于相关的网页上方便受众随时查阅,这样既节省了节目铺垫时间,受众又不会因为传统媒体呈现信息的不可逆转性而错过背景资料解读。《行走黄河》系列报道中,人民日报网络版在该专题中推出了《黄河资料》这一栏目,采用问答式分门别类列出52个有关黄河的问题,还链接了《人民日报》近四年来关于黄河的每篇报道,内容之丰富简直可汇集成一本论述黄河的专著。节目预选功能直接提高了节目质量,例如央视国际网站为《开心辞典》栏目建立网上题库,参与《开心辞典》的选手,必须先在网上答题,进行初试、复试,优胜者才能参与电视比赛。

2. 节目呈现中的网络互动:吸引受众参与和对节目内容进行即时交流

网络互动吸引受众参与的方法主要有:网上投票竞猜或支持比赛选手的成绩,网络投票决定比赛胜负等。这些互动诱导受众进入角色。参加了赛事竞猜网络互动活动的受众会迫切期待自己支持的选手获胜,这样受众与选手仿佛合为一体,受众也因此更加关注节目内容。网络投票决定比赛胜负在娱乐节目中较为常见,这种互动更是将选手的命运交付给广大受众,受众在心理上会体验到比赛裁决者的心情,由此会被节目深深吸引。例如,湖南卫视的栏目"超级女声"采取了观众支持率决定选手胜负的互动方法,吸引了大批以年轻人为主的受众群体的眼球,湖南卫视因此取得了良好的收视率和经济收益。

网上的互动交流为受众提供了一个持续贡献观点和智慧的平台。受众和网民在收看或收听节目的同时,可以与他人甚至主持人交流自己的感受和体会,主持人可以通过互动了解受众的想法,甚至还可以在网上展开讨论,与受众进行平等的对话。在2006年世界杯期间,腾讯公司推出了2006世界杯网络互动频道,球迷可以在第一时间通过QQ直播了解世界杯赛况,参与投票,并与明星球员、嘉宾进行在线交流,同时球迷与球迷之间还可以进行实时沟通。在世界杯、奥运会、世锦赛等重大体育赛事期间,满足了体育迷们欢聚一堂、边看边聊的愿望。

3. 节目呈现后的网络互动:对主持人的工作效果进行反馈和对节目主题进行深入挖掘

网络媒体既具备广播、电视时效性强的优点,又具备印刷媒体可以随时翻看的优势,而且克服了两者均存在的篇幅受限的缺点。节目呈现后可以将系统的节目资料放在网络上供受众翻看,同时,也可以对节目继续深入报道。在这方面做得较好的是一些新闻网站,针对重大新闻事件,开设网上论坛,进行在线讨论等网络互动形式,不仅能够实现其反映民意、形成舆论的社会功能,而且对于扩大网站的影响力也具有重大意义。

节目播出后,还可以利用网络的双向互动特点为受众提供一个意见反馈的平台,对节目进行播出效果的跟踪监测,获得受众的反馈意见,把受众的积极性调动起来,集大家的智慧做好电视节目。播音员、主持人等主要节目制作人员更可以通过这个平台了解工作的成功及失败之处,为今后的工作提供借鉴。

4. 网络独具特色的互动方式:主要形式为在线访谈节目

具体形式为网站邀请一些名人、明星与用户进行网上交流。电视台、电台虽然都有邀请名人、明星与受众现场交流或电话交流的方式,但是由于电话线路和现场的空间等因素的限制,这些名人、明星只能和一小部分受众进行交流,而网络由于其开放性和自由性,使网上交流非常广泛方便。网民可以向嘉宾提出问题,由嘉宾来回答,就像面对面的记者招待会一样,用户可以如现场采访记者一样随时发问,并且不受限制。例如新浪、搜狐等网站经常邀请一些名人或热点事件的关键人物做客网站,与网友进行网络互动。

综上所述,传统媒体从节目的策划、播出到对节目评估的系列工作均可在互联网上快速、高效而又低成本地实现。互动是一种手段,传播的目的不是互动,而是通过互动的方式收获最优化的传播效果。当前,报纸在这方面做得较好,例如新华日报的新华网、光明日报的光明网、中国日报网站都是传统媒体集团开拓创新的结果。作为印刷媒体,报纸的所有内容都可在网上呈现,因此,很多人都认为,印刷媒体遭受互联网的冲击最大。但是,网络的出现不但没有给报纸带来负面影响,反而使这种传统媒体在新的变革中得到发展。可见,将报纸、电视、广播和网络的优势集中起来,取各家所长补各家之短是解决网络媒体发展以及传统媒体应对挑战的根本出路。

三、网络互动的受众心理分析

网络互动增强了传者与受者的交流,促使传受关系发生变化,拓宽了受众反馈的渠道,开发了广大受众的心理资源。这些特点导致传播过程中受众的心理发生了很大的变化,其中主要变化为以下几方面:

(一)传受关系的变化使受众的心理警觉性下降

传统传播方式是线性的一对多模式,信息的传者与受者是单向信息传播的关系,即传播者制作信息,受众通过媒体接受信息。这种模式下,受众处于被动接受传播信息的位置,特别是面对试图说服自己的传播信息时,为维持个体的自主性、确保自身的安全,受众对"别人传播的信息"保持着一种警觉。随着网络媒体的兴起,网络互动使得传者和受众共同处于传播的过程之中,当受众参与传播的决策、制作、反馈等传播活动后,传播信息不再是别人的一手包办而是自己参与的结果,此时受众对于传播内容的心理警觉性下降,乐于接受信息,与传播者保持一种比较和谐的关系。

(二)反馈渠道的畅通使受众的参与感增强

反馈机制的不完善使我国受众的主体部分一直处于一个传播链条的末端,成为一个沉默的接受者,甚至一度以顶礼膜拜的方式将媒体神圣化。通过网络互动,受众可以及时地向节目制作者提出自己的观点和意见,从而促使受众成为节目制作的参与者。从受者的信息加工心理过程来看,受者不再将传播信息作为自己的认识对象,而在一定程度上将传播内容作为自己参与创作的成果。人的信息加工过程中存在这样一个心理现象:在喧闹的聚会上,你正在与别人交谈,周围的其他人提到你的名字,你无须特别注意就可以听到,这种现象叫作鸡尾酒会效应。鸡尾酒会效应表明,人们易于接受与自己有关的内容,而节目制作者重视受众的反馈正是符合了这个规律,有利于加强节目对于受众的吸引力。总而言之,这种对受众反馈信息的重视造成了受众参与感增强,参与感又增加了节目对于受众的吸引力。反馈信息的受众会带着许多问题去关注节目:自己的建议被采纳了吗?节目有没有因此而改变?改变的效果又是怎样的呢?节目制作者有没有采纳个人的意见?……比如,前面提到的"小丫跑两会"的栏目中,小丫及记者们带着问卷调查得来的大众关心的问题对与会的代表、委员进行针对性很强的采访,这样采访的内容就不会偏离受众期望看到的内容,受众就会更加关注节目,节目就会对受众产生更深远的影响。因而,反馈渠道的畅通间接提高了节目对受众的影响力。

(三) 与传者超越节目的沟通增强了受众对播音员、主持人的认同感

多种多样的网络互动为传者与受众提供了交流的平台,双方在节目之外的环境进行相互沟通,这有利于增进双方的感情。对于受众来说,网络互动将名人与自己的心理差距缩小了。在网络上,双方都用文字符号表达自己,播音员、主持人卸去了明星的光环,仅仅作为一名网民讲述自己的故事。没有了节目的限制,面对受众他可以敞开心扉讲述自己生活中的酸甜苦辣、奋斗的历程、节目中的失误等。受众可以借此了解播音员、主持人成功背后的艰辛,对播音员、主持人的认识不再限于他在某一个节目中成功或失败的表现,而是趋向于像对待多年的朋友一样:为朋友的成功而喝彩,不会苛求朋友的失误。这有利于增强受众对播音员、主持人的认同感。

(四) 网络互动的出现满足了受众求新求变的心理

新一代的年轻人成长于互联网时代,他们对新鲜事物的接受能力很强,网络的信息海洋很好且极大地满足了青年人旺盛的求知欲。如果广播和电视能够大力开发网络互动功能,那么传统媒体能够借助网络发展大批年轻受众。而且,播音员、主持人介入网络节目,能够加强对青年人的正确引导。面对老顾客,网络互动改变了旧有的人际互动模式,弥补了传统媒介的缺点。例如如果受众感兴趣,只要拥有一台上网的电脑,他就可以随意与原来遥不可及的名人对话。这样便满足了新旧受众对节目求新求变的心理,使得传统媒介焕发出第二春。

第二节 多元化时代的跨文化互动

一、跨文化互动概述

(一) 跨文化互动定义

在文化的众多定义中,马塞拉(Marsella)的定义侧重于解释文化与交流

的相互作用,他认为文化就是为了提升个人和社会的生存能力,增强适应能力,以及保持他们的成长和发展,一代一代传承下来,并通过后天习得的共同行为。文化有外在形式(如艺术品和等级制度)和内在形式(如价值观、态度、信仰、感知/感情/感觉方式、思维模式以及认识论等)之分[①]。语言、饮食、服饰、时间观念、工作习惯、社交行为等诸方面的差异使许多跨文化交往变得困难重重,而这些差异来自文化深层结构的不同。同一文化群体的成员有意识和无意识地用文化来约束自己的行为并衡量他人的行为。因此,在一定程度上说,文化影响着人们的行为方式和思维方式。跨文化互动是指具有不同的文化背景的个体与个体、个体与群体、群体与群体相互交流与影响的过程。这一过程是个体遭遇不同文化信仰与价值观的一个过程,因此会产生文化冲突。心理因素(个性、焦虑、犹豫、偏见、刻板等)会影响跨文化互动的过程。

远古时期,当某部落的人与其他部落的人交易与沟通的时候,跨文化互动便产生了。后来,随着文明的发展,传教士、旅行者及征战四方的战士也与不同民族的人相互作用。从报纸、广播、电视到今天的互联网,媒体的飞速发展拉近了异域文化之间的距离,地理上的分隔已经不再是跨文化互动的阻碍。世界文化传播格局发生了很大的变化,由于交通和通讯系统的发展,各种异质文化之间的界限变得模糊起来。发达国家凭借其物质及技术优势逐渐将自己民族的文化变为强势文化,这种发达国家的文化在不同程度上影响着其他民族和国家的文化,中国也不能幸免。面对这一问题,一味地回避与其他文化的交融只能故步自封和夜郎自大。增进我国跨文化传播的能力,发扬光大中国传统文化,迎接挑战才是我们唯一的出路。

(二) 文化与传播

英国学者泰勒对文化的解释至今仍为人们奉为经典,他认为从一般民族学的意义上看,文化或文明是一个复合的整体,包括知识、信仰、艺术、道德、法律、风俗,以及社会成员的每一分子所获得的一切技能和习性。一种文化如何看待现实,决定了身处其中的成员如何看待世界、如何看待生活的意义以及他们之间的社会交往方式。在跨文化互动的过程中,每个人正是以自认为"天经地义"的方式与异族之人交往,而恰恰是交往双方各自对自己文化的坚持与对异域文化的排斥造成了双方的冲突。在传播领域,传播

[①] 转引自拉里·A. 萨莫瓦、理查德·E. 波特:《跨文化传播》,闵惠泉、王纬、徐培喜等译,中国人民大学出版社2004年版,第36页。

更是异质文化相互撞击的过程,两者关系如此密切,恰似爱德华·霍尔(Edward Hall)在其1959年出版的著作《无声的语言》(*The Silent Language*)中所说的"文化即传播,传播即文化。"文化和传播密不可分,如同硬币的两面,可以从两方面来看待文化与传播的关系:

一方面,传播推动了文化的发展。文化的创造在某种程度上说就是为了向人们传达某种意义,离开了传播,文化也就失去了存在的价值。"问渠哪得清如许,为有源头活水来"。如果文化之水停止了流动,必然走向干涸,也即文化离开了传播必然会走向消亡。随着文化系统发展的成熟,各种文化必然会相互接触,不同文化接触过程中必然会发生冲突。同类型文化间的交流与传播可以维系和强化该文化系统,但不会引起它的质变,而异质文化间的交流与传播则能引起文化的质变。因此,从某种意义上来说,异质文化之间的交流与传播能够更快地促进文化的发展。

另一方面,文化制约着传播内容、传播方式和传播方向。人是特定文化环境的产物,而任何传播都要依赖处于一定社会环境中的人,所以文化决定最合适的传播行为。不同的文化环境下传播活动的内容有所不同,因为不同文化的人关注的焦点、赋予物品或事件以什么样的意义等都受到文化因素的制约。如当观赏月亮时,中国人称月亮中有一个弃夫而逃的嫦娥,许多美国人常会看到月亮中有个男人,许多美国土著人会看到一只兔子,萨摩亚人认为那是一个正在织布的女人。

二、跨文化互动的现状

(一) 跨文化互动的条件——全球化的实现

早在1962年,加拿大传播学者麦克卢汉首先提出了"地球村"的设想,他认为,印刷媒介使人类彼此疏远,而电子媒介却使他们彼此依赖。由于信息的高速传播极大地扩大了人类视听的范围,压缩了广阔的空间,地球小到踱步即至。麦克卢汉的"地球村"理论,是全球化理论的萌芽,对后来研究全球化的学者产生了深远的影响。现在麦克卢汉所预言的地球村在今天的社会已经变成了现实。随着技术的不断进步,尤其是通讯和交通的进步,今天的全球已经变成了紧密联系的一体,信息技术革命消除了人们的空间局限,把人类居住的整个世界变成一个小小的空间,交通工具的日益现代化,通信手段的飞速发展,大大缩减了彼此间的时空距离,使信息的交流与传递能够完成于瞬息之间。凭借现代的传媒与工具,信息交流与传播在更大范围、更多领域,以其更加快捷的方式得以实现。正如美国斯坦福大学理论社会学家吉登斯(Anthony Giddens)指出的,所谓全球化,就是"某个场所发生的事物受到遥远地方发生的事物的制约和影响,或者反过来,某个场所发生的事物对遥远地方发生的事物具有指向意义:以此种关系将远隔地区相互连接,并在全世界范围内不断加强这种关系"的过程①。在这一过程中,物质和精神产品的流动冲破区域和国界的束缚,影响到地球上每个角落的生活。这一过程首先表现为经济领域的全球化,并由此带来了文化传播的全球化,也带来了跨国或跨文化交流的全球化。

随着全球文化交流的频繁与广泛,文化的共融成为一股势不可当的潮流。在跨文化交流全球化的过程中,互联网的全球覆盖能力为不同文化的接触提供了良好契机。互联网利用自己四通八达的网络系统打破了传统的地缘的限制,形成了跨国界、跨文化、跨语言的全新空间,从物质上消除了地域文化的隔阂,创造了一个宽松的环境,打破了人们接触异域文化的心理屏障。文化间的差异是千百年积淀下来的,互联网在不同的文化间架构了一座桥梁。互联网使用费用低廉,为普通老百姓接触异域文化提供了可能。前互联网时代,电视和广播是人们了解异域文化的最重要的手段,但是在人们接受之前,信息要经过层层"把关人"的过滤,受众无法自由选择交流对象和传播内容。而互联网这种开放的、平民化的传播模式不以政治宣传或经济利益为目的,促进了世界上具有不同文化背景的人们之间的相互沟通与理解。

(二) 跨文化互动的动力——受众的需求

在信息传播高度发达的今天,人们虽然各自生活在自己民族的文化背景下,却也渴望了解其他民族的文化,小到衣食住行,大到时事政治,如果能够实现真正意义上的没有阻碍的交流沟通与信息共享,应该说是各民族人民所希望的,跨文化互动也正是为了满足人们的这种全方位了解信息的需求。

曾经,英特尔公司将故宫放在了自己主页的网站之下,这则消息引起了全世界的瞩目。英国报纸将故宫网页评为当周最热站点,三周之内150万人次访问了故宫网页。对此,故宫博物院有关人士认为,这是一种侵权行为。但是,这一事件也向我们提出了一个发人深省的问题:作为中国历史文化象征的故宫在互联网上一出现就引起全世界的关注,说明中国历史文化在世界上有着独特的魅力与影响,同时也表明世界各国人民有着强烈了解中国

---

① 参见吉登斯:《社会学》(第四版),北京大学出版社2003年版。

历史文化的愿望。但是,由于历史的原因,也由于传播的局限,使中国与其他国家在相互认识和了解上产生了差异和隔阂。作为第二代中国问题专家领袖人物之一的美国学者大卫·兰普顿指出:美国大众易于走极端,要么过于喜欢,要么过于不喜欢,对中国尤其如此。1989年以前,大约80%的美国人极其喜欢中国,此后约80%的美国人极其不喜欢中国。美国大众对中国的观点变化犹如昼夜之分。其实,中国不会在一夜之间改变,此前此后的中国是基本一样的。最大的问题是,在这么多年之后,中国产生了那么多的变化,美国人却一无所知,美国人对中国的了解停滞不前,这才是问题的关键。以上美国学者大卫·兰普顿的话说明其他国家的人对中国了解远远不够,而故宫事件说明世界各国人民具有强烈了解中国文化的愿望。另外,还有一个特殊的海外群体更迫切地想了解中国的现状,即海外的华侨和华人,他们久居国外却心系宗邦,非常渴望了解自己魂牵梦萦的祖国的情况。面对这一现状,我国的媒体有责任把中华民族的悠久历史和灿烂文化介绍给世界,把中国翻天覆地的巨大变化介绍给世界,把中国人民昂扬向上、团结奋进的精神风貌介绍给世界。

另一方面,改革开放以后的中国受众也迫切需要了解丰富多彩的大千世界,了解世界各国的文化艺术、社会经济、科学发现、人文风情。《环球》、《世界真奇妙》、《世界文化广场》、《综艺大观》等栏目向人们集中展示了色彩缤纷的世界文化,这些节目的成功也反映了中国受众了解世界的迫切愿望。

我们通常将受众接受传播的状况作为传播成功与否的参照,达到这一目标的前提是传播的内容必须符合受众的需要,否则要求受众接受传播便无从谈起。因此,受众的需要是传者工作的中心,在这里国外和国内的受众对于彼此文化了解的需求便成为跨文化互动的最大动力。在跨文化的交流中,我们进行跨文化互动的最终目的是通过彼此的了解和调适达到融合。在文化融合的过程中,各种文化因素之间相互渗透、相互结合,最终融为一体,实现世界多元文化的"各美其美,美人之美,美美与共,天下大同"的目标。

(三) 跨文化互动的影响——开放的中国

自1991年7月16日中央电视台成立了对外中心以后,我国对外电视节目的建设和发展十分迅速。1993年11月又成立了中央电视台海外电视中心。各地方台如上海电视台、山西电视台也相继设置了对外部,四川、江苏、辽宁等电视台也与很多国家建立了友好合作关系,通过这种合作,它们制作的许多节目直接在海外电视台上映,海外观众反响热烈,节目取得了良好的效果。1992年10月,中央电视台第四套节目开播,中央四套是以海外华人、华侨和港、澳、台同胞以及一些收看中文节目的外国观众为主要服务对象的卫星电视频道,及时、客观地向全世界报道和介绍当代中国的政治、经济、社会、文化、科教、历史等各方面情况,是海外观众了解中国的窗口,也是让中国与世界各个国家和地区之间加深了解,增进友谊的桥梁与纽带。1995年1月,中央电视台正式将其更名为"中国中央电视台国际频道",通过卫星传输将国际频道的信号传送到了世界各地。2000年9月中央电视台开通中央电视台第九频道,中央电视台第九频道是24小时不间断播出的英语频道,它使用英语为沟通语言,以电视媒体为平台,以西方熟悉的新闻语言为表达方式,它为全世界使用英语的电视观众打开了一扇了解中国并通过中国的视角了解世界的窗口。央视4套、9套电视节目还通过http://cctv.hownew.com以合作方式在北美地区实现网上直播。2004年10月,中央台又开办了西班牙与法语频道,现在西法频道主要是把英语新闻翻译成西语与法语,时间为八小时。

除了对外电视节目发展迅速,对外广播节目也取得了丰硕的成果。中国面向国外广播的机构主要为中华人民共和国国际广播电台(China Radio International,简称CRI)。现在国际广播电台已经使用38种外语、汉语普通话和4种方言,共43种语言对世界各地广播,每天的播音总时数为144小时30分。作为中国向全世界广播的国家电台,中国国际广播电台在对外介绍中国的发展情况,阐明中国对国际事务的立场、观点,增进世界各国人民对中国的了解与友谊,维护世界和平,促进人类进步等方面发挥了重要作用。除了中国国际广播电台外,从80年代开始,中国还有一些省级广播电台先后开办了对周边国家和地区的广播,如广西对外广播电台、云南人民广播电台分别开办了对国外的越南语广播。

三、影响跨文化互动的受众心理因素

美国传播学家多德认为文化存在三个层面:(1) 物质层面,包括教育、政治制度和体制等;(2) 中间层面,在外层制度下进行的反映文化的活动,如习俗、艺术表达、传播方式等;(3) 精神层面,包括价值观、世界观、信念、宗教信仰、审美情趣等。其中精神层面是文化的内核,它决定了人们的道德观念、衣着习惯、礼节风俗、健康知识、时间观念、对工作的态度、对年龄的看法等。在跨文化互动过程中,个体所在文化的精神层面决定了个体对互动信息的

感知，并决定个体对此作出的反应。

（一）信仰

信仰是跨文化交流中一个非常有影响力的因素。罗格斯和斯恩怀特（Rogers and Steinfatt）曾说："信仰是我们过去经验的贮存系统，包括思想、记忆和对事件的解释。信仰是由个人所在的文化塑造的。"[①]信仰是人生的"主心骨"，是人类精神生活的一种特有的形式，是人类本性的体现，能够发挥精神导向的作用。人不能只有知识，没有信仰，没有信仰的生命就等于没有灵魂。信仰是个体在特定文化中形成的，即个体成长所在的特定文化决定了他相信什么是有价值的和什么是真实的。宗教是一种通过社会组织化形式（有确定的教义、教会、教规、教仪等）加以实行的信仰，但人们的信仰并非都一定体现为宗教。在跨文化互动过程中，尊重对方的信仰和宗教非常重要。

（二）价值观

价值观是人们用来区分好坏的标准并以此来指导行为的心理倾向系统。个体的价值观决定了他应该做什么、要什么和选择什么。施普兰格根据社会文化生活方式将人的价值观区分为经济价值观、理论价值观、审美价值观、社会价值观、政治价值观和宗教价值观。兴趣、信念和理想是价值观的表现形式。兴趣是人的认识需要的心理表现，它使人对某些事物优先给予注意，并带有积极的情绪色彩，是价值观的初级形式，其稳定性较差。在跨文化互动中，兴趣决定了受众对互动内容的选择。信念是人对于生活准则的某些观念抱有坚定的确信感和深刻的信任感的意识倾向。信仰是可以调动人的全部身心力量去为之奋斗的一种信念，是人的动机系统的重要组成部分，它给人的行为动机以巨大的力量。跨文化互动中，信仰指引着受众的思想和行为。理想指符合客观规律并同奋斗目标相联系的想象，对个体的行为具有情感意志上的感召力，激发着人的活动指向一定的目标。

（三）文化模式

文化模式指帮助人们感知世界、思考问题的条件，也指人们在这个世界中的生活方式[②]。文化模式通常为同一文化中的大多数成员所有，并影响成

[①] E. M. Rogers and T. M. Steinfatt（1999），*Intercultural Communication*，Prospect Heights，IL：Waveland Press.，p.81.

[②] 拉里·A. 萨莫瓦、理查德·E. 波特著：《跨文化传播》，闵惠泉、王纬、徐培喜等译，2004年版，第65页。

员的行为。人们所处文化模式不同,造成了人们之间较大的行为差异。研究者研究最多且对跨文化互动造成显著影响的文化模式主要有:个人主义和集体主义、阳性主义和阴性主义、高语境文化和低语境文化、层级性权利和民主性权利、时间:直线式、变通式和轮回式等。

个人主义和集体主义 在集体主义文化中,人们行动和决策的起点是集体的认可,将自己看作是群体中的一分子,群体的需求和利益优先于个人,群体成员是相互依赖相互合作的,个体非常注重自己与群体其他成员的关系,而不太注重个人空间和隐私。在个人主义文化中,个体成功的标准是获得个人的成功,个人的需要和权利压倒了群体的需求和权利,群体成员之间的竞争与交换关系强于合作关系,个体注重个人空间和隐私。

高语境文化和低语境文化 人类学家爱德华·霍尔提出了一种从感知和交流方面研究文化之间异同的分类方式,即高语境文化和低语境文化。高语境文化强调沟通所在的情境,处于该文化特征下的个体对周围的事物和环境非常敏感,重视含糊的、非语言的信息,人们可以通过手势、空间的使用甚至沉默来提供信息。低语境文化不太强调沟通的情境,处于该文化特征下的个体更依赖明确的语言沟通,语言传达了大多数信息,语境包含极少的信息。

高权利距离和低权利距离 吉尔特·霍夫斯泰德(Geert Hofstede)根据权利距离的大小对文化进行了分类。权利距离是指在某社会中,最具有权利的人与最没有权利的人之间的沟通距离。在高权利距离文化中,权力高度集中,具有严格的层级状权利,地位和等级非常重要,成员之间的沟通受到限制,沟通通常是从顶层扩散开来的。低权利距离文化中,层级制度显得不太严格,并且层级结构是用来确定工作任务的,具有更扁平化、更民主的社会结构,成员之间的沟通既可以向上进行,也可以向下进行。

时间:直线式、变通式和轮回式 不同文化的成员重视时间的程度以及利用时间的方式存在很大的差异。根据对待时间的差别可以将不同的文化划分为:过去导向文化、现在导向文化和未来导向文化。过去导向文化重视以前发生的事情,历史和传统至关重要,重视经验的作用,例如中国有句谚语"知古可以思今",日本、法国、英国等国家都属于过去导向的时间文化。现在导向文化认为当前最重要,认为未来是不确定的,强调现时的生活,生活更加随意,意大利、西班牙、葡萄牙、希腊、阿拉伯和拉美地区属于该种时间文化。在未来导向时间文化中,文化成员非常重视时间,认为守时是一种基本的礼貌,对未来幸福具有强烈的渴望,美国、德国等属于这类时间文化。

(四) 偏见

指针对特定目标群体的一种习得性的态度,它包括支持这种态度的消极情感(厌恶)和消极信念(刻板印象),以及逃避、控制、征服和消灭目标群体的行为意向。偏见很容易影响到个体对与自己不同类的人们的态度以及对他们的行为方式。支持偏见的认知系统为刻板印象。刻板印象是对一群被赋予同样特征的人的分类。相信每个人对刻板印象并不陌生,它几乎存在于我们每个人的观念中。例如中国人通常认为南方人精明,北方人豪爽;美国白人通常对黑人存在敌意;法国人常被认为是浪漫的;人们常以严谨形容德国人;等等。刻板印象使人们经常无意识地运用这种固定模式看待人和事,从而影响了正常的跨文化互动。偏见付诸行动便是歧视,歧视是指基于种族、性别或其他特性给人们以不同待遇,最为常见的是种族主义和性别主义。偏见是跨文化互动的重要障碍,克服偏见是跨文化互动能力的重要部分。

四、解析跨文化互动条件下的播音员、主持人

(一) 跨文化互动中播音员、主持人的职业定位

英语作为世界语言,它的应用促进了世界各民族的沟通,加强了不同文化的融合。我国传播领域中的跨文化互动主要以英语节目的形式呈现。因此,英语也就成了跨文化互动的节目播音员、主持人的工作语言。国内学者林海春认为英语节目播音员、主持人的职业定位可以从以下三个方面来阐明:

1. 国际文化传播之文化鸿沟的架桥者,指英语节目播音员、主持人需要将符合本国受众口味的他国媒体传播文化产品介绍进来,并准确、客观、真实地再现所引进文化的特点及本质,从而达成文化传播、交流、理解的目的。这一工作背景要求英语节目播音员、主持人成为引导、帮助受众顺利跨越文化鸿沟的架桥者。

2. 国际文化传播之文化冲突的斡旋者,播音员、主持人的这一角色表现在三个方面。首先,英语节目播音员、主持人采取一定的策略,突破由文化冲突带来的自身及节目受众的文化屏障,以达成文化沟通与理解的目的;其次,英语节目播音员、主持人需要以正确的心态处理对内、外传播的节目内容中的民俗文化冲击和意识形态文化冲击;最后,英语节目播音员、主持人需要在长期实践工作中提高自身水平,以尽到消减自身及受众的偏见的

职责。

3. 国际文化传播之本土文化传播的使者,指英语节目播音员、主持人使用非母语英语的基本出发点是将本土文化之精华介绍给异域文化;同时,将异域文化可借鉴的方面加以引进。

(二)跨文化互动中播音员、主持人的职业特点

除了与一般的播音员、主持人具有相同的职业特点,跨文化互动节目的特殊性赋予该栏目的播音员、主持人独特的职业特点:

首先,跨文化互动栏目的播音员、主持人需要运用非母语与受众沟通。跨文化传播最突出的工作特点是通过运用外语中建立起来的概念来传播信息和与受众沟通,播音员、主持人需要做到不仅要使本土文化的受众理解自己传递的信息,还要保证异域的受众能够接纳。

其次,跨文化节目的播音员、主持人工作的最关键点是洞悉来自不同文化受众群的接受心理及他们所处的文化价值体系。播音员、主持人需要在工作中找到两种文化受众之间的共通点,并以此作为自己的立足点破除两种文化价值体系之间的屏障。

最后,跨文化节目的播音员、主持人以介绍的态度对待本土文化和异域文化的相互关系,最终的传播目的是取得两种文化之间的沟通,在传播的过程中,播音员、主持人可以采取比较的方法对两种文化进行客观的介绍而非评述。

第三节 挑战播音员、主持人

一、虚拟播音员、主持人的出现

网络媒体的迅猛发展,对传播领域产生了强烈的冲击,播音员、主持人最先感受到这种冲击。网络技术的发展不仅改变了传统的传播模式、消解了传统播音员、主持人的权威性,改变了播音员、主持人的工作方式,而且对播音员、主持人提出了更高的业务要求。除此之外,网络技术对播音主持更直接的冲击表现为虚拟播音员、主持人的出现。虚拟播音员、主持人是继虚拟场景、虚拟演播室后又一虚拟技术的应用。自从世界上第一个虚拟的电视女主持人阿娜诺娃(Ananova)登上荧屏后,各地又浮现出一大批新的虚拟主持,如美国的 Vivian、韩国的 Lili、中国的 Gogirl 等。

> 视窗

虚拟播音员、主持人

英国新闻联合会(http://www.ananova.com)在互联网上推出了全球第一位虚拟新闻播音员阿娜诺娃(Ananova),这是一个利用数字三维技术设计而成的虚拟女郎,年龄大约在28岁左右,大大的眼睛,长相靓丽,说话时带有一丝大西洋中部国家的口音。阿娜诺娃可以运用目前她掌握的面部表情尽可能地向用户展露自己的魅力,包括眨眼和微笑等。设计者称,阿娜诺娃将永远保持28岁的样子,以后她还会拥有虚拟同事,甚至与一位名为"肯纳诺娃"的男同事组成家庭。

阿娜诺娃是一个完全数字化的产物,在她的背后有许多工作人员为其服务,技术人员把具有3D游戏风格的动画技术和先进的即时新闻处理与发布系统结合到一起,使用一个高速电脑系统,不停地更新新闻信息,并且迅速地把文字信息转化为声音,电脑又即时制作动画配合有关新闻,然后利用最新的立体影像科技,由阿娜诺娃在互联网上为用户播报。这些信息包括新闻、比赛结果、股票价格和天气情况等。该网络公司宣布推出阿娜诺娃的消息后,立即引起了广大网民的关注,许多互联网用户登录该网站,意欲先睹为快,以至于用户过多而导致网站堵塞。该站点的技术人员称,随着技术的发展,用户以后将可以直接与阿娜诺娃对话,还可以享受个性化的新闻信息、购物指南以及其他服务。

与现实中的播音员、主持人相比,虚拟播音员、主持人具有真实播音员、主持人无法具备的超常能力和超常智慧。首先,虚拟播音员、主持人的记忆、储存、搜索功能是真实播音员、主持人无法与之相比的,人们可以赋予它多种语言能力进行跨文化交流,它所展现的才华可能是真实的人穷其一生都无法获得的;其次,虚拟播音员、主持人的体力、精力是无穷的,并且时刻保持百分之百的旺盛精力;再次,虚拟主持人对薪水、假期等福利待遇没有要求;最后,虚拟播音员、主持人具有可塑性,它的面孔、肤色、声音、年龄、性别、国籍,以及他(她)的穿着打扮、说话方式等都是可以改变的。从受众的角度讲,虚拟播音员、主持人给了受众充分的选择权,英国联合新闻社新媒体部门的主任马克·赫德说道:"她(阿娜诺娃)能够立刻为您进行一对一的广播,而如果你订作了一个依据个人兴趣的收藏夹,她可以在您需要的任何时间为您播报您立刻就想得知的信息。而在真实世界里,没有哪一个播音员、主持人能够做到这一点。"[1]这种个性化的服务加深了受众接受信息时的平等感,通过享受这种服务,受众的话语权失而复得。当然虚拟播音员、主持人还存在很多的缺点,如缺乏随机应变的能力,没有人类真实的情感,不能进行人性化的交流,网络技术的不成熟导致外形机械化、表情生硬、声调不自然等。但从总体上看,随着科技的发展,大众对虚拟主持人以及运用语音合成技术创造的新闻播音员都不会再陌生。科技合成的播音员、主持人是虚拟的,而阿娜诺娃们对现实播音员、主持人的挑战并不虚拟。虚拟播音员、主持人无疑会在播音主持领域分一杯羹,如果说在虚拟播音员、主持人尚未问世之前播音员、主持人的竞争主要是在人类之间进行的话,那么此后可能会加上人机之间的竞争。

随着网络的兴起,虚拟播音员、主持人进军播音主持领域并占据了一席之地。另一方面,网络的视频节目也为现实的播音员、主持人提供了另一条生存之路。例如,国内新浪网、人民网、凤凰网、央视在线等知名网站均开通了一批需要在线主持的节目,需要大量既熟悉网络媒体特点又具备深厚的播音主持功底的传播领域人才。以年薪20万招聘网络主持人的263首都在线就是表明这种需求的一个很好的体现,263首都在线总经理张大庆表示,网络主持人这个角色会像传统媒体主持人、商业中的导购员那样成为互联网的一种新的职业。

二、做新时代的播音员及主持人——如何应对网络互动的挑战

网络互动包括网络与传统媒体的互动、网友与栏目的互动、传统媒体观众与网络的互动,但最终展现于节目中的是播音员、主持人与观众(包括网

---

[1] 参见马克·赫德:《信息整合的新竞争力》,中国劳动社会保障出版社2005年版。

友及传统媒体观众)的互动。网络互动的出现,对传统播音员、主持人提出了前所未有的科学素质、人文素质和专业素质方面的新要求。以下我们站在播音员、主持人的立场上分析一下网络互动将在哪几个方面对播音员、主持人提出挑战?播音员、主持人如何应对网络媒体的挑战,使网络互动为我所用?

(一)主持人的权威和主角地位下降要求播音员、主持人对自己进行正确的角色定位

网络互动交流方式将节目的主控权重新分配,"无言的受众"将随时发出自己的声音,甚至"取而代之"地操纵话语权,社会大众与专业人员之间的交流可以在"去中心性"的网络层面平等地展开,这就动摇了播音员、主持人的权威地位和主角地位。受众与播音员、主持人的互动关系要求播音员、主持人摆正心态,加强与受众之间真诚的沟通。在这种形势下,播音员、主持人与受众是平等的关系,是双向交流、沟通与契合的过程。权威的消解也使得社会舆论杂乱无章、参差不齐,这就需要播音员、主持人充分发挥节目组织者角色的作用,合理利用播音员、主持人的号召力不断推出新主题,利用网络获取最大量信息,最大限度地开发存在于受众中的信息资源为己所用。

(二)传者与受者互动的增强要求播音员、主持人注重心理换位能力的培养

与传统的单向传播相比,传者与受者互动的传播形式在一定程度上淡化了传者与受者的界限。传播不只是信息的传递过程,而是在传者受者互动中形成信息的过程,即受众不是接受既成的传播内容,而是在与传者共同制定过程中来接受传播的内容。在这种形势下,传者和受者不再独立于传播的两极,而是共同处于传播的过程中。因此,播音员、主持人要注意培养自己的心理换位能力。心理换位即设想自己处于对方的角色,去理解思考对方的需要和行为动因[①]。心理换位能力的培养具有以下意义:首先,在节目创作的过程中,传者设想受众可能会有的需求和可能产生的视听行为,这可以避免传者在传播过程中以自我为中心;其次,传者心理换位能力的培养有助于增进对受众的理解,使传播更切合实际;最后,心理换位能力的培养有助于增强传者传播的对象感,激起自己对受众的热情,增强对受众的情感。

---

① 郑兴东:《受众心理与传媒引导》,新华出版社2004年版,第195页。

(三)网络互动加速了信息的流动,要求播音员、主持人加强快速反应能力

随机应变、快速反应能力是对播音员、主持人的基本能力要求,不论在采访现场还是身处直播室,随时会遇到一些意外情况或突发性事件,这要考验播音员、主持人的临场发挥能力,如果播音员、主持人处理得当,不仅不会影响节目质量,还会为节目增添情趣,使节目更加真实。例如,1997年6月30日晚,白岩松在深圳皇岗口岸报道驻港部队入港过程中,有一段尴尬的空白时间,他随机应变,临场发挥,在十几秒的停顿后马上想起了早些时候他登上口岸办公楼的情景,脱口而出:"在我们前方的那栋白楼,就是当年邓小平同志眺望香港的地方。现在这座楼里还挂着他视察口岸的一幅照片……今晚,当驻港部队跨过这条界线时,在所有的为部队送行的人群中,我们相信,肯定还有一位老人的深情目光的注视。"[1]白岩松借助史料,发挥想象,再现了为香港回归作出巨大贡献的邓小平同志的光辉形象,将那一刻全国人民期盼香港回归的心情生动地展现了出来,其语一出,情感四溢,受众心中战栗。网络互动有利于促进受众和主持人的交流,减少了节目和受众之间的中间环节,进一步拉近了播音员、主持人和受众的距离,增加了节目的亲和力和凝聚力。同时,大量受众的参与也扩充了节目的信息容量,增加了信息密度,信息的流动性增强。这就要求播音员、主持人注意培养对信息的筛选把关能力和全方位的资料处理能力,为在节目进行中与受众建立良好互动关系做足准备。通常播音员、主持人良好的心理素质和临场发挥的能力,是节目顺利进行的保障。

(四)网络互动加速了受众细分的趋势,要求播音员、主持人加强专业化训练

网络互动加速了受众细分的趋势。首先,网络媒介和传统媒介的融合带来了传播方式的多样化、传播内容的丰富性,而网络媒体的搜索和超文本链接等功能,使受众可以方便地选择自己需要的信息。其次,网络媒介在一定程度上真正实现了交互式互动,受者与传者互动的实现有利于将受众的兴趣爱好、需要等信息传达给传者。复旦大学李良荣教授在《新闻学导论》一书中指出:受众对于媒介的成败与生存都是至关重要的制约因素之一。要占有市场,要赢得受众,这是媒介的必然选择。而占有市场,赢得受众的

---

[1] 李元授、谈晓明、李鹏编著:《知名主持人妙语评点》,华中科技大学出版社2005年版,第306页。

第一步就是栏目的受众定位,即确定媒介整体和所设栏目的明确的传播对象,解决向谁传播的问题。传者在受众需求和同业竞争的双重压力下,正在实现从信息发布者向最大限度满足受众需求的方向转变。众口难调,传者只能选择一部分受众作为自己的目标对象。因此,互动间接地造成了受众细分的现状。

  传播的专业化趋势对播音员、主持人的需求特点为:不需"万金油"式的播音员、主持人,而是强调播音员、主持人在各自领域的"专业性"。"专业性"是指播音员、主持人必须对你所主持的节目涉及的内容有专业化的学习和了解,对这个专业的过去、现在以及未来发展有较清楚、清醒的了解,并有能力把专业问题深入浅出、通俗易懂地讲出来。另外,播音员、主持人要有能力把别人需要10分钟才能讲明白的事情在1分钟之内讲清楚,要做到这一点,"专业性"是回避不了的能力。正如陆游说的:"汝果欲学诗,功夫在诗外。"播音员、主持人面对的是成千上万的受众,其中有门外汉也有专业人员,要想通过受众这一关,播音员、主持人不但需要加强自身的播音主持功底,更需要加深理解自己工作涉及的专业内容。调查显示,受众最欣赏的播音员、主持人是那些有学识、有经验、阅历丰富和富有幽默感的成熟型播音员、主持人。尤其是对播音员、主持人的学识和社会阅历,近年来在我国要求也越来越高。

  俗话说,自救者人恒救之。就传播而论网络只是一种手段,一种工具。虽然这一工具功能强大,迅速改变着人类的生活及思维方式,但归根到底也是由人来掌握和操纵的。网络的兴起对播音员、主持人的工作提出了挑战,也为播音员、主持人突破传统播音主持风格,开辟新的播音主持路线提供了机遇。为抓住机遇的准备过程将是艰苦而寂寞的,特别是在播音主持这样一个星光灿烂的行业,想要获得长足的发展需要抵制很多诱惑。"这不是一个短跑的时代,是一个长跑的时代,但很多人在以短跑的姿态去参加长跑,"央视著名主持人白岩松说,"我们常常遇到的一个问题是,当你做好长跑的姿态后,一个短跑者突然飞快冲入跑道,然后不见了,这个时候你会不会被这个短跑者干扰?"[①]主持人确实是身在名利场中,但是名利场也是绞肉机,长跑意味着要坚守寂寞,不像短跑者能在短时间里就做到走红。

---

① 参见白岩松著:《痛并快乐着》,华艺出版社2000年版。

三、跨文化互动中的潜在问题及应对

（一）互动对象的特殊性要求播音员、主持人注意培养自身的跨文化意识、增强跨文化能力

跨文化意识是跨文化交流的认知方面，具体指对于影响人们思想和行为的与本民族文化有差异或冲突的文化现象、风俗、习惯等有充分正确的认识。跨文化能力是跨文化交流的行为方面，具体指在跨文化交流中通过言语和非言语有效和适当行为的能力。心理学对人的认知研究表明，人的认知是一个构造和解释的过程，根据个体已有的知识和周围的环境等因素的不同，认知的情况也不同。例如，下面的单词

THE CAT

两个单词中间的那个字母的物理特性完全一样，但在第一个单词中，你将它识别为 H，而在第二个单词中则将它识别为 A。很明显是你的英语知识影响了对它的识别。从这个字母识别的小例子中，我们也可以预见到由于人们的信仰、态度和价值观不同，对于外来信息的处理也就不同。北京大学教授关世杰在《跨文化交流学》一书中指出：了解交流双方文化要素中的类似点和不同点，是跨文化交流学中的一个基本问题。针对这一文化差异导致的问题，播音员、主持人作为跨文化互动的引导者，必须保持清醒的跨文化意识，时刻准备着"化干戈为玉帛"，即及时运用自己的跨文化能力消除文化差异造成的双方的隔阂。

（二）互动跨国界的特殊性要求播音员、主持人注重提升个人素养

倪萍说过，中央电视台的舞台很大，放大了你的优点，同时也放大了你的缺点，所以你要特别努力地工作，老老实实地做人。这句话是说播音员、主持人是以媒体代言人的形象出现的，时刻处于广大受众关注的焦点位置，因此，播音员、主持人的优点与缺点会借助话语权力、媒体身份、个人名望产生超乎常人的影响力。播音员、主持人的播音主持行为已经不是一种个人的交际行为，而是具有超越个体的文化内涵，跨文化传播的节目更是委以播音员、主持人塑造国家形象的重任。因此，播音员、主持人的言行、价值取向、性格气质、文化底蕴、道德修养、审美情趣等都反映了中国媒体对文化的取舍问题，甚至反映了媒体所代表的中国文化的价值观念。因此，跨文化互

动要求主持人具备过硬的综合素质与专业素质。综合素质包括强烈的社会责任感和较高的政治思想水准;专业素质包括播音主持业务能力和与节目相关的专业能力。在这里需要强调的是,播音员、主持人要特别注意提高自己的政治思想水准。从事跨文化传播行业的播音员、主持人要有强烈的使命感和责任心,必须具备较高的政治觉悟和马列主义理论水平,熟悉党的方针政策,了解国内外政治、经济、文化等方面的基本形势,政治上要和党中央保持高度的一致。

(三) 受众的文化背景差异要求播音员、主持人注意非语言传播能力的培养

梭罗说:"人际交流中,悲剧往往不是源自对话语的误解,而是由不能理解沉默所致。"非语言传播是指不使用词汇的所有形式的传播。非语言传播所涉及的范围很广,从点头到招手,从移动身体到穿一套西装,甚至约会迟到五分钟等,所有这些行为和物品都在传递意义。阿贝克隆比·费奇(David Abercrombie)说道:"我们用发音器官说话,但我们用整个身体交谈。"美国传播学家罗斯认为,在人际传播活动中,人们所得到的信息总量中,只有35%是由语言符号传播的,而其余65%的信息是非语言符号传播的。由此可见非语言传播的重要性[①]。调查研究表明:当非语言信息和语言信息两者互相矛盾时,人们通常会相信非语言信息。在跨文化互动过程中,播音员、主持人主要运用语言向受众传达信息,但其手势、表情、眼神、沉默、坐姿、服饰等同样在向受众传达着信息,合理的运用能够为内容锦上添花,为自己增添魅力。杨锐是中央电视台英语频道(CCTV-9)新闻时事访谈栏目《今日话题》(*Dialogue*)的制片人兼主持人,在每天半小时的节目里,他用娴熟的英语与全球各界精英,就各种热门话题展开坦诚的有时是针锋相对的对话。中国的视角,全球的视野,职业的、平衡的和个性化的主持使栏目收视率迅速上升。有一次,与美国百老汇音乐剧《卡萨布兰卡》三位主创人员对话,访谈结束时,杨锐按常规与两位男嘉宾握过手之后,忽地捧起美丽女主演的手亲吻了一下,动作优雅地道而合乎礼法。语言符号的意义依文化的不同而异,非语言符号同样在很大程度上受到文化环境的制约。例如,在阿根廷,人们捻搓想象中的胡须表示"一切顺利"。在美国,大拇指和食指交叉成圆,其他手指伸开,象征"OK"这个词;在日本和朝鲜这个手势指"钱";而在阿拉伯国家,这种手势常伴随着咬牙的动作,表示深恶痛绝;在墨西哥和德国,它有猥

---

① 刘双、于文秀:《拆解文化的围墙:跨文化传播》,黑龙江人民出版社2000年版,第83页。

亵的含义;同样的手势在突尼斯意味着"我杀了你"。因此可见,非语言交流能力是跨文化交流能力的重要部分。播音员、主持人对此要高度重视。

(四)播音员、主持人在对外传播过程中要注意发扬我们的民族特色

作为一种先进的传播媒介,互联网在加强各种不同文化的沟通上起着重要的作用,但与此同时也带来了不少问题。发达国家借助雄厚的物质财富与现代技术手段,使自己雄踞文化传播中心,而其他民族文化则相对处于边缘地位。技术及经济实力的限制使得处于弱势地位的发展中国家无力反击发达国家强势文化的浸染和攻击,造成了弱势文化在强势文化的冲击下会丧失一部分话语权,加剧了发达国家的文化霸权。席勒使用了"文化帝国主义"的概念,表明了他对战后西方国家以新的帝国主义形式称霸全球的批判思想。从世界范围看,以英语霸权为主要特征的文化控制在跨文化传播中表现得最为明显。互联网上 90% 的信息流量使用英语,网上各种语言的使用频率(从高到低)依次为英语 84%,德语 4.5%,日语 3.1% 和法语 1.8%。据《计算机世界》报 1997 年发布的统计数字,在互联网上输入、输出信息流量中,中国仅占 0.1% 和 0.05%。文化强权国家的根本出发点并不是全球利益,它们只是从本国文化利益出发,安排其他国家文化发展的方向与节奏,这造成文化强权国家文化对其他文化的控制,干扰了正常的跨文化传播秩序。

在抵制异域文化侵略、发扬民族文化方面,韩国发展民族文化的道路值得我们借鉴和学习。从 1998 年起,韩国认识到发展文化产业的重要性,开始重视文化产业在经济发展中的重要作用,金大中总统上任,明确提出了"文化立国"的救国方针,将文化产业列为韩国 21 世纪发展国家经济的战略性支柱产业加以优先发展,并且提出"韩国文化世界化"的口号,将韩国文化推向全球,以此作为推动韩国经济发展的新动力。此后,为优化文化产业的发展环境,韩国政府在政策法律、机构、资金、人才方面付出了大量的努力。在这种强势且目标明确的产业政策支持下,韩国文化产业的发展开始步入新纪元。以韩国影视为开路先锋,带动了韩国服饰、餐饮、旅游、美容等行业发展,形成一个多米诺骨牌效应式的良好商业链条。

面对这一困境,作为对外传播节目的中心环节——播音员、主持人应该时刻牢记自身弘扬中国文化的责任,加强自身的传统文化修养,争取能够将优秀民族文化融入节目,把具有民族特色的文化成果、艺术精华介绍给外国观众。在立足本土文化的基础上,对外来文化进行选择和扬弃,取其精华,去其糟粕,以便在工作实践中为光大中国文化贡献一分力量。

思考题

1. 你认为网络的出现对你接受信息的方式产生了什么样的影响?
2. 如果你是一位播音员或主持人,你如何利用网络互动增进对受众的了解?
3. 你认为虚拟播音员、主持人和真实的播音员、主持人有什么不同?你对这一新兴事物的出现有什么看法?
4. 你认为主持跨文化互动的节目需要什么特殊技能?
5. 不同文化的受众会在哪些方面存在差异?

第六编
播音员主持人的日常生活心理学

采菊东篱下,悠然见南山

据研究表明,我国有各种程度心理障碍者达到总人口的25%—30%,而我国新闻工作者中有不同程度的心理障碍的人约占总人数的37.47%,要高于一般人群①。近年来,随着广播电视行业竞争的日益加剧,播音员、主持人的心理素质也面临着日趋严峻的考验。

作为受关注程度很高的公众人物,播音员、主持人在工作和生活中的一言一行都会受到社会的评判和指点,由于各种媒体的高度发达,他们接收到反馈信息的时间也越来越短。譬如,以往受众通过信函的方式表达自己收听或观看节目的感受,而今他们可以通过热线、短信和网络等平台实时反馈信息,播音员、主持人每天获取的褒奖或贬抑的评价直线上升。在这种巨大的转变中,谁拥有良好、稳定的心理素质,谁才能够"宠辱不惊",于纷扰之中"闲庭信步"。

播音员、主持人作为现实世界的普通人,也需要协调爱情、友情和职业之间的关系。家庭的烦恼和工作的压力交织在一起,往往让人身心疲惫;亲友的关爱和受众的支持,又每每让人精神抖擞。

"播音员、主持人的日常生活心理学"这一编,将从分析播音员、主持人的不良心理状态切入,结合他们的工作和生活实际,探讨不良心理状态产生的根源;然后从提升播音员、主持人自我效能、保持积极自我和培养团队精神的角度,阐述优化心理状态的有效策略;以此为基础,最后本编落脚到播音员、主持人的生活满意度和主观幸福感问题上,为播音员、主持人构建和谐美好的生活提供一些科学、可行的建议。

---

① 魏薇:《播音主持论》,四川大学出版社2003年版,第482页。

第十二章 播音员、主持人的个体心理训练与团队精神培养

第一节 播音员、主持人不良心理状态分析

一、心理健康概述

（一）心理健康的定义

在谈"播音员、主持人不良心理状态"这一话题之前，我们首先讨论一下"心理健康"这个概念的一般含义。有关心理健康的定义，目前存在很大的争议，还没有一个统一的、为大多数人所接受的界定。概括起来，学者们从三个大的方面出发，对心理健康提出了不同的看法。

1. 从心理体验的角度

大部分临床心理医生认为，心理健康就是指人的心理功能正常，无心理症状。这种说法容易为大众所接受，但没有心理症状并不一定说明个体的心理就健康，有人习惯将内心体验表露于外，有的则深藏于内。所以，本人的主观经验常常是一个极有参考价值的标准，当个体感到抑郁、不愉快，或不能控制自己的某种情绪、行为时，能主动寻求心理医生的帮助，或在心理医生的帮助下能明了自己确实存在的问题，便属于心理障碍者。对于失去"自知力"的个体，会坚决否认自己"不正常"，这种主观经验也恰恰说明心理异常通常发生在严重心理障碍亦即精神病人身上。

2. 从社会文化的角度

受达尔文影响的心理学家认为，社会适应良好就是心理健康，即把个体能否适应其所在的社会文化环境作为划分健康与不健康的标准。这种观点有一定的合理性，但适应良好和心理健康在含义上仍有一些不同。

此外，文化心理学学者还提出，个体心理从宏观上受到其所处社会制度、文化背景的制约，即使在同一社会文化背景下，不同地区、不同社会阶层，衡量社会行为的标准也不尽相同，所以制订心理健康的标准需要充分考虑社会文化背景因素。比如有的文化背景更认可"乐群外向"，但有的文化背景则可能崇尚"沉默是金"。为了考察不同文化背景下心理健康的标准，

心理学家借助统计学计算出在某个文化情境下的一种平均状态,测量学上称为"常模"。西方人和中国人的心理健康常模会存在很大的差异,中国城市和农村的心理健康常模也差异很大,播音员、主持人等新闻工作者和公众的常模也有差异,所以要判断一个人心理是否正常,要和他或她所在的社会文化常模相比较,才能得出最合理的结果。显然,社会文化角度更多地考虑了个体心理的"文化嵌入性",但这种定义也容易犯相对主义的错误,有时让人无所适从。

3. 从个体与社会互动的角度

持这种观点的学者认为,人类的精神活动得以产生和维持,其重要的支柱是充分的社会交往。社会交往的剥夺,必然导致精神崩溃,出现种种异常心理。因此,一个人能否正常与人交往,也标志着一个人的心理健康水平。

当一个人毫无理由地与亲友和社会中其他成员断绝来往,或者变得十分冷漠时,这就构成了精神病症状,叫作"接触不良"。如果过度地进行社会交往,与任何素不相识的人也可以"一见如故",也可能是一种躁狂状态。在现实生活中,比较多见的是心情抑郁,人处在抑郁状态下,社会交往受阻较为常见。

一般地,如果自身有较深刻的心理痛苦体验,同时客观上给周围的人带来心理痛苦体验,可以判断该个体存在心理疾患。

综合国内外学者的论述,我们认为,心理健康是指个体在自身与环境条件许可的范围内所能达到的一种最佳心理功能状态。这种最佳心理状态一方面是指在个体与外界环境的互动过程中,个体能够根据外界的变化,不断调整自己的内部心理结构,使之与外界环境保持平衡与协调;另一方面是指个体的心理发展达到最优化的状态,即个体与外界环境的平衡与协调中,个体的心理结构不断发生改组,促使自己的心理发展水平渐次提高,人格特质越来越完善[1]。

这里我们需要注意的是,所谓"最佳的心理功能状态"是一种理想状态,因为正常与异常之间的界限是相对的,而不是绝对的,所以应该把心理健康看作一个连续体。连续体的一端是最佳的心理健康状态,另一端是最差的心理健康状态。在中间逐渐增加的是不适应的行为[2](如图12.1所示)。这一点对于树立心理障碍患者的信心,破除"宿命论"的消极心理有特别的意

---

[1] 张承芬等主编:《心理学导论》,人民出版社2001年版,第273页。
[2] 格里格、津巴多:《心理学与生活》,王垒等译,人民邮电出版社2003年版,第419页。

义,同时也提醒心理健康的个体应"未雨绸缪"、"居安思危"。

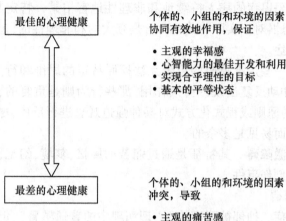

图 12.1　心理健康的连续体

(二) 心理障碍的主要类型

在心理健康连续体的下半轴(如图 12.1),特别是靠近"最差心理健康"的区域,我们称之为"心理障碍"。心理障碍是指一个人由于生理、心理或社会原因而导致的各种异常心理过程、异常人格特征和异常行为方式,表现为一个人没有能力按照社会所认可的适宜方式行动,以致其行为给个人和社会都会带来不良后果。心理障碍的划分也有许多标准,这里以美国《精神疾病的诊断和统计手册》(2000 年修订版)为参考①,介绍几种主要的心理障碍。

1. 焦虑障碍

广泛性焦虑　当一个人在至少 6 个月以上的日子感到焦虑或担心,但却不是由于受到特定的危险所威胁,临床专家们就将其诊断为广泛性焦虑症。患者往往表现为肌肉紧张,容易疲倦,坐立不安,思想难以集中,易激怒或睡眠障碍。

惊恐障碍　与广泛性焦虑症中持续出现的焦虑相对照,惊恐焦虑的病人体验到的是一种无预期的严重的惊恐发作,可能只持续几分钟,伴随着心

---

① DSM-IV-TR. (2000). Diagnostic and statistical manual of mental disorders (4th ed., Text revision). Washington, DC: American Psychiatric Association.

率加快、眩晕、头昏或窒息感。

恐惧症 恐惧症的病人持续地和非理性地害怕某一特定物体、活动或者情境,这种恐惧对于实际的威胁而言是夸大的和非理性的,包括社交恐惧症和特殊恐惧症。

强迫症 一些焦虑障碍的患者无法摆脱特定的思维和行为模式,那些思维、意象或冲动反复出现或持续作用,那些行为则是重复的、目的性的动作,根据特定的原则或程式化方式对某种强迫观念进行反应,尽管其本身是不合理的或显而易见是多余的。

创伤后应激障碍 其特征是通过痛苦的回忆、梦境、幻觉,或闪回持续地重新体验到创伤事件。

2. 心境障碍

重度抑郁症 抑郁被形容为"心理病理中的普通感冒",但是重度抑郁则会给病人、家属和社会带来巨大的损失,其特征为悲哀、忧郁、对日常的大部分活动失去兴趣或乐趣;食欲差、体重显著减少;失眠或睡眠过多;显著减缓(运动迟滞)或激越;感觉自己没有价值、自责;思维和集中注意的能力降低、健忘;反复想到死、有自杀的观念或举动。

双相障碍 以严重抑郁与躁狂阶段交替出现为特征。

3. 人格障碍

偏执型 对与他们打交道的人的动机表现出一贯的不信任和猜疑。怀疑别人想要伤害和欺骗他们。

表演型 过分情绪化和寻求注意。希望自己总是注意的中心。很感情用事,对很小的事情做出过分的情绪反应。

自恋型 有一种夸大的自我重要感,被成功或权力的想象所占据,需要持续的赞美。有人际关系方面的问题,很难认识和体验他人的感受。

反社会型 持久的缺乏责任感,不遵守法律,违反社会规范。对于他们的伤害行为不会感到羞耻或者后悔。

4. 精神分裂症

因为精神分裂症的特征性症状非常广泛,研究者们不是将它看作单一的障碍,而是看作几种不同类型的集合体。下面是五种最常见的亚型。

紊乱型 个体表现出不连贯的思维模式和非常怪异和紊乱的行为。

紧张型 主要特征是动作活动的紊乱,木僵、刻板动作和兴奋性的动作过多。

偏执型 被害或夸大的妄想。

未定型　混合思维障碍以及其他类型特征的症状。
残留型　缺乏主要的症状，但是有疾病继续存在的次要的症状。

二、播音员、主持人不良心理状态的表现

据调查发现，我国播音员、主持人不良心理状态主要包括：自我期望过高、注意力不集中、情绪起伏大、精神疲惫、缺乏耐力、对任何事情不反复确认不放心、情绪易受伤害等①。这表明了播音员、主持人所面临的心理挑战的多元性和复杂性。

心理学家罗特（Julian B. Rotter）认为，人们越是经常从某一特定行为中得到强化，希望这一行为再被强化的期望就越强烈②。播音员、主持人做的节目越受欢迎，就希望以后继续"火"下去。当录制节目时，播音员、主持人总能热情洋溢、精神饱满地出现在话筒前或镜头前，这种行为的背后，是他们对节目播出效果比较稳定的、乐观的期望。这本是一种正常的心理效应，随着近年来广播电视行业竞争越来越激烈，要想使自己的节目保持较好的收听收视率，播音员、主持人就必须付出更大的努力，面临更大的压力，这种压力来自受众、领导、同事、同行，因而也更明显、更直接。央视主持人崔永元因主持《实话实说》而一举成名，也因《实话实说》受到各方的不断期待，使得崔永元在巨大的压力下患上了抑郁症，不得不离开自己心爱的节目。另一方面，在广播电视快速发展过程中，许多年轻的播音员、主持人被推向前台，在节目组的集体创意下，一部分人很快得到了受众的认可。这一部分迅速走红的播音员、主持人中，有个别的出现了"自我膨胀"的不良倾向，自我期望值过高，为职业危机和心态失衡埋下了伏笔。与此同时，大部分播音员、主持人每天都在接收来自领导、受众和社会方方面面的评价信息，大家见仁见智、有抑有扬，对播音员、主持人的情绪也造成了一定的冲击，如果消极情绪体验深刻而又得不到及时宣泄，他们就会受到一定程度的负面影响。

随着广播电视体制改革的进行，一方面，播音、主持之间的界限开始变得模糊；另一方面，相当一部分播音员、主持人也开始参与策划、编导、撰稿、采访，甚至制作、制片等工作，"采、编、播"一体化使得他们身兼数职，工作负荷显著增加。这也是播音员、主持人精神疲惫以致缺乏耐力的一个重要原

---

① 刘京林等主编：《传播、媒介与心理》，北京广播学院出版社1999年版，附录。
② 勒格：《人格心理学》，陈会昌等译，中国轻工业出版社2000年版，第275页。

因。有时一个主持人和节目组一起花七八个小时准备现场报道,但最终成败的关键可能就在那一刻钟的实况表现;虽然长时间忙碌,但到了直播时间,主持人必须高度集中注意力。如此长时间保持注意力,大脑皮层兴奋的时间过长,就会被迫转入抑制状态,主持人一时无法集中精力,甚至在播报时会出现口误或发生思维混乱等情况。

一次播音或主持节目的成功往往是多方努力、协调一致的结果,各方面运转、衔接正常,是节目顺利进行的必要条件。但由于一些不可控的非人为因素,播音主持现场有时会发生不可预料的变故,造成重大的干扰。比如主持现场文艺会演时,出现话筒不响、灯光熄灭等情况,观众会显得焦躁不安,主持人处理不好,会使节目质量大打折扣;如巧妙地应对,则会转危为安,确保节目下面的环节不受大的影响。[①] 特别对于年轻的播音员、主持人来说,由于害怕出现缺点被广播、电视"放大",在上节目之前,方方面面都准备得十分仔细,除了非人为因素外,他们习惯性地对串台词反复确认,反复训练自己的表情和动作,就可能出现上文中谈到的"强迫"倾向,一旦真的发生错误,往往无地自容。

通过以上分析,对照常见的心理障碍类型,播音员、主持人实际上是广泛性焦虑、强迫症、表演型和自恋型人格障碍的高危人群。有的心理障碍虽不普遍,但是一旦发生,影响十分严重。比如播音员的"呼台号恐惧症",有些播音员在每次播报台号时都出错或声音失真,对所在台的声誉有很大影响,虽然播完台号以后十分流畅,但也无法掩盖这一问题,有些播音员由于无法根除这一障碍,最后只好退出播音行业。下面我们将深入细致地分析播音员、主持人不良心理状态的根源。

三、播音员、主持人不良心理状态的根源

播音员、主持人不良心理状态的根源有很多,有来自工作、家庭和社会方面的,也有来自人格方面的。由于本编下面的章节将会详细探讨影响播音员、主持人心理健康的工作、家庭因素,我们这里仅从两个角度,即宏观的社会层面和微观的人格层面出发,寻找播音员、主持人不良心理状态的根源。

(一) 现代社会的变迁

相对于过去,现代社会生活的方方面面,发生了或者正在发生着巨大的

---

① 魏薇:《播音主持论》,四川大学出版社2003年版,第425页。

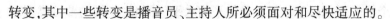

第十二章 播音员、主持人的个体心理训练与团队精神培养

转变,其中一些转变是播音员、主持人所必须面对和尽快适应的。

第一,广播电视传播技术手段迅速发展。现代社会新的知识、新的技术层出不穷,由收音机、模拟电视机、数字电视机到网络广播和网络电视的出现,以及各种录音、录像、采访手段的变革,仅仅几十年的时间。传播媒介的变化引发的是传播技能和观念的革命,播音员、主持人需要不断更新知识结构,才能适应新的传播途径的需要。

第二,商业活动日益频繁。现代社会第一产业和第二产业已经非常发达了,作为第三产业的商业行为有着巨大的上升空间,商业行为也越来越多地触及广播电视行业,每一个播音员和主持人都会或多或少、直接或间接地追求一定的经济利益。在此过程中,他们不可避免地会参与各种竞争,承担风险和压力。

第三,社会需要的多样化促使播音主持分工呈现多元化。以主持人为例,根据节目类型的不同,可以分为新闻评论类、综艺娱乐类、教育服务类、体育类、少儿类等,这对播音员、主持人个人提出了高度专业化的要求。

第四,广播电视的价值观念出现明显转变。对于播音员、主持人而言,除了坚持政治意识、喉舌意识以外,"品牌塑造"突显了他们的个人价值。观念的变化,为播音员、主持人个性的发展、自我价值的实现提供了更大的空间,但如果把握不好,也容易使人的心理陷入矛盾冲突之中,导致行为上的进退维谷[1]。

(二)播音员、主持人的人格特征

人格特征是指一个人由于生活环境、教育等背景不同而长期形成的对事物固定的看法和反应形式。我们这里谈的人格特征,包括播音员、主持人的能力、气质和性格等方面。要想成为一名成功的播音员、主持人,得到受众的认可和接纳,需具有以下个性特点:外向、健谈、合作、易与人相处,有安全感,能保持内心的平衡,适应的能力较强;对人对事热心而富有情感,谦虚随和,认真负责;处事沉着、老练、灵活,行为得体,有自信心,能冷静分析事物,有敢作敢为的精神,通常不掩饰,不畏缩,但有时可能武断而忽视细节;通常不轻易评判是非,乐于了解较前卫的思想与行为,具有一定创造性,有雄心,希望成功;对具体的而不是抽象的事物更感兴趣[2]。显然,这些对播音

---

[1] 张梅:《心理训练》,华中理工大学出版社1999年版,第6页。
[2] 胡运芳等主编:《〈电视节目主持人职业素质评价指标体系研究〉成果汇编》,中国广播电视出版社1999年版,第35页。

员、主持人个性的要求高于一般人群的平均水平。同时,不同的节目类型对播音员、主持人的个性还有特殊的要求,如果播音员、主持人与特定节目类型不相符合,比如让典型的多血质的个体仅仅从事新闻播报工作,她/他的优势就无法得到充分体现。

四、播音员、主持人不良心理状态的缓解

为了维持健康的心理,每个人必然要经历三个基本的生活问题,即社会或集体生活问题、工作和爱[①],所以,播音员、主持人要缓解不良心理状态,从根本上讲,需要处理好友情、职业和爱情三者之间的关系。对此,著名精神分析学家阿德勒有过精辟的论述。关于集体生活,阿德勒认为为了成为充分发展的人,在生命历程中,我们必须加强与他人的基本联系,并且尽可能多地与他人建立建设性的关系,如合作关系、协调关系。他认为我们能确保的唯一的安全感源于人们的友善,遗憾的是很多人没有采取这种建设性的方式,而是试图通过把自己和别人隔离开来以获得安全感。然而,隔离导致势利、顽固、憎恨、怀疑、嫉妒、忌恨和谄上瞒下,它带来的安全感也是暂时的。在阿德勒看来,我们必须通过工作维持社会的正常发展和繁荣,所有人都要学会怎样做事情,学会对自己的行为负责,学会通过工作对社会有所贡献。最后,爱要求我们尊重我们所爱的人。在阿德勒看来,成熟的爱包括家人、伴侣间的合作和信任,以及彼此平等相待。

如何才能达到阿德勒所描绘的爱情、友情、职业三位一体的和谐状态?我们认为,播音员、主持人通过科学的个体心理训练,可以有效缓解工作、生活的压力,并同时为更高质量的工作和生活做好准备;通过及时的角色转换、高效的时间管理和对社会支持的充分利用,可以保持与家庭、朋友紧密的联系;通过提升自身的合作品质和团队精神,可以更好地融入节目组。这些努力会使播音员、主持人在处理友情、职业和爱情的关系时做到左右逢源、游刃有余,个人不良心理状态的缓解也便水到渠成了。

---

① 高峰强等译:《人格理论》,陕西师范大学出版社2005年版,第66页。

由"播音浮躁"现象谈起

在20世纪80年代中后期到21世纪初,我国电台、电视台节目主持人开始出现,并且数量急剧增长。主持人的出现,打破了播音员一统天下的传统格局,主持人具有的较为自然的口语、灵活的节目安排等播音员无法比拟的优势,备受受众欢迎。在广播电视界,主持人成了一种"时尚"和"潮流",但最初一批主持人中,真正懂得播音的并不多,受过专业培训的也不多见,他们的语言运用随意、不规范,甚至有的一味投合部分受众的需要。主持人社会认可度的飙升,使"相形见绌"的专业播音队伍受到很大冲击,许多人改行做主持人,即使留在播音岗位上的一部分播音员也出现了应付了事的工作态度。反观主持界,随着主持人在广播电视节目中的日益普及,社会对主持人的注目,把许多并不知名的播音员和记者推到主持的前沿阵地,而当他们挑起节目的大梁时,与受众交流的直接手段——播音,也渐渐失去了往日的庄重、严谨,语音、技巧等都显得不再那么重要了。于是,与整个节目不相协调的"播音浮躁",不知不觉地表现在广播电视节目中。

当然,主持人的出现,播音员和主持人并存,这些都是符合广播电视发展的规律的。但是,相伴而生的"播音浮躁"的负面影响也十分巨大,而且很快便发展为"播音主持浮躁"[①]。"播音主持浮躁"有多层面的原因,其中有社会的推动、受众的需求、收视率和收听率的压力等,但是这里还有一个根本的原因,就是播音主持心理的、认知态度的变迁。播音主持基础技能重要性的淡化导致南腔北调、奇装异服,主流价值观的动摇导致媚俗甚或低俗。反过来,"播音主持浮躁"又可能会导致一部分播音主持自我意识的扭曲,从而造成心理的异化,最终影响自身的心理健康和节目的传播效果。

---

① 曾致:《浮躁的播音主持》,载《中国记者》2001年第1期。

事实上,大多数播音员、主持人能正确面对"浮躁心理"的冲击,很好地调整心态,坚持正确的舆论导向,适应新的工作的要求。我们这里讨论这一现象,也只是作为一个引子,引起大家对播音员、主持人个体心理和团体心理的重视。下面我们将以更宽广的视野,讨论播音员、主持人个体心理问题和团体心理现象及其规律。

第二节 播音员、主持人的个体心理训练

一、个体心理训练概述

(一)个体心理训练的概念和必要性

播音员、主持人所面临的工作情境压力较大,是比较容易遭受挫折的一种职业,为了减少失败,提高成功的概率,掌握一些个体心理训练的方法以应对困境便显得十分重要。首先我们看一下个体心理训练的基本概念。

个体心理训练是指采用专门仪器、动作等心理学手段,对个体进行有意识的影响,使其心理状态发生变化,以达到最适宜的程度,满足提高作业成绩,增强身心健康需要的训练技术[1]。

美国的雅各布逊(Jacobson, E.)最早开始试验放松肌肉动作的训练方法,他以肌肉放松动作改变人的慌张、害怕情绪,称为"渐进松弛法"。以后加拿大的彼尔西瓦利将肌肉松弛与呼吸结合起来调节人的心理状态。当这种方法应用于运动实际并取得显著效果时,首先在欧洲,尤其在苏联地区引起极大的注意,随后也在美国及其他国家开展起来[2]。

20世纪70年代以来,随着社会的发展,心理学知识的广泛传播,心理教育和训练的经验大大增加,世界各国普遍重视心理教育和训练,尤其重视青少年的心理教育和训练,并成立了国际学校心理学会。许多发达国家如美国、德国、俄国、丹麦、日本、澳大利亚,心理教育训练活动极为广泛和丰富。他们在大中学开设了与心理教育训练有关的课程和课外活动,设有专职学校心理学工作者,开展了学习、创造、生活技能、行为塑造、体育活动、情感适应等方面的心理训练[3]。目前心理训练发展到了许多领域,比如运动、外科

---

[1] 朱智贤主编:《心理学大词典》,北京师范大学出版社1991年版,第422页。
[2] 陈方华等:《国外心理训练方法简介》,载《中华航海医学与高气压医学杂志》2004年第11卷第1期。
[3] 余祖伟:《心理训练探微》,载《阴山学刊》2001年第2期。

手术、军事、艺术表演等高紧张度需短时间内放松的行业,近年,我国播音员、主持人的培养也开始使用心理训练法。心理训练法的优势特别体现在帮助年轻播音员、主持人初次适应话筒、镜头,获得对象感方面;对于大多数播音员、主持人而言,心理训练可有效帮助他们克服紧张、焦虑情绪,尽快集中注意力,调节好生理和心理状态,从而很好地进入节目录制或实况直播的状态。

(二) 播音员、主持人个体心理训练的常用技巧

为达到更好的心理训练效果,在对播音员、主持人进行个体心理训练时,应该注意把握一些基本原则。任何心理训练方法的使用,必须首先有利于播音员、主持人的身心健康发展;心理训练的主要任务是培养对心理状态的自我调节能力,因此被训练者能否自愿配合,是心理训练好坏的主要因素;心理训练的主要目的在于改善心理状态,使播音主持达到最佳水平,所以改善心理状态必须以个体的身心特征为依据;心理训练要求从根本上改变播音员、主持人的心理状态,这不是轻而易举的事情,接受训练的播音员、主持人必须具有耐心和信心,持之以恒,不断进行自觉的自我训练,逐步学会控制自己的心理状态[①]。

针对播音主持工作的实际需要,我们介绍几种较为有效的心理训练技巧。

1. 播音员、主持人克服紧张、战胜焦虑的技巧

紧张焦虑是播音员、主持人最大的障碍之一。有人总结出播音员、主持人三个最普遍的焦虑的原因[②]。第一个是对失败的焦虑。特别是在电视实况报道中,如果出现差错,就会感觉时间仿佛凝固了一般。许多年轻的播音员、主持人太担心自己会出错,他们会想到,朋友或家人可能都在看电视,如果自己出错,这些朋友和家人又会怎样看待自己,这种对失败的焦虑往往会成为一种自我应验的预言。但这时候如果不担心,或者不太注意自己能否鼓起勇气,那么结果是你一定会鼓起勇气。第二个是对在同行面前失手的焦虑。播音员、主持人要向自己的领导和同行展现很多东西,在很多情况下,普通受众并不会注意到他们出的差错,但他们自己知道,这种差错会被新闻导播识别出来,被其他播音员、主持人和竞争对手看出来。第三是害怕让公众失望的焦虑。作为播音员、主持人,要经常播报一些对受众有重要影

---

① 张书义:《浅谈心理训练》,载《天中学刊》1999 年第 4 期。
② 阿亚:《直播前 30 秒》,黄丽莎译,新华出版社 2000 年版,第 14 页。

响的重大问题。如果出了什么差错,又未能从中振作起来,将引起严重的后果。

我们知道,战胜焦虑的最佳方法是运用知识和智慧。但是,怎样通过心理训练减轻播音员、主持人的焦虑感呢?

候场时的呼吸调整　这一点我们在前面的章节也有所涉及。临场放松对于播音员、主持人来说是十分重要的,可以找一个自己感到轻松的场合,或坐或立,然后进行深呼吸练习:可以闭上眼睛,吸气时深深地吸,把肺部尽量扩张;呼气时慢慢地呼,让呼气时间拖得稍长一点,尽量用鼻子呼吸。深呼吸放松法简单易行,而且深呼吸还可与肌肉放松等方法同时进行,不需要占用较长时间,是一种方便、有效的应急措施。

大脑训练法　所谓大脑训练法,主要是通过播音员、主持人的想象力,将播音主持开始、过程中、结束的每一个细节,在"大脑电视"里过一遍;暗示自己放松身体,调整和改善心理状态,对自己充满信心[1]。比如,确信自己在节目一开始就能够集中精神,完全不怕观众的欢呼、周围噪音的干扰,也不在意电视镜头对准自己或者临时发生意外事故;并且在想象中将每一个细节做得尽善尽美,设想一旦发生意外事故时,自己将如何对待;等等。所以,有人将这一方法也称为"心理体操"或"表象训练法"。同时,大脑训练法还是一种积极的自我暗示法,它能使播音员、主持人有意识地抑制一些所谓不由自主的身体活动,增强有意识地控制体内的各种生理过程的能力。比如,控制消化、呼吸、心跳、血液循环和新陈代谢;还可以控制情感和情绪,使人变得身心协调一致。大脑训练法的创建者阿伯瑞佐,把大脑训练法的要领归结为两句话:"放松并控制身体,使用肯定的暗示并发挥想象力。"这种训练方法,帮助造就了国内外大批优秀的播音员、主持人。这种训练方法既可以平时练习使用,也可以用于候场时的调整。

平时的模拟训练　认知心理学将低级的感知到高级的思维、决策作为一个系统即一个不可分割的整体来看待。那么,提高思维、决策能力的最有效的方法,自然是让播音员、主持人置身于需要他做出决策的模拟录制、播出情境中去,接受从感知信息到思维、判断、做出决策的整套训练。模拟训练有利于播音员、主持人在复杂条件下做出快速反应,有助于培养他们沉着冷静地、正确果断地处理复杂情况的能力。所安排的模拟训练的内容,应尽可能与录播或直播节目过程中可能发生的情况和变化相似。一旦形成条件

---

[1] 张书义:《浅谈心理训练》,载《天中学刊》1999年第4期。

反射,模拟训练的技巧逐渐习惯化,播音员、主持人在正式上节目时就能够较快地战胜焦虑、消除紧张。

对于具体的焦虑障碍,有具体的调整方法,比如前面提到的"呼台号恐惧症",就可以采用"系统脱敏法"进行治疗。在日常生活中,播音员、主持人为了缓解焦虑,还可借助催眠放松法、音乐放松法等,这里限于篇幅,不再一一介绍,感兴趣的读者可参阅相关的专业书籍。当然,消除播音员和主持人的焦虑感,根本的办法是熟悉工作和环境,工作经验积累到一定程度,对于工作的程序、场上可能发生的一切及其结果都了然于胸,就不会有太多的不适应,从而也就不会有什么过度的紧张和焦虑了①。

测一测:焦虑自评量表(SAS)

如果播音员、主持人想对自己的工作和生活中的焦虑程度进行测试,可以采用下面的量表,该量表的结果可以作为播音员、主持人自我监控和评价的工具(结果只作为参考)。

焦虑自评量表(Self-Rating Anxiety Scale,SAS)由华裔教授 Zung 1971 年编制,是一种分析病人主观症状的相当简便的临床工具。由于焦虑是心理咨询门诊中较常见的一种情绪障碍,所以近年来 SAS 是咨询门诊中了解焦虑症状的常用量表。

1. 量表内容

SAS 含有 20 个项目,希望引出的 20 条症状是:

(1)我觉得比平常容易紧张和着急。

(2)我无缘无故地感到害怕。

(3)我容易心里烦乱或觉得惊恐。

---

① 闻闸:《播音主持训练280法》,北京广播学院出版社1999年版,第56页。

(4) 我觉得我可能将要发疯。
*(5) 我觉得一切都很好,也不会发生什么不幸。
(6) 我手脚发抖打战。
(7) 我因为头痛、颈痛和背痛而苦恼。
(8) 我感觉容易衰弱和疲乏。
*(9) 我觉得心平气和,并且容易安静坐着。
(10) 我觉得心跳很快。
(11) 我因为一阵阵头晕而苦恼。
(12) 我有晕倒发作或觉得要晕倒似的。
*(13) 我呼气吸气都感到很容易。
(14) 我手脚麻木和刺痛。
(15) 我因为胃痛和消化不良而苦恼。
(16) 我常常要小便。
*(17) 我的手常常是干燥温暖的。
(18) 我脸红发热。
*(19) 我容易入睡并且一夜睡得很好。
(20) 我做噩梦。

2. 评分方法

SAS 采用 4 级评分,主要评定症状出现的频度,其标准为:"1"表示没有或很少时间有;"2"表示有时有;"3"表示大部分时间有;"4"表示绝大部分或全部时间都有。20 个条目中有 15 项是用负性词陈述的,按上述 1—4 顺序评分。其余 5 项(第 5,9,13,17,19)注*号者,是用正性词陈述的,按 4—1 顺序反向计分。

3. 分析指标

(1) 原始分、标准分:将每项得分相加,即得到原始分(亦称粗分),原始分乘以 1.25 以后取其整数部分,就得到标准总分。

(2) 评价:全国协作组吴文源等人对 1158 例正常人(常模)测评结果分析,正评题 15 项平均值 1.29±0.98;反向 5 项均分 2.08±1.71;20 项总均值 29.78±0.46,可作为代表常模总分均值之上限。中国常模标准分临界值为 50 分,其中 50—59 分为轻度焦虑,60—69 分为中度焦虑,69 分以上为重度焦虑。

2. 播音员、主持人走出抑郁、适度兴奋的技巧

我们在本章的第一节中，提到了作为心理障碍的抑郁心境。播音员、主持人出现抑郁倾向并不是个别现象，张越、白岩松、李咏也在不同的场合谈到了自己的抑郁倾向，崔永元甚至在"2005 艺术人生"特别节目诉说心声时公开承认自己患有严重的抑郁症。抑郁倾向会使人情绪低落、兴趣减退，其负面作用不仅体现在日常生活中，而且会对工作产生一定影响。著名的播音员、主持人凭借其非凡的智慧和坚强的意志力能把抑郁留在生活中，而不会带到工作中去，但对部分年轻或是缺乏工作经验的播音员、主持人而言，抑郁心境就成为影响他们工作的一个因素了。我们这里讨论的抑郁，并不单指严重的抑郁症，而是一般意义上的精力减退、活动效率下降、情感兴奋性较低等，也包括我们前面提到的播音员、主持人不良心理状态的两种表现，即精神疲惫和缺乏耐力。在节目中，带着抑郁心情播音或主持，显然不会达到好的传播效果，不会得到受众的认同。适度的兴奋才会使播音主持达到最佳效果。如何才能化解抑郁，重新焕发热情呢？一般认为这一过程包括三个环节①：

（1）对抑郁情绪进行彻底的释放。之所以首先要将抑郁情绪彻底释放出来，原因在于抑郁是一种指向个人内部的消极、压抑的状态。可以通过倾诉甚至哭泣等方式，使个人的心情得到充分表露。同时可辅以放松训练，这样能够使原来生理上的紧张暂时得到解除，心理上的压抑感也得以减轻，为正常的播出和主持节目做好准备。

（2）转变不合理的思维方式。受众的实时评价、各种等级的评优以及收视率甚至工作合同的压力，使得播音员、主持人遭受挫折性事件的概率要高于一般人群。抑郁者通常是挫折事件发生之后，沉湎于对痛苦往事的回忆，并据此在想象中把未来描绘成毫无希望、毫无乐趣。在挫折发生以后，不合理的思维方式会强化抑郁心理。因此转变不合理的思维方式十分重要，一旦抑郁情绪赖以产生的信念基础发生了根本的动摇，那么减轻和消除抑郁就有了很高的希望。

（3）采取实际行动走出困境。崔永元说，他在积极地配合心理医生的治疗，并取得了一些进步；同时，他也在调整自己的工作和生活，能保持自己的兴趣并将工作负荷控制在一定的范围内。对于抑郁的个体而言，"采取实际行动走出困境"是最关键的一步，抑郁会使当事人学习、工作、社交、身体等

---

① 张梅：《心理训练》，华中理工大学出版社 1999 年版，第 151 页。

方面处于相当困顿的状态,这种状态不断加剧着抑郁的感受,二者形成了恶性循环。要彻底打破这个循环,单单从理智上消除了不合理信念还不够,必须以积极的态度,制订具体的目标,并付诸实施。对于具体的方法,我们后面将从应对效能、自我效能和自我意象等角度继续展开。

视窗

测一测:抑郁自评量表(SDS)

如果播音员、主持人想对自己的工作和生活中的抑郁程度进行测试,可以采用下面的量表(结果只作为参考)。

抑郁自评量表(Self-Rating Depression Scale,SDS)由华裔教授Zung 1965年编制。此自评量表,用于衡量抑郁状态的轻重程度及其在治疗中的变化。评定时间跨度为最近一周。

1. 量表内容

SDS 由20个陈述句和相应问题条目组成,反映抑郁状态四组特异性症状:(1)精神性—情感症状,包含抑郁心境和哭泣2个条目;(2)躯体性障碍,包含情绪的日间差异、睡眠障碍、食欲减退、性欲减退、体重减轻、便秘、心动过速、易疲劳共8个条目;(3)精神运动性障碍,包含思考困难和能力减退2个条目;(4)抑郁的心理障碍,包含思维混乱、无望感、易激惹、犹豫不决、自我贬值、空虚感、反复思考自杀和不满足,共8个条目。

SDS 的20个条目希望引出的症状是:

1) 我感到情绪沮丧,郁闷。
*2) 我感到早晨心情最好。
3) 我要哭或想哭。
4) 我夜间睡眠不好。
5) 我吃饭像平时一样多。

*6）我的性功能正常。

7）我感到体重减轻。

8）我为便秘烦恼。

9）我的心跳比平时快。

10）我无故感到疲劳。

*11）我的头脑像往常一样清楚。

*12）我做事情像平时一样不感到困难。

13）我坐卧不安，难以保持平静。

*14）我对未来感到有希望。

15）我比平时更容易激怒。

*16）我觉得决定什么事很容易。

*17）我感到自己是有用的和不可缺少的人。

*18）我的生活很有意义。

19）假若我死了别人会过得更好。

*20）我仍旧喜爱自己平时喜爱的东西。

2. 评分方法

每一个条目均按1、2、3、4四级评分，主要评定症状出现的频度。其标准为："1"表示没有或很少时间有；"2"表示有时有；"3"表示大部分时间有；"4"表示绝大部分或全部时间都有。20个条目中有10项（第1、3、4、7、8、9、10、13、15和19）是用负性词陈述的，按上述1—4顺序评分。其余10项（第2、5、6、11、12、14、16、17、18和20）注*号者，是用正性词陈述的，按4—1顺序反序计分。

3. 分析指标

（1）原始分、标准分：将每项得分相加，即得到原始分（亦称粗分），原始分乘以1.25以后取其整数部分，就得到标准总分。

（2）评价方法：量表协作组（1986）曾使用SDS对我国正常人1340例进行了测评，SDS总分（原始分）为33.46 ± 8.55，标准分为41.85 ± 10.57。男女、年龄间无显著性差异。按上述中国常模结果，SDS总粗分的分界值为41分，标准分为53分。53—62分之间为轻度抑郁，63—72分之间为中度抑郁，72分以上为重度抑郁。

3. 播音员、主持人集中注意力的技巧

播音员、主持人在节目中需要在很短的时间内播报大量的信息,需要不断进行话题转换、与嘉宾或受众进行各种沟通,所以对播音员、主持人而言,能否迅速地集中注意力,往往在一定程度上决定着节目的成败。一般地,播音员、主持人常用的集中注意力的技巧有:

(1) 注意转移法。此法把由于节目即将开始引起的紧张情绪和兴奋性转移到有趣的能吸引人的事物上去,也就是用某种能充分吸引注意力的活动来填满节目开始前那一段时间,比如听音乐、看漫画等,但不要与无关的人聊天,以免兴奋点过于分散。注意转移法有助于播音员、主持人摆脱令人烦恼的不良诱导的刺激,使注意力能根据需要很快集中到节目中的表象和思维上。

(2) 注意力集中在台词和情感表现上。在节目进行的过程中,播音员、主持人可以选择一种与节目意境、台词相一致的情绪情感,贯穿节目的始终,用情绪情感的唤起维持注意的力量。比如,综艺娱乐类主持人,在主持节目的过程中始终充满着欢乐、洋溢着激情,就很容易将注意力集中在体现同样情绪的"串台词"上,在这种情绪的支配下,主持人还可以根据场上的表现调整台词,同时确保不会偏离整个节目的气氛和主题。中央电视台"幸运52"节目主持人李咏,湖南卫视"快乐大本营"节目主持人何炅,在主持节目时便很好地运用了自己的情绪,主持流畅、自然,极少出现卡壳、忘词等现象。有观众甚至给何炅写信,感谢他们的节目让他重新快乐起来,并帮助他走出了抑郁的困扰。

需要注意的是,不同的心理训练方法之间有着密切的联系,比如放松训练和注意转移对于焦虑的缓解都会起到积极的作用,所以播音主持在实践中应把几种心理训练的方法结合起来使用,以达到最佳的效果。

二、合理调节家庭和工作压力

(一) 播音员、主持人压力概述

在2004年主持人论坛结束之际,新浪网出现了这样一条题为"荧屏风光背后一声叹息,名嘴难解'心病'症结"的新闻评论,其中写道:"电视节目主持人在荧屏上风风光光,可是背后也和普通人一样,有着一把辛酸泪。2004主持人论坛虽然已经在沪落幕,但是众多名嘴们的一声声叹息似乎还缭绕在很多人的耳边。记者昨天获悉,和崔永元一样,神气活现的李咏由于压力太大,竟然也患上了苦不堪言的失眠。在来沪参加论坛之前,还算计着什么时候能到香港找名医治疗。相比身体疾病的痛楚,很多在荧屏上对别人开朗热情、无忧无虑的名嘴们,他们内心的厮杀更加的惨烈……"①

在中国,一方面,播音员、主持人是媒体对外的代表,需要有较高的政治、政策意识,遵守十分严格的职业道德和宣传纪律;另一方面,随着市场经济对媒体的冲击,媒体"营销"的时代也拉开了大幕,播音员、主持人作为媒体的焦点人物,也时常徘徊于"责任"与"利益"之间,承受着巨大的压力。

作为一种社会心理现象,压力的定义是:个体对在环境中受到的威胁有所知觉或对未来可能发生的不安有所预期,因而对机体产生刺激、警告或使其活动。还有学者认为,压力是随着可预测的生理变化、生物化学变化和行为变化的一种负性情绪体验,这些变化有的是环境的改变,有的是应对压力所导致的后果,其目的是为了减轻压力,或者是对压力的适应(Baum,1990)②。总之,由于个体与社会交互作用,压力过高有可能导致身心疾病。

长期以来,压力一直是社会心理学、健康心理学的热点问题。研究发现,相对于正性的压力事件,不愉快事件或者负性事件会使人们产生更大的心理压力以及更多的躯体反应症状(Sarason, Johnson, & Siegel, 1978)。比如,同样付出的情况下,收到一张停车罚单要比参加一个喧闹的摇滚音乐会体会到更多的压力。另外,相对于可控事件和可预测事件,无法控制的事件或者不可预测的事件对人们来说更有压力(Bandura, Cioffi, Taylor, & Brouillard, 1988),播音员、主持人在外出采访或实况直播时,要比在演播室做节目压力大得多。相对于一清二楚的事件,模棱两可的事件更让人有压力(Billings & Moos),播音员、主持人在处理人际关系时,人情冷暖的反差往往会让人倍感压力。还有,相对于可以解决的事件,无法解决的事件对人们来说意味着更大的压力(Holman & Silver, 1998),在面临家庭、工作以及社会压力时,播音员、主持人能否有效地缓解,往往决定着压力的大小和持续时间。

(二) 播音员、主持人压力产生的原因

有人进行过一项研究,通过问卷调查,依次列出了前十位的压力因素,

---

① http://ent.sina.com.cn/f/zhuchirenbj/index.shtml,2005 年 3 月 3 日。
② Baum, A. (1990). "Stress, intrusive imagery, and chronic distress", *Health Psychology*, 9, pp.635—675.

具体包括(见表12.1)①:

表 12.1　前十位压力因素

1. 个人财务状况	6. 子女
2. 职业	7. 孤独
3. 太多的责任	8. 性
4. 婚姻	9. 亲属
5. 健康	10. 邻居

通过分析可以发现,绝大多数压力来自两个方面,首要的是工作压力,然后是与家庭有关的压力,其他的压力是由工作或家庭压力派生出来的,我们在对播音员、主持人的访谈中,上述看法也得到了证实。所以,我们讨论播音员、主持人的压力及其缓解时,也主要从这两方面出发。

1. 来自家庭的压力

婚姻　播音员、主持人工作时间有很大的不确定性,夜间工作、长期出差,或者夫妻分居,这些都会给婚姻带来一定的危机。作为公众人物,播音员、主持人还面临着来自配偶的怀疑和担心。忠诚和相互尊重才能带来持久的婚姻,从这一点出发,婚姻是播音员、主持人的避风港,也是他们的烦恼源泉之一。

家庭日常生活琐事　对于播音员、主持人来说,家庭中小的压力生活事件,比如小的争吵、生活的起居安排、做家务等,也可能会有累积的负性影响。在这些小的压力生活事件中,人际交往的冲突是最让人不愉快的。

财务状况　从有关部门公布的播音员、主持人收入状况来看,他们已经属于中国社会的中上收入阶层。但是,对于大多数播音员、主持人而言,高消费的生活模式往往又让部分人陷入财务赤字。控制自己的收支是减轻家庭压力的第一步。许多文章指出,对于人口生育高峰出生的人来说,财务计划显得比以前任何一代都更为重要。原因很简单,因为人们的寿命正在延长。

子女　和普通人一样,播音员、主持人不仅要满足孩子生活必需的物质条件,还要为孩子人格发展、价值观的确立花费大量的时间,而后者往往是一部分播音员、主持人比较头痛的。孩子成长的"关键期",往往恰好是播音员、主持人事业的"黄金期",如何协调和权宜,需要很高的技巧。

---

① 戴维森:《应对压力》,罗汉译,上海三联书店2004年版,第26页。

2. 来自工作的压力

相对于家庭压力而言,工作压力给播音员、主持人带来的挑战更多。2004年底至2005年初,我们在北京人民广播电台、中国传媒大学等相关单位的支持下,进行了播音员、主持人工作压力问卷的编制、调查工作。经过因素分析[①],得到播音员、主持人工作压力主要来源于六个方面:工作动机因子、领导安置因子、工作负荷因子、竞争因子、评价因子和职业发展与晋升因子等。具体题目如下(见表12.2):

表12.2 《播音员、主持人工作压力量表》题目

(1) 工作有时候令人无所适从
(2) 无权参与台里的管理
(3) 工作缺乏成就感和新鲜感
(4) 难以获得各种荣誉
(5) 单位奖惩制度不合理
(6) 所学专业与现在的工作不一致,感到吃力
(7) 领导对播音员缺乏信任
(8) 领导不重视,不关心播音员、主持人
(9) 工作需要耗尽我全部精力
(10) 工作量大,感到很疲劳
(11) 播音员、主持人的社会地位仍然不高
(12) 难以迎合受众的口味和兴趣
(13) 考核后按成绩排队
(14) 同事对我的态度
(15) 各种考试、评比太多
(16) 对播音员、主持人进行较多量化考核
(17) 职称评比和晋级条件多,限制死
(18) 继续深造和学习的机会太少

调查因为样本数量、代表性的限制,对于我们把握播音员、主持人工作压力现状只能作为一个参考,但是从该量表的调查结果上我们也能看出,各因子压力较大和很大的比率达到7.1%—36.9%。其中以评价、竞争、职业

---

① 对"因素分析"方法感兴趣的读者可参考《心理测量》(金瑜主编:华东师范大学出版社2001年版,第241—249页)。

发展与晋升因素压力感最大。

表 12.3　播音员、主持人压力感百分比

因子名称	压力没有(%)	压力较小(%)	压力较大(%)	压力很大(%)
工作动机	15.8	68.4	15.8	0
领导安置	47.3	45.6	7.1	0
工作负荷	3.6	79.0	17.4	0
评价	5.3	63.3	24.6	7.0
竞争	7.0	52.6	36.9	3.5
职业发展与晋升	3.6	61.3	28.1	7

与社会上普遍认为的高压力职业医生(高压力占总体30%左右)和教师(高压力占总体20%左右)相比,播音员、主持人所承担的压力处在一个相当高的水平。下面我们具体分析一下播音主持工作压力的来源。

工作负荷　据报道,我国播音员、主持人每天平均工作时间超过10个小时,平均睡眠时间不足6个半小时。在工作任务的迫使下,不少播音员、主持人没有上下班的概念,没有周末休息日的概念,24小时随时待命。然而人的体力、所能承受的精神压力都是有限的,身体长期过度透支,长期承受着过高的精神压力,让一部分播音员、主持人身心疲惫。人的身体和大脑不能承受太多的消耗。为了新闻而守候,为了节目而奔忙,播音员、主持人会缺少睡眠和锻炼,营养不良,特别是对于年轻的播音员、主持人来说,容易成为"为了'工作'而生活"的工作狂。

竞争和评价　目前新闻媒体大都采用末位淘汰制度和业绩考核制度,比如某媒体就以收视率1%作为节目的警戒线,只要业绩排名靠后,就有可能下岗,而媒体招聘的人员素质一般都较高,很多人水平不相上下,只要你有所懈怠,就有可能成为排名较次的一员,从而被淘汰掉。要想在众多的竞争者中"更上一层楼",得到晋升,更是难上加难的事情。竞争和评价还带来另外一个负面影响,即有的能力较强的播音员、主持人,被委以更多的职务,从而增加了他们的工作负荷,在一定程度上缩短了他们的职业生命。对此,资深电视专家曾深刻剖析了中国主持人队伍的"两无一短",其中一短就是主持人艺术寿命短。赵忠祥、倪萍等可以算是中国观众记忆中最资深的一批老主持了。而其他主持人则往往如昙花一现,只在荧屏上出现三五个年头就消失了踪影,或是被淘汰或是改行做其他工作,这种现象在地方台尤其明显。中国主持人艺术寿命短已经成为一个普遍的现象。这与国外主持人

"越老越吃香"的现象形成明显对比①。其实,不仅仅是主持人,中国的播音员也是如此。在这种竞争和评价的背景下,播音员、主持人一方面十分希望发展自己、充实自己,另一方面却没有时间和精力去"充电",从而形成恶性循环。

来自受众的压力　以往受众主要希望从媒体获得信息,求知需要占有重要地位;但是,随着受众个人素质的提高,他们对广播电视节目的要求也提高了,审美需要、娱乐需要以及社会化需要成了他们收听或观看广播电视节目的主要动机。与此同时,他们不再愿意只听媒体的一面之词,而是越来越倾向于发表自己的声音。网络的迅猛发展为受众发表意见、观点提供了一个很好的平台。播音员、主持人在节目中的立场、观点甚至是用词,都可能会引起人们在网络上的争议或讨论。想做一名优秀的播音员、主持人,对工作加倍投入,才能够保证节目质量,才能够满足日趋苛刻的受众。此外,播音员、主持人在报道一些社会阴暗面时,必然要触及部分人的利益,这些人会千方百计予以阻拦,甚至对播音员、主持人进行恐吓、打击、报复。这使播音员、主持人有种不安全感,甚至可能在较长时间内处于压抑、惶恐不安的状态中,如果这种极度的恐惧情绪不能及时得以排遣,难免会出现心理障碍。

领导和管理　有人把工作压力源归为时间压力、互动压力、情景压力和期望压力四个方面。时间压力是一种播音员、主持人最普遍的压力源,而互动冲突是人际关系互动造成的结果,情景压力是由一个人所处的环境造成的,期望的压力源则是指还没有发生但有可能发生的不愉快的事件,包括恐惧和不愉快的期望②。在广播电视行业,领导和管理对播音员、主持人的时间分配、互动、工作情景以及期望都有较大的影响。如果播音员、主持人工作超负荷、工作上又不能自主、管理上无法参与,他们的工作积极性必然下降。领导和管理者应建立较为科学的工作程序,明确职责,为播音员、主持人提供工作反馈以及参与台里制度建设的机会,改善播音员、主持人的工作条件,提高他们的经济收入,从而提高他们的工作兴趣。

(三)压力对播音员、主持人的消极影响

压力对播音员、主持人的消极影响,主要体现在以下三个方面。

---

① http://ent.sina.com.cn/f/zhuchirenbj/index.shtml,2005年2月25日。
② 舒晓兵等:《工作压力研究:一个分析的框架》,载《华中科技大学学报(人文社会科学版)》2002年第5期。

1. 心理症状：心理失调与压力有重要的关系。其中包括：焦虑、迷惑和急躁；疲劳感、生气、憎恶；情绪过敏和反应过敏；感情压抑；交流的效果降低；退缩和忧郁；孤独感和疏远感；厌烦和工作不满情绪；精神疲劳和低智能工作；注意力分散；缺乏自发性和创造性；自信心不足。

2. 生理症状：心率加快，血压增高；肾上腺激素和去甲肾上腺激素分泌增加；肠胃失调，如溃疡；身体受伤；身体疲劳；死亡；心脏疾病；呼吸问题；汗流量问题；皮肤功能失调；头痛；癌症；肌肉压力；睡眠不好。

3. 行为症状：拖延和避免工作；工作完全破坏；去医院次数增加；为了逃避，饮食过度，导致肥胖；由于胆怯，吃得少，可能伴随着抑郁；没胃口；冒险行为增加，包括不顾后果的驾车和酗酒；侵犯别人。

（四）播音员、主持人压力的应对

如何应对高压力的生活？这是每一位播音员、主持人目前迫切需要解决的一个问题。我们下面从播音员、主持人的角色转换、时间管理、自我效能、应对方式、应对效能以及社会支持等方面进行分析，这些方面都是压力研究者比较看重的压力"缓冲"变量。

1. 播音员、主持人压力与角色转换

播音员在播报节目的时候，他们是一个信息传递者；如果有场外连线或现场报道的时候，他们需要有记者的思维和口吻；而主持人的工作要更复杂一些，娱乐类主持人有的时候还是演员，同时他们还要作为一个组织者，让嘉宾、现场观众密切配合自己，按照自己的节奏参与节目。现在，越来越多的播音员、主持人在台前幕后忙碌，不仅从事本职工作，还参与或担纲策划、编导、采访和制片等，俨然是一位"多面手"。在工作中，播音员、主持人很好地实现角色转换对于缓解工作压力十分重要。首先，播音员、主持人要对自己承担何种工作角色、对自己的工作职责、工作权限的权力和意义非常清楚；其次，播音员、主持人要避免在工作中产生角色冲突，亦即与他人承担相互矛盾或相互冲突的工作职责，以免相互干扰和妨碍；同时，播音员、主持人要防止角色过载出现，防止承担的工作超过自身能力所负担的极限。

在承担工作角色、作为公众人物的同时，播音员、主持人还承担着家庭角色。在生活中，应该有意识地将家庭责任和家庭义务列入自己的时间表。在家庭里，播音员、主持人应注意与家庭成员保持平等关系，尊重每一个家庭成员，不应以自己的社会声望为由在家庭里享有特殊的"权威"。唯其如此，播音员、主持人才能通过角色转换巧妙地消解由于工作和家庭不协调产生的压力。

2. 播音员、主持人压力与时间管理

英国作家培根曾说过:"选择时间是为了节省时间。"①他所说的这个问题,在管理心理学上称为"时间管理"。前面我们提到,播音主持是高工作负荷的职业,如何在不减少工作量的前提下减轻工作负荷,答案就是进行有效的"时间管理"。

杰伊认为,时间管理的两个核心是"减少工作量"、"做有成效的事"②。黄希庭则从时间管理的人格倾向层面研究了时间管理倾向问题,他提出时间管理倾向由时间价值感、时间监控观和时间效能感三个维度构成③,同杰伊对时间管理的定义一样,黄希庭的概念也具有很强的操作性,他用图 12.3 表示个体时间管理倾向的结构:

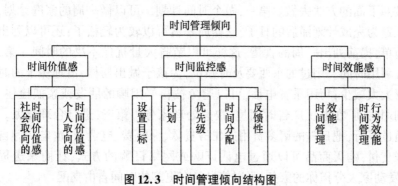

图 12.3　时间管理倾向结构图

其中,时间价值感是指个体对时间的功能和价值的稳定的态度和观念,包括时间对个人的生存与发展以及对社会的存在与发展的意义的稳定态度和观念,它通常是充满情感,从而驱使人朝着一定的目标而行动,对个体驾驭时间具有动力或导向作用。时间价值感是个体时间管理的基础。时间监控观是个体利用和运筹时间的能力和观念,它体现在一系列外显的活动中,例如在计划安排、目标设置、时间分配、结果检查等一系列监控活动中所表现出的能力及主观评估。时间效能感指个体对自己驾驭时间的信念和预期,反映了个体对时间管理的信心以及对时间管理行为能力的估计,它是制约时间监控的一个重要的因素。因此,时间价值感、时间监控感和时间效能感分别是价值观、自我监控和自我效能在个体运用时间上的心理和行为特

---

① 转引自刘磊编辑:《时间管理》,载《中国人才》2003 年第 5 期,第 36 页。
② 杰伊:《时间管理》,胡玲译,华夏出版社 2004 年版,第 6 页。
③ 黄希庭等:《论个体的时间管理倾向》,载《心理科学》2001 年第 5 期。

征,即时间维度上的人格特征。既然时间管理在某种意义上是一种人格倾向,所以个体一旦形成良好的时间管理倾向,对于他的工作生活都会产生积极的、持久的影响。研究表明,时间管理与焦虑、心理健康、心理压力、自信心等有着密切的联系,下面我们分析如何通过有效的时间管理减轻播音主持的压力。

家庭时间管理 平均而言,人的大部分时间都在家中度过;但对于播音员、主持人来说,由于他们的工作性质,有相当多的时间不在家里,所以他们不仅要珍惜工作时间,还要重视家庭时间。对家庭时间进行合理安排,妥善处理好各种家务,不仅关系到播音员、主持人家庭生活的幸福、美满,而且可能决定着他们的一生能否有所成就。时间管理专家认为,家庭时间管理可以按照下面的方法去做。第一,做个时间计划。可以做一周的家庭计划,将周五定为完成计划滞后的日子,这样周末就可以较为轻松了;还可以列出采购清单,提前列出一周的食谱,这样可以节省大量犹豫不决的时间。第二,充分利用时间。用过的东西要及时归位,为孩子做出榜样,清理房子的时间也可大大减少;巧用录音电话,可以避免被喜好闲聊的朋友或亲戚拴住;交叉利用时间,在电视广告时间里,快速处理家务。第三,进行合理分派。可以通过银行,把日常的诸多费用如住房贷款、保险费、电话费、水电费等自动划账支付;购买商品可以通过电话订购或网络订购的方式,让商家送货上门;发动家人分担你的家务,可以使自己有更多的时间自由支配。

工作时间管理 研究者对工作时间管理进行了非常充分的研究,针对播音主持工作实际,我们推荐以下方法[①]。其一,经常整理办公桌。播音员和主持人在做节目的时候,需要充分了解相关的人物、背景甚至某种专业知识,播音员、主持人一期一期节目下来,办公桌上可能会堆积大量的文本、资料。不需要的文本、资料要及时清理,同时把最需要的东西放在最显眼的地方。这样可以为自己节省下大量的时间。其二,确定目标,做好计划。确定长期目标和短期目标,比如长期目标是提高收视率,短期目标是主持人风格(语言、衣着等)的改变得到受众的认可;在此基础上制订可行的年度、月份和每周计划。在制订每周计划时,有一个技巧。将每天的任务按照重要性分级,比如用 A、B、C 表示重要性依次下降的事件。但是重要的事情未必紧急,紧急的事情未必重要。所以还要对每件事情的紧迫程度进行判断,可以用"1"表示紧急,"2"表示不紧急。在此之后,如何排序呢? 下面的优先顺序

---

① 杰伊:《时间管理》,胡玲译,华夏出版社 2004 年版,第 108—126 页。

可以借鉴：① A1；② B1；③ C1；④ A2；⑤ B2；⑥ C2。其三，分工合作。这一点要求播音员、主持人能充分利用自己的团队，让别人来分担自己的压力，从而提高效率。最后，学会拒绝，抵制干扰。播音员、主持人作为公众人物，会面临很多社会活动。事实上，活动的增加在他们本已排满的工作日程里又会增添一些新的工作。同时，在条件许可的情况下，请助手把无关的干扰挡在门外。

其实，时间管理的目的不是要求播音员、主持人忘我地工作，而是期望他们能合理地利用时间，提高工作效率。特别要注意的是，没有特殊情况不要把下班时间故意延长。另一方面，如果将未完的工作带回家，不能算早下班。只有在规定的时间内，让受众和领导都满意，才能算得上真正有效的时间管理。

3. 播音员、主持人压力与应对方式

湖南经济电台《夜渡心河》著名夜话节目主持人尚能，曾被誉为"长沙第一名嘴"，并享有"一代主持骑士"的美名。可是，就是这样一位具有相当高知名度和才华的主持人，却由于心理素质欠缺自杀身亡，令人深为惋惜。

心理访谈类节目的主持人接收了过多的"心理垃圾"，无法排解，导致悲剧的发生。但是对于其他播音员、主持人来说，面对压力应该如何应对呢？这并不是一个个案的问题，有人在谈到播音员、主持人的"心理承受"能力时，也对此扼腕叹息[①]："这样的悲剧，给了我们大家一份提醒。"的确，"抗干扰能力"在方方面面体现着重要的作用：上节目前发生突发事件、播音员、主持人过多的"光环"等都是对抗干扰能力的考验。如何应对此类问题，这里涉及的是播音员、主持人的"应对方式"问题。

(1) 应对方式的概念

应对方式是个体处理挫折或压力时所采用的认知和行为策略的风格[②]。应对方式存在个体差异，在诸多影响应对方式的因素中，应对资源是影响个体采用何种应对方式的重要因素，可概括为生理资源（如健康状况）、心理资源（如人格特质、自尊、人际交往技能）、环境资源（如社会支持）。有研究将应对资源概括为个体资源、社会资源和物质资源[③]。当压力性事件发生时，播音员、主持人将采取何种应对方式，既要考虑播音员、主持人的身体状况，又要考虑其心理特点，同时还要看当时的社会情境条件。如果不考虑具体

---

① 敬一丹：《99个问号——敬一丹漫谈主持人》，中国广播电视出版社2004年版，第146—147页。
② 黄希庭：《简明心理学辞典》，安徽人民出版社2004年版，第247页。
③ 叶一舵等：《应对及应对方式研究综述》，载《心理科学》2002年第6期，第755—756页。

的人格、社会情境等可变因素,在一般意义上而言,哪些应对方式能有助于他们应对压力呢?

(2) 播音员、主持人应对方式的选择

国内学者肖计划根据国内外相关研究,编制了应对方式问卷,是目前国内使用较为广泛的测量应对方式的工具①。肖计划等人认为,应对方式由六个因子构成,即解决问题、自责、求助、幻想、退避和合理化。对应对因子进行相关分析发现,"解决问题"和"退避"两个应对因子的负相关程度最高。以此作为六个应对因子关系的两极,然后根据各因子与"解决问题"应对因子相关系数的大小排序,依次为退避、幻想、自责、求助、合理化、解决问题。

研究发现,个体应对方式的使用一般都在一种以上,有些人甚至在同一应激事件上所使用的应对方式也是多种多样的。但每个人的应对行为类型仍具有一定的倾向性,这种倾向性构成了六种应对方式在个体身上的不同组合形式。其中播音员、主持人应该特别注意的应对方式组合是:

"解决问题——求助"型 这是成熟的应对方式,播音员、主持人在面临压力性事件时,比如情感危机、节目关注度下降等,应该积极地去解决问题,根据自己的资源状况,必要时求助于占有资源更多的同事或朋友。这种方式是应对压力比较有效的方式。

"退避——自责"型 这是不成熟的应对方式。如果在面对负性生活事件时,播音员、主持人总是采取退避或者自责或者"幻想"的应对方式,那么可能会增加自己的消极自我意象,而且无助于问题的解决。

"合理化" 合理化这个因子比较特殊,它既与"解决问题"、"求助"等成熟应对因子呈正相关,也与"退避"、"幻想"等不成熟应对因子呈正相关。比如"酸葡萄心理"——得不到的就说它不好;"甜柠檬心理"——得到的就说好,都属于合理化。播音员、主持人使用这一应对策略时应该谨慎,因为个体可以暂时获得心理平衡,但没从根本上解决问题。

---

① 汪向东等:《心理卫生评定量表》,中国心理卫生杂志社1999年版,第106—108页。

视窗

测一测：你的应对方式

指导语：此表每个条目有两个答案"是"、"否"。请您根据自己的情况在每一条目后选择一个答案，如果选择"是"，则请继续对后面的"有效"、"比较有效"、"无效"做出评估。在每一行恰当的选项上打√，表示您的选择。

1. 能理智地应付困境
　　　　　　　　　　　　　是　否　有效　比较有效　无效
2. 善于从失败中吸取经验
　　　　　　　　　　　　　是　否　有效　比较有效　无效
3. 制定一些克服困难的计划并按计划去做
　　　　　　　　　　　　　是　否　有效　比较有效　无效
4. 常希望自己已经解决了面临的困难
　　　　　　　　　　　　　是　否　有效　比较有效　无效
5. 对自己取得成功的能力充满信心
　　　　　　　　　　　　　是　否　有效　比较有效　无效
6. 认为"人生经历就是磨难"
　　　　　　　　　　　　　是　否　有效　比较有效　无效
7. 常感叹生活的艰难
　　　　　　　　　　　　　是　否　有效　比较有效　无效
8. 专心于工作或学习以忘却不快
　　　　　　　　　　　　　是　否　有效　比较有效　无效
9. 常认为"生死有命，富贵在天"
　　　　　　　　　　　　　是　否　有效　比较有效　无效
10. 常常喜欢找人聊天以减轻烦恼
　　　　　　　　　　　　　是　否　有效　比较有效　无效

11. 请求别人帮助自己克服困难
    是 否 有效 比较有效 无效
12. 常只按自己想的做,且不考虑后果
    是 否 有效 比较有效 无效
13. 不愿过多思考影响自己的情绪的问题
    是 否 有效 比较有效 无效
14. 投身其他社会活动,寻找新寄托
    是 否 有效 比较有效 无效
15. 常自暴自弃
    是 否 有效 比较有效 无效
16. 常以无所谓的态度来掩饰内心的感受
    是 否 有效 比较有效 无效
17. 常想"这不是真的就好了"
    是 否 有效 比较有效 无效
18. 认为自己的失败多系外因所致
    是 否 有效 比较有效 无效
19. 对困难采取等待观望任其发展的态度
    是 否 有效 比较有效 无效
20. 与人冲突,常是对方性格怪异引起
    是 否 有效 比较有效 无效
21. 常向引起问题的人或事发脾气
    是 否 有效 比较有效 无效
22. 常幻想自己有克服困难的超人本领
    是 否 有效 比较有效 无效
23. 常自我责备
    是 否 有效 比较有效 无效
24. 常用睡觉的方式逃避痛苦
    是 否 有效 比较有效 无效
25. 常借娱乐活动来消除烦恼
    是 否 有效 比较有效 无效

26. 常爱想些高兴的事自我安慰

            是　否　有效　比较有效　无效

27. 避开困难以求心中宁静

            是　否　有效　比较有效　无效

28. 为不能回避困难而懊恼

            是　否　有效　比较有效　无效

29. 常用两种以上的办法解决困难

            是　否　有效　比较有效　无效

30. 常认为没有必要那么费力去争成败

            是　否　有效　比较有效　无效

31. 努力去改变现状,使情况向好的一面转化

            是　否　有效　比较有效　无效

32. 借烟或酒消愁

            是　否　有效　比较有效　无效

33. 常责怪他人

            是　否　有效　比较有效　无效

34. 对困难常采用回避的态度

            是　否　有效　比较有效　无效

35. 认为"退后一步自然宽"

            是　否　有效　比较有效　无效

36. 把不愉快的事埋在心里

            是　否　有效　比较有效　无效

37. 常自卑自怜

            是　否　有效　比较有效　无效

38. 常认为这是生活对自己不公平的表现

            是　否　有效　比较有效　无效

39. 常压抑内心的愤怒与不满

            是　否　有效　比较有效　无效

40. 吸取自己或他人的经验去应付困难

            是　否　有效　比较有效　无效

41. 常不相信那些对自己不利的事
    　　　　　　　　　　　　　是　否　有效　比较有效　无效
42. 为了自尊,常不愿让人知道自己的遭遇
    　　　　　　　　　　　　　是　否　有效　比较有效　无效
43. 常与同事、朋友一起讨论解决问题的办法
    　　　　　　　　　　　　　是　否　有效　比较有效　无效
44. 常告诫自己"能忍者自安"
    　　　　　　　　　　　　　是　否　有效　比较有效　无效
45. 常祈祷神灵保佑
    　　　　　　　　　　　　　是　否　有效　比较有效　无效
46. 常用幽默或玩笑的方式缓解冲突或不快
    　　　　　　　　　　　　　是　否　有效　比较有效　无效
47. 自己能力有限,只有忍耐
    　　　　　　　　　　　　　是　否　有效　比较有效　无效
48. 常怪自己没出息
    　　　　　　　　　　　　　是　否　有效　比较有效　无效
49. 常爱幻想一些不现实的事来消除烦恼
    　　　　　　　　　　　　　是　否　有效　比较有效　无效
50. 常抱怨自己无能
    　　　　　　　　　　　　　是　否　有效　比较有效　无效
51. 常能看到坏事中有好的一面
    　　　　　　　　　　　　　是　否　有效　比较有效　无效
52. 自感挫折是对自己的考验
    　　　　　　　　　　　　　是　否　有效　比较有效　无效
53. 向有经验的亲友、师长求教解决问题的方法
    　　　　　　　　　　　　　是　否　有效　比较有效　无效
54. 平心静气,淡化烦恼
    　　　　　　　　　　　　　是　否　有效　比较有效　无效
55. 努力寻找解决问题的办法
    　　　　　　　　　　　　　是　否　有效　比较有效　无效

第十二章 播音员、主持人的个体心理训练与团队精神培养

56. 选择职业不当,是自己常遇挫折的主要原因				
	是 否	有效	比较有效	无效
57. 总怪自己不好				
	是 否	有效	比较有效	无效
58. 经常是看破红尘,不在乎自己的不幸遭遇				
	是 否	有效	比较有效	无效
59. 常自感运气不好				
	是 否	有效	比较有效	无效
60. 向他人诉说心中的烦恼				
	是 否	有效	比较有效	无效
61. 常自感无所作为而任其自然				
	是 否	有效	比较有效	无效
62. 寻求别人的理解和同情				
	是 否	有效	比较有效	无效

注:该量表的记分方法请参见汪向东等:《心理卫生评定量表》,中国心理卫生杂志社1999年版,第106—108页。未经版权人同意,请勿用于教育、教学以外的目的。

4. 播音员、主持人压力与自我效能

当面临压力情境时,播音员、主持人的自我效能也是一个值得关注的重要变量。自我效能的概念是由美国著名心理学家班杜拉1977年首次提出的。20年后,班杜拉于1997年出版了《自我效能——控制的实施》,对自我效能问题进行了全面系统地论述。班杜拉认为,自我效能指的是个体对自己具有组织和执行达到特定成就的能力的信念[①]。在班杜拉看来,威胁性事件并不是环境事件固有的一种属性,而是建立在个体应对效能感和环境的潜在危险之间的一种关系属性。它既决定于环境自身的性质,也决定于个体应对环境事件的自我效能,以及在此基础上实现的应对过程的性质。研

[①] Bandura, A. (1997). "Self-efficacy: Toward a unifying theory of behavioral change", *Psychological Review*, pp.191—215.

究表明,高自我效能感和低心理疾病及应激水平存在相关①。提升播音员、主持人的应对压力的自我效能,便可改善其应对压力的能力。

一是播音员、主持人应注意积累成功的经验。成功会建立起对个体效能的坚定信念,失败则削弱它。所以播音员、主持人在面临压力性事件的时候,要珍惜每一次成功。比如第一次参加直播,第一次访谈一位颇有社会声望的专家,等等,要充分准备、多方请教。二是播音员、主持人应多关注与自己年龄相近、能力相似的同行,看他们是如何走向成功的,这对自己也是很大的激励。三是播音员、主持人对于他人的积极评价不要置若罔闻,尤其是客观的积极评价,是自信的重要源泉。四是播音员、主持人要调整好自己的身心状态,通过上文中谈到的心理训练,进行积极的自我暗示和放松练习,这也是提升自我效能的重要途径。

一旦拥有了较高的自我效能感,播音员、主持人就会倾向于选择富有挑战性的任务,而自我效能感水平低者则相反。在工作中,他们将付出更多的努力,在遇到障碍时也能坚持得更长久。自我效能感低的播音员、主持人遇到不如意的环境作用时,会过多地想到个人的不足,并将潜在的困难看得比实际更严重。而自我效能感高的播音员、主持人会将注意力和努力集中于情境的要求上,并会被挫折和阻碍激发出更大的努力。

5. 播音员、主持人的压力与压力管理

前面四个方面,主要是从播音员、主持人个体的层面谈压力缓解问题,包括了角色转换、时间管理、应对方式和自我效能,这里我们再从组织层面,亦即从播音员、主持人所在单位角度,考虑如何减轻播音员、主持人压力,对他们有效实施"压力管理"。

第一,为播音员、主持人提供宽松的工作环境,关心他们的身体和生活,不让他们背负过重的心理压力,工作任务不可定得过高。鼓励播音员、主持人通过各种途径宣泄压力。目前,在国内也有一些企业专门建立"情感发泄室",其中放置橡皮人、沙袋等供员工发泄。

第二,为播音员、主持人提供培训和发展机会。长期以来,我国媒体处于事业体制下,人事部门关注的多是事务性的人事管理,很少关心员工培训发展和职业生涯发展等员工自身的成长。实际上,培训是媒体培养高素质

---

① Sirbasku C, Sarah L. (2001). "Parents of children diagnosed with pervasive developmental disorders: An examination of family strengths, coping, distress, and efficacy." *Dissertation Abstracts International*: Section B: The Sciences and Engineering. 61(9-B), p.5006.

员工的重要途径,是提升媒体核心竞争力的重要手段,同时,它也是有效缓解播音员、主持人职业压力的重要方法。

第三,增强播音员、主持人的控制感。使播音主持工作扩大化,这是指将相关工作或两个任务合并,以增加工作的多样性,使播音员、主持人能认识并发挥自己的能力,体验到自己很能干;提高工作的自主权,让播音员、主持人参与决策、自主决定工作计划和工作进程并对工作结果负责①。

第四,为播音员、主持人提供社会支持。要关心他们、尊重他们,建立起互相支持的人际关系;部分媒体已对播音员、主持人推行聘任制,本着对他们负责的态度,媒体应实行雇员帮助计划(很多世界著名企业都实行雇员帮助计划)。所谓帮助计划包括个人指导、工作压力分类和应对措施、放松研究班、工作再训练、职业改变咨询、压力过大雇员的家庭支持等;进行团队建设和媒体文化建设,建立良好的媒体心理环境。

三、保持积极的自我意象

在一定程度上,适当的心理训练可以让播音员、主持人赢在起跑线上;成功地应对压力可以让播音员、主持人不致跌倒在事业发展的途中;而保持积极的自我意象则可以让播音员、主持人任何时候都不惧怕从头开始,一直达到事业的辉煌。

(一) 自我意象的概念

早期的精神分析学家认为自我是本我的奴隶,而行为主义者的自我是环境的奴隶,人本主义的自我则是人的潜力不断被开发的结果。学者们对"自我"这个概念莫衷一是,我们这里不作太多的讨论。什么是自我意象?自我意象就是"我是怎样一种人"的自我概念,每个人都有自己的自我意象,自我意象的产生也各有不同。下面我们看一下播音员、主持人自我意象的来源。

1. 社会化

在还没有从事播音主持职业之前,他们的自我知识大部分源于社会化。在儿童期,他们和其他孩子一样,受到父母、老师和同伴的影响,社会化过程是早期经验的核心,最后这些经验逐渐发展,最终成为自我概念的重要组成部分②。

---

① 凌文辁等:《工作压力探讨》,载《广州大学学报(自然科学版)》2004年第1期。
② 泰勒等:《社会心理学(第十版)》,谢晓非等译,北京大学出版社2004年版,第102页。

2. 受众的反馈

"以人为鉴,可以明得失",对于播音员、主持人而言,庞大的受众群体极大地影响着他们的自我意象。在这一点上,播音员、主持人良好的形象不容易保持,因为他们在重大场合一旦出现"口误"或"着装不当"等,受众一般不会放过。不管是积极的还是消极的反馈,当很多受众都持有某种观点时,播音员、主持人很可能就相信那是真的了。

3. 自我知觉

播音员、主持人可以从自己的行为中推断出自己的人格特征。也就是说在观察自己的过程中,会发现自己持续地喜欢某种活动、某种食物或某些人。通过观察这些有规律的事情,播音员、主持人获得了关于自我的知识。

4. 与他人进行比较

有时候,当播音员、主持人要对自己进行评估时,没有绝对的标准可以使用,这时候可以观察周围的同行,通过"社会比较"过程,就可以确定自己是否更优秀。

5. 社会文化认同

这一点对播音员、主持人来说十分重要。播音员、主持人的喉舌意识,体现在对主流文化和传统文化的认同上。一味地模仿别的文化现象,往往会使播音员、主持人失去大部分具有本文化背景的受众。所以,自我产生于社会文化,反过来,播音员、主持人还要将自我对社会文化的认同保持下去。

自我意象的最终形成,还要通过播音员、主持人的主体意识,自我意象是消极还是积极,是一种选择,同时也是可以变化的。

(二) 走向积极的途径

根据马克斯威尔的观点[①],自我意象的实质就是自我概念的形象化。如果说自我意象是自我概念在头脑中所具的表象形式,那么自我概念则是由自我意象抽象而成的自我知觉和自我评价系统。

自我意象训练旨在通过让播音员、主持人主动运用意识,操作回忆和想象并同时在内心反复体验成功的经历和自信的情感,从而加强自我概念,提高工作动机。我们知道,自我意象是根据过去的经验和对经验的评价在头脑中为自己勾画出的自我蓝图或自我肖像。而在一些情况下播音员、主持人为自己绘制的蓝图可能是错误的或不恰当的,例如,在评价一次现场报道失败时不是认为"报道失败了",而是认为自己是"失败者"。显然,"失败

---

① 袁晓松:《辟自我概念改善之蹊径》,载《集宁师专学报(社科版)》1998年第3期。

者"这个自我肖像是失真的。自我意象训练的目的就是要纠正不恰当的心理肖像,使它更合理地接近"你"本人。其原理是这样的,个体的内心是积蓄过去经验和情感的巨大仓库,里面有成功的经验,也有失败的经验,就像录音带上录下的东西一样,这些经验和情感也记录在大脑皮层的神经印象中。它们是真实而清楚的,选择哪一个来"播放"取决于你自己,而自我意象训练的要义就是使受训者去积极搜寻记忆中的成功经验,并唤起与之相伴随的感情基调,使那些成功的体验重新发挥活力。

当播音员、主持人的消极体验出现时,每一种经验都会与消极的自我评论联系到一起,而如果自我概念是积极的,则每一种经验都可能被赋予积极的含义。表象操作具有一种预见未来的超前反应功能,一个未曾取得成功的播音员、主持人,可以通过意象训练在头脑试验室中,主动地运用想象,把自己在未来节目中的表现想象得很成功,从而强化自我概念。因为个体的神经系统无法区分实际的经验和主动想象出来的经验,当个体的想象足够生动具体时,那么对神经系统而言,你的想象训练就相当于一次实地体验,这对于无法通过实战进行"尝试错误"练习的播音员、主持人具有十分重要的价值。

在表象训练中,需要充分的放松,播音员、主持人需要详细地构思成功时的场景,想象自己在大庭广众之下轻松而镇定地活动,并且因此感到舒服。如果在面临新的工作挑战时,播音员、主持人感到恐惧和焦虑,这时可以想象自己轻松自如地行动,有信心有勇气,并且因此而感到开朗和自信。这种练习将在个体的头脑中建立起新的"记忆"。它建立一个新的自我意象。马克斯威尔的档案中记载了许多有说服力的案例,借助于自我意象训练,他们获得了全新的自我概念并在事业上取得了成功。

人本主义心理学家罗杰斯曾提出社会自我和真实自我的概念,社会自我是个体被知觉为特定的他或她的集合体。社会自我基本上是通过与他人进行交往形成的。但是,社会自我与内部评价即真实自我并不总是一致的,比如播音员、主持人的道德操守可能与社会自我产生冲突,这时播音员、主持人可以通过自我意象训练,达到社会自我与真实自我的协调,比如可以想象自己坚持职业道德操守之后受到大家赞赏、得到受众认可的情形,并一直坚持去做,社会自我也会越来越接近真实自我,从而能保持自身的心理健康。同时,播音员、主持人在由真实自我向更高的目标迈进的时候,即努力实现"理想自我"的时候,需要设想自己的种种可能的情形,会做更多类型的节目,得到同事、亲友的认可等,这些可能的情形被称为"可能自我"①,它表示了播音员、主持人对未来的很多憧憬。拥有积极自我意象的播音员、主持人,可能自我也会产生积极的情感,并能赋予行为力量,以更好地实现理想自我。这里,自我意象训练的作用可以表示为:

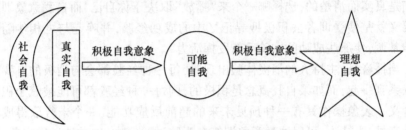

图12.4 积极自我意象作用示意图

第三节 播音员、主持人的团队精神培养

下面是通过电视截屏得到的中央电视台《晚间新闻报道》节目组名单(名字用*代替):

国内新闻
制　片　人:＊　＊
责　　编:＊＊＊
编　　辑:＊＊　＊＊＊
　　　　　＊＊＊

国际新闻
制　片　人:＊＊＊
执行制片人:＊　＊
责　　编:＊　＊
编　　辑:＊　＊＊　＊
　　　　　＊＊＊

---

① 高峰强等译:《人格理论》,陕西师范大学出版社2005年版,第354页。

文化体育
制　片　人：＊　＊
责　　　编：＊　＊
编　　　辑：＊　＊　＊　＊
　　　　　　＊　＊

演播室
导　　　播：＊　＊　＊　＊
导　播　助　理：＊　＊　＊　＊
制　　　作：＊　＊　＊
　　　　　　＊　＊　＊
　　　　　　＊　＊　＊
　　　　　　＊　＊　＊
　　　　　　＊　＊　＊
技　术　监　督：＊　＊　＊
监　　　制：＊　＊　＊
总　监　制：＊　＊　＊　＊

该节目组共34人次参与，去掉重复的，有30人参与这半个小时新闻节目的制作，还不包括灯光、摄像、记者、主持人等。可见一场节目顺利播出，是团队合作的结晶。

一、团队精神综述

（一）团队精神的定义

团队是指为了共同的目标，互相影响和互相协作的两个或两个以上的人所组成的单位。它要求对过程和结果共担责任，共享利益，共同抵御风险。团队精神是团队成员为了团队的利益与目标而相互协作的意愿与行为倾向。

在团队与其成员之间的关系方面，团队精神表现为团队成员对团队的强烈归属感与一体感。团队成员强烈地感受到自己是团队的一员，并且由衷地把自己的前途与团队的命运系在一起。在处理个人利益与团队利益的关系时，团队成员会义无反顾地采取团队利益优先的原则，个人服从团队。归属感与一体感主要来源于团队利益目标与其成员利益目标的高度一致，团队通过一系列的制度安排使它与其成员组成一个高度牢固的命运共同体,无论物质上还是精神上,团队与其成员都是息息相关的。在此基础上,团队成员共同参与管理、共同决策。团队与传统组织有着根本的区别(见表12.4)①。

表12.4 传统组织与团队的区别

	传统组织	团队
决策方面	以领导决策为主,专断的情况多	集体决策及成员参与决策
组织方面	强调严格的分工、等级制度与硬性规章	职责划分非常灵活,成员彼此平等,行为准则很有弹性
领导方面	强调命令和服从,很少有民主	强调民主和自我管理
控制方面	重监督、惩罚与强制	强调共同目标下的自我督导
文化方面	重视各安其位、严格执行、绝对服从	重视互相帮助、互相协作、活力热情

随着我国广播电视体制改革的进行,播音员、主持人也较多地开始参与节目策划和编导等。播音员、主持人也处在一个团队里,即他们所在的节目组。通过调查发现,节目主持人认为合作精神是主持人最重要的十项素质之一②。我们现在关心的问题是,在节目组中如何提高团队精神,从而制作出更多高质量的节目。

(二) 培养播音员、主持人的团队精神

宋代罗烨著的《醉翁谈录》上有则故事说,"眉眼口鼻四者,皆有神也。"一日,嘴对鼻子说:"尔有何能,而位居吾上?"鼻子说:"吾能别香臭,然后子方可食,故吾位居汝上。"鼻子对眼睛说:"子有何能,而在我上也?"眼睛说:"吾能观美恶,望东西,其功不小,宜居汝上也。"鼻子又说:"若然,则眉有何能,亦居我上"眉毛说:"我也不解与诸君相争得,我若居眼鼻之下,不知你一个面皮,安放哪里?"③作为一则寓言,"五官的故事"说明团体成员之间相互依存、相互促进的密切关系,只有相互合作才能共同发展。

影响播音主持节目组团队精神的因素很多,如共同的目标、组织背景、领导艺术、激励机制、有限约束、良好的沟通、协作、信任、相互理解及学习等。有一些要素贯穿于团队形成和发展的始终,影响团队精神培养及发挥的全过程。其中包括:

---

① 石虹:《正确理解团队精神,有效实施团队管理》,载《天水师范学院学报》2002年第6期,第81—83页。
② 胡运芳等主编:《〈电视节目主持人职业素质评价指标体系研究〉成果汇编》,中国广播电视出版社1999年版,第194页。
③ 王立常:《说说团队精神》,载《中外企业文化》2003年第8期,第61—62页。

1. 通过创建独特的组织文化培养播音员、主持人的团队精神。
2. 通过制度约束培养播音员、主持人的团队精神。
3. 通过播音员、主持人参与目标体系的制定和管理培养他们的团队精神。
4. 通过建立良好的沟通机制增强团队的凝聚力。
5. 通过和谐的领导艺术提高团队向心力。
6. 通过激励机制增强团队成员的主动性。
7. 通过培训播音员、主持人的各种技能增强团队精神。

有学者把策划、编导称为"幕后主持",把节目主持人成为"幕前主持",幕后主持定基调和思路,幕前主持穿针引线,调整节目色彩、节奏和结构,让受众更容易与幕后主持的意图产生共鸣①。幕前、幕后密切沟通、共同遵守一定的契约,才能保障节目质量。像《新闻和报纸摘要》、《东方时空》等广播电视品牌节目,幕前幕后都有着一个密切合作的团队,这也是这些节目长盛不衰的根本。

目前,团队精神主要是经济学、管理学的主题之一,而心理学中与之相近的概念是团体凝聚力、士气等。此外,近年来有关集体效能的研究也与团队精神有一定的关联,同时集体效能较之团队精神更强调员工合作与团体绩效的关系,对于节目组适应目前激烈竞争的市场有特别的意义。下面我们探讨一下节目组集体效能及其作用机制。

二、提升节目组的集体效能

(一) 节目组集体效能概述

班杜拉20世纪80年代中期将自我效能研究拓展到集体效能领域。班杜拉将集体效能定义为:"团体成员在某一情景中,对于自己的团队结合在一起取得特定水平成绩的能力的共同信念。"②因此,集体效能反映了群体对完成好某一特定任务的预期。集体效能指的不是团体能力本身,而是成员对团体能力的知觉和评价。节目组集体效能,参照班杜拉的一般定义,我们可以称为:"节目组成员在某一情景中,对于自己的团队结合在一起完成某个节目制作的能力的信念。"

---

① 曾海燕:《侃电视》,中国广播电视出版社2004年版,第52—53页。
② Bandura, A. (1986). *Social Foundations of Thought and Action: A Social Cognitive Theory*. Englewood Cliffs, NJ: Prentice-Hall, p.391.

(二) 影响节目组集体效能的因素

自我效能和集体效能的影响因素十分相似,但是前者是个体水平,后者是在集体水平上。

节目组的成功经验是节目组集体效能信息最强有力的来源。知觉到节目组的团体行为取得了成功能提升效能信念,同时会相当从容地预期将来的结果。反之,则会降低效能信念。

节目组的替代经验是节目组集体效能信念的又一来源。团队成员看到和自己水平相同的团队取得成功,其效能信念很可能得到提高。将替代学习机会包括在内的播音主持职业发展不仅会提高播音员、主持人个人效能,而且会提高全体节目组的集体效能。比如,通过组织节目组成员参观兄弟电台或电视台的节目运作,一方面可以开阔大家的思路,另一方面可以为大家进行自我评价提供一个参照。

节目组接收的社会说服作为团体信息源之一,是指来自上级或同事的鼓励或是成绩反馈。但是,社会说服在提升效能信念方面的作用是有限的。说服能起到的作用取决于劝说者的可靠性、可信任程度和谈话技巧。尽管单单通过言语劝说很可能无法引起深远的组织变化,但是当与成功示范和积极的直接经验一起产生作用的时候,它便能影响一个工作团体的集体效能。

另外,节目组的情绪状态也会影响集体效能。积极情绪支配下的节目组懂得发愤图强以应对逆境的挑战。笼罩在消极情绪中的组织则很有可能反应功能失常,从而加大了失败的可能性。这样,情绪状态极大地影响着节目组如何解释和应对他们所面对的无数挑战。改变领导方式、改善办公环境、注意节目组成员的性格搭配等都有助于节目组情绪的调整。

三、在团队中完善自我

(一) 自我管理理念

随着现代社会的发展,许多大型企业和组织开始许可自我管理团队的存在[1]。在电台电视台,节目的策划、编导权力逐渐下放,节目组也带有了一些"不必事事汇报,独立自主、自负盈亏"的自我管理团队的特征。这里,节目组自我管理有四个层面的含义。一是不断完善内部管理,建立良好的组织机构和运行机制。具体地说,节目组的每个管理环节都具有行之有效的规范;在防范工作失误方面,有着特有的应急措施;在用人方面,给播音员、

---

[1] 鲁森斯:《组织行为学》,王垒等译校,人民邮电出版社2003年版,第340页。

主持人创造一个发挥才能的环境。二是节目组具有明确的发展战略。节目组的发展方向必须顺应社会发展的潮流。不管定位娱乐化、知识性还是前瞻性,只有节目组发展方向正确,组织的发展才能有广阔的发展空间。在发展过程中,节目组可能会遇到许多暂时利益的诱惑,即获取"短期效益"的机会,比如违规有偿新闻、变相广告等,而短期利益对节目组的长远发展往往存在着消极影响。应自我约束,正确判断,排除发展中的干扰,保证节目组发展方向的正确性。节目组的前途即是播音员、主持人的前途,节目组有广阔的发展前景,才能调动播音员、主持人的工作积极性,激发他们的创造性。三是节目组具有自我反省、自我调适的能力。节目组是社会的一部分,它是社会这个大海中的一条船,要顺利地驶向目的地,它不仅要有战胜各种困难的勇气,而且要有根据生存和发展环境调适自己战术的能力。四是建立节目组的激励机制。激励措施是节目组发展动力转化播音员、主持人工作动力的必要手段。每个播音员、主持人的工作状态、人格完善、创造力的发挥等都需要组织激励。只有在激励中才能弘扬团队精神,播音员、主持人才能主动融入团队文化。现在有些节目组塑造"播音员、主持人"的品牌效应,同时辅以特别的激励机制,已经收到了很好的回报。成熟的节目组对播音员、主持人的激励应该是经常的、公正的、公开的;同时也应是精神与物质、奖励与惩罚有机结合的。

反过来,播音员、主持人的自我管理表现在两个层面:一是对节目组发展目标、发展理念的认同层面。播音员、主持人要立足本职工作,把实现自身价值和团队追求的价值结合在一起,成为节目组目标的实现者。这就必须按照组织的管理目标和管理理念进行自我改造、自我调节、自我修养,逐渐完善自己的职业身份和职业道德。二是对组织文化的认同。从社会学的角度分析,每一个成熟的组织都有自己特有的组织文化,它是组织的理念、管理思想、社会定位、人际关系模式等通过长期的发展、积淀形成的。对于播音员、主持人来说,节目组的组织文化是一种生存氛围和无形的规范,它对播音员、主持人的思想感情、道德行为、处世方式,甚至人生观、价值观都有着潜移默化的影响。播音员、主持人的自我管理,不仅要接受组织有形的规范,也要接受这种无形的规范,而且这种无形的规范更重要。因此,我们认为,播音员、主持人的自我管理贵在自觉、自悟、自醒;组织也应该为成员创造条件,因势利导,用组织文化、团队精神引导他们自觉地进行自我管理。播音员、主持人自我管理与节目组自我管理团队的有机结合,将会有力地推动节目质量的提升,达到个人利益与团体利益的共赢。

(二) 实现播音员、主持人自我效能与节目组集体效能的统一

通过上面分析,我们已经看到,播音员、主持人的自我效能与节目组的集体效能好像受到相似因素的影响。事实上,集体效能作为整体属性,自我效能作为个体属性,也遵循着"整体大于部分之和,整体决定着部分的性质"这一团体心理规律,不能将二者混为一谈。

测量节目组集体效能感主要有两种方法。第一种是将策划、编导、播音员或主持人等成员承担团体任务的自我效能整合在一起。第二种则将成员对团体作为一个整体的操作能力的评价整合在一起。

集体效能的这两个指标对个人因素和社会互动因素的重视程度有所不同,但是,想区分它们似乎不是那么容易。由于社会立场和彼此的依存性,个体对自我效能的判断与他人的促进或阻碍行为是无法分开的。例如,一名篮球比赛的前锋在判断自己的个人效能的时候,不可避免地要涉及他们队的中场组织情况、前锋之间的配合情况,以及他们作为一个整体进行比赛的情况。正如每一个播音员、主持人面临的情况一样,他们的出色发挥有赖于好的策划、好的编导、好的摄像还有好的导播,播音员、主持人在台前的时候,要考虑节目组整体的状态。简而言之,播音员、主持人自我效能的判断不可避免地要包含团体的协调和交互作用。相反的,在判断他们团队的效能时,成员们当然也要考虑"当家播音员、主持人"的发挥情况,特别是广播电视节目越来越倚重品牌效应的今天。显然,中国男篮队员在判断他们的集体效能时,姚明是否上场可能会影响判断的结果。

进一步分析就会发现,这两种指标的相对预测性很大程度上取决于所需相互依赖的努力的情形。例如,体操队的成绩是每位队员独立得分的总和,足球队的成绩则是队员们进行复杂合作的结果。任何薄弱环节,或者一个子系统的瘫痪,都可能产生毁灭性的结果,不管队伍中是否有天才成员。基于整体指标的集体效能最适合于作业成绩必须由熟练团队工作才能获得的情况,比如现场报道,需要现场导演、摄像、导播和播音员、主持人等达到比较高的默契,每个人对这个团队都有很高的期望。在低系统互赖性的活动中,成员可能彼此互相鼓舞、激励和支持,但团体结果是个体成绩之和而不是成员一起工作的产物,比如多人轮换播音的情形,对每个人的自我效能都有很高的要求[1]。

---

[1] Bandura, A. (2000). "Exercise of human agency through collective efficacy". *Current Directions in Psychological Science*, 9, pp. 75—78.

第十二章 播音员、主持人的个体心理训练与团队精神培养

> 视窗
>
> ## 生活空间
> ——珍视来自方方面面的社会支持
>
> 　　一般认为,社会支持从性质上可以分为两类:一类为客观的、可见的或实际的支持,包括物质上的直接援助、社会网络、团体关系的存在和参与,如家庭、婚姻、朋友、同事等;另一类是主观的、体验到的情感上的支持,指的是个体在社会中受尊重、被支持和理解的情感体验和满意程度,与个体的主观感受密切相关。
>
> 　　除实际的客观支持和对支持的主观体验外,肖水源还提出,社会支持的研究还应包括个体对社会支持的利用情况。个体对社会支持的利用存在个体差异,有些人虽可获得支持,却拒绝别人的帮助,并且,人与人的支持是两个相互作用的过程,一个人在支持别人的同时,也为获得别人的支持打下了基础。因此,对社会支持的利用情况也是社会支持的重要维度。
>
> 　　目前已经发现,社会支持状况与个体心理健康水平、心理压力感受、应对方式等密切相关,社会支持的情况是个体生活质量的一个重要预测源。
>
> 　　社会支持量表举例
>
> 1. 近一年来您:(只选一项)
> (1) 远离家人,且独居一室。
> (2) 住处经常变动,多数时间和陌生人住在一起。
> (3) 和同学、同事或朋友住在一起。
> (4) 和家人住在一起。
> 2. 您与邻居:(只选一项)
> (1) 相互之间从不关心,只是点头之交。
> (2) 遇到困难可能稍微关心。

(3) 有些邻居很关心您。
(4) 大多数邻居都很关心您。
3. 您与同事:(只选一项)
(1) 相互之间从不关心,只是点头之交。
(2) 遇到困难可能稍微关心。
(3) 有些同事很关心您。
(4) 大多数同事都很关心您。

 思考题

1. 谈谈你对播音员、主持人不良心理状态及其调适的看法。
2. 播音员、主持人如何保持积极的自我意象?
3. 你是怎样理解播音员、主持人自我与团队的关系的?

第十三章 播音员、主持人的生活满意度与主观幸福感

著名节目主持人崔永元在《艺术人生》的一期节目中坦言自己患有严重的抑郁症,并谈及自己失眠创下的最高纪录——从头一天晚上9点躺在床上开始看书,然后把这本书看完开始看电视,直到早上9点,又吃了大概3倍量的安眠药才勉勉强强地睡着了,崔永元也因此离开了《实话实说》。后来,他在央视创办了新栏目《电影传奇》,并在接受《浙江日报》记者的采访中谈到"一个人做一件事,能把社会效益、个人爱好和事业都放在一起,真是太舒服了。当我们节目组的人告诉我,夏梦采访到了,王丹凤采访到了,谁谁又联系上了,我就觉得是件特别快乐的事。天天有惊喜,天天高兴,可以说,我彻底告别了抑郁症!"①

作为高压力的行业,一方面,主持人要在荧幕前直接面对众人,一言一行,一举一动,完全是"正在进行时",是不允许出现失误的。所以,许多主持人在节目播出前非常的焦虑、紧张,甚至食不甘味、夜不能寐。另一方面,有些节目是夜间进行或需要熬夜录制的,许多主持人同时承担几个重要栏目,工作负荷过大,身体健康受到严重损害。因此关注播音员、主持人的身心健康,关注他们的生活状况,具有重要的现实意义。

第一节 生活满意度与主观幸福感概述

虽然古往今来的人们都在追求着幸福,但若要问一句什么是幸福,怎样才能得到幸福,恐怕很少有人能说清楚。就算有人能说清楚,但别人能否信服,也还是一个问题。原因就在于幸福问题复杂异常,在不同时期不同个体那儿总是承载着不同的意义。白岩松说幸福的家庭是永远的财富,崔永元从《电影传奇》里感受到无比的快乐,张越、倪萍……播音员、主持人的经历、知识水平、认识能力、人生观不同,对幸福的理解自然不尽相同。随着社会的发展,幸福不再仅仅是哲学家的玄思和百姓街头巷尾谈论的内容,而是逐

---

① http://news.qlsh.net/ReadNews.asp? NewsID=17656&2005.07.08.

步成为经济学、社会学、心理学、生理学等学科的重要研究议题,特别是新近兴起的积极心理学,对"幸福"进行了深入和系统的研究。

一、生活满意度与主观幸福感的界定

(一) 定义

1. 生活满意度

满意(satisfaction)是指个体达到欲望时的一种心理感受或实现所追求目标时的一种内在状态①。而对生活总体或特定领域的带有评价色彩的看法和感受称为生活满意度。"满意"是生活化的语言,被各个群体广泛使用,但"生活满意度(Life Satisfaction)"术语则是在研究"生活质量"的基础上发展起来的。"生活质量"用以说明人的生存和发展需要及其现实满足程度,包括客观和主观两个方面,即客观生活条件的改善和人们对生活的感受。早期研究模式偏向于客观指标,这与历史上一直以纯粹的经济视角来看待社会发展目标(增加社会物质财富)有关。但到了20世纪70年代,这种以物质条件作为衡量指标的局限性越来越明显,从而被强调多元视野的"生活质量"概念所替代和拓展。"生活质量"不仅强调现实生活条件,而且注重健康、社会关系、自然生态等非物质的生活状况,并以"生活满意度"作为其衡量指标。

2. 主观幸福感

幸福是对人生具有重要意义的需要、欲望、目的得以实现时的心理体验,由两大因素构成:一是需要、目的实现,即人生目的的实现,这是客观的,是幸福与否的客观标准;二是心理体验,是主观的心理过程。一方面,幸福感不能脱离幸福的生活状态而存在,另一方面,一种幸福的生活状态只有被自我觉知的时候,才能成为一种心理生活,才对个人有意义②。这正是本书所主要关注的层面即个体的主观幸福感。

主观幸福感(subjective well-being,简称SWB),指个体依据自己设定的标准对其生活的看法和主观感受,是一个多维度的个性心理特征。SWB包括生活满意度和情感体验两个基本成分。前者是个体对其生活总体质量的认知评价,即个体对其总体生活满意程度做出的判断和对重要生活领域(如工作、婚姻、学习、健康、人际关系等)满意程度的判断;后者指个体生活中的

---

① 林崇德、杨治良、黄希庭主编:《心理学大辞典》,上海教育出版社2003年版,第800页。
② 苗元江:《心理探索》,载《上海教育科研》2003年第3期,第16页。

情感体验,包括积极情感(愉悦、轻松等)和消极情感(抑郁、焦虑等)两个方面。迪尔纳认为主观幸福感具有三个明显的特点:主观性、整体性和相对稳定性①。就播音员、主持人而言,首先,主观性指播音员、主持人幸福感的评定主要依赖他们本人设定的标准,与外界的准则无关;其次,整体性指播音员、主持人的主观幸福感是一种整体评价,既包括认知评价也包括情感体验;再次,相对稳定性指尽管播音员、主持人的心境会受新事件的影响,但长期来看幸福感是一个相对稳定的量值。例如某主持人获得"金话筒"奖时体验到极大的成就感、荣誉感,但一段时间后这种幸福感体验会回复到其基线水平。

(二) 二者的区别与统一

如果询问一个主持人"你生活幸福吗",他可能觉得该问题涉及个人隐私从而感到不甚愉快:没有人喜欢自己的不幸让别人知道。如果你和播音员、主持人谈到"主观幸福感",他可能觉得这个词太专业化,不能很好地把握;再者,社会学、经济学均在应用"生活满意度"来表示人们的生活状态,播音员、主持人会觉得这才是他们熟悉的语言。正是这种语言使用上的差异才使得我们有必要进一步对这两个概念加以分析。

1. 区别

首先,从心理学专业化角度分析,生活满意度是主观幸福感的下位概念,是个体对生活的各个方面分析之后进行的评价判断,只是幸福感的认知部分;而幸福感既是个体对自我的生活状态、周围环境和相关事件的关于满意的认知和评价,同时也是个体在情绪体验上对这些方面的主观认同。其次,在生活使用中存在差异,比如说"我很幸福",描述的是一种现实存在性的情感体验,是可以深刻体味的,一般由较为明确的事件引发;而说"很满意"时,描述的则是对自己和自己的生活状态感到同意和认可的一种平和的心境,是一种相对理性的认知和评价。

2. 统一

满意度与幸福感是统一的。一方面,二者都是对个体生活质量的主观体验,是综合性的心理指标。特别是在早期(20世纪80年代之前),测量主观幸福感多是从满意度的角度出发,称为生活质量意义上的主观幸福感,选取的维度主要包括总体生活满意度和具体领域生活满意度,也就是说,这两个概念表达了同样的含义,是通用的。例如纽伽滕等人编制的"生活满意感

---

① 新华、王极盛:《青少年主观幸福感研究述评》,载《心理科学进展》2004年第12卷第1期。

量表"(LSI)就涉及了生活热情,毅力,所达到的目标与期望目标的一致程度,身体、心理、社会方面良好的自我概念,愉快乐观的心理品质等维度。另一方面,虽然人们发展了心理健康和心理发展意义上的幸福感,从而使幸福的内涵进一步扩大,但是也出现了广义的"生活满意度"概念,仍然等同于幸福感。特别是对于社会学范畴,用生活满意度更容易让调查对象理解。所以在本章的内容中,生活满意度和主观幸福感,均既包括他们对自己的生活的看法与态度,也包括在此评价过程中的积极的或消极的体验。

二、主观幸福感的理论

幸福感是天生的、遗传的,还是主要受后天社会环境的影响?有的人只要自己的需要满足了就会感到幸福,而有的人必须借助与他人的比较才能感受到幸福,原因又是什么呢?本节的几种幸福感理论从不同角度阐述了人类幸福感产生的心理机制。

(一)需要满足理论

该理论的基本假设是幸福和满意感来自需求的满足和实现。人类的基本需要概括起来主要有以下三个方面:(1)生存需要(生理、安全需要),指与个体生命的延续相关的需要,如要有足够的收入以保证吃、住、穿、医疗等各方面的开支,避免不安全和不稳定等带来的人身伤害与威胁;(2)适应性需要(爱和尊重的需要),与个体适应社会相关的需要,如需要良好的人际关系以从中获得温暖、信任与依托;(3)发展性需要(自我实现的需要),与个体成长相关的需要,如追求成就和自身发展,以得到他人承认和实现自我潜能。这些基本需要是在潜力相对原理的基础上按照相当确定的等级排列着的,如人们的安全需要比爱的需要表现得更为强烈,因为当两种需要都受到挫折的情况下,安全需要更能起到支持作用。从这个意义上来讲,在需要得不到满足的情况下,需要层次越低,不满意感越强,激起的反应就越激烈,低层次的需要(如食物和安全)含有必需性的特点,人们对其的需求更为迫切、强烈,它的剥夺将带来有机体的高度紧张,并引起疯狂的抵御和紧急反应,被剥夺者将会对社会产生极度的不满和敌意。而越是高级的需要,由于对维持纯粹的生存不具有很大意义,表现的也就不是十分迫切,在无法得以满足时一般不会引起人们的强烈反应和对抗行为。在需要得以满足的情况下,需要的层次越高,满意感越强。由于高层次的需要与丰富的情感体验有紧密的联系,因此其满足能带来更为积极而持久的感受,产生更深刻的幸福感、宁静感和内心生活的丰富感,从而给人带来更高的生活满意度。

(二) 社会比较理论

该理论认为,个体的幸福是在进行社会比较(指把自己的能力、感觉、境况、观点等与他人相对比)的过程中产生的。与具有"先天倾向"的需要理论相比,这个理论更具有社会色彩。例如,按照需要理论,一个年轻的主持人刚开始工作就有了宽敞的房子,他就会因为居住的需要得以满足而感到幸福,这与他人无关;而社会比较理论认为,该主持人是否满意取决于他与周围人进行比较的结果:当他与某同事所住的复式楼相比时,可能产生不满意感,而与还在租房子的同事相比时,会感到满意。武德认为,社会比较是一个思考与自身相关的他人信息的过程,主要包括以下三个阶段:(1) 获得社会信息,源于读到或想到的人或事;(2) 思考(比较)社会信息,包括自己与他人的相同或不同点;(3) 对社会比较做出反应,包括认知、情感和行为反应。就社会比较的方式而言,有相似比较和不相似比较,前者指与生活在周围的个体进行比较,后者指选择比自己更优越或更差的对象比较。就比较的方向而言,有向上(指与比自己优越的人相比)和向下(指与比自己差的人相比)之分。关于这方面的研究多是围绕"向上比较对幸福感和自尊带来威胁,向下比较导致自尊和幸福感的增强"的假设进行的,但得出的结论是有分歧的。一般认为,向上比较对心境有积极和消极影响,一方面导致不满、被剥夺感和气愤,另一方面,也能带来激励和乐观等正性情感,即同时具有自我增强和自我威胁效应;向下比较时会使心境得到改善,特别是对于那些低自尊者或处在威胁中的个体。

(三) 自我决定理论

自我决定理论(self-determination theory, SDT)认为人们能否体验到幸福,取决于那些与人的自我实现需要密切相关的基本需要的满足情况,并提出个体有三种先天的心理需要——自主性、关系和能力,即希望在行为中感到自由和不受压制,希望通过自身的行动减少同重要人物的距离,甚至是和这些人物发生联系,并且在这些行为中体会到力量和能力。这一理论试图去规定自我组织行为和社会整合行为的基础,这些基础包括基本动机、发展、社会心理、现象等方面。SDT 以个体的内在动机概念为出发点,把这个概念看作原型的自我组织状态,在这种状态中,个体努力迎接环境的挑战,仅仅是为了从这种努力中体会一种满意感。当个体的目标能够很好地代表

---

① Ryand. R. M., Deci. E. L. "Self-determination theory and the facilitation of intrinsicmotivation, social development and well-being". *American Psychologist*, 2001,(1).

个体内隐的兴趣和价值(即能促进其自我整合和人格发展)时,则在追求目标的过程中获得更多的需要满足感,因为他们的日常活动和经验最有可能产生自主性、能力、关系等体验。

(四) 适应理论

赫尔森认为,适应是对重复出现的刺激的反应减弱的现象,重新建构有关刺激的认知及刺激对生活影响的认识,从而使得人们在一定程度上能够调节良性与恶性事件,不至于总是狂喜或绝望。我们的情绪总是对新事件反应强烈,随着时间推移逐渐降低反应。这个理论可以很好地解释为什么生活事件对主观幸福感的影响较小。研究者已经发现了生活环境与主观幸福感的相关仅在中等程度的证据,支持了适应理论。例如,迪尔纳等研究发现,重要生活事件在3个月内就对主观幸福感失去影响。在第二次世界大战后,很多国家经济发展很快,人们收入剧增,但在美国以及其他发达国家人们的主观幸福感水平却很平稳。人们的预期随着收入增加而增加,适应了他们的收入水平,因而主观幸福感没有实际的增加[1]。

三、影响播音员、主持人幸福感的因素

播音员、主持人的幸福感受到许多因素的影响,外部因素如文化、国家经济发展状况,内部因素如性别、年龄等。下面就具体阐述性别、年龄、收入、人格特征等因素对主观幸福感的影响。

(一) 性别对播音员、主持人幸福感的影响

研究发现,男女个体在整体幸福感水平上近乎相等,不存在性别上的显著差异,但在幸福感的情感维度上有差异,女性对积极情感和消极情感的体验强度上比男性更高,也就是说"女性比男性更情绪化"。具体到播音员、主持人而言,总体上,没有发现男性比女性更幸福,但女播音员、主持人在面对生活事件时的情绪反应无论是正性的还是负性的都比男播音员、主持人更强烈。例如遇到难以控制的事,如节目进行过程中出现了冷场或其他突发事件,女播音员、主持人更容易感觉不开心和烦躁。另一方面,如果生活中遇到美好的事情,女播音员、主持人也能体会到更强烈的幸福感。对于这种幸福体验上的性别差异,有两种解释:一种是遗传的影响,即男女在生理结构上不同——美国科学家的一项研究表明,大脑中一个与情绪有关的部位——杏仁核的功能和工作模式存在"性别差异",在不同性别的人体内,杏

---

[1] 李幼穗、吉楠:《主观幸福感研究的新进展》载《天津师范大学学报》2006年第2期。

仁核会导致完全不同的大脑区域活跃起来，女性大脑中与杏仁核一同活跃的是使人体处理压力反应、影响感情的视丘下部和下皮层，而在男性大脑中与杏仁核一同活跃的是大脑控制行动和视觉的区域。另一种解释从社会影响的角度把这种差异归结为男性和女性的地位、角色和社会期望等的差异，女性的角色及承担的责任（例如作为母亲和妻子）使她们对自己和他人的情绪变得更加敏感。

（二）年龄对播音员、主持人幸福感的影响

年龄与播音员、主持人幸福感的关系并不稳定，幸福体验中有些因素受到年龄的正向影响，而有些因素则受到负向影响。首先，知足体验随着年龄增长而升高，青年播音员、主持人由于参加工作时间较短，消费支出较多，原来对生活期望较高，因而存在理想与现实的差距，再加上一些不稳定因素，影响了幸福感体验。中年播音员、主持人，随着知识、技能积累，他们的口才、反应能力、对现场的掌控能力达到较高水平，而且开始形成自己的风格和影响力，生活满意度较高，例如白岩松、敬一丹等。其次，年龄对于心理健康体验的影响，中年播音员、主持人心理健康意义上的幸福感水平最低，原因在于他们承载了较多的家庭和工作压力。家庭方面，上有老下有小需要照顾，医疗、购房、教育方面有大量支出等，同时工作方面承担的负荷较重，特别是一些成名主持人常常身兼制片、编导数职，如白岩松曾同时主持《新闻会客厅》、《东方时空》、《中国周刊》，工作量非常大。再次，心理成长体验随着年龄增长而降低，青年播音员、主持人事业心、进取心较强烈，对生活充满热情，态度也比较乐观，比较愿意尝试和接受新的挑战，成长体验最高。而中年播音员、主持人比较现实，心态相对平和，成长体验较低。总之，年龄对播音员、主持人的幸福体验的影响较为复杂。

（三）收入对播音员、主持人幸福感的影响

自古以来，人们就难以割舍金钱财富与幸福的联系，因此在评价一个人的幸福时也习惯于从这一角度出发，认为估价一个人拥有多少钱就可以知道他有多幸福。但我们同时发现：一些百万富翁并不快乐，中彩也不常使人幸福，一些穷人却快乐地生活着。这不得不让人思考金钱和幸福之间的关系：金钱能使人幸福吗？如果能，其原因是什么？

研究发现经济收入与幸福感有正相关，高收入者有较多积极情感，低收入者有较多消极情感；同一国度中，富裕的人总比贫穷的人更快乐，而且这种现象很明显,也就是说,对收入的满意感可以预测幸福感①。进一步研究发现,收入对个体幸福感中的生活满意度影响较大,而在积极情感、消极情感上差异不显著。播音员、主持人的收入属于中等偏上,与一般群体相比,他们的经济满意度较高。至于原因,可以从金钱的价值来分析:金钱经常被作为成功和社会地位的标志,体现在服饰、汽车、房子和其他财产方面。金钱可以满足人们多种需要,例如,可以拥有大房子,可以住在环境较好的地区,可以购买各种东西,可以为子女提供良好教育,可以享受丰富多彩的休闲生活(旅游、艺术、探险、支持慈善事业)等,同时人们还认为有了金钱可以增加对各种事情的控制力。

(四) 人格特征对播音员、主持人幸福感的影响

我们经常发现,那些拥有同样名誉、地位、工作压力的播音员、主持人在主观感受上却十分不同,例如面对观众对节目要求过于完美及收视率的压力,有的主持人可能会忧虑、失眠、身心疲惫,有的则可能会从容应对。相同外界事件却带来十分不同的心理体验,这正反映了人格因素在个体的幸福感受中的重要作用。

1. 外倾与幸福感

心理学家艾森克早期用因素分析的方法确定了两个基本的人格维度:内外倾和神经质,同时指出,幸福可称为稳定的外向性……幸福感中的积极情绪与易于社交的性格有关,这种性格容易与他人自然而快乐地相处。外倾性人格特点一般有以下表现:爱交际,喜欢聚会,有很多朋友,会抓住机会,通常喜欢变化等。许多研究证实了这一点,即幸福感体验与外倾性有较高的相关。

2. 自尊与幸福感

自尊是自我意识的一种,和愉快情绪联系在一起。具有高自尊的播音员、主持人能够悦纳自己、拥有积极的自我意象、自我评价较高,因而他们更快乐、对生活更为满意。

3. 自我控制与幸福感

"能为自己作决定的人是最快乐的"。研究发现,那些具有高自我控制感的播音员、主持人的情绪比较积极,更健康,更具有活力,对生活更为满意。这一点可以用自我决定理论来解释(见前一部分对该理论的阐述)。

---

① 郑雪、严标宾等:《幸福心理学》,暨南大学出版社2004年版,第208页。

第十三章 播音员、主持人的生活满意度与主观幸福感

4. 归因与幸福感

归因指对他人或自己的某些属性、倾向和行为进行结果分析，推论其内在原因的过程。如果推论个体行为的根本原因是外在的，如周围环境、社会关系、物质财富、身材长相、运气等，称为外归因，也称情境归因；相反，如果判断个体行为的原因是个体自身的原因，如兴趣、态度、性格、能力、努力程度等，称为内归因，也称个人倾向归因。不同归因方式对播音员、主持人的情感和行为带来的影响不同：如将成功的原因归于能力、努力，则会体验到满足和自豪，而如果将其归于运气、任务难度等则使人产生意外的和感激的心情；如果把失败归于内部原因，则体会到内疚和无助，从而增加消极情感，如果将其归于外部因素，则可以提高积极情感。

幸福方程式
——破解幸福的秘密

现在请闭上眼，让你认为可以使你幸福的东西——浮现在眼前：属于自己的宽敞舒适的大房子、一次热带海滨的浪漫游、一辆高级轿车……当你为了这些幸福而奋斗的时候，可以预测你可能犯错误。这是一些心理学家在对不同年龄阶段和社会层次的人群调查以后所得出的结论。首先参加调查问卷的人，假设自己的愿望实现以后，为那时的幸福感打分，做出一个超前性预测。此后研究人员一直对他们的生活变化跟踪调查。若干年后，当他们实现了愿望，获得汽车、别墅、旅游假期等之后，再对自己的幸福指数打分。两组数字相减，如果差异为零，那么他们将会和自己原先设想的一样幸福。但是当结果出来以后，这种差异几乎从来没有为零。就说明在追求幸福这道题面前，人们的选择充满错误。那到底有没有正确答案呢？

英国心理学家卡尔和皮特作了这样一个研究：他们设计了四个问题，要求被调查者心平气和地回答：

1. 你是否充满活力,以灵活和开放的心态面对变化?

2. 你是否以积极的心态面对未来,可以快速地从挫折中恢复过来,重新感到自己有力量继续生活?

3. 生活中基本的需要你是否实现了呢?——例如:健康的身心、不错的财务状况、个人安全感、拥有选择的自由。

4. 是否有亲密的朋友在需要的时候,得到你有力的支持呢?无论做什么,你都可以沉浸其中,而不受其他事情的干扰?你能否达到对自己期望的水平,而且鼓励自己义无反顾地去达到目标呢?

在访问了1000多人之后,他们得出了结论,认为:只有爱情、大笔财富或者一份好工作并不能带来真正的幸福。真正的幸福可以用一个方程式来概括:幸福 = P + 5E + 3H。在这里,P代表个性,比如你的世界观、适应能力和应变能力。E代表生存,包括健康状况、财务状况和交友情况等。H代表更高层次的需要,比如自我评价、期望、雄心和幽默感等。上面第一、二个问题对应的是P即个性,你的个性对幸福的影响不言而喻;第三个问题对应的是E即生存;第四个问题对应的是H即更高层次的需要。假设每题满分为10分,总分为100分的话,如果你的第一题和第二题的感觉分别为7分、7分,那么P = 7 + 7 = 14,如果第三题的得分为6,第四题的得分为7,那么E = 6,H = 7。你的幸福指数 = 14 + 5 * 6 + 3 * 7 = 65。测试中得分越高,表示幸福感越高,得分越低,表示幸福感越低。有兴趣的话你也可以回答上面的问题,测试一下自己的幸福指数。有了计算幸福指数的公式,那获得幸福的秘诀在哪里呢?审视一下自己的生活,多数时候,关于幸福的答案就在你周围的亲朋好友中,来自和谐的人际关系,而不是物质生活。

第二节 播音员、主持人的主观幸福感的评估与测量

人类自有文字记载以来,许多思想家都曾对幸福问题进行思考和探寻,但均局限于思辨的范畴之内。直到20世纪50年代,西方国家兴起生活质量研究运动和积极心理学运动,这推动了幸福心理走上科学研究之路,且发展迅速,取得了引人注目的成就:一方面,人们以生活满意度作为衡量生活质量的指标,发展了一系列的评估和测量方法;另一方面,幸福感的意义也进

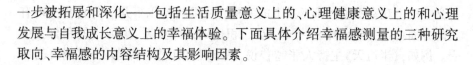

一步被拓展和深化——包括生活质量意义上的、心理健康意义上的和心理发展与自我成长意义上的幸福体验。下面具体介绍幸福感测量的三种研究取向、幸福感的内容结构及其影响因素。

一、幸福感测量的三种研究取向

对个体的主观幸福感进行测量可以说是源远流长,早在古希腊时期,柏拉图就在《理想国》中提到"王者的生活比独裁者的生活快乐729倍",后来又有经济学、伦理学、社会学、心理学等从不同角度对幸福感进行测量研究,并发展出了生活质量、心理健康、心理发展三种意义上的幸福感测量①。

（一）生活质量意义上的幸福感测量

生活质量意义上的主观幸福感就是指生活满意度,包括整体生活满意度和具体领域满意度。第二次世界大战之后,以美国为代表的西方国家经济得到迅速的发展,人们的物质生活水平不断提高。但是物质资料生产的发展总是赶不上人们对富裕生活的要求,于是有人开始思考衡量生活水平的指标问题,并提出了"生活质量"的概念。"生活质量"用以说明人的生存和发展需要及其现实满足程度,包括客观和主观两个方面。客观方面是指客观生活条件的改善和提高,主观方面是指人们对生活的感受,并选取生活满意度作为衡量后者的指标。20世纪90年代末,我国台湾地区出版了罗宾逊等人编写的《性格与社会心理测量总览》一书的中译本。该书辟专章对主观幸福感测量进行了介绍,其中大部分都是生活质量意义上的主观幸福感测量。

（二）心理健康意义上的幸福感测量

主观幸福感早期的研究贡献主要来自社会学家和经济学家,他们关注的主要是人口学变量及收入、物质条件等如何影响满意度,即生活质量意义上的幸福感。而心理学家对幸福问题的关注最初是与心理健康和心理治疗联系在一起的。一些健康心理学家们将幸福感作为反映人们心理健康状况的重要指标,指出心理健康不仅是没有心理压抑和疾病,而且包括了快乐和生活满意度,于是发展了心理健康意义上的主观幸福感测量。

（三）心理发展意义上的幸福感测量

前面两种观点涉及对播音员、主持人的生活质量和心理健康意义上的幸福感测量,但以积极心理学观点来看,这还是不全面的。幸福不仅仅是获得快乐,而且包含了通过充分发挥自身潜能而达到完美的体验,即心理发展

---

① 邢占军：《测量幸福——主观幸福感测量研究》，人民出版社2005年版，第13页。

意义上的主观幸福感。该意义上的幸福感主要包括以下几个与自我实现有关的方面：自主、环境驾驭、个人成长、积极的人际关系、生活目的和自我接受。例如，《半边天》主持人张越曾说，从事新闻工作时间越长，感到自己肩上的责任越重，"自己不怕吃苦，但是常常困惑自己的工作是不是还有意义。"[①]通过对播音员、主持人心理发展体验的测量，及时发现其存在的问题并加以有效解决，才能促进其身心健康发展。

二、播音员、主持人的主观幸福感的结构

迪尔纳等研究者提出了主观幸福感的多层次结构模型，与以往的界定不同，他们将主观幸福感分为三个层次四个领域：其中处于最高层次的是整体主观幸福感，反映了人们对生活的整体评价；次高层次包括积极情感、消极情感、整体生活满意度（整体生活评价）和具体领域生活满意度（具体领域满意感）；最底层的部分分别是四个次高层次更为具体的可操作的成分，如积极情感的具体可操作成分包括喜悦、满足、快乐和爱等，整体生活评价包括充实感、有意义感和成就感等。下面就具体介绍主观幸福感结构中的次高层次：整体生活满意度、具体生活满意度、积极情感和消极情感。

（一）播音员、主持人的整体生活满意度

播音员、主持人的整体生活满意度指他们对自己生活的整体做出的概括总结与评价。具体内容包括想要改变生活、对目前的生活满意、对过去的生活满意、对未来的生活满意、满意度的观点等。在下面的视窗里提供了一个整体生活满意度问卷，播音员、主持人可以用以自测。

视窗

幸 福 自 测

下面有五个问题，答案用"1—7"7个数字表示，分别表示同意或不同意的程度，7＝非常同意，6＝同意，5＝有点同意，4＝说不清，3＝有点不同意，2＝不同意，1＝非常不同意。

---

① http://www.cnmdb.com/ent/570.2005.10.10.

> 1. 我的生活与我所期望的大致相符
> 2. 我目前的生活条件特别好
> 3. 我对自己的生活感到满意
> 4. 至今我已经得到了自己一生最想要的东西
> 5. 我不愿意自己今后有任何改变
>
> 如果你的总分是（　），那么你对自己目前的生活：
>
> 　　31—35分：　特别满意
> 　　26—30分：　非常满意
> 　　21—25分：　大体满意
> 　　　20分：　无所谓满意不满意
> 　　15—25分：　不大满意
> 　　10—14分：　不满意

（二）播音员、主持人的具体生活满意度

具体领域生活满意度指对生活某一特定领域的满意情况的评价，像工作、家庭、健康、自我发展等方面。出门看环境，行路要坐车，环境是否整洁，交通是否便利；到政府部门办事，效率高不高，服务好不好；工作福利怎样，收入水平高低，家庭关系是否和谐；身体是否健康；业余爱好是否丰富——所有这些，无一不影响着播音员、主持人的心境，影响着他们的生活满意度。但不同的播音员、主持人对不同领域的重要性赋予的权重是不同的，如较为乐观的播音员、主持人给生活中最好的领域以最大权重，而相对悲观的则会给最坏的生活领域以最大的权重；另一方面，不同年龄段（对比央视主持人赵忠祥与撒贝宁）的播音员、主持人关注的领域也不同。下面具体介绍播音员、主持人特定生活领域的满意度。

1. 工作满意度

工作满意度是一种具体生活领域满意度，指播音员、主持人对工作领域的具体认知和评价，包括一系列不同的工作要素和不同的维度，如工作本身、报酬、工作强度、工作场所的物理条件、同事、上下级、升迁、组织政策等。对工作满意度的测量有单项目和多项目之分。首先，用单项目量表来考察播音员、主持人的工作满意度，常见的问题设置如下："从以下描述中选择最能代表你对工作满意水平的选项"，选项从"1＝我讨厌它"到"7＝我喜欢它"。其次,测量工作满意度的多项目问卷,应用最为广泛的是史密斯设计的工作描述指标,包含了 72 个项目,评价以下方面的满意感:工作本身、报酬、升迁机会、目前工作的管理质量、和同事的关系等五个方面,该量表用一系列形容词来描述工作,如"令人着迷的""高度压力的""枯燥乏味的"等,被调查者只要按要求选择符合自己的选项。明尼苏达满意问卷也是测量工作满意度的多项目问卷,共有 100 个题项,问题呈现方式和作答都较为直接。例如,问题为"工作安全性"、"工作报酬",在五点量表上回答"1 = 不满意,2 = 轻度满意,3 = 满意,4 = 很满意,5 = 非常满意"。该问卷包括三个分量表——内在满意感、外在满意感和一般满意感;主要维度是能力使用、成就、活动、提升、报酬、同事、道德价值、社会服务、社会地位等。

2. 家庭与社会关系满意度

家庭与社会关系满意度指与家人、邻居、亲戚、朋友等的关系状况,如婚姻质量、子女的成长、家庭是否和睦、邻里之间的相处、朋友之间的交往等。亲人与朋友是播音员、主持人最重要的支持系统,是其幸福的重要源泉。著名主持人倪萍曾谈及生活里的简单幸福:就在与丈夫互相欣赏的乐趣中,在与家人一起欣赏音乐的时候,在照顾老人、孩子的忙碌中……幸福就蕴含在平凡的小事中,就在每天的日子里。一般用社会关系支持问卷来加以测量,例如"您的家人、朋友欣赏您的某种能力或个人特色"、"您的家人、朋友听您谈一个令您烦恼的私人问题",从"很少、有时、经常、总是"中选择符合自己情况的选项。

3. 健康满意度

健康满意度包括身体健康状况、精神状态、急救时的交通便利情况、医院的急救措施、治疗收费标准、药品价格、医院服务以及政府对公共卫生的重视和投入程度。关于评价个体自身健康状况的问卷较多,但一般没有涉及"医院、药品、治疗收费标准"等内容。因此,有待进一步发展更完善的健康满意度量表。

4. 业余生活满意度

业余生活满意度包括休闲时间拥有量、家里娱乐设施的情况、公共娱乐设施情况及公共娱乐设施的交通便利情况。播音员、主持人的工作压力较大,因此,利用休闲来消除工作所产生的困倦、缓解繁忙生活带来的紧张和疲劳、增添情趣与愉悦具有重要的意义。比如,白岩松就曾谈到自己特别喜

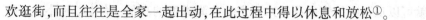

欢逛街,而且往往是全家一起出动,在此过程中得以休息和放松①。

5. 自我发展满意度

自我发展满意度包括与他人的沟通能力、人际协调能力、组织能力、获取信息的能力、学习能力及运用知识的能力。播音员、主持人是公众人物,其努力的过程往往被有心的受众看在眼里记在心里。很多成名主持人,例如水均益、白岩松、王志等都是从鲜为人知、默默无闻和青涩中成长起来,经过长期的知识积累、能力提炼,才成长为我们看到的央视"名嘴"——少有人能比的现场掌控力和透视问题的深度以及独特的播音主持风格②。

(三)播音员、主持人的积极情感与消极情感

播音员、主持人的积极情感与消极情感指伴随着生活事件与评价而出现的心理体验,是对生活中正在发生的事件的情感反应。这些情感体验组成了对主观幸福感评价的基础。其中,积极情感包括播音员、主持人在日常生活中体会到的喜悦、满足、骄傲、振奋、快乐和爱等。而消极情感则包括焦虑、压抑、孤独、愤怒、空虚、悲伤等。情感体验不能独立存在,必然伴随着具体的生活事件,例如,某期节目获得观众的认可了,就会产生喜悦和满足的情感体验,而如果在现场互动中某次播出未能成功,则会让主持人十分沮丧。

三、测量播音员、主持人的主观幸福感

对播音员、主持人的生活满意度和主观幸福感的测量,主要是沿着两条路径进行:一是根据多重差异理论,认为个体对自己生活的满意度取决于他在心理上对几个不同差距的信息的总结。这些差距是个人认为自己目前所具有的与他的期望之间的差距。这些期望取决于:(1)有关他人具有的(如播音主持能力、知名度);(2)过去拥有过的;(3)现在希望得到的;(4)预期将来得到的;(5)值得得到的;(6)认为自己需要的等六个因素。通过测量这些差距来获得个人生活满意度的信息。这一方法多用于测量某一生活领域的满意度。二是社会心理影响的观点,认为个人生活满意度与诸多社会心理因素有直接关联。如压力、抑郁、他人支持、内控(相信个人可以掌握自己的命运)、外控(意识到的被别人所控制和意识到的被机遇所控制等)、角色成就和生活质量等。通过找出那些对生活满意度会产生重要影响的因

---

① http://news.xinhuanet.com/newmedia/2004.04.13.
② http://www.nanfangdaily.com.cn/rwzk/2005.04.07.

素，就可以从这些因素的测量来评定生活满意度的高低。例如，测量某主持人的压力，如果压力大则认为其满意度低，否则认为满意度较高。下面具体介绍测量幸福感的方法和常见的评定量表。

（一）测量主观幸福感的方法

1. 量表法。测量播音员、主持人的幸福感最常用的是量表法，就是要求被调查者对经科学方法编制的幸福感问卷项目做出回答，描述自己的倾向，以此评价其幸福感。（1）单题测量。由于人们对幸福这一术语非常熟悉，因此许多调查研究直接要求人们回答他们有多幸福，例如问题常这样设置："总的说来，你觉得你的生活怎么样"或"平均起来，你百分之多少的时间觉得幸福"。（2）多题测量。量表包括许多项目，测查幸福感的多个方面，例如杜普编制的《总体幸福感量表》可以视为六个分量表，分别是对健康的担忧、精力、知足而有趣的生活、沮丧（快乐）的心情、情绪化（行为控制）和焦虑状况。

2. 访谈法。通过与播音员、主持人直接交谈，来了解其对生活的看法与评价，从而获得有关幸福感的第一手资料。采用访谈法，要注意提前准备好提纲以及记录工具（纸笔、录音机等），并注意访谈中的询问技巧，以防止引起播音员、主持人的消极情绪反应。

3. 重要他人评价。重要他人，一般是指播音员、主持人的家人、朋友、同事等，让他们根据被评价者的外在表现进行推断和评价，提供自我报告之外的信息。

4. 生理指标。情绪反应总是伴随着一定的生理变化，例如愤怒时，血压上升，恐惧时呼吸和脉搏加快，胃的活动暂时停止，消化液停止分泌等。因此可以通过测量荷尔蒙、皮质醇、去甲肾上腺素等生理指标对播音员、主持人的情绪状态进行评估。

5. 关键事件评价法。根据播音员、主持人面临的某些关键事件分析其满意与否等。

（二）几种常见的幸福感评定量表

1. D-T 量表（Delighted-Terrible Scale）。该量表是用来测量整体幸福感的最常用的单题测量工具。例如"总的说来，你觉得你的生活怎么样"，要求被调查者在七点量表上作答，1 表示快乐（delighted），7 表示糟糕（terrible）。D-T 量表同时反映认知和情感两个维度上的情况。后来又发展出类似的量表，如梯形量表、脸形量表、扇形量表等。这些单题幸福感量表，非常简洁，但由于过于直接，很容易受到被调查者反应倾向的影响。例如，用此量表去测某主持人的幸福感,他可能会不愿将自己的生活状态让别人知道,而做出与实际不一致的反应,所以,有时无法保证测量的信效度。

2. 生活满意度量表(Life Satisfaction Scale)。纽加滕等人于1961年编制,包括三个独立的分量表,一个他评量表,即生活满意度评定量表;两个自评量表,即生活满意度指数A和生活满意度指数B。生活满意度评定量表包括五个子量表,即热情与冷漠、决心与不屈服、愿望与实现目标间的吻合程度、自我评价、心境状态。

3. 生活满意度问卷(The Satisfaction with Life Scale,SWLS)。该问卷由迪尔纳于1985年编制,用以对幸福感的认知维度——生活满意度的整体评价,包括五个题项,要求被调查者对其生活的满意程度以及与理想生活的接近程度进行评价,回答时,被调查者在七点量表上对这五个问题的赞同程度进行评价[1]。

4. 总体幸福感量表。总体幸福感量表(GWB)为美国国立卫生统计中心制定的一种测量量表,包括六个因子:对健康的担心、精力、对生活的满意和兴趣、抑郁或愉快的心境、对情感和行为的控制以及松弛和焦虑。例如有些问题是这样的:你的总体感觉怎么样(在过去的一个月里),你是否一直牢牢地控制着自己的行为、思维、情感或感觉(在过去的一个月里),你是否因为疾病、身体的不适、疼痛或对患病的恐惧而烦恼(在过去的一个月里),你每天的生活中是否充满了让你感兴趣的事情(在过去的一个月里)等[2]。

在了解个体幸福感的科学的方法与途径的基础上,我们将在下一节中进一步探讨幸福的根源是什么。

第三节 快乐幸福的根源

幸福来自哪里?拥有金钱、地位、名利就拥有幸福吗?为什么有那么多人在充分享受高度发达的物质文明的同时,仍然感到烦恼重重、痛苦不堪呢?为什么周围有那么多的人感到生活中充满压力、焦虑、紧张和挫败感,唯独缺少幸福惬意的体验呢?也有些人活得很快乐、很满足,他们又是怎样做到的?

---

[1] 郑雪、严标宾等:《幸福心理学》,暨南大学出版社2004年版,第65页。
[2] 段建华:《总体幸福感量表在我国大学生中的试用结果与分析》,载《中国临床心理学杂志》1996年第1期。

人生的幸福不是抽象异常、难以企及的,而是贯穿于生活的全部与点滴当中,既是美妙的理想,又是切身的感受,既是人生的目的,又存在于实现目的的过程甚至方法上。每个个体都应该努力去实践和收获自己的幸福。

一、几种不同的幸福观

幸福问题是人生哲理乃至人生科学的集中处、枢纽点。人类自有文字记载以来,留下了许多思想家对幸福的思考和探寻,这些既是思想家个人的智慧结晶,也是对众多平凡人的幸福实践的总结。可以说,对于今天依然追寻幸福的人们来说是一笔巨大的精神财富。借鉴这些哲人的智慧,听听他们对于幸福的理解,能得到许多有益的人生启迪。

(一)西方思想史上的理性主义幸福观

1. 幸福与美德一致

古希腊哲学家苏格拉底开启了西方真正意义上的伦理学研究序幕。一方面,苏格拉底主张有道德的人才有幸福,道德是一个人能否获得幸福的必然的和基本的条件。因此无论男女,只要公正、正直,具有良好的道德品行,那么他们就是幸福的人。另一方面,苏格拉底强调知识在人的幸福中的地位和作用,他说人人都希望获得幸福,但很多人得不到幸福,原因在于他们不了解幸福的真正含义,缺乏善的知识——所以,应该培养人的理性,让人们去发现善、了解善。总之,知识是人们获得幸福的关键。之后,亚里士多德在前人理论的基础上,提出了独具特色的完善论的幸福观。亚里士多德认为真正的幸福是"最高的善"——善是合乎德性的灵魂的现实的活动,因而幸福就是灵魂的一种合乎德性的现实生活。一方面,德性乃人之本性,但不是指肉体的本性,而是灵魂的德性。灵魂的德性又包括理智的德性(如智慧)和伦理的德性(如豁达大度、节制);另一方面,在德性的基础上,还要有现实的活动,即一个人的幸福并不在于他拥有或具备某种东西,而是要看他是否在善的引导下去实施现实的活动,只有行动才能赢得真正的幸福。

2. 幸福是德性本身

17世纪荷兰著名的哲学家斯宾诺莎认为幸福是德性本身。首先,斯宾诺莎认为财富、荣誉和感官快乐不是幸福。人们生活中最常见的,并被其行为所证明的最高幸福,归纳起来,不外这三项:财富、荣誉和感官快乐。这三种东西,总是萦绕在人们的心灵,使得他们不能想到在这之外还有没有其他的幸福。例如,当人心沉溺于感官快乐,直到安之若素,好像获得了真正的幸福时,他就会完全不能想到别的东西。但是当这种快乐一旦得到满足时,极大的苦恼立刻就随之而生。同样,对财富和荣誉的追求也会给个体带来痛苦、烦恼。其次,斯宾诺莎认为,幸福不是德性的报酬,而是德性本身。这是因为,幸福来自理性指导下的主动、自由的心灵,理性本身能够产生德性,德性本身能使人幸福。

(二)西方思想史上的感性主义幸福观

这是西方哲学史上最为著名的幸福观点:人的幸福在于人的感性生活,在于感性欲望的满足与快乐,而这些满足与快乐本身就是道德的。最早提出这种观点的是古希腊哲学家阿里斯底波,他认为感觉是幸福的唯一来源,人具有感觉,感觉是最真实的;肉体的快乐比精神的快乐更迫切、更强烈,肉体的快乐优于精神快乐。这种观点提倡"及时行乐、有花堪折直须折",但这种过分宣扬肉体感官的享乐,受到较多的批评。

而对西方社会产生广泛影响的快乐主义幸福观是由另一位古希腊哲学家伊壁鸠鲁提出的,他认为快乐是幸福生活的开始和目的。因为我们认为幸福生活是我们天生的最高的善,我们的一切取舍都从快乐出发,我们最终的目的便是得到快乐①。对于什么是快乐,伊壁鸠鲁的回答:"我们所谓的快乐,是指身体的无痛苦和灵魂的无纷扰。"身体的快乐是指维持人的生命所必需的物质条件得到满足,但这种满足有自然和不自然、必要与不必要之分,例如那些过度的物质享受和爱情虽是自然的但却不必要,而贪财和爱权则是既不自然又不必要。身体的快乐虽然是必要的合乎自然的,但它是暂时的、不稳定的、浅薄的,只有精神的快乐才是持久的、稳定的、深刻的,因为它能回忆过去,预想未来,使人享受心灵的愉悦和宁静。可见,伊壁鸠鲁所讲的快乐首先是心灵精神上的愉快,但精神上的快乐还要以一定的物质享受为基础,所以,他并不主张禁欲,而是主张把物质欲望减少到最低程度,过朴素的物质生活,注重丰富精神生活。这样做既能使人增进身体健康,又使人不至于贪得无厌,从而达到身心宁静、怡然自得的人生理想。伊壁鸠鲁是把没有痛苦本身当作快乐,重视"知足"的要求。他的这种"限制不切实际的欲望、自我知足获得快乐的思想"在今天也有一定的现实意义②。

(三)基督教神学中的幸福观

前面的幸福观都有一个共同的特征:关注人类的现实幸福,探索人类以自身能力获得幸福的途径。与此相对,有些思想家从宗教教义出发,以一种

---

① 北京大学哲学系编:《古希腊罗马哲学》,商务印书馆1982年版,第367—368页。
② 郑雪、严标宾等:《幸福心理学》,暨南大学出版社2004年版,第33页。

外在的神秘力量反求人类的幸福,认为只有通过宗教才能走上真正的幸福之路。下面就介绍在西方有重要影响的基督教的幸福观。

著名神学家奥古斯丁认为幸福来自对上帝的信仰,他说在世俗生活中,人们可以有各种不同的幸福体验和感受,但是这些都不是真正的幸福,幸福只属于那些爱上帝、敬重上帝并以上帝本身为快乐的人。奥古斯丁又说,幸福来自真理,也就是以上帝为快乐,因为"上帝即是真理"——上帝全知全能、公正无私,是真理唯一的化身。那么,为什么那么多人不肯放弃世俗幸福的希望,全心全意追求上帝和上帝带给我们的幸福呢?奥古斯丁的解释是,世俗间的种种事物也有其可爱之处,也有相当的诱惑,诸如权势、地位、财富等,于是人们拖延着不去归向上帝,但这会使内心的矛盾日益加深,而当人一旦认识了并决定皈依上帝,则就会抛却尘世的虚浮的乐趣,欣然与这些事物断绝联系,从而达到幸福的境界。

(四) 中国思想史上的幸福观

在中国思想史上,儒、道、佛三家构成了最主要的三种人生哲学与伦理学体系,其中包含了诸多对幸福的理解。

1. 儒家的幸福观。

儒家的幸福观蕴涵在其人生哲学与伦理学中,是德福一致的幸福观。孔子提出"仁者爱人"的思想,推崇积极进取的人生,向外要"齐家、治国、平天下",向内要修身养性,具有良好的道德品质,这样的人生才是幸福的人生。后来,孟子又在其"性善论"的基础上提出人生来就具有"恻隐、羞恶、辞让、是非"四种善端,最后会发展为"仁、义、礼、智"四种品德[①]。对于怎样才能达到这种人生境界,孟子提出应该"悟善端"、"寡欲清心"、"学圣人"。而荀子认为"人之初,性本恶",只有在后天的教育引导下和日积月累中,人才能有德性,才是幸福的生活。到了宋、元、明、清,儒家又发展出程朱理学,认为应该"革尽人欲,复近天理",成为一种禁欲主义的幸福观。

2. 道家的幸福观

与儒家推崇积极进取、贬低自然欲望的幸福观不同,道家主张清静无为、顺其自然,逃避尘世过原始质朴和自由自在的田园生活。老子认为应通过无为而治达到"鸡犬之声相闻,老死不相往来"的幸福生活;无为,并不是什么都不做,而是指一切顺其自然,遵循自然规律,不强求,去掉智慧与欲望,这样天下将大治,人们就会过上幸福的生活。其次,老子主张无知无欲,

---

[①] 冯友兰:《中国哲学简史》,新世界出版社2004年版,第64页。

即要"清心寡欲,见素抱朴,少私寡欲",他认为知道满足,就不会受到侮辱,知道休止,就不会遇到危险,可以获得长久的幸福。庄子继承了老子的思想,并加以发展,提出了理想幸福人生的标准:(1) 无情,心境平和,不为喜怒哀乐所困;(2) 无己,不考虑自己;(3) 无所待,不求名利、才智,不凭借他物;(4) 无用,当自己为无用之物,自由自在;(5) 不以人助天,不要主观努力,不从事人为的变革。道家思想,为人们指出了一条通过消极无为而达到幸福的途径。

3. 佛教的幸福观

佛教在其教义中阐述了一些人如何摆脱痛苦和获得幸福的观点:佛教认为人生充满种种痛苦,像生苦、老苦、病苦、死苦、怨憎苦、求不得苦、爱别离苦等,而产生这些痛苦的原因在于贪,因为贪,对人生道理不明,追求功名利禄,得不到时烦恼丛生,处于不幸之中。而只有通过修行念佛,"识心见性",消除贪心私欲,才能达到幸福的境界。

上述幸福观似乎差别很大,有的甚至是截然对立的,但通过对人之本性全面考察便可发现,这些看法都是对幸福的某一侧面的理解。人之本性是具体的、历史的,拥有着丰富内涵,体现在对自身生命价值的不断追求和超越中,是自然必然性、社会必然性和感性必然性的和谐统一。首先,人是大自然的一分子,必然要受到先在的自然必然性的支配和限制,也正因为此,人类本性中就具有"求真求知"的天然倾向,这和苏格拉底强调的知识智慧以及道家的自然天放、纯朴自由的观点是一致的,而对于播音员、主持人来说,学习文化知识、积累经验、提升自我正是这种天性的生活化形式。其次,人还是感性的存在,因而人们对物质的需要、对自由的向往、对真实美好情感的追求又是现实的、必然的,而这正是西方感性主义幸福观所持的观点。播音员、主持人努力工作,获得相应的报酬、收入,不希望遭受挫折、阻碍,试图远离贫苦、危险,这些要求是应该加以肯定的。再次,人是社会的类性存在,要受到社会历史必然性的制约,这正是中西方一直有"德福一致论"观点的原因。播音员、主持人的生活时刻与家庭、朋友、单位、社会交融在一起,只有学会合作、分享、关爱、奉献,有时甚至是忍让或牺牲个体利益,才能获得社会意义上的幸福。播音员、主持人只有处理好人之本性的三个方面,使其和谐统一,才能过一种真实的、具体的、持久的幸福生活。

二、工作、休闲与幸福感

(一) 工作与幸福感

1. 工作满意度

工作满意度包括外在满意(如工作环境、与上司关系、工作制度与保障)和内在满意(如工作中拥有的自主性、体验到的自我发展、成就感),对播音员、主持人的主观幸福感有着重要影响。白岩松曾说:"我有两个很具体的压力,一个是有节目做的时候的压力,一个是没节目做的时候的压力,我最大的一次经历,用压力形容都不够,就是恐惧。1997年香港回归,那是中央台第一次做新闻事件的大型直播,我正好负责的是驻港部队从深圳进入香港那部分,整个直播怕自己说错了,可是偏偏每次演练的时候,一张嘴就是……非常恐惧,然后每天晚上睡不着觉,我印象非常深,12点钟的时候,跟我的一些朋友去喝酒,为什么呢,喝完酒才能睡一会儿。这段日子我永远忘不了,那真是一种发自内心的恐惧,以至于当我直播完第一段之后,没出错,兴奋得一塌糊涂,这是第一次恐惧。第二次恐惧是没节目做的时候。是2000年悉尼奥运会回来之后,我就从《东方时空》出来了,当时要创办的新栏目叫《子夜》,我以为顶多三个月就可以创办成,那时想转变一下,但长达一年的时间,这个节目没能出台。那段压力,不是因为没工作而有压力,而是你突然不知道未来在哪里,过去已经被你结束了,但是新的,你以为很快可以到来,却迟迟没有到来。"

一方面,工作带来的巨大压力影响播音员、主持人的身心健康,降低其健康意义上的主观幸福感;另一方面,工作本身所具有的意义感、成就感又能极大地提升其主观幸福感,正如上面白岩松所说,没有工作可做时也可以用"恐惧"来形容。

2. 影响播音员、主持人工作满意感的因素

首先是工作压力,包括工作场所的噪音、温度、安全性,工作的时间压力、复杂度、没有足够的活干、工作提升不够、与上司、同事、下级关系不良、工作时间上不正常的倒班设计、夜班等。有些播音员、主持人工作的数量和质量都存在超负荷,例如央视主持《幸运52》、《梦想中国》等节目的李咏曾说,除了节目开播之前每天繁重的策划工作、播出时每天一人撑场外,结束后还得召集剧组开会,总结得失,工作压力相当大。崔永元说:"我觉得我们做《实话实说》的时候特别投入,我觉得我发病都跟这有关系,有点钻牛角尖,希望每一期节目都做好,希望一期比一期精彩,老是这样想,给自己压力

太大了。"另外,在时间上,许多播音员、主持人的工作在深夜或凌晨,这不符合生理规律的安排,必然也容易使他们身心疲惫、产生压力。这些压力降低了播音员、主持人的幸福感体验。另一方面,播音员、主持人工作的社会地位增强了他们的幸福感,在中国,这种职业是许多人的梦想,在工作中体会到较多的成就感、意义感。其次是组织因素,包括温暖与支持的组织气氛、公司的奖惩制度、员工的自主发挥情况、鼓励革新创造的程度、管理效率、员工参与管理情况等。例如,为了应对各地方电视台的挑战,央视近年来大胆改革,以收视率定生死,实行末位淘汰制,收视率不高就得被撤、走人,如此多的栏目,竞争压力可想而知,像倪萍曾主持的《朋友》、周涛曾主持的《真情无限》,都因收视率低而被叫停。

（二）休闲与幸福感

休闲是人们在闲暇时间所从事的活动,这些活动不以获得物质利益为目的,而是为了达到个人放松、娱乐和自我发展等目的。休闲是在物质享受不断得到满足的情况下发展起来的,反映了人们对丰富多彩的精神文化的追求。

1. 播音员、主持人与其他社会群体的休闲

与过去相比,人们的工作时间都在缩短,除了睡眠、基本家务、看孩子和购物,有了更多的休闲时间。研究发现,女性的平均休闲时间远远少于男性,尤其是有孩子的上班族女性。女播音员、主持人不仅要工作,还要承担大部分家务以及照看孩子,有些甚至根本没有休闲时间。西方的研究还发现,处于社会底层的工人虽然和中产阶级有几乎同样多的休闲时间,但他们很少进行休闲活动,主要的休闲活动就是看电视,另外失业人员同样有较多时间,但他们主要也是看电视,原因都是收入太低,没有机会和条件参加什么休闲活动,当然,这种经济因素只是他们不参加其他休闲活动的原因之一。而播音员、主持人不存在经济上的问题,选择什么样的休闲方式受这方面条件的限制较少,一般是受到个人喜好的影响。常见的休闲方式有以下几种:看电视、听收音机、阅读和学习、业余爱好、社交活动、积极的运动和锻炼、观赏运动、参加宗教活动、义务劳动、度假和旅游、购物、逛街等。

2. 休闲与积极情感

休闲与积极情感存在正相关,甚至是因果关系。许多研究证实了这一点,例如一些"情绪诱导实验":先让被试参加某种休闲活动,然后再用自评情绪量表进行多次连续施测。里奇等要求两组被试在一个月内分别参加2种或12种休闲活动,结果发现,这两个实验组都比控制组报告了更高的生活

质量和更多的积极情感。研究进一步发现,不是所有休闲活动都导致更高的幸福感,例如看电视与幸福感之间呈负相关,所以,应注意选择休闲的方式。

3. 运动与幸福感

关于二者的关系先来看一些研究结果:塞尔发现,10分钟的散步能导致随后2个小时的精力充沛、紧张和疲劳感减轻;经常锻炼,例如一周四次,连续十周,会产生更多持久的积极心理状态。锻炼不仅能增加身体健康,而且还能改善情绪,引发积极的情绪情感。托马斯认为有规律的训练计划至少有以下益处:生理上——精力充沛,很少疲劳;很少有身体不适;消化能力好;骨骼强壮;容易怀孕和分娩;更多的宁静睡眠;增强心血管的效率,保护心脏不患冠心病;强壮的肌肉,改善体形;更好地控制体重;降低血压;预防或推迟糖尿病的发生;等等。心理上——更多愉快的、活跃的休闲时间;更健康,更警觉;更高的心理效率,包括提高注意力;提高控制压力和危机情境的能力;潜在的心理上的好处,包括焦虑和抑郁症发病率的降低;感到幸福,生活充满活力和热情;等等[1]。

至于运动为什么能提高积极情感,一种解释是持续的活动会导致身体中释放出较多的内啡肽(有类似吗啡的特性),从而使运动者产生一种愉悦的感觉;另外,在运动和锻炼中会有较为愉快的社交及一定的成就感,这也会使个体产生积极的情绪体验。

4. 音乐与幸福感

人们相信听音乐能产生幸福感,特别是能提高积极情感体验,而一般来说女性更愿意选择听音乐,我们知道跳舞能使人产生愉悦感,这里边有一部分正是音乐的功劳。音乐对个体的情绪的影响非常之大,例如,摇滚乐使人兴奋,战争乐使人产生攻击性,宗教乐可以怡神养性等。另一方面,音乐与心理健康关系更为明朗,现在已发展出用音乐来治疗疾病的方法,许多人在生活中也会这么做,当心情不好的时候,就选自己喜欢的音乐听,一般都能减弱不良情绪。

5. 度假旅游与幸福感

度假旅游已成为当代人的一种生活时尚,或荡舟在西湖的碧波中,或在辽阔草原上骑马追逐,或立于泰山之巅,感受"唯我独尊"。山川美景让人或轻松恬静,或豪情满怀,或身心愉悦。总之,度假旅游成为个体幸福感的重

---

[1] Thomas L. Creer,《心理调适实用途径》,张清芳等译,北京大学出版社2004年版,第125页。

要来源。从单调乏味和倍感压力的生活中解脱出来,到大自然中去观赏美丽的风光,呼吸新鲜的空气,使身心得到休息和放松,有利于身心健康发展。皮尔斯发现,在旅游几天后,疲惫、头痛、焦虑、消化不良、性欲减退、失眠等症状都会显著减轻。

三、社会关系与幸福感

社会关系包括家庭关系、朋友关系、邻里关系等,是影响播音员、主持人幸福感的又一重要因素。金钱、地位、名誉、成功等似乎与人的生活质量关系较大,因此许多人认为幸福是建立在这些要素的基础上的。但通过广泛的调查和研究发现,金钱财富、名与利对个体尽管有影响,但人生幸福的最重要的决定因素是良好的人际关系,尤其是亲子、夫妻、亲密朋友之间等关键的人际关系的融洽。良好的社会关系,使人有较高的生活满意度,较多的积极情感和较低的消极情感,而不良的社会关系则会降低人们的幸福感。社会支持对播音员、主持人的重要作用表现在:从物质上提供帮助,从行动上提供帮助;亲密的互动,如倾听、尊重、关怀、理解等;提供信息、建议或指导;增加个体的喜悦感、控制感、归属感,提高个体自尊感、自信心及增加个体应对生活事件的健康的行为模式;等等。

(一)家庭关系与幸福感

家庭是社会支持系统中的重要组成部分。研究发现,家庭亲密关系及婚姻质量对幸福感有重要影响。当前,家庭治疗正作为一个有效的方法在有心理健康问题的个体身上广泛加以运用,从这里也可以看出家庭对于个体心理健康特别是积极情感的重要影响。

奥尔松等人于1982年提出了环状模式理论,认为:家庭功能是家庭系统中家庭成员之间情感联系、家庭规则、家庭沟通以及应对外部事件的有效性,它包括家庭的亲密度(家庭成员间的情感联系程度)、适应性(家庭的应变能力)和沟通(指家庭成员间的信息交流情况)三个维度。有人曾探讨过压力、苦恼和家庭支持的关系,认为这三者之间可能存在三种不同的模型:(1)独立模型,压力会提高苦恼,降低幸福感,但对家庭支持不产生影响,家庭支持则直接降低苦恼并提高幸福感;(2)衰退模型,通过降低家庭支持,压力直接或间接地增加了个体的苦恼,压力降低了幸福感,而家庭支持则提高了幸福感;(3)反作用模型,压力直接提高了青少年的苦恼水平,但同时提高了家庭的社会支持。因此,经过家庭社会支持调节后,压力总的效果就会更低。进一步研究发现,对于播音员、主持人,较为重要的不是家庭的经济具体支持,而是情感支持——可以提高积极情感,而遇到困难时与家人进行讨论则会降低消极情感,从而会提高他们的主观幸福感。

婚姻在个体的幸福体验中扮演着重要的角色,和谐的高质量的婚姻能极大地提高个体的幸福感,有研究者提出了12条衡量婚姻质量高低的维度:(1)婚姻满意度,即夫妻双方认为婚姻关系的大多数方面是和谐与满意的还是不满意的;(2)婚姻过分理想化,即如果让播音员、主持人去评定他们的婚姻质量,可能出现两种倾向,一为带有浓厚的感情色彩,二是过于现实,过于理想化的婚姻容易受到现实的伤害,变得沮丧和失望,而过于现实的婚姻又使夫妻生活变得枯燥无味、沉闷,所以,评价婚姻质量时一定要适当;(3)性格相容性,夫妻双方在性格、习惯、爱好等方面的接纳程度;(4)夫妻交流的和谐性,包括交流的方式,分享情感的程度等;(5)解决冲突的方式,包括解决冲突时是否坦诚相见等;(6)经济安排,像夫妻双方开销的习惯与观念;(7)业余活动,业余活动的种类,是否共同活动等;(8)性生活,对性行为的态度及是否生育子女等;(9)子女和婚姻,夫妻对担任父母角色的满意度,对管教子女的意见是否统一,对子女的期望是否一致等;(10)与亲友的关系,包括与双方的亲友一起度过的时间量,对与亲友一起活动的评价,是否与亲友间存在潜在的冲突及亲友对该婚姻的态度等;(11)角色平等性,包括家庭角色、性角色、父母角色以及职业角色等;(12)信仰一致性[①]。

同时,研究发现,婚姻对于职业女性例如播音员、主持人带来了较大压力,这与社会给予女性的期待有关,她们不仅在单位从事与男性一样的工作,回到家后,还要做饭、照顾子女和老人、收拾家务等,所以家庭有时是加剧女性职业人员身心疲劳的一个因素。

(二) 朋友关系与幸福感

朋友与友谊历来是人们心中最看重的部分,人们与朋友分享快乐与忧伤,分享成功时的喜悦与失败时的落寞;会在困难中互相鼓励互相帮助,共同迎接人生中的种种挑战;互相信任和信赖,朋友会让我们保持自信心;在某些场合,朋友会竭力拥护和支持我们。所以,朋友是提高个体幸福感的重要因素,例如,某主持人遇到巨大的工作压力,家人可能并不能体会也不知怎样开导和帮助他,但朋友特别是同专业领域的朋友则不仅有情感上的共鸣,而且能提供解决问题的好的思路。

朋友对个体的重要意义在于能提高积极情感,拉森的研究证实了这一

[①] 郑雪、严标宾等:《幸福心理学》,暨南大学出版社2004年版,第175页。

点。在他的研究中,被试随机处于不同场合,然后要求报告出不同的情绪。结果发现,当他们同朋友在一起时,他们的积极情感最高,而同家人在一起时积极情感的水平较低,独处时积极情感水平最低。这些朋友中包括异性。至于同朋友在一起提高积极情感的原因,拉森的解释是:与朋友在一起时可以参加共同感兴趣的事情,例如参加一些业余活动,像跳舞、打球、喝酒、品茶、亲密的交流、散步等,这些活动看起来微不足道,却能给个体带来巨大的愉悦感;在这些场合中,个体产生愉悦感的主要原因是个体对非言语信息——特别是微笑和友好的交谈语气——的接受,而这似乎是人类的本能反应,例如婴儿在很小的时候就对微笑的脸和友好的声音有着积极的反应,并且以微笑反应,同时有了快乐感;还有猴子,幼小的猴子即使在完全孤立的环境下进行抚养,两个月大时它们也能开始辨认和区分友好和威胁的面部表情。因此,对于这些友好信息的接受确实能增进个体的幸福感。相反,由于对非言语信息的有效运用,拥有高积极情感的个体更少地同他人产生冲突,即使同陌生人相处也拥有更愉快的关系。从马斯洛的需要层次理论也可以解释这一点,个体有爱和归属的需要,朋友则能使这种需要得以满足,因而能提高个体的主观幸福感。另一方面,许多实证研究发现,朋友的数量、挚友的数量、探望朋友或电话联系的频率、共同活动的次数等同生活满意度和幸福感呈现出中等程度的正相关。同时有学者研究了什么条件下的朋友关系更有助于产生幸福感,发现:首先,朋友关系中的情感支持、工具性支持和良好的友谊等有助于产生积极情感和提高生活满意度。情感支持不仅指朋友间的积极的非言语信息,而且通过认同、赞扬、激发兴趣等方式提供言语上的支持。工具性支持表现在赠送礼物、提供食物、饮料、建议、信息等方面。而良好友谊,会使人获益更多,使人感到愉快和轻松并体会到参加活动的乐趣。这些有益的方面都可以称为朋友关系的"奖赏"作用。其次,亲密的朋友关系对产生幸福感有重要作用,有时会发现,某些个体似乎有很多朋友,但他们却时常表达自己孤独的心情,这主要是因为这些朋友之间仅限于对外在问题的探讨,例如音乐、足球、社会热点、电视节目等,较少涉及个人内心的感受和体验,他们还未建立亲密的关系。一般来讲,亲密的朋友经常有着相似的信仰,对问题有相似的观点和看法,有相似的兴趣和爱好,这样他们能一起分享,提高自尊水平,从而提高积极情感和生活满意感。

四、提升播音员、主持人的满意度与幸福感

（一）悦纳自己

悦纳自己是健康的自我意识的重要标志，一般是指个体相信自己、接受自己，不欺骗自己和拒绝自己，感到自己是有特色的、有价值的、正在成长中的个体。在悦纳自己的基础上才能发展自己、完善自己。要做到悦纳自己，首先要客观全面地认识自己，这包括充分认识到个人的优点；明白自己的长处和优势所在，而且能够正视自己，主要指那些不足——明白有些可以改变，有些是不能改变的。其次，要完善自己，即发挥自己的优势，挖掘自己的潜力，弥补其他方面的缺憾。关于悦纳自己的具体方法有很多，这里重点介绍一种颇有成效的心理暗示法。所谓心理暗示，也就是用行为（包括语言、行为、表情等）来引导我们的情感和思维；具体做法就是你可以假装自信、乐观和外向，每天早晨醒来，先去微笑，大声喊出来"我今天精神很好，充满活力"、"今天心情很愉快"、"工作很有意义"；遇到同事，用饱含热情的语调打招呼；称赞一下自己的发型不错等。坚持一段时间后，就会发现会发生期望中的变化。克拉克大学心理学家詹姆斯·莱德曾做过这样一个研究：他要求被试假装微笑或皱眉来收缩面部肌肉，然后向被试呈现一系列卡通片，结果表明，假装微笑组比皱眉组报告感觉愉快且认为材料更有趣。类似的经典研究，例如让不同民族的姑娘口含一支铅笔，这个动作和平常的微笑牵动的肌肉是一样的，结果他们都说心情变得更愉快了[①]。另外，一些身体姿势也能改变人的情绪，例如伸展体姿能振奋精神，收缩姿势则能降低活力；握紧拳头斜放于身前会感觉发怒，把头埋下会感到悲伤。还有坐姿的研究，被试在不同高度的桌子上写字，坐直的被试比蜷成一团的被试更多报告骄傲情感。再一方面的暗示来自语言，西格曼和斯蒂芬的研究表明，当人们大声地谈论与焦虑有关的事件时，被试会更焦虑；当人们用缓慢的微弱的声调谈论与悲伤有关的事件时，被试感觉更悲伤。播音员、主持人可以具体从语言、姿势、表情做起，逐步变得更开放、更自信、更乐观。

（二）健康的生活方式

1. 锻炼

锻炼与健康和幸福感的关系已论述得非常清楚，运动会使播音员、主持人拥有良好的状态、力量和持久的活力，使其健康、自信，工作具有高的效

---

① 彭聃龄：《普通心理学》，北京师范大学出版社2001年版，第375页。

率。播音员、主持人应将锻炼作为自己生活的重要组成部分。首先,制订有效锻炼的计划,包括:评价自己的健康水平,通过咨询一些锻炼方面的专家或有经验的朋友,得到基础信息,有助于设定合理的运动目标;选择锻炼计划,无论是想控制体重、改善身体某些方面的功能,选定运动项目,开始考虑如何有规律地执行计划,而且协调好与其他任务的关系,例如工作、学习;做出承诺,在开始实施计划时,你应该做出希望参加锻炼的承诺,若没有承诺,失败的概率可能会很高;发展一种支持性环境,找适当的时间和场所来进行锻炼,最好能和朋友一起,可以互相鼓励坚持下去;最后要学点这方面的知识,像如何预防受伤等。其次,介绍几种类型的锻炼:(1)有氧运动,这是一种很好的锻炼方法,它能增加总的血容量和肺活量,增强心肌。有证据表明有氧运动增加了高密度脂蛋白,降低了总胆固醇与高密度脂蛋白的比例。有氧运动一般每周至少进行三到四次锻炼,每次20分钟。(2)慢跑,可以有效改善心血管功能,一般每周进行三到四次,每次约20分钟。(3)游泳,这也是较值得信赖的运动方式之一,怀孕的女性或有呼吸失调问题的人可以采取游泳的锻炼方法。(4)网球运动,这种运动能提高心脏和肺的功能。(5)跳舞,这是一项特别有吸引力的运动,运动量也比较大。(6)散步,相对温和的一种运动方式,但距离足够远,和慢跑是一样有益的。另外还有骑自行车和爬楼梯等方式。在这里必须注意一点,就是各种运动方式都或多或少存在一些损伤,如脚踝扭伤、骨折等,应该尽量加以避免。

2. 合理饮食

播音员、主持人必须注意为了健康应该吃什么和不应该吃什么(可以看一些这方面的书籍或咨询营养专家),一般来讲,应吃多种食物并且平衡各种营养,同时考虑到个体的性别、年龄、健康状况等因素。具体如下:(1)吃多种食物,保证食物多样化和平衡的一种方法是每天都要吃每一类主要食物。这些主要食物是水果、蔬菜、奶制品、肉、蛋、鱼等,并确定好食物的数量。(2)吃能够保证营养的食物,有六种类型的营养物质,即蛋白质、碳水化合物、脂肪、维生素、矿物质和水。同时要注意停止吸烟和酒精滥用,烟草刺激物尽管能平息焦虑、减少对痛苦的敏感性,甚至振奋精神,但它对人类健康的危害相当严重——许多疾病和死亡都由其引发,所以,要逐步停止吸烟;饮酒对身体有不少益处,但过量的酒精也会对身体造成伤害,所以应注意适度。

3. 有趣充实的休闲生活

让自己的休闲生活多姿多彩,可以有多种选择,像旅游、朋友聚会、钓鱼、园艺、阅读、义务工作、看电影、欣赏戏剧、家庭活动等。

（三）积极改善社会关系

1. 维持和发展友谊

与朋友交往,使个体远离孤独、寂寞与无助感,而真切体会到温暖、喜悦和爱,朋友使个体的生命更加有活力,更加精彩。所以,一定要注意维持和发展友谊。对此提出以下建议:(1) 分享。当取得新的成绩时,应该和朋友分享这份成功的喜悦;当然,如果遭到挫折,感到伤心痛苦,朋友也是开放的,会带来安慰和支持。(2) 敏感。应该对朋友的感受和需要敏感,及时给他们提供帮助。比如,同为主持人,当你的朋友在节目中有个新创意,你应该认真帮他出谋划策,并提供中肯意见。(3) 现实地看待朋友。人无完人,包括朋友。一般来说,朋友之间对缺点可能更容易看得清楚。那么在指出朋友缺点时别忘了运用一些技巧。(4) 欣赏友谊关系。朋友不仅是值得信任的人,朋友还是带来快乐和幸福的人。(5) 知道朋友会对你感到失望,就像我们自己有时对自己失望一样,朋友有时也会如此,但这些偶然的失望不应该影响友谊。(6) 信任和信赖朋友。自己的心是对朋友敞开的,不应在他们面前有什么顾忌,应完全的信任。(7) 保持联系。与朋友保持联系,并持续地加固你们之间的友谊关系。

2. 提高婚姻满意度

德国哲学家费希特说:"没有结婚的人,只能算半个人。"这一评价虽有些尖刻,但指出了一个谁都不能否认的事实:即使是一个成功的人,如果没有婚姻,也未必是一个充分享受人生的幸福人。美满和谐的婚姻不仅是幸福的条件,而且本身就是幸福的内容,反过来不幸的婚姻则又往往是痛苦和祸患的根源。怎样才能使婚姻成为幸福的源泉?有人总结了长久美满的婚姻所包含的因素,或许能从这些成功的婚姻中得到启示:(1) 信任。结婚很长时间的夫妇互相信任对方。在许多情况下,信任比爱更重要。(2) 承诺。共同做出缔结婚姻的承诺似乎是婚姻长久的维持的另一个理由。(3) 能宽容对待配偶的缺点。当缺点未改变时,容忍配偶的缺点是稳定的婚姻的坚强壁垒。(4) 适应变化。幸福的夫妇说他们能适应婚姻中的挑战与变化。(5) 共享过去并互相欣赏。他们欣赏共有的过去,共同的兴趣和价值观是许多美满婚姻的关键因素。(6) 有效地解决冲突。婚姻中肯定会出现冲突,需要学会一些有效解决冲突的方法与原则,例如,就当前的问题争论而不泛化,注意争论场合不使对方难堪等。(7) 相互交流。他们关注对方的感受,并能有效交流。(8) 与配偶做最好的朋友。伴侣之间就像好朋友一样,交流

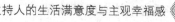

思想和感受,互相倾听和互相信任,互相带来愉悦。

(四)注重心理养生

1. 播音员、主持人生活的"第三状态"

当前,整个社会处于转型期,竞争是激烈的、全方位的,人际关系是复杂异常的,生活节奏是快捷的,这些给现代人的心理承受力带来极大的考验。播音员、主持人拥有独特的职业特征:(1)工作负荷较大。正如前面所讲,工作量过大,工作时间安排不符合生理规律,这会直接损害播音员、主持人的身体健康。(2)知识储备的压力。我国的一些学校设有播音主持专业,专门培养职业播音员和主持人。这种选拔机制有好的一面,比如由此选拔的主持人在语言、形象等方面能够达到较高的专业水准,但同时也存在着许多弊端和误区,过分看重外观形象和播音技巧,忽视了对文化素养、知识水平、应变能力的培养。学校在招收主持人时,对文化课的分数可以比别的专业放低一些,主持人群体普遍存在着学识浅、文化素养低的先天不足。一旦投入周期性、快节奏的工作中,本来就不多的那点知识很快被掏空,逐渐显出后劲不足。再加上现代广播电视传媒的要求越来越高,从而给播音员、主持人带来较大的压力。(3)竞争压力。一方面,电视行业内外的大部分人都认为主持人是适于年轻人干的职业,许多主持人担心自己"容颜老去",对自己的主持越来越缺少信心。另一方面,节目主持是一项富有挑战性、需要不断创新的工作,刚入行的主持人没有条条框框的限制,才思敏捷,具有初生牛犊的锐气,保持着强烈的创新欲望,而随着年龄的增长,经验的积累和技巧的纯熟,思维却陷入了固定的套路中,创新的激情被一点点销蚀掉,创造力越来越低。因此,播音员、主持人势必承载着越来越大的竞争压力。(4)各种诱惑。播音员、主持人成名之后,各种各样的诱惑便随之而来:出书、唱歌、演戏、走穴等。能够名利双收,实在让人难以拒绝。但有得必有失,过多的社会活动,势必让人心浮气躁,不能专心工作,心里难以宁静。

由于上述原因,播音主持行业许多人有这种体验:没有疾病,但似乎又不健康;什么都可能有,但却少有幸福。这就是没有疾病但却感到不健康的心理第三状态。焦虑感、罪恶感、疲倦感、烦乱感、无聊感、无助感、无用感,这些感受是陷于这种状态时的求救信号。著名心理学家弗朗克指出,所谓心理的第三状态,可以归纳出四种生活形态:一是醉生梦死,即"过一天算一天",对未来缺乏计划;二是宿命的态度,即相信生命漂泊不定,碰到问题时习惯以天命难违自嘲;三是随波逐流,缺乏判断力;四是狂热的形态,即把"内在的不安"化成矛盾,攻击他人,表现出唯我独尊。

2. 心理养生

心理养生成为21世纪的健康主题,日益得到人们的信任和推崇。播音员、主持人应注重心理养生,以帮助自己尽快走出第三状态或防止陷入第三状态。

首先,从传统文化中汲取心理营养。我国传统文化中蕴藏着丰富的心理养生的原则与手段。如形神并养,养神为主;养神重德,欲求适度;以静制躁,顺时调神等。其精华就是精、气、神三者有机的完美结合。这些都为人们提供了化解心理紧张,调适不良性格和脾气的良药。

其次,摆脱心理误区。常见的几种不良心理状态是:爱抱怨,不满足;常怀疑,不信任;做事消极被动;总试图取悦他人;目标过高,脱离实际;爱依赖他人等,这些一旦形成心理习惯,将渗透到个人生活的各个方面,带来极大的消极影响。所以播音员、主持人应该认真审视自己是否存在这些心理误区,然后一一加以消除或弱化。

再次,消除心理烦恼。美国学者威利·卡瑞尔提出一个消除烦恼的通用公式:"问你自己,可能出现的最坏情况是什么;接受这个最坏的情况,镇定地想办法改善最坏的情况。"这就是心理学上消除烦恼的威利公式。可以看出,人们常陷入的状态并不是如何解决问题本身,而是事情带来的情绪影响的漩涡。

> **视窗**
>
> ### 幸福的人的十大特点
>
> 幸福生活有三个因素:一是充满希望,二是有事做,三是能爱人。
>
> ——[英]巴克莱
>
> 1. 健康。幸福的人是健康的、身体强壮的,他们处于良好的生理条件下,结果他们可以进行自己希望的需要很大能量的活动。不是他们永不得病,而是他们不仅知道如何阻止许多生理问题的发生,一旦疾病发生,他们能够缓解许多疾病。

2. 积极的生活方式。他们喜欢参与生活,不论他们进行什么活动,无论是学习,准备参加测验,还是跑步锻炼身体,他们都有相当多的精力来参加活动。

3. 爱与宽容。幸福的人明白生命的实质是关爱,他们亲切柔和、慈善仁爱,抛却了无情与冷漠,慷慨地奉献对家人、朋友、同事甚至生活中偶尔相逢的陌生人以关心与爱护,他们是他人在危机时能够依赖的人。幸福的人是宽容的,内心不为愤恨、苦恼所累。

4. 希望。幸福的人心中充满着希望,相信事物会向着好的方向发展

5. 丰富的情绪。幸福的人能以一种积极的态度体验各种情绪反应。他们能从令人悲痛的事件中带着活力和热情恢复过来。同时他们愿意与他人分享自己的感情,也乐意别人将他们的感情与自己分享。

6. 心怀感激。抱怨的人总是把精力集中在对生活的不满之处,而幸福的人把注意力集中在能令他们开心的事情上,所以他们更多地感到生命中美好的一面,因为对生活的这份感激,所以他们才感到幸福。

7. 掌握自己的生活。幸福的人能够掌握自己的生活,他们知道自己能控制哪些事件,哪些事件是有外界因素加以控制的。他们倾向于乐观地控制他们能控制的事件,同时减少外界因素的影响。

8. 接受局限、错误。幸福的人能接受他们自己的限制和阻碍,他们知道自己能力的局限性,同时,他们认识到自己会犯错误,与他人不同,他们知道自己能通过错误进行学习。

9. 注重现在。幸福的人活在现在并欣赏现在的生活,他们提前计划,但不是常着眼于将来,他们同样从过去的经验中获益,但是他们不留恋过去。

10. 重友情。幸福的人重视友情,他们愿意为朋友花费时间,信赖朋友,分享朋友的成功,更无私地帮助朋友摆脱困境,给朋友温暖、支持,对朋友坦白,努力使朋友快乐。

总之,本编从积极和消极两个角度对播音员、主持人的生活状态加以详细论述:第十二章首先分析了播音员、主持人的不良心理状态的表现、产生

的根源及缓解方法,接着介绍了如何通过个体心理训练来调解家庭工作带来的压力,最后提出了应该培养团队精神、提高集体效能以使播音员、主持人在此过程中得以发展和完善。第十三章则从积极心理体验的角度(幸福感和满意度)出发,探讨如何使播音员、主持人发挥固有的潜在的积极力量,悦纳自己、迎接来自生活各个方面的挑战,营造和享受家庭的温馨和朋友带来的友谊与关爱等。那么,从以上两个方面努力,播音员、主持人必然会在追求和实践幸福的道路上越走越顺畅。

思考题

  1. 假如你是一个播音员或主持人,结合有关主观幸福感的几种理论,思考一下哪些事物或事件可能使你感到幸福,为什么?

  2. 怎样测量播音员、主持人的主观幸福感?

  3. 作为播音员、主持人,请结合自身体会,谈谈你是怎样提升生活满意度和主观幸福感的?

参 考 文 献

Bandura, A. (2000). Exercise of human agency through collective efficacy. *Current Directions in Psychological Science*, 9(3).

Breetz, R., & Schmidbauer, M. (1983). *Media for interactive communication*. Sage Publications.

Buss, D. M. (2000). The evolution of happiness. *American Psychologist*, 55(3).

Diener, E., & Lucas, R. (1999). Personality and subjective well-being. In D. Kahneman, E. Diener, & N. Schwarz (Eds.), *Well-being: The foundations of hedonic psychology* (pp. 213-229). Russell Sage Foundation.

Dominick J. R. (2002). *The dynamics of mass communication: Media in the digital age*. McGraw-Hill.

Furnham, A., & Cheng, H. (1997). Personality and happiness. *Psychological Reports*, 80.

Gerrig, R. J. (2013). *Psychology and life*. Pearson.

Gunter, B., & Wober, M. (1992). *The reactive viewer: A review of research on audience reaction measurement*. John Libbey & Company Ltd.

Holsinger, R. L. (1994). *Media law*. Mcgraw-Hill, Inc.

Lowery, Shearon A., & DeFleur, Melvin L. (1995). *Milestones in mass communication research: Media effects* (3rd ed). Longman Publishers.

McQuail, D. (1997). *Audience analysis*. Sage Publications.

McQuail, D. (1994). *Mass communication theory: An introduction*. Sage Publications.

Miller, K. (2005). *Communication theories*. McGraw-Hill.

Ouhalla, J. (2001). *Introducing transformational grammar: From principles and parameters to minimalism*. Foreign Language Teaching and Research Press.

Perry, D. K. (2002). *Theory and research in mass communication: Contexts and consequences* (2nd edition). Lawrence Erlbaum Associates Publishers.

Pervin, L. A. (1990). A brief history of modern personality theory. In L. A. Pervin (Eds.). *Handbook of personality: Theory and research*. The Guilford Press.

Peterson, C. (1992). *Personality* (2nd ed). Harcourt Brace Jovanovich.

Potter, W. J. (1998). *Media literacy*. Sage Publications.

Rogers, E. M., & Steinfatt, T. M. (1999). *Intercultural communication*. Waveland Press.

Vivian, J. (1991). *The media of mass communication*. Allyn and Bacon.

北京大学哲学系编:《古希腊罗马哲学》,商务印书馆1982年版。
比阿丽特·依莱、凯瑟琳·索思威克:《星期一盒子小组》,李木子译,中国轻工业出版社2005年版。
车文博主编:《心理学原理》,黑龙江人民出版社1986年版。
车文博主编:《心理咨询大百科全书》,浙江科学技术出版社2001年版。
陈方华等:《国外心理训练方法简介》,载《中华航海医学与高气压医学杂志》2004年第11卷第1期。
陈龙:《在媒介与大众之间:电视文化论》,学林出版社2001年版。
陈向明:《质的研究方法与社会科学研究》,教育科学出版社2000年版。
Dominick,J.R.:《大众传媒研究导论》,清华大学出版社2006年版。
戴碧湘等编著:《艺术概论》,文化艺术出版社1983年版。
戴维森:《应对压力》,罗汉译,上海三联书店2004年版。
多米尼克:《心理调适实用途径》,张清芳等译,北京大学出版社2004年版。
E.M. 罗杰斯:《传播学史:一种传记式的方法》,上海译文出版社2002年版。
方建移、张芹:《传媒心理学》,浙江大学出版社2004年版。
冯友兰:《中国哲学简史》,新世界出版社2004年版。
甘惜分主编:《新闻学大辞典》,河南人民出版社1993年版。
高峰强等译:《人格理论》,陕西师范大学出版社2005年版。
格里格、津巴多:《心理学与生活》,王垒等译,人民邮电出版社2003年版。
郭永玉主编:《人格心理学——人性及其差异的研究》,中国社会科学出版社2005年版。
韩永昌主编:《心理学》,华东师范大学出版社2001年版。
洪晓:《西方大众文化理论受众观的嬗变》,载《广西社会科学》2005年第3期。
胡钰:《新闻与舆论》,中国广播电视出版社2001年版。
胡运芳等主编:《〈电视节目主持人职业素质评价指标体系研究〉成果汇编》,中国广播电视出版社1999年版。
华音:《广播电视播音如何贴近受众》,载《现代传播》2001年5期。
黄希庭等:《论个体的时间管理倾向》,载《心理科学》2001年第5期。
黄希庭:《心理学导论》,人民教育出版社1991年版。
黄希庭主编:《人格心理学》,浙江教育出版社2002年版。
黄晓钟、杨效宏、冯钢主编:《传播学关键术语释读》,四川大学出版社2005年版。
霍克海默:《批判理论》,重庆出版社1989年版。
敬一丹:《99个问号——敬一丹漫谈主持人》,中国广播电视出版社2004年版。
拉里·A.萨莫瓦、理查德·E.波特:《跨文化传播》,闵惠泉、王纬、徐培喜等译,中国人民大学出版社2004年版。
李伯黍、燕国材主编:《教育心理学》,华东师范大学出版社1993年版。
李敬一主编:《节目主持概论》,华中科技大学出版社2004年版。

林崇德、杨治良、黄希庭主编:《心理学大词典》,上海教育出版社2003年版。
刘海贵、张骏德:《新闻心理学》,复旦大学出版社1997年版。
刘京林:《大众传播心理学》,中国传媒大学出版社2005年版。
刘京林、罗观星:《传播、媒介与心理》,北京广播学院出版社1999年版。
刘京林:《新闻心理学概论》,北京广播学院出版社1999年版。
刘京林、周光荣主编:《新闻心理学论文集》,北京广播学院出版社1994年版。
刘京林主编:《新闻心理学原理》,中国广播电视出版社2004年版。
刘双、于文秀:《拆解文化的围墙:跨文化传播》,黑龙江人民出版社2000年版。
刘晓红、卜卫:《大众传播心理研究》,中国广播电视出版社2001年版。
刘艳:《受众媒介使用动机》,载《受众研究》2005年第1期。
刘燕南:《电视传播研究方法》,北京师范大学出版社2003年版。
刘燕南:《〈受众分析〉:解读与思考》,载《现代传播》2006年第1期。
孟昭兰主编:《普通心理学》,北京大学出版社1994年版。
彭聃龄主编:《普通心理学》,北京师范大学出版社2001年版。
祁芃:《播音心理学》,北京广播学院出版社1992年版。
祁芃:《播音主持心理学》,北京广播学院出版社1999年版。
全国十二所重点师范大学联合编写:《心理学基础》,教育科学出版社2002年版。
时蓉华:《社会心理学》,浙江教育出版社1998年版。
时蓉华:《现代社会心理学》,华东师范大学出版社1989年版。
史可扬、班秀萍:《审美需要与人的发展》,载《内蒙古社会科学》1994年第5期。
斯坦利·巴兰、丹尼斯·戴维斯:《大众传播理论:基础、争鸣与未来》,曹书乐译,清华大学出版社2004年版。
泰勒等:《社会心理学(第十版)》,谢晓非等译,北京大学出版社2004年版。
汪向东等:《心理卫生评定量表》,中国心理卫生杂志社1999年版。
王健:《浅谈大众传媒中的受众心理》,载《辽宁工学院学报》2003年第3期。
王杰:《审美需要的历史内涵及其转化》,载《山东大学学报》1995年第4期。
王兰柱主编:《聚焦收视率》,北京广播学院出版社2002年版。
王石番:《传播内容分析法》,台湾幼狮文化事业公司1996年版。
王重鸣:《心理学研究方法》,人民教育出版社2001年版。
韦博斯、法伦、里奇:《视听率分析:受众研究的理论与实践》,王兰柱、苑京燕译,华夏出版社2004年版。
维多利亚·弗洛姆金:《语言导论》,北京大学出版社2004年版。
沃纳·塞弗林、小詹姆斯·W.坦卡德:《传播学的起源、研究与应用》,陈韵昭译,福建人民出版社1985年版。
吴郁主编:《主持人思维与语言能力训练途径》,中国广播电视出版社2005年版。
邢占军:《测量幸福——主观幸福感测量研究》,人民出版社2005年版。

徐恒:《播音发声学》,北京广播学院出版社1985年版。
姚喜双:《播音学概论》,北京广播学院出版社1998年版。
叶奕乾等主编:《普通心理学》,华东师范大学出版社1997年版。
俞虹:《节目主持人通论》,中国广播电视出版社2004年版。
虞达文:《新闻心理学》,新华出版社2001年版。
约瑟夫·R. 多米尼克:《大众传播动力学:数字时代的媒介(第七版)》,蔡骐译,中国人民大学出版社2004年版。
张承芬、宋广文主编:《心理学导论》,人民出版社2001年版。
张法:《大众审美文化的界定》,载《中国人民大学学报》1994年第3期。
张积家主编:《心理学》,青岛海洋大学出版社1994年版。
张荣翼:《当代大众审美文化与受众的理想幻景》,载《社会科学》2000年第6期。
张颂:《播音创作基础》,北京广播学院出版社1985年版。
张颂:《播音语言通论》,北京广播学院出版社1994年版。
张颂:《朗读学》,湖南教育出版社1983年版。
张颂主编:《初识主持人》,中国广播电视出版社2003年版。
张颂主编:《中国播音学》,北京广播学院出版社2003年版。
张咏华:《大众传播社会学》,上海外语教育出版社1998年版。
郑兴东:《受众心理与传媒引导》,新华出版社2004年版。
郑雪、严标宾等:《幸福心理学》,暨南大学出版社2004年版。
周庆山:《传播学概论》,北京大学出版社2004年版。
朱智贤主编:《心理学大词典》,北京师范大学出版社1989年版。

后　记

  2005年的金秋时节,有一群看似悠闲的人漫步在波光粼粼的大明湖畔,徘徊于易安居士洗砚的百脉泉边,颇有兴致地比画着、讨论着什么……

  也就是在那个时候,这群来自两个大学且学科背景迥异(中国传媒大学播音主持艺术学院、山东师范大学心理学院)的几位教师一拍即合,商定联袂撰写一部有关播音主持心理学方面的教材。或许是湖光山色携来灵感、文人墨客气鼓神援,谈笑间本书基本的构想便现端倪,主创人员既振奋又激动,当然更有忐忑不安。对于"播音主持心理学"这样一个新鲜而略显时髦的、国内外学术界几乎为处女地的创作主题,我们从一开始就采取了相当审慎的态度。此后,几位主编频频往返于京鲁之间,召集写作小组成员召开多种不同形式的研讨会,或交换意见、交流信息,或推敲切磋、举棋不定。我们还对相关的研究对象进行了充分的访谈和问卷调查。历时近一年,在2006年夏日,我们终于敲定了本书的写作提纲和各章节的基本内容。而后,大家精诚合作,又经过半年多的"奋战",分头撰写初稿、反复校稿、集体统稿,主编又分头审阅、修改了全书,最后定稿。几经周折,便有了尊敬的读者们手头的这部作者已经尽力但仍有瑕疵的作品。

  书稿杀青之际,我们沉静下来,回顾这一段克服"艰难险阻"的"蜀山之行",仿佛又经历了一次轮回。谈到播音员的语言,我们时时想起"嘈嘈切切错杂弹,大珠小珠落玉盘";论述主持人的幕后台前,我们每每念及"古今多少事,都付笑谈中";考证受者地位的变迁,我们阐发了什么是"众里寻他千百度,蓦然回首,那人却在,灯火阑珊处";立足传者与受者的互动,我们诠释了什么是"身无彩凤双飞翼,心有灵犀一点通";走进播音员主持人的日常生活,我们演绎了什么是"采菊东篱下,悠然见南山"。我们正是这样忘我地工作着,直到找到一个个令人满意的答案。

  这本书凝聚了两个学院部分师生的集体智慧、辛勤汗水,是我们团队精诚合作的结晶,也是双方真挚友谊的见证。同时,在写作本书的过程中,双方单位的领导、老师给予了热情的帮助,我们是难以忘怀的;北京大学出版社的周丽锦、胡利国两位编辑在书稿编辑整理过程中提出了许多中肯的、建设性的意见,特别是我们在书稿清样的基础上又进行大幅度的修改后,他们不厌其烦地再次进行编辑、排版，我们对此心存感激，他们严谨的、一丝不苟的工作作风也为我们树立了学习的榜样；相识或不相识的引文作者提供了写作本书的部分支撑性文献，我们一并表示衷心的感谢！

我们要特别表示敬意和感谢的是，中国传媒大学播音主持艺术学院首任院长、国家教学名师奖获得者、博士生导师张颂教授，他冒着七八月份的酷暑审读了书稿，提出了深刻、具体、指导性的修改意见，并以盛夏般的热情为本书作序，进一步阐明了播音主持心理学研究的内容和方法，为我们今后进一步的研究确定了方向和目标。张颂教授执着、严谨的治学态度，对后辈的提携、指导，令人感奋。我们只有以更多更新的研究成果来回报张颂教授的期望。

本书的主创人员为，主编：马玉坤、高峰强；副主编：安萧宇、王鹏、常淑敏。具体写作分工如下：马玉坤、安萧宇、曹娜（第一章），安萧宇（第二章），常淑敏（第三章），伊翠莹（第四章），安萧宇、姜能志（第五章），安萧宇（第六章），艾娟（第七章），焦亭（第八章），焦迎娜（第九章），韩磊（第十章），曹娜（第十一章），王鹏、孙良（第十二章），张燕（第十三章）。

"多少事、欲说还休"，最后恳请各位读者朋友指出本书的不足和缺陷，帮助我们呵护她、完善她……

主　编
写于 2007 年初冬